2022

VOLUME 1

COORDENADORES
Carlos **Brasil**
Christiano **Cassettari**
Hércules **Benício**
Reinaldo **Velloso**

ORGANIZADORAS
Fernanda de Almeida **Abud Castro**
Ariádina dos Santos **de Souza**

Direito Notarial e Registral

QUESTÕES ATUAIS E CONTROVERTIDAS

AUTORES

Anna Carolina **Pessoa de Aquino Andrade** • Artur Osmar **Novaes Bezerra Cavalcanti** • Camila **Costa Xavier** • Carlos Henrique **Oliveira Camargo** • Carolinna **Nunes de Lima** • Christiano **Cassettari** • Cintia Maria **Scheid** • Débora **Fayad Misquiati** • Eduardo **Martines Júnior** • Johnata **Alves de Oliveira** • José Claudio **Lopes da Silva** • Larissa **Aguida Vilela Pereira de Arruda** • Luciana **Vila Martha** • Mariane **Paes Gonçalves de Souza** • Rafael **Gil Cimino** • Sand's Loures **Oliveira Carvalho** • Weider **Silva Pinheiro**

Dados Internacionais de Catalogação na Publicação (CIP) de acordo com ISBD

D598

Direito notarial e registral: questões atuais e controvertidas / Anna Carolina Pessoa de Aquino Andrade ... [et al.] ; organizado por Fernanda de Almeida Abud Castro, Ariádina dos Santos de Souza ; coordenado por Carlos Brasil. - Indaiatuba, SP : Editora Foco, 2022.

360 p. ; 17cm x 24cm.

Inclui bibliografia e índice.

ISBN: 978-65-5515-469-6

1. Direito. 2. Direito notarial e registral. I. Andrade, Anna Carolina Pessoa de Aquino. II. Cavalcanti, Artur Osmar Novaes Bezerra. III. Xavier, Camila Costa. IV. Camargo, Carlos Henrique Oliveira. V. Lima, Carolinna Nunes de. VI. Cassettari, Christiano. VII. Scheid, Cintia Maria. VIII. Misquiati, Débora Fayad. IX. Martines Júnior, Eduardo. X. Oliveira, Johnata Alves de. XI. Silva, José Claudio Lopes da. XII. Larissa Aguida Vilela Pereira de. XIII. Martha, Luciana Vila. XIV. Souza, Mariane Paes Gonçalves de. XV. Cimino, Rafael Gil. XVI. Santos, Reinaldo Velloso do Reinaldo Velloso dos. XVII. Carvalho, Sand's Loures Oliveira. XVIII. Pinheiro, Weider Silva. XIX. Castro, Fernanda de Almeida Abud. XX. Souza, Ariádina dos Santos de. XXI. Brasil, Carlos.XXII. Velloso, Reinaldo. XXIII. Título.

2022-437   CDD 341.411   CDU 347.961

Elaborado por Vagner Rodolfo da Silva - CRB-8/9410

Índices para Catálogo Sistemático:

1. Direito notarial e registral 341.411

2. Direito notarial e registral 347.961

2022

VOLUME 1

COORDENADORES
Carlos **Brasil**
Christiano **Cassettari**
Hércules **Benício**
Reinaldo **Velloso**

ORGANIZADORAS
Fernanda de Almeida **Abud Castro**
Ariádina dos Santos **de Souza**

Direito Notarial e Registral

QUESTÕES ATUAIS E CONTROVERTIDAS

AUTORES

Anna Carolina **Pessoa de Aquino Andrade** • Artur Osmar **Novaes Bezerra Cavalcanti** • Camila **Costa Xavier** • Carlos Henrique **Oliveira Camargo** • Carolinna **Nunes de Lima** • Christiano **Cassettari** • Cintia Maria **Scheid** • Débora **Fayad Misquiati** • Eduardo **Martines Júnior** • Johnata **Alves de Oliveira** • José Claudio **Lopes da Silva** • Larissa **Aguida Vilela Pereira de Arruda** • Luciana **Vila Martha** • Mariane **Paes Gonçalves de Souza** • Rafael **Gil Cimino** • Sand's Loures **Oliveira Carvalho** • Weider **Silva Pinheiro**

2022 © Editora Foco

Coordenadores: Carlos Brasil, Christiano Cassettari, Hércules Benício e Reinaldo Velloso
Organizadoras: Fernanda de Almeida Abud Castro e Ariádina dos Santos de Souza
Autores: Anna Carolina Pessoa de Aquino Andrade, Artur Osmar Novaes Bezerra Cavalcanti,
Camila Costa Xavier, Carlos Henrique Oliveira Camargo, Carolinna Nunes de Lima, Christiano Cassettari,
Cintia Maria Scheid, Débora Fayad Misquiati, Eduardo Martines Júnior, Johnata Alves de Oliveira,
José Claudio Lopes da Silva, Larissa Aguida Vilela Pereira de Arruda, Luciana Vila Martha,
Mariane Paes Gonçalves de Souza, Rafael Gil Cimino, Sand's Loures Oliveira Carvalho e Weider Silva Pinheiro
Diretor Acadêmico: Leonardo Pereira
Editor: Roberta Densa
Assistente Editorial: Paula Morishita
Revisora Sênior: Georgia Renata Dias
Revisora: Simone Dias
Capa Criação: Leonardo Hermano
Diagramação: Ladislau Lima e Aparecida Lima
Impressão miolo e capa: FORMA CERTA

DIREITOS AUTORAIS: É proibida a reprodução parcial ou total desta publicação, por qualquer forma ou meio, sem a prévia autorização da Editora FOCO, com exceção do teor das questões de concursos públicos que, por serem atos oficiais, não são protegidas como Direitos Autorais, na forma do Artigo 8º, IV, da Lei 9.610/1998. Referida vedação se estende às características gráficas da obra e sua editoração. A punição para a violação dos Direitos Autorais é crime previsto no Artigo 184 do Código Penal e as sanções civis às violações dos Direitos Autorais estão previstas nos Artigos 101 a 110 da Lei 9.610/1998. Os comentários das questões são de responsabilidade dos autores.

NOTAS DA EDITORA:

Atualizações e erratas: A presente obra é vendida como está, atualizada até a data do seu fechamento, informação que consta na página II do livro. Havendo a publicação de legislação de suma relevância, a editora, de forma discricionária, se empenhará em disponibilizar atualização futura.

Erratas: A Editora se compromete a disponibilizar no site www.editorafoco.com.br, na seção Atualizações, eventuais erratas por razões de erros técnicos ou de conteúdo. Solicitamos, outrossim, que o leitor faça a gentileza de colaborar com a perfeição da obra, comunicando eventual erro encontrado por meio de mensagem para contato@editorafoco.com.br. O acesso será disponibilizado durante a vigência da edição da obra.

Impresso no Brasil (03.2022) – Data de Fechamento (03.2022)

2022
Todos os direitos reservados à
Editora Foco Jurídico Ltda.
Avenida Itororó, 348 – Sala 05 – Cidade Nova
CEP 13334-050 – Indaiatuba – SP

E-mail: contato@editorafoco.com.br
www.editorafoco.com.br

PREFÁCIO

Ao coordenar os estudos do seminal *"Projeto de Florença"*, Mauro Cappelletti entreviu que a verdadeira efetivação do acesso à justiça – e, por conseguinte, de todas as outras garantias fundamentais – pressupõe um *"ir além"* do tradicional espaço judicial.

Nesse contexto, já é cediço que a *justiça coexistencial* oferecida pelas Serventias Extrajudiciais exsurge como crucial para a tutela e efetivação dos mais diversos direitos fundamentais.

Os Registros Civis das Pessoas Naturais, por exemplo, verteram-se recentemente em "Ofícios da Cidadania" justamente em razão de sua missão precípua de conceder aos seres humanos a felicidade de registrar a sua identidade como pessoas e cidadãos.

Já os Cartórios de Notas e de Protestos e os Registros Civis das Pessoas Jurídicas, de Títulos e Documentos, e de Imóveis, por seu turno, viabilizam a publicidade, a segurança e a eficácia jurídica que fornecem as condições básicas para a prosperidade econômica e social de nossa nação.

Em paralelo, todos os tipos de Serventias contribuem para diminuir a litigiosidade e a morosidade judicial, porquanto oferecerem meios mais céleres e menos custosos para prevenir e resolver os conflitos que soem ser levados aos tribunais.

A essas relevantes funções sociais e econômicas, soma-se a intensa credibilidade e confiabilidade de que gozam os cartórios perante a população em geral, assim como sua singular capilaridade, a lhes oportunizar a prestação de um atendimento qualificado ao cidadão mesmo em localidades em que o Poder Judiciário não logra se fazer tão próximo.

Não por acaso, o Conselho Nacional de Justiça (CNJ) vem, a cada nova resolução, reconhecendo e ampliando o inestimável papel dessas instituições, inclusive as incluindo expressamente nas estratégias para cumprimento das metas da Agenda 2030 da Organização das Nações Unidas (ONU).

É nesse cenário de imprescindibilidade de atuação das Serventias Extrajudiciais que esta Coletânea de Estudos do 1º Grupo de Pesquisa Científica da Escola Nacional dos Notários e Registradores descortina-se como uma significativa contribuição. A obra que o leitor tem em mãos congrega produções acadêmicas de singular qualidade, atinentes às diversas especialidades de atuação das serventias: Notas, Registro Civil das Pessoas Naturais, Protesto e Registro Civil de Pessoas Jurídicas e de Títulos e Documentos.

Ao permear temas tão relevantes e atuais, os artigos que se seguem colocam em evidência o papel essencial dos notários e registradores para a desburocratização, desjudicialização, melhora do ambiente de negócios, garantia da cidadania e dos demais direitos consagrados por nossa Carta Maior.

Por tudo isso, honra-me sobremaneira o ensejo de prefaciar este primeiro volume de coletânea de estudos do Grupo de Pesquisa Científica da ENNOR, instituição acadêmica que vem se destacando na difusão dos conhecimentos norteadores do direito notarial e de registro.

Convicto da singular qualidade da presente coletânea e esperançoso de que outros volumes com o mesmo quilate hão de vir, desejo a todas e a todos proveitosos estudos com este rico material!

Luiz Fux

Presidente do Supremo Tribunal Federal

PREFÁCIO

Bem-aventurado o homem que acha sabedoria,
e o homem e que adquire conhecimento. (Provérbios 3:13)

Foi com muita alegria que recebi o honroso convite para prefaciar o primeiro livro contendo artigos escritos pelos alunos do "I Grupo de Pesquisa Científica" da Escola Nacional de Notários e Registradores – ENNOR.

Cumprimento os organizadores e autores pela excelente iniciativa de aprofundar o estudo dos temas relacionados à atividade notarial e registral, que impactam diretamente no exercício da cidadania.

Sem embargos, é importante ter em vista que a atividade delegada é indispensável não só para a garantia e a segurança dos negócios jurídicos, mas, especialmente, para o próprio crescimento e desenvolvimento do nosso País.

A presente obra discorre sobre questões relacionadas ao Registro Civil de Pessoas Naturais, ao Tabelionato de Protesto, ao Tabelionato de Notas, bem como sobre o exame de temas afetos ao Registro Civil de Pessoas Jurídicas e Títulos e Documentos.

Nos artigos a respeito do protesto de títulos, as pesquisas foram pautadas na linha das medidas de incentivo à quitação e à renegociação de dívidas protestadas, chamando atenção para métodos consensuais de resolução como forma de solucionar os conflitos. Nesse sentido, foi publicado o Provimento n. 72/2018, do CNJ, coadunando com o Provimento n. 67/2018, que tanto contribuiu para o aperfeiçoamento da atividade.

A especialidade de registro de títulos e documentos destacou a necessidade no processo de desjudicialização, que vem crescendo a cada dia, comprovando a expertise dos serviços realizados de forma extrajudicial, e cada vez mais digitais, consagrando o bom funcionamento dos cadastros interligados com o Poder Público.

Discutir temas tão complexos, de forma tão aprofundada, clara e qualificada, torna-se mais fácil e eficiente quando há autores do nível desta coletânea.

A ENNOR, escola organizadora desta obra, é referência na qualificação tanto dos titulares e colaboradores das serventias quanto de todo o público que tenha interesse na área de notas e registro, e é por isso que, como conhecedor que sou – até porque exerci a função de Corregedor Nacional de Justiça –, acredito nesta imprescindível produção científica.

É de grande relevância fortalecer o registro civil das pessoas naturais, por meio de artigos produzidos por alunos para esclarecimento dos atos praticados, e ainda enfatizar a razão dos aspectos constitucionais e do direito fundamental do nome e da cidadania.

Vale a pena debruçar na leitura sobre os artigos que tratam da atividade, pois é preciso demonstrar a função que a classe exerce com conhecimento ímpar e, quem sabe assim, manter esses ensinamentos efetivados nas grades curriculares das faculdades de Direito. Afinal, notário ou tabelião, oficial de registro ou registrador, são profissionais do Direito dotados de fé pública, a quem é delegado o exercício da atividade destinada a garantir a publicidade, autenticidade, segurança e eficácia dos atos jurídicos.

Eu confio no Sistema de Justiça do Brasil e na grande capacidade dos notários e registradores que devem estar sempre atentos aos anseios dos cidadãos brasileiros. A prestação da atividade delegada técnica, rápida, humana e de qualidade é o que o povo brasileiro espera.

Iniciativas como esta demonstram que a Escola Nacional de Notários e Registradores está lutando o bom combate e caminhando pelas trilhas corretas da lei e da Justiça.

Sempre digo: Justiça e cidadania devem estar sempre de mãos dadas!

Parabéns aos organizadores e aos autores por mais essa obra, na certeza de que já nasce com a propensão de se tornar um grande sucesso de crítica!

Boa leitura a todos!

Ministro Humberto Martins
Presidente do Superior Tribunal de Justiça – STJ.

PREFÁCIO

Ainda como presidente da Associação dos Notários e Registradores do Brasil – Anoreg-BR e da Federação Brasileira de Notários e Registradores – Febranor, no triênio 2011-2013, na gestão daquela Diretoria, constituímos em 2012 a Escola Nacional de Notários e Registradores – ENNOR com o intuito de capacitar a aproximar a classe. Atualmente, é mantida também pela Confederação Nacional de Notários e Registradores – CNR.

Pioneira no estudo do Direito Notarial e de Registro e com o objetivo de qualificar tanto os titulares como substitutos e colaboradores dos cartórios, assim como todo o público que tenha interesse e demandas na área de notas e registro, a ENNOR surgiu e se fortalece a cada dia. A pretensão é de expandir atualização e qualificação de conhecimento por todo o território nacional, atendendo não só a atividade, mas também a instituições particulares e órgãos públicos, por meio de reiteradas parcerias acadêmicas.

É preciso que novos conhecimentos sejam repensados diuturnamente, tendo em vista a dinâmica das normativas que tratam das matérias notariais e de registro. E para isso, é preciso que seja colocado à disposição vários cursos e treinamentos, de modo a trazer benefícios aos interessados.

Nos artigos que seguem, temas importantes são abordados com muita sutileza, desde o registro civil das pessoas naturais, o registro de títulos e documentos e pessoas jurídicas, ou os registros públicos em geral, além de notas e de protesto de títulos. Justificam-se os textos apresentados e como é imprescindível discutir assuntos inerentes aos direitos fundamentais do cidadão: quer seja sobre questões que envolvam o nome ou a paternidade, renegociação de dívidas, desjudicialização, ou possibilidades que surgem para simplificar a vida de qualquer pessoa diretamente nas vias administrativas, sem apreciação judicial.

Essa obra nos guia, quebra paradigmas e por si só impõe um dever de que devemos recomendar cada vez mais a leitura dos artigos disponibilizados e que tanto corroboram por posicionamentos científicos. Afinal, vivemos em um mundo complexo, desigual, e por esse motivo aprofundar os estudos no Direito notarial e registral, sob o aspecto preponderante do Direito civil e do constitucional, mostra-nos como lidar com os conflitos, com as diferenças e nos ensina a compreender melhor nosso posicionamento diante das adversidades.

Por isso, mais do que recomendar a leitura, indico esse livro como realmente necessário para ampliar conhecimentos, para buscar respostas diante da realidade que se instaura, já que lidamos no dia a dia dos nossos serviços com autonomia a vontade das partes.

Desejo a todos excelentes momentos de reflexão!

Rogério Portugal Bacellar

Presidente da Confederação Nacional de Notários e Registradores – CNR e do Conselho Superior da Escola Nacional de Notários e Registradores – ENNOR. Ex-presidente da Associação dos Notários e Registradores do Brasil – Anoreg-BR. Tabelião do 6º Ofício de Protesto de Curitiba/PR.

APRESENTAÇÃO

O estudo do Direito Notarial e de Registro brasileiro surgiu com influência direta do Direito Romano, com forte posicionamento do Direito Germânico, mais relativizado, sendo que notários e registradores consolidaram-se como profissionais que prestam assessoramento técnicos a grandes autoridades com o propósito de escrever os fatos que permitiram a real compreensão da história e das civilizações.

Essa função social de assessoramento imparcial reuniu qualidades a esses profissionais com fé pública, necessária para que as transações obtivessem segurança jurídica no decorrer da evolução humana.

No Brasil, a atividade notarial foi regulamentada pela legislação luso, sendo que no tempo da Brasil colônia o direito português era quase todo inspirado nas Ordenações Filipinas, Manuelinas e Afonsinas. Vigoravam em Portugal e passaram a vigorar aqui também como principal fonte do direito no Brasil, sendo aplicadas até o início do século XX.

Desde 1864, quando os registros públicos surgiram no Brasil produziram efeito apenas declaratório e eram anotados nas Igrejas Católicas, assim como os registros de batismos, casamentos e óbitos, posses e propriedades. Os moradores compareciam para declarar o que tinham, e assim surgiu o registro paroquial ou do vigário. A separação entre Estado e Igreja veio no fim do século XIX, em 1889, com a Proclamação da República e somente assim surgiu o conhecido Registro Civil das Pessoas Naturais.

Antes disso, com o descobrimento do Brasil, por meados de 1500, foi necessário o registro imobiliário para estabelecer a divisão das terras da colônia de Portugal aos donatários que chegaram e receberam as sesmarias. A situação era embrionariamente informal, prevalecia a posse do imóvel, sendo que somente mais tarde, em 1864, com a Lei 1.237 iniciou a transcrição das aquisições imobiliárias, surgiu o registro da propriedade, e depois, o sistema de matrículas digitalizadas, conhecido atualmente.

A respeito do registro de títulos, documentos e pessoas jurídicas, no ano de 1903, pelo Decreto Federal nº 973, foi criado, na cidade do Rio de Janeiro, então Distrito Federal, o serviço público correspondente ao primeiro ofício privativo e vitalício do registro facultativo de títulos, documentos e outros papéis, para autenticidade, conservação e perpetuidade dos mesmos e para os efeitos previstos no artigo 3º da Lei 79, de 1892.

Quanto ao protesto de títulos, prevaleceu o Alvará de 1789 até a promulgação do Código Comercial de 1850, que regulava as letras, notas promissórias e créditos mercantis. Em 1908, foi publicado o Decreto nº 2.044, dos dispositivos do Código Comercial que regulamentavam o protesto cambial. Atualmente, prevalece a Lei nº 9.492/1997, determinando que o protesto é o ato formal e solene pelo qual se prova a inadimplência de obrigação originada em títulos ou outros documentos de dívida.

Atualmente, há mais de 13.500 cartórios em todos os 5.550 municípios e na maioria dos distritos brasileiros, e todo cidadão tem direito fundamental a uma certidão de nascimento, gratuitamente, por meio da função delegada pelo Estado ao profissional que ingressa por meio de concurso público e responde oficialmente pela função.

Dos artigos que aqui tratam do registro civil, é possível verificar a importância da qualificação registral e os cuidados com o nome civil da pessoa, sempre em consonância com a normativa existente. Toda pessoa tem direito a um nome, é um direito da personalidade e da identidade, por isso, sua alteração deve ser pautada com muitos cuidados.

Da mesma forma, chama a atenção a interpretação do serviço que se qualifica como ofício da cidadania e que ampliam fenômenos globais como a desjudicialização. Sempre, observando os procedimentos extrajudiciais que regulamentam as decisões dadas pelo Conselho Nacional de Justiça.

Referente ao protesto de títulos, vale a pena observar as medidas de incentivos para renegociação das dívidas, sob o semelhante olhar da desjudicialização e da garantia dos direitos fundamentais dos cidadãos. São meios colocados à disposição do indivíduo que merecem respeito.

Por outro lado, deve ser observado o papel do notário e sua influência para o direito atual, quer seja sobre a importância da matéria ser debatida nas grades curriculares, ou ainda pelo seu reflexo como fonte de justiça.

Nesta esteira, apresentam também temas de grande relevância para as pesquisas científicas, para ampliar conhecimento dos imóveis rurais, das terras transfronteiriças e dos proprietários estrangeiros.

E diante da visão do registrador público e do tabelião, deve ser analisado o papel deste profissional perante a lei geral de proteção de dados e da intercomunicação com as centrais nacionais do Poder Público.

Nota-se, nessa perspectiva, a complexidade de assuntos e a profundidade do debate jurídico com todos os atores do direito contemporâneo, frutos das discussões dos grupos de pesquisas científicas da ENNOR, que nasceram coordenados pelo renomado registrador imobiliário, então diretor-geral da Escola, Leonardo Brandelli. Só foi possível a reprodução deste livro, pelo apoio e coordenação dos estudiosos registradores e tabeliães: Hércules Benício, Christhiano Cassettari, Carlos Brasil e Reinaldo Velloso.

Finalmente, expressamos nossa gratidão a toda nossa equipe, que somente com seu apoio administrativo conseguimos que saísse essa publicação.

Desejamos uma proveitosa leitura!

Fernanda de Almeida Abud Castro

Doutoranda e Mestre em Direito Constitucional pelo Instituto Brasiliense de Direito
Público – IDP. É também bacharel em Administração de Empresas pela UFTM-MG,
com MBA em estratégia empresarial pela FGV. Foi advogada em Brasília, é atualmente
registradora civil e tabeliã em Minas Gerais.

APRESENTAÇÃO

Em 2019 coordenei o 1º Grupo de Pesquisa e Produção Científica em Registro Civil das Pessoas Naturais da Escola Nacional dos Notários e Registradores (ENNOR), que é mantida pela Associação Nacional dos Notários e Registradores do Brasil (ANOREG/BR) e pela Confederação dos Notários e Registradores do Brasil (CNR).

Foi proposto ao grupo de pesquisadores selecionados no processo seletivo estudarmos o "nome civil da pessoa natural", por se tratar de um tema afeto ao Registro Civil das Pessoas Naturais, importantíssimo, mas, infelizmente, pouco difundido e com poucas obras escritas, e pequena quantidade de legislação a respeito.

Esse fato nos serviu de estímulo, pois entendemos que o tema deve ser melhor normatizado, em decorrência dos inúmeros provimentos do Conselho Nacional de Justiça e de normas dos Tribunais de Justiça dos estados que estabeleceram regras impactantes no nome da pessoa natural.

Em 10 reuniões mensais que realizadas na cidade de Salvador/BA, os pesquisadores estudaram a fundo as obras de Rubens Limongi França, Zeno Veloso e Leonardo Brandelli sobre o tema, exploradas em seminários apresentados que propiciaram discussões enriquecedoras, que nos trouxe propostas de soluções para se tornarem normas.

Findo os trabalhados, foram produzidos artigos científicos com o resultado do trabalho de pesquisa do grupo, que ora apresentamos à sociedade.

As registradoras Ana Carolina Rico, de Rio Pomba em Minas Gerais, escreveram sobre a escolha do prenome de pessoas transgêneras, Anna Carolina Pessoa de Aquino Andrade, de Itapissuma em Pernambuco, sobre a qualificação registral e o nome civil da pessoa natural, Carolina Nunes de Lima, de Moreno em Pernambuco, sobre o procedimento extrajudicial de alteração do nome, Larissa Aguida Vilela Pereira de Arruda, de Cuiabá, Mato Grosso, sobre alteração do nome civil no RCPN como Ofício da Cidadania, Luciana Vila Martha, de Salvador na Bahia, sobre os substitutos do nome e Mariane Paes Gonçalves de Souza, de Lagoa do Carro em Pernambuco, sobre o os nomes que causam constrangimentos.

Completaram os trabalhos os artigos dos registradores Artur Osmar Novaes Bezerra Cavalcanti, de Carpina em Pernambuco, sobre os impactos da alteração do nome conforme o Provimento 73/2018 do Conselho Nacional de Justiça e de Sand´s Loures Oliveira Carvalho de Dias D´Avila na Bahia, sobre a mudança do nome após um ano de completada a maioridade civil.

Parabenizo aos autores pela brilhante pesquisa, a ENNOR pela belíssima iniciativa, que presenteia à comunidade jurídica com belíssimos ensinamentos sobre o tema estudado.

Salvador/BA, outono de 2021.

Christiano Cassettari

Pós-Doutor em Direito Civil pela USP. Doutor em Direito Civil pela USP. Mestre em Direito Civil pela PUC-SP. Especialista em Direito Notarial e Registral pela PUC Minas. Professor do Damásio Educacional. Coordenador do curso de especialização em Direito Notarial e Registral do Damásio Educacional. Registrador Civil das Pessoas Naturais em Salvador–BA e parecerista. Site: www.professorchristiano.com.br

APRESENTAÇÃO
AS MEDIDAS DE INCENTIVO À QUITAÇÃO OU À RENEGOCIAÇÃO DE DÍVIDAS PROTESTADAS

Em 2019 recebi o honroso convite para coordenar o grupo de pesquisa e produção científica "Tabelionato de Protesto", da Escola Nacional de Notários e Registradores – ENNOR. Realizada a seleção dos participantes agendamos um encontro inicial em Campinas, onde exerço a titularidade da delegação de 3º Tabelião de Protesto de Letras e Títulos. Naquela ocasião, expus a proposta metodológica para os trabalhos do grupo: a definição de um projeto de pesquisa, a sugestão inicial de temas e a definição de um cronograma para as apresentações dos integrantes do grupo.

Houve consenso a respeito do estudo das medidas de incentivo à quitação ou à renegociação de dívidas protestadas, cuja regulamentação havia sido objeto do Provimento 72, de 27 de junho de 2018, da Corregedoria Nacional de Justiça, tema até então pouco discutido, mas de extrema relevância para o futuro da atividade de tabelião de protesto.

Em seguida selecionamos, à vista dos interesses dos pesquisadores, possíveis temas para a delimitação do estudo, com a previsão de reuniões mensais, nas quais haveria exposição individual, de forma presencial, franqueando-se aos demais participantes a possibilidade de participação remota. Como se trata de uma escola de âmbito nacional, achei interessante prestigiar os participantes realizando uma visita presencial, tendo sido realizados encontros em São Paulo, Curitiba, Cuiabá e Belo Horizonte. As discussões dentro do grupo produziram excelentes resultados. O grupo teve, ainda, a oportunidade de acompanhar em Gramado uma interessante palestra da Desembargadora Vanderlei Teresinha Tremeia Kubiak a respeito do tema no Convergência, evento promovido pelo Instituto de Estudos de Protesto de Títulos do Brasil.

No início de 2020 os participantes submeteram seus artigos à apreciação da coordenação da Escola, sendo esta obra a compilação dos trabalhos, os quais abordaram interessantes aspectos do tema e que a partir de agora estarão à disposição da comunidade jurídica. É enorme a satisfação de ver os belos frutos do trabalho coletivo desse primeiro grupo de pesquisa. Além da sensação de dever cumprido, tenho a convicção da importância que a Escola terá no futuro na construção do conhecimento na área notarial e registral, cujo incremento foi notável ao longo das últimas décadas.

Feitas essas considerações iniciais, gostaria de expor algumas novas reflexões a respeito do tema, com base nas discussões do grupo de pesquisa e produção científica.

Inicialmente, é oportuno recordar que o protesto consiste em ato que reflete a insatisfação do credor em relação à falta de aceite, de devolução ou, como é mais comum, de pagamento. Além disso, é ato do apresentante, que manifesta, perante o tabelião de protesto, sua vontade de promover esse ato jurídico *stricto sensu*.[1]

Aquele que procura um tabelião de protesto pretende a satisfação da obrigação, de forma direta, pelo pagamento, ou de forma indireta, pela novação, dação em pagamento ou outros meios. O interessado não almeja obter o instrumento de protesto, mas receber o pagamento dentro do tríduo legal, hipótese que dispensa a lavratura desse documento. Ou, subsidiariamente, a posterior solução do débito, sendo expressivo o número de quitações após o ato notarial, com a consequente averbação de cancelamento do protesto.

Essa feição característica do protesto, qual seja, de um eficiente meio de recuperação de crédito, tem direta relação com a autenticidade e a publicidade que revestem o ato, bem como a eficácia e segurança jurídica dele decorrente, fatores que decorrem da qualificação notarial realizada pelo tabelião e da minuciosa disciplina legal e normativa da atividade. Esses aspectos, aliás, também estão presentes nos demais atos notariais e de registros públicos. Recorde-se que quando há intervenção do notário, reduz-se a possibilidade de lides.[2]

Pois bem. Ao se analisar a evolução histórica do instituto em nosso país, verifica-se um gradativo aperfeiçoamento e a expansão da atividade a outras searas além do direito cambiário. Esse processo, sem dúvida, tem relação com a maciça utilização do protesto, porquanto ato que documenta de forma simples e segura o inadimplemento ou o descumprimento de obrigações. Acrescente-se a isso o estratégico papel desempenhado pelo instituto nas relações econômicas, ao incentivar o cumprimento de promessas assumidas pelos agentes de mercado.

Diante disso era natural a evolução do protesto notarial, com a previsão de atuação do tabelião posteriormente à lavratura do ato, com vistas ao almejado adimplemento, à satisfação dos interesses do credor.[3] Nesse sentido, deve-se salientar que a extinção da obrigação interessa tanto ao credor, como ao devedor, pois, enquanto aquele recebe a importância devida, este se exime definitivamente da obrigação e ônus respectivos, restaurando a confiança abalada pelo inadimplemento.

Por outro lado, na sociedade contemporânea, a solução de controvérsias por meios alternativos ao processo judicial tem sido cada vez mais valorizada. A incerteza do processo judicial, aspecto que há muito tempo vem incentivando a opção pela arbitragem,[4] somada à demora e aos elevados custos, vem se refletindo no crescente movimento em prol da conciliação, da mediação e de outros métodos de solução consensual de conflitos, como aponta o Código de Processo Civil de 2015 e a Lei 13.140, de 26 de junho de 2015, que expressamente previu outras formas consen-

---

1. COMPARATO, Fábio Konder. *A regulamentação judiciário-administrativa do protesto cambial*. p. 79.
2. CARNELUTTI, Francesco. *La figura giuridica del notaro*. p. 928.
3. SILVA, Clóvis do Couto e. *A obrigação como processo*. p. 17.
4. FREITAS, Augusto Teixeira de. *Formulario do tabellionado*. p. 334.

suais de resolução de conflitos, tais como aquelas levadas a efeito "nas serventias extrajudiciais, desde que no âmbito de suas competências" (art. 42).

Há que se observar, ademais, a difusão dos meios tecnológicos e as inegáveis vantagens que se apresentam para aqueles que têm dívidas em atraso. A possibilidade de decisão refletida em relação a propostas disponíveis para quitação, sem a pressão do credor ou do agente de cobrança, no horário e dia mais adequado ao interessado, tem se revelado uma eficaz ferramenta. E o surgimento de *Fintechs*, frise-se, vem causando uma radical transformação no mercado de crédito, sendo que as novas plataformas no âmbito da renegociação de dívidas estão cada vez mais presentes na vida dos brasileiros.

Nesse contexto, a edição de atos normativos pela Corregedoria Nacional de Justiça, tanto em relação à conciliação e a mediação (Provimento 67), como também no que concerne às medidas de incentivo à quitação ou à renegociação de dívidas protestadas (Provimento 72), além de outras medidas no âmbito extrajudicial, como a usucapião e o reconhecimento de filiação socioafetiva, está em perfeita sintonia com a realidade atual e as demandas sociais. Nos últimos anos, as serventias notariais e de registro vêm recebendo novas atribuições e assumindo maiores responsabilidades com vistas ao eficiente cumprimento de sua missão institucional: a realização do Direito e a pacificação social.

Cumpre salientar que o Provimento 72 da Corregedoria Nacional de Justiça prestigia a autonomia privada, seja ao prever a facultatividade do procedimento, seja por conferir aos interessados uma gama de providências que poderão ser adotadas isolada ou conjunta. Como exemplo, o credor pode simplesmente requerer a expedição de um aviso ao devedor informando sobre a existência do protesto ou pode também disponibilizar diversas propostas de renegociação ou a possibilidade de quitação em plataforma própria ou desenvolvida por terceiro. Nesse diapasão, reforça a função primordial do protesto que é formalizar a manifestação de vontade do credor e cientificar o devedor de seu teor.

Em relação à Fazenda Pública, o Provimento permitiu a celebração de convênio em relação às medidas de incentivo à quitação ou à renegociação de certidões da dívida ativa protestadas. E no Estado de São Paulo a Corregedoria Geral de Justiça expressamente dispensou a homologação de atos normativos expedidos pelo Estado e Municípios que autorizem o tabelionato ao recebimento da dívida (Normas de Serviço, Capítulo XV, item 149.2). Com base nessa previsão, aliás, foi agilizado o procedimento de quitação de dívidas pelos contribuintes, com a possibilidade de pedido simultâneo de cancelamento de protesto por intermédio da central de serviços eletrônicos compartilhados dos tabeliães do Estado.

Mas, por outro lado, o Provimento 72 pode ser aprimorado para dispensar algumas providências relativas ao processo de autorização dos tabeliães e prepostos (art. 3° e parágrafos). Isto porque essa previsão tem se mostrado mais adequada aos procedimentos de conciliação e mediação. No âmbito das medidas de incentivo à quitação ou à renegociação de dívidas, cumpre salientar, a atuação dos tabeliães envolve apenas a comunicação à outra parte, função inerente à atividade notarial.

De todo modo, percebe-se que as potencialidades das medidas de incentivo são mais efetivamente desempenhadas por meio da central de serviços eletrônicos compartilhados dos tabeliães de protesto, mediante o prévio estabelecimento de parâmetros pelo credor e a rápida interação do devedor, incluindo a possibilidade de pronta quitação do débito. Nesse particular, deve-se enfatizar que o rol de serviços prestados pela central eletrônica, nos termos do art. 41-A da Lei 9.492, de 10 de setembro de 1997, é meramente exemplificativo. Essa amplitude normativa permite a rápida adequação do instituto às novas necessidades da sociedade brasileira.

E na mesma esteira dessas medidas de incentivo posteriores ao protesto, parece-me plenamente cabível e oportuna a atuação do tabelião de protesto, diretamente ou por meio da central eletrônica, para um procedimento similar, mas em momento anterior ao protesto, especialmente considerando a exiguidade do prazo e a falta de previsão de pagamento parcelado da dívida. Tal procedimento, aliás, foi previsto na redação final da Câmara dos Deputados ao texto do Projeto de Lei 3.515, de 2015, que aperfeiçoa a disciplina do crédito ao consumidor e dispõe sobre a prevenção e o tratamento do superendividamento. Com efeito, foi previsto o acréscimo de dispositivo à Lei 9.492, de 10 de setembro de 1997, permitindo ao credor ou apresentante, por ocasião da remessa do título ao tabelionato de protesto "com a recomendação de prévia solução negocial, a partir, exclusivamente, de comunicação ao devedor mediante correspondência simples, correio eletrônico, aplicativo de mensagem instantânea ou meios similares".

A medida se revela extremamente benéfica às partes, por propiciar a renegociação de dívida no âmbito imparcial e confiável da serventia, com a concessão de um prazo prévio para a satisfação voluntária da obrigação, após comunicação por meios ágeis e mais discretos, comparativamente à carta registrada com aviso de recebimento. A abertura de um canal de renegociação permitirá ao devedor evitar o agravamento de eventual situação de superendividamento e as drásticas consequências dela decorrentes.

Essa nova possibilidade corrobora o dinamismo do protesto notarial no Brasil, instituto que tem acompanhado as mudanças do mundo contemporâneo. O estudo do tema exige muita dedicação e contínua atualização. Que os novos grupos de pesquisa e produção científica da Escola possam avançar ainda mais, fomentando discussões e sugerindo aperfeiçoamentos ao tradicional, dinâmico e útil instituto.

São Paulo/Campinas, maio de 2021.

Reinaldo Velloso dos Santos

Doutor e Mestre em Direito Comercial pela Universidade de São Paulo - USP. Tabelião no 3º Tabelionato de Protesto de Letras e Títulos de Campinas. Autor de vários livros. Coordenador do Grupo Tabelionato de Protesto da Escola Nacional de Notários e Registradores – ENNOR.

SUMÁRIO

PREFÁCIO

Ministro Luiz Fux.. V

PREFÁCIO

Ministro Humberto Martins VII

PREFÁCIO

Rogério Portugal Bacellar IX

APRESENTAÇÃO

Fernanda de Almeida Abud Castro... XI

APRESENTAÇÃO

Christiano Cassettari XIII

APRESENTAÇÃO

As medidas de incentivo à quitação ou à renegociação de dívidas protestadas

Reinaldo Velloso dos Santos XV

PARTE I –
REGISTRO CIVIL DE PESSOAS NATURAIS:
DR. CHRISTIANO CASSETTARI

A QUALIFICAÇÃO REGISTRAL E O NOME CIVIL DA PESSOA NATURAL

Anna Carolina Pessoa de Aquino Andrade... 3

DOS IMPACTOS DAS ALTERAÇÕES DE NOME E GÊNERO REALIZADOS COM BASE NO PROVIMENTO 73/2018 NOS ASSENTOS DE TERCEIROS E A NECESSI-DADE DE COMPATIBILIZAÇÃO

Artur Osmar Novaes Bezerra Cavalcanti 23

PROCEDIMENTO EXTRAJUDICIAL DE ALTERAÇÃO DE NOME: AMPLIAÇÃO DAS HIPÓTESES PREVISTAS NO PROVIMENTO 82/2019 DO CONSELHO NACIONAL DE JUSTIÇA

Carolinna Nunes de Lima.. 45

DIREITO NOTARIAL E REGISTRAL: ESTUDOS AVANÇADOS

O OFÍCIO DA CIDADANIA COMO INSTRUMENTO DE ACESSO À DESJUDICIALI-
ZAÇÃO: A POSSIBILIDADE DE RECONHECIMENTO DA MATERNIDADE E PATERNI-
DADE SOCIOAFETIVAS E A ALTERAÇÃO DO NOME CIVIL ATRAVÉS DO REGISTRO
CIVIL DAS PESSOAS NATURAIS À LUZ DOS PROVIMENTOS 63/2017 E 83/2019

Larissa Aguida Vilela Pereira de Arruda 69

OS SUBSTITUTIVOS DO NOME E SUA TUTELA JURÍDICA NO REGISTRO CIVIL
DAS PESSOAS NATURAIS

Luciana Vila Martha 89

NOMES QUE CAUSAM CONSTRANGIMENTOS: POSSIBILIDADE DE ALTERA-
ÇÃO ADMINISTRATIVA

Mariane Paes Gonçalves de Souza 109

DA DESNECESSIDADE DE APRECIAÇÃO JUDICIAL PARA A ALTERAÇÃO DE
NOME NO PRIMEIRO ANO APÓS A MAIORIDADE CIVIL (ARTIGO 56 DA LEI
6.015/1973)

Sand's Loures Oliveira Carvalho 127

PARTE II
TABELIONATO DE PROTESTO:
DR. REINALDO VELLOSO

MEDIDAS DE INCENTIVO À QUITAÇÃO E À RENEGOCIAÇÃO DE DÉBITOS PRO-
TESTADOS NO ÂMBITO DA FAZENDA PÚBLICA COMO MEIO DE GARANTIA
DOS DIREITOS FUNDAMENTAIS DOS CIDADÃOS

Camila Costa Xavier 177

OS MEIOS CONSENSUAIS DE COMPOSIÇÃO DE CONFLITOS NOS SERVI-
ÇOS NOTARIAIS E DE REGISTRO SOB A ÓTICA DA ADESÃO FACULTATIVA
DOS TABELIÃES DE PROTESTO NO ÂMBITO DA LEI GERAL DE PROTEÇÃO DE
DADOS

Cintia Maria Scheid 193

AS MEDIDAS DE INCENTIVO À QUITAÇÃO E RENEGOCIAÇÃO DE DÍVIDAS À
LUZ DA FUNÇÃO NOTARIAL DO TABELIONATO DE PROTESTO

Rafael Gil Cimino 215

PARTE III
TABELIONATO DE NOTAS
DR. CARLOS BRASIL

A FUNÇÃO NOTARIAL COMO FONTE DE JUSTIÇA. ATUAÇÃO DE CARÁTER AR-BITRAL E GRACIOSA

Carlos Henrique Oliveira Camargo 241

O ENSINO DO DIREITO NOTARIAL NO MUNDO E SEUS REFLEXOS: PROPOSTA DE INCLUSÃO NA GRADE OBRIGATÓRIA DOS CURSOS DE GRADUAÇÃO EM DIREITO

Débora Fayad Misquiati 255

A CONSTITUIÇÃO E O PAPEL DO NOTARIADO

Eduardo Martines Júnior 277

IMÓVEIS RURAIS, FAIXAS DE FRONTEIRA E AQUISIÇÃO POR ESTRANGEIRO: O NOTARIADO E A SOBERANIA NACIONAL

José Claudio Lopes da Silva 297

PARTE IV
REGISTRO CIVIL DE PESSOAS JURÍDICAS/TÍTULOS E DOCUMENTOS
DR. HÉRCULES BENÍCIO

REGISTRO DE TÍTULOS E DOCUMENTOS E A DESJUDICIALIZAÇÃO DAS COMUNICAÇÕES JUDICIAIS

Johnata Alves de Oliveira 315

A RELEVÂNCIA DO REGISTRO DE TÍTULOS E DOCUMENTOS E SEU PAPEL JUNTO AO SINTER

Weider Silva Pinheiro 329

PARTE I –
REGISTRO CIVIL
DE PESSOAS NATURAIS:
Dr. Christiano Cassettari

A QUALIFICAÇÃO REGISTRAL E O NOME CIVIL DA PESSOA NATURAL

Anna Carolina Pessoa de Aquino Andrade

Registradora Civil em Pernambuco. Discente do Mestrado do Centro de Artes e Comunicação no Programa de Pós-Graduação em Direitos Humanos. Discente do Doutorado em Ciências Jurídicas e Sociais da UMSA/ARG. Especialista em Direito Público pela Escola Judicial de Pernambuco. Especialista em Direito Notarial e Registral pela Damásio Educacional. Especialista em Ciência Política pela Universidade Municipal de São Caetano do Sul. Bacharel em Direito pela Universidade Federal de Pernambuco – UFPE. Bacharel em Teologia pelo Seminário Teológico Batista do Norte do Brasil – STBNB com Convalidação pela Faculdade Diocesana de Mossoró/RN.

Resumo: Este artigo tem como objetivo analisar a qualificação registral no Registro Civil das Pessoas Naturais, especificamente sua atuação de qualificação no que tange ao nome civil, a partir de uma abordagem dos títulos apresentados nessa especialidade de registro. É sabido que a escolha do nome é permeada de discricionariedade, seja por aquele que dá o nome, como por aquele que defere ou não, não havendo critérios objetivos claros quanto aos limites a serem exercidos. A subjetividade, além de dificultar uma melhor atuação profissional pelo (a) Registrador (a) Civil, cria situações de embaraço e, muitas vezes, de ofensa ao vernáculo. De outro lado, muitas vezes, o indeferimento é relativizado pelo Poder Judiciário, em casos de dúvida, pela ausência de critérios claros e objetivos. Através de uma análise ampla, pretende-se, ao final, apresentar uma proposta, em formato de minuta, de regulamentação do nome civil à luz dos princípios jurídicos gerais.

Sumário: 1. Considerações iniciais – 2. Os títulos registráveis e averbáveis no registro civil das pessoas naturais; 2.1 A qualificação registral e as declarações verbais de vontade e de conhecimento – 3. O poder-dever do registrador civil na análise prévia do nome civil declarado para registro de nascimento; 3.1 Parâmetros hermenêuticos – 4. Proposta/minuta de provimento administrativo para regramento do nome civil – 5. Conclusão – 6. Referências.

1. CONSIDERAÇÕES INICIAIS

O presente artigo tem como objetivo analisar a qualificação registral no Registro Civil das Pessoas Naturais, especificamente sua atuação de qualificação no que tange ao nome civil, a partir de uma abordagem dos títulos apresentados nessa especialidade de registro. A escolha do nome civil perpassa pela análise do (a) Oficial (a) registrador, através de um título que lhe é apresentado. Em que pese haver estranhamento, o Registro Civil das Pessoas Naturais possui, em seu cotidiano, fatos e atos que ali ingressam, podendo-se entender como títulos a razão ou a causa que dá lugar ao fato (nascimento ou falecimento, por exemplo).

Nesta análise, o objetivo é verificar como deve atuar o Registrador Civil na qualificação registral dos nomes que lhe são apresentados no contexto do nascimento, acompanhados da Declaração de Nascido Vivo (DNV), o qual constitui o Título a ser submetido ao crivo registral no nascimento. Pode-se dizer que, atualmente, a DNV é documento essencial para lavratura do assento de nascimento e é adicionada de documentos pessoais, além da essência verbalização da vontade dos genitores no que diz respeito à escolha do nome que se efetuará no registro.

O presente artigo estuda, ainda, o poder-dever do registrador civil de analisar previamente o nome aposto pelo Declarante no momento em que o título ingressar na Serventia, de acordo com princípios hermenêuticos constantes da ordem jurídica nacional, além de outras diretrizes que este artigo trará para propositura de uma normatização criteriosa e mínima de regulamentação.

As fontes utilizadas nessa pesquisa são a doutrina, legislação, jurisprudência e provimentos administrativos.

Quanto à sua finalidade, o estudo é teórico-conceitual e tem como finalidade específica a busca em fontes primárias e secundárias, tais como leis, acórdãos, livros e artigos científicos, a fim de conhecer e analisar as características dos institutos jurídicos analisados.

2. OS TÍTULOS REGISTRÁVEIS E AVERBÁVEIS NO REGISTRO CIVIL DAS PESSOAS NATURAIS

O Registro Civil das Pessoas Naturais tem muitas faces e, de acordo com sua atuação, pode ser definido de muitas formas: como local, como Instituição Jurídica, como Registro Público, como Serviço e Função Públicos. [1]

Como Jurisdição Voluntária, importante destacar, pois a ideia de Títulos registráveis e averbáveis, no Registo Civil, parece estranha para muitos, alguns atos praticados se revestem de jurisdição, como é o caso dos registros de nascimento, de óbitos e outros, de modo que se destinam à formação e à publicidade do estado civil[2].

Nesse cenário, no exercício dessa atribuição jurisdicional, o (a) Oficial (a) de Registro se depara com diversos títulos que nada mais são do que a causa que dá origem ao ato/registro a ser praticado. Como definiu Francisco Gil[3], títulos podem ser materiais ou formais, sendo os primeiros concernentes a um fato real que afeta o estado civil, ao passo que os formais seriam os meios instrumentais utilizados para que aqueles fatos reflitam na seara registral.

Os Títulos Materiais, assim, dão azo às aquisições dos fatos levados a registro, bem como indicam modificação daqueles já registrados, gerando averbações em consequência; no sentido formal, por sua vez, são os instrumentos verbais ou documentais que constatam aquele fato inscritível ou averbável. Assim, substantiva-

---

1. TIZIANE, Marcelo Gonçalves. *Títulos no Registro Civil das Pessoas Naturais*. Disponível em: https://jus.com. br/artigos/50153/titulos-no-registro-civil-das-pessoas-naturais. Acesso em: 09 nov. 2019.
2. PRATA, Edson. *Jurisdição Voluntária*. São Paulo: EUD, 1979.
3. LUCES GIL, F. *Derecho Registral Civil*. Barcelona: Bosch, 1976.

mente, entendendo-se o título como razão ou causa que dá lugar ao fato inscritível[4], pode-se afirmar que o Registrador ou Registradora Civil atua não apenas no controle da legalidade do ato, em seus aspectos de existência, validade e eficácia, que é parte de sua função qualificadora, mas, ainda, no que concerne à própria realidade dos fatos constatados[5].

A função qualificadora, por esse viés, é muito mais extensa do que se supõe e é exclusiva do Registrador, aqui, especificamente, falando-se do civil, uma vez que, ainda que sua decisão acarrete uma suscitação de dúvida ao Juiz Corregedor, essa é feita tomando-se por base a decisão do (a) Oficial (a) e não sobre o Título em si[6].

É bom ressaltar que tal definição deixa clara a ausência de discricionariedade no desempenho da atividade e, por conseguinte, dessa função qualificadora[7], mas deve ser compreendida como uma necessária valoração a respeito dos títulos e determinam a prática ou não do ato pretendido.[8]

Essa valoração só é limitada em certas situações, tornando-se a qualificação mais restrita, que é o caso das sentenças judiciais, em que cabem os exames sobre a competência da autoridade, o procedimento a ser seguido, autenticidade e formalidade extrínsecas à decisão[9]. A esse respeito, cabe o exemplo de um mandado judicial que verse sobre uma ordem de averbação, quando, na verdade, deveria se tratar de uma anotação ou, ainda, a inexistência do registro a ser modificado.

Da função qualificadora e seus dois aspectos focais, legalidade e realidade, surgem consequências imediatas para o resultado pretendido pelo usuário do serviço. A primeira é a de que o (a) Oficial (a) não atua para uma mera chancela do pretendido, não se resume a "carimbar" e a assinar o que lhe é posto para registro e/ou averbação, mas, em sua atividade, faz uma série de ilações jurídicas que buscam evitar a inserção de atos ilegais ou inverídicos, dentro dos princípios existentes na ordem jurídica e das normas constantes, de acordo com o ato analisado[10].

No controle da realidade factual, faz-se necessária a atuação do Oficial para além dos aspectos formais do título, pois, no caso de dúvida, pode se utilizar de diligências para atestar a autenticidade dos documentos e a veracidade das declarações[11].

---

4. LUCÁN, María Ángeles Parra. Documentos Auténticos Para Practicar Inscripciones. In: GÓMEZ, José Antonio Cobacho et al (Org.). *Comentarios a La Ley Del Registro Civil*. Navarra: Aranzadi, 2012.
5. SALÈ, Riccardo Omodei. Dello Stato Civile. In: ZACCARIA, Alessio (Org.). *Commentario all´Ordinamento dello Stato Civile*. Santarcangelo di Romagna. Maggioli Editore, 2013.
6. TIZIANE, Marcelo Gonçalves. *Títulos no Registro Civil das Pessoas Naturais*. Disponível em: https://jus.com.br/artigos/50153/titulos-no-registro-civil-das-pessoas-naturais. Acesso em: 09 nov. 2019.
7. SALÈ, Riccardo Omodei. Dello Stato Civile. In: ZACCARIA, Alessio (Org.). *Commentario all´Ordinamento dello Stato Civile*. Santarcangelo di Romagna. Maggioli Editore, 2013.
8. LUCES GIL, F. *Derecho Registral Civil*. Barcelona: Bosch, 1976.
9. TIZIANE, Marcelo Gonçalves. *Títulos no Registro Civil das Pessoas Naturais*. Disponível em: https://jus.com.br/artigos/50153/titulos-no-registro-civil-das-pessoas-naturais. Acesso em 09 nov. 2019.
10. SALÈ, Riccardo Omodei. Dello Stato Civile. In: ZACCARIA, Alessio (Org.). *Commentario all'Ordinamento dello Stato Civile*. Santarcangelo di Romagna. Maggioli Editore, 2013.
11. TIZIANE, Marcelo Gonçalves. *Títulos no Registro Civil das Pessoas Naturais*. Disponível em: https://jus.com.br/artigos/50153/titulos-no-registro-civil-das-pessoas-naturai. Acesso em: 09 nov. 2019.

Existem, ainda, as titulações extraordinárias, nos casos em que o fato ou o ato do Registro Civil tem origem em circunstâncias ou lugares especiais, que dificultam o registro, sendo tais registros feitos com base nos documentos emitidos pelas pessoas encarregadas da ocorrência, a exemplo dos nascimentos feitos a bordo[12].

No exercício da função qualificadora, se a qualificação do registrador for positiva, o título será registrado. Sendo negativa, deve explicitar os motivos da recusa e elaborar nota devolutiva, se for o caso. Assim, "contra esse juízo prudencial de qualificação proferido pelo registrador cabem impugnações, sem que elas malfiram a independência registral originária.[13]

Dessa forma, a parte terá duas possibilidades: atender os motivos para que seja registrado o título, ou suscitar a dúvida, conforme preceitua o artigo 198 da LRP, para possa ser analisada pelo Juiz Corregedor, que determinará o registro ou manterá a recusa, se a dúvida for procedente.

O objeto de estudo deste artigo, que é a qualificação registral do nome civil, pretende mostrar que a atuação do registrador civil precisa seguir essas diretrizes apontadas para que o título ingresse na realidade jurídica em consonância com princípios balizadores, a serem melhor analisados quando da abordagem dos parâmetros hermenêuticos, bem como para que esse ingresso se dê em harmonia com a legalidade e com a realidade dos fatos, não apenas os fatos causais, mas os fatos consequentes do ato registral.

Nesse sentido, é bom mencionar que embora o nome civil da pessoa natural ainda careça de critérios objetivos para nortear a decisão do Oficial (algo que este artigo pretende propor, ao final), os princípios existentes no ordenamento jurídico brasileiro, além de outras ferramentas ao dispor do profissional do Ofício, são clareadores para a questão.

No próximo subtópico, serão abordados dois tipos de Declarações que ocorrem no Registro Civil das Pessoas Naturais e como se enquadram na condição de título para melhor compreensão do assunto.

2.1 A qualificação registral e as declarações verbais de vontade e de conhecimento

Entre os títulos submetidos à qualificação registral, podem ser citados, no nascimento, a Declaração de Nascido Vivo – DNV e, no óbito, a Declaração de Óbito – DO, considerados elementos documentais essenciais para análise registral.

Para Raluy[14], os assentos de nascimento e óbito consistiriam em declarações verbais de conhecimento, em que uma terceira pessoa, ao saber de um fato passível

---

12. TIZIANE, Marcelo Gonçalves. *Títulos no Registro Civil das Pessoas Naturais*. Disponível em: https://jus.com.br/artigos/50153/titulos-no-registro-civil-das-pessoas-naturais. Acesso em: 09 nov. 2019.
13. DIP, Ricardo. *Registro de Imóveis (Princípios)*. São Paulo: Editora Primus, 2017.
14. RALUY, José Pere. *Derecho del Registro Civil*. Madri: Aguilar, 1962. t. I.

de inscrição, o leva a registro. Essas declarações, as quais se complementariam de documentos acessórios, são, para o doutrinador, uma titulação complexa.

No que tange às lavraturas de nascimento, de fato, estamos diante de uma titulação complexa, uma vez que além do título essencial, a DNV, faz-se necessária a Declaração do genitor ou genitora com dados centrais para a sua lavratura, a exemplo do nome civil. Entretanto, no caso do óbito, a apresentação da DO é documento suficientemente em si mesmo para ensejar à lavratura do assento, tendo em vista que os demais elementos registrais se encontram presentes, já que o *de cujus* possuí, previamente, o requerido.

As Declarações Verbais de Vontade, por seu turno, ocorrem diante do Oficial, sendo emitidas perante o Registrador, devendo ser reduzidas a termo a fim de documentar um fato[15]. Como exemplo, pode-se citar o reconhecimento de paternidade, seja o biológico, seja o socioafetivo, sendo seu conteúdo reduzido a termo. Nessas, o meio para lavratura do ato é justamente a declaração em si, a qual é feita diante do Oficial de Registro.

Superadas essas noções teóricas acerca dos títulos registráveis e averbáveis no Registro Civil, os próximos tópicos vão se destinar à análise do nome civil e da conexão entre as duas temáticas deste estudo.

3. O PODER-DEVER DO REGISTRADOR CIVIL NA ANÁLISE PRÉVIA DO NOME CIVIL DECLARADO PARA REGISTRO DE NASCIMENTO

O direito humano à identidade se preocupa com os atributos da personalidade como o nome, o estado civil, o domicílio, a capacidade, o matrimônio, entre outros, sendo o nome de cada ser humano fundamental para estabelecer sua identidade, merecendo, assim, algumas reflexões[16].

A necessidade de designar cada pessoa por um vocábulo determinado tem sido constante historicamente, de modo que, desde os tempos mais remotos já apareciam, nos textos, menções aos nomes das pessoas, a exemplo da Bíblica (Gênesis, 2:19), com o primeiro nome conhecido, qual seja, Adão.[17]

O nome de cada indivíduo é fundamental para estabelecer a sua identidade. Em Roma, a palavra *nomen* fazia referência a uma palavra, diferente em cada caso, usada para designar seres e objetos com o fito de individualizá-lo, mas não apenas isso, com a ideia de diferenciá-lo dos demais[18], prática essa que não começou em Roma, mas

---

15. TIZIANE, Marcelo Gonçalves. *Títulos no Registro Civil das Pessoas Naturais*. Disponível em: https://jus.com. br/artigos/50153/titulos-no-registro-civil-das-pessoas-naturais. Acesso em: 09 nov. 2019.

16. RUÍZ, Jorge Fernández. *El Registro Del Estado Civil de Las Personas*. Disponível em: www.juridicas.unam. mx. Acesso em: 11 dez. 2019.

17. PÉREZ, Enrique Antonio Fernández. *El Nombre Y Los Apellidos*. Su Regulación em Derecho Español Y Comparado. Tesis Doctoral, Sevilla, Curso 2014/2015.

18. RUÍZ, Jorge Fernández. *El Registro Del Estado Civil de Las Personas*. Disponível em: www.juridicas.unam. mx. Acesso em: 11 dez. 2019.

vem de tempos imemoriais, sem que se tenha notícia de povo algum que não tenha atribuído nomes aos seus membros.

Os romanos, aliás, nos dizeres de Eugène Petit (2007), elevaram o nome a um outro patamar, o de cada indivíduo levar o nome gentílico, o qual correspondia a todos os membros das "gens" e, com a evolução das famílias, que se tornaram cada vez mais numerosas, houve a necessidade de se estabelecerem as diferenças jurídicas entre os nomes e os apelidos de família.

De acordo com José Pere Raluy[19], o nome, dada a sua função individualizadora e seu papel diferenciador entre os seres humanos, desempenha um rol de grande importância no que concerne ao estado civil, o que justifica a sua regulação jurídica junto aos atos da vida civil.

Para Alfredo Orgaz[20], o nome é atributo essencial da personalidade, o qual permite a identificação de cada pessoa e, em relação com os demais, se compõe do prenome, o primeiro nome, bem como o apelido, ou patronímico, que pertence a uma família e seus descendentes.

O nome da pessoa natural é um direito da personalidade e os temas que decorrem dele tratados pela ordem jurídica. Toda pessoa possui direito ao nome, não podendo ser empregado em publicações ou situações vexatórias ou mesmo sem que haja tal intenção, sem autorização, inclusive[21].

Na doutrina jurídica, há os que consideram o nome como um direito; outros, o definem como obrigação[22]. O fato é que o nome carrega, em si, esses dois aspectos. Cada ser humano possui direito ao nome, direito subjetivo, sob a proteção estatal e, ainda, sob a natureza extrapatrimonial, o que não pode ser valorado em termos pecuniários.

O direito a ter um nome diz respeito a algo que não pode ser negado, pelo bem da identidade, sendo o nome o meio pelo qual várias faculdades jurídicas são exercidas. Há o direito de colocar o nome, de atribuir o nome ao filho e há, ainda, o direito de tomar o nome, como variante[23]. Em que pese trazer vários atributos protetivos, o nome carrega, em si, obrigações, porque faz parte, essencialmente, da identificação da pessoa natural em atos da vida civil.

Nesse sentido, afirma a Declaração Universal dos Direitos Humanos, de 1948, em seu artigo VI:

> Todo ser humano tem o direito de ser, em todos os lugares, reconhecido como pessoa perante a lei. (DUDH, ONU, 1948)

---

19. RALUY, José Pere. *Derecho del Registro Civil*. Madri: Aguilar, 1962. t. I.
20. ORGAZ, Alfredo. *Las Personas humanas – esencia y existencia*, Argentina, Hammurabi – Jose Luis Depalma, Editor, 2000, p. 37.
21. CASSETARI, Christiano. *Elementos de Direito Civil*. 7 ed. São Paulo: Saraiva Educação, 2019.
22. RUÍZ, Jorge Fernández. *El Registro Del Estado Civil de Las Personas*. Disponível em: www.juridicas.unam. mx. Acesso em: 11 dez. 2019.
23. FRANÇA, Rubens Limongi. *Do Nome Civil das Pessoas Naturais*. 3 ed. rev. São Paulo: Ed. RT, 1975.

Porém, o nome é também um aspecto obrigacional de designação dos seres humanos, de modo que é uma instituição que a todos interessa, sendo matéria de ordem pública, posto que é de interesse de toda a sociedade, constituindo-se também um direito objetivo, de modo que ninguém pode dele dispor[24]. Para tanto, é um direito subjetivo *erga omnes,* oponível a todas as demais pessoas e exigido para a vida em sociedade.

Esse aspecto obrigacional do nome consigna não apenas o dever de usá-lo, mas a proibição de alterá-lo ou de ocultá-lo, de forma arbitrária, para a ordem pública, no geral[25].

O nome, ainda, possui características próprias, as quais orientam as questões decorrentes, como a imutabilidade, a irrenunciabilidade, a imprescritibilidade, a inalienabilidade, a intransmissibilidade, a inestimabilidade e a ausência de valor patrimonial[26]. Obviamente, todas essas características comportam exceções, mas, como regra geral, devem orientar decisões que digam respeito ao nome civil.

A doutrina, contudo, não é tão pacífica no que diz respeito à natureza jurídica do nome, passando, como abordado anteriormente, desde o aspecto obrigacional, pelo direito de propriedade até sua concepção como direito da personalidade, sendo mais interessante, a nosso ver, as teorias ecléticas, que englobam o nome como matéria de ordem pública e por uma faceta do direito privado, mais particularista[27].

Considerando toda a essencial natureza do nome para a vida em geral, faz-se necessário estabelecer a dificuldade de sua qualificação registral quando do momento da lavratura do assento do registro. Em que pese a existência de muitas normas espaçadas, o direito pátrio não conta com legislação ou provimento que contenha critérios objetivos para que o Registrador decida, dentro da sua função qualificadora, sobre o deferimento ou a negativa de determinado nome que lhe é submetido na Serventia Extrajudicial.

É bem verdade que o direito brasileiro prevê, na Lei de Registros Públicos, que determinados nomes não devem ser inscritos e registrados, como diz o artigo 55, da Lei 6.015/1973, conforme descrito abaixo:

Art. 55. [...]

Parágrafo único. Os oficiais do registro civil não registrarão prenomes suscetíveis de expor ao ridículo os seus portadores. Quando os pais não se conformarem com a recusa do oficial, este submeterá por escrito o caso, independente da cobrança de quaisquer emolumentos, à decisão do Juiz competente.[28]

---

24. RUÍZ, Jorge Fernández. *El Registro Del Estado Civil de Las Personas.* Disponível em www.juridicas.unam.mx. Acesso em: 11 dez. 2019.
25. LUCES GIL, F. *Derecho Registral Civil.* Barcelona: Bosch, 1976.
26. PÉREZ, Enrique Antonio Fernández. *El Nombre Y Los Apellidos.* Su Regulación em Derecho Español Y Comparado. Tesis Doctoral, Sevilla, Curso 2014/2015.
27. Idem.
28. BRASIL, L. 6.015/1973. Dispõe sobre os registros públicos, e dá outras providências.

Como visto, o dispositivo é por demais subjetivo, dificultando sobremaneira a atuação do (a) Oficial de Registro Civil, que não dispõe de elementos objetivos para uma negativa mais firmada. Ora, não se deve levar a registro nomes que exponham ao ridículo os seus portadores, porém, o que é ridículo e constrangimento para um, pode não ser para outros. A ausência, portanto, de critérios objetivos dificulta a atividade qualificadora do Registrador Civil e o coloca em frágil situação, pois, ao recusar o registro, tem, normalmente, sua decisão contrariada, muitas vezes, pelo Juiz Corregedor Permanente, o qual também não possui um normativo balizador para decidir.

Para além disso, apesar do Poder-Dever do Registrador em atuar na qualificação Registral do nome civil, conforme se introduziu neste artigo, falta, no direito pátrio uma uniformização dos termos utilizados, bem como uma normatização que estabeleça a composição mínima do nome civil. Se o nome é um direito, mas também uma obrigação, um dever, não se pode, sob o argumento de ser individualizador permitir que qualquer nome seja levado a registro.

Nesse sentido, de acordo com Limongi França[29], o nome é composto por prenome, de aquisição arbitrária, dentro dos limites legais, pelos genitores, e o apelido de família (sobrenome, como mais conhecido por alguns, patronímico, menos conhecido pela população em geral), este de aquisição familiar, não podendo ser escolhido pelos genitores se não constar dos seus nomes de família. Ainda, em alguns casos, existe o agnome, que tem por objetivo diferenciar pessoas com o mesmo nome dentro de gerações da mesma família.

Entretanto, como se pode ver nas normas brasileiras, não há uma uniformidade de nomenclatura, sendo algo essencial e que facilitaria a qualificação registral de maneira mais objetiva. Entretanto, uma outra questão, mais preocupante, diz respeito à composição do nome. Sabe-se que não pode haver lavratura de nomes que não contenham os apelidos de família, devendo, o Oficial, na ausência deles, lançar adiante do prenome escolhido o nome do pai, e na falta, o da mãe, se forem conhecidos e não o impedir a condição de ilegitimidade, salvo reconhecimento no ato, conforme leitura do artigo 55, da Lei de Registros Públicos, Lei 6.015/1973.[30]

Ora, o dispositivo, além de anacrônico em relação à igualdade de gênero, pois privilegia o apelido de família paterno, de forma discricionária, não é condizente com normas mais recentes, a exemplo do Provimento de número 82, de 03 de julho de 2019, o qual parece indicar, em seu artigo 2, II, com a previsão de possibilidade de alteração, a preferência pelos apelidos de família de ambos os genitores, conforme leitura abaixo:

---

29. FRANÇA, Rubens Limongi. *Do Nome Civil das Pessoas Naturais*. 3 ed. rev. São Paulo: Ed. RT, 1975.

30. Art. 55. (...)

   Parágrafo único. Os oficiais do registro civil não registrarão prenomes suscetíveis de expor ao ridículo os seus portadores. Quando os pais não se conformarem com a recusa do oficial, este submeterá por escrito o caso, independente da cobrança de quaisquer emolumentos, à decisão do Juiz competente.

Art. 2º. Poderá ser requerido, perante o Oficial de Registro Civil competente, a averbação do acréscimo do patronímico de genitor ao nome do filho menor de idade, quando:

(...)

II – O filho tiver sido registrado apenas com o patronímico do outro genitor.[31]

Essa é uma observação também presente em outros doutrinadores, a de estabelecer uma preferência pelo nome de família paterno em detrimento do materno e que está em dissonância com preceitos da Constituição Federal de 1988[32].

Como visto acima, a falta de clareza na composição dos nomes leva não apenas o registrador a atuar, na qualificação sem uma baliza normativa clara, mas deixa qualquer negativa de lavratura vulnerável, além de expor sua atuação a insatisfações imotivadas dos usuários do serviço público.

A qualificação registral, indubitavelmente, é um poder-dever, poder, porque dota o Registrador de atributos decisórios; dever, porque não se trata de escolha, já que a delegação notarial e registral é um mister composto por diretos e deveres, mas, sobretudo, impõe atuação com observância do Princípio da Legalidade.

Todavia, na análise dos títulos registráveis de nascimento, o nome civil, que está na centralidade do ato, é pouco normatizado, apesar de sua proteção ser tão central no ordenamento jurídico brasileiro, havendo uma contradição nesse sentido.

Ao colocar, neste estudo, a qualificação registral do nome civil como poder-dever, coloca-se, também, para reflexão a necessidade de cerceamento da liberdade de sua escolha, em aspectos jurídico-formais, eliminando-se a subjetividade existente e limitando a possibilidade da escolha de nomes que não sigam certos padrões legais.

Contudo, que padrões seriam esses? Padrões que forneçam objetividade ao que qualifica. É preciso, então, que se estabeleça uma nomenclatura uniforme, uma composição mínima a ser observada, além de regras sobre a grafia do nome, outro aspecto negligenciado, levando-se em consideração a língua portuguesa e suas regras gramaticais, evitando-se, o uso de estrangeirismos inexistentes, a grafia de nomes sem acentuação e demais erros ortográficos.

No próximo tópico, serão abordados parâmetros hermenêuticos com o objetivo de pavimentar caminho para a proposta de provimento que constará de minuta ao final deste artigo.

---

31. BRASIL, Conselho Nacional de Justiça. *Provimento 82/2019*. Disponível em: https://www.anoreg.org.br/site/2019/07/04/provimento-no-82-do-cnj-padroniza-nacionalmente-procedimentos-de-alteracao-do-nome-do-genitor/. Acesso em: 03 dez. 2019.
32. VELOSO, Zeno. *Direito Civil* – Temas. Pará: ANOREG, 2018.

3.1 Parâmetros hermenêuticos

Os parâmetros hermenêuticos a serem abordados aqui dizem respeito a posições doutrinárias que podem nortear uma regulamentação administrativa para o nome civil da pessoa natural, tanto em nomenclatura quanto em composição.

Do ponto de vista gramatical, a palavra nome teria quatro acepções: a de nome individual, a de nome completo, de qualquer dos elementos do nome e de alcunha. Sobrenome, por sua vez, é o que se junta ao nome individual, de forma imediata, ao passo que a alcunha (popularmente conhecida como apelido) é designação acrescentada ao nome do indivíduo, a partir de certas peculiaridades de uma pessoa, em específico[33].

A alcunha – ou apelido – não deve ser repassada a outros indivíduos da mesma família, citando-se, como exemplos, "Xuxa", "Lula", como no caso do ex-Presidente da República do Brasil e outros apelidos conhecidos e nem tão conhecidos, os quais não devem ser repassados por gerações da mesma família, por serem relativos aos indivíduos.

Continuando uma análise do nome do ponto de vista da língua portuguesa, é de se questionar a razão pela qual não existe uma norma no direito brasileiro que inclua, na possibilidade de qualificação registral, a correção gramatical na grafia dos nomes submetidos a registro. Não é incomum que o Oficial ou Oficiala se depare com propostas de grafias sem acentuação adequada ou que representem ofensas à norma da língua portuguesa.

Como se sabe, o controle do registrador ou da registradora se dá com um parâmetro muito subjetivo, já que a lei fala apenas em "exposição ao ridículo", não entendendo os usuários do Serviço que a atuação registral é jurídica e que tal exposição abrangeria, por teleologia, um controle de grafia e de fonia[34]. Entretanto, faz-se necessária a edição de um provimento que estabeleça esses limites de forma clara e textual.

Em Portugal, a tradição é que o registro deve seguir a língua padrão, havendo, no Brasil, a recomendação, pela Academia Brasileira de Letras, de se seguir o mesmo, sem que isso signifique ofensa ao direito individual ao nome, pressuposto tomado como absoluto, mas que precisa ser harmonizado com todo o contexto em que a pessoa vive.

No Grande Manual de Ortografia Globo, de Celso Luft, estão as grafias corretas de nomes como "Neusa", Teresa" e "Luís", por exemplo. Outro prenome, "Vítor", deve ser grafado desta forma, com acentuação aguda no "i", por exemplo.

Nesse sentido, em orientação do Formulário Ortográfico de 1943[35], tem-se que:

---

33. FRANÇA, Rubens Limongi. *Do Nome Civil das Pessoas Naturais*. 3 ed. rev. São Paulo: Ed. RT, 1975.
34. VELOSO, Zeno. *Direito Civil – Temas*. Pará: ANOREG, 2018.
35. BRASIL. Decreto-Lei 5.186, de 13 de janeiro de 1943. Disponível em: https://www2.camara.leg.br/legin/fed/declei/1940-1949/decreto-lei-5186-13-janeiro-1943-415160-publicacaooriginal-1-pe.html. Acesso em: 03 de dez. 2019.

39. Os nomes próprios personativos, locativos e de qualquer natureza, sendo portugueses ou aportuguesados, estão sujeitos às mesmas regras estabelecidas para os nomes comuns.

40. Para salvaguardar direitos individuais, quem o quiser manterá em sua assinatura a forma consuetudinária. Poderá também ser mantida a grafia original de quaisquer firmas, sociedades, títulos e marcas que se achem inscritos em registro público.[36]

Quanto ao novo acordo ortográfico, de 1990, cuja entrada em vigor ocorreu em 1994 e substituiu o Formulário Ortográfico acima mencionado, estabelece algumas diretrizes para nomes próprios, a saber:

> Para ressalva de direitos, cada qual poderá manter a escrita que, por costume ou registro legal, adote na assinatura do seu nome. Com o mesmo fim, pode manter-se a grafia original de quaisquer firmas comerciais, nomes de sociedades, marcas e títulos inscritos em registro público.[37]

Para outras situações, em que pessoas cujo nome ou sobrenome tenham sido registrados com acento continuarão a assinar assim ("Andréia", "Sabóia", "Pompéia" etc.). Nomes e sobrenomes de pessoas mortas serão escritos de acordo com a ortografia vigente, o que também deve ocorrer com novos registros.

É de bom alvitre ressaltar que as letras k, y e w, com fundamento neste mesmo acordo ortográfico, só são usadas nos casos ali previstos, tidos como especiais, dentre os quais não se enquadram os nomes próprios, o que já impediria a qualificação registral positiva em muitos casos que adentram as Serventias Extrajudiciais diariamente. Outros, já registrados, em havendo regulamentação administrativa, sugestão a ser dada ao final deste artigo, comportariam retificações extrajudiciais por contrariarem o padrão da língua portuguesa.

Quanto aos elementos do nome, doutrinariamente, estabeleceu-se elementos fundamentais para o nome, sendo estes o prenome e os apelidos de família (patronímico ou nome familiar, mais comumente chamado de sobrenome). Prenome é o mesmo que nome individual, nome próprio da pessoa, que corresponde ao antigo nome de batismo e que vem em primeiro lugar na enunciação do nome completo, podendo ser simples ou composto.[38]

O prenome é simples se formado por apenas um vocábulo ou composto, se houver dois ou mais, havendo obrigatoriedade, no caso de gêmeos com mesmo prenome de serem duplos, de modo que possam ser diferenciados, de acordo com o art. 63, da Lei de Registros Públicos[39]. Nos demais casos, se não houver, conforme preconiza a lei, de nomes suscetíveis de expor seus portadores "ao ridículo", não há vedações expressas e com clareza suficiente na legislação brasileira.

---

36. BRASIL, Instituto Euclides da Cunha. *Formulário Ortográfico de 1943*. Disponível em: http://www.linguabrasil.com.br/nao-tropece-detail.php?id=779. Acesso em: 17 dez. 2019.
37. BRASIL, Senado Federal. *Acordo Ortográfico da Língua Portuguesa*. Disponível em: https://www2.senado.leg.br/bdsf/bitstream/handle/id/508145/000997415.pdf?sequence=1. Acesso em: 17 dez. 2019.
38. FRANÇA, Rubens Limongi. *Do Nome Civil das Pessoas Naturais*. 3 ed. rev. São Paulo: Ed. RT, 1975 e VELOSO, Zeno. *Direito Civil – Temas*. Pará: ANOREG, 2018.
39. FRANÇA, Rubens Limongi. *Do Nome Civil das Pessoas Naturais*. 3 ed. rev. São Paulo: Ed. RT, 1975.

O sobrenome, patronímico, nome ou apelido de família é o que se soma ao individual e vem após o mesmo. O meio fundamental de sua aquisição é a filiação, podendo advir da adoção (indiretamente vinculado à filiação, de toda forma), além do casamento. Fora dessas possibilidades, caso se pretenda, em determinado registro, colocar um nome civil que traga nomes de família sem origem verificada, o ato não será levado a termo pelo (a) Oficial (a) de Registro Civil.

Em decisão recente, o Superior Tribunal de Justiça, negou o acréscimo de sobrenome com intuito de prestar homenagem, sem que houvesse justificativa idônea, o que demonstra, de forma reflexa, que o nome de família d não depende de uma vontade apenas, mas observa certas regras. A esse respeito, o relator, Villas Bôas Cueva, destacou que a ancestralidade da criança foi preservada, pois foram acrescidos os sobrenomes do pai e da mãe, sendo dois maternos e um paterno.

> O pedido de acréscimo ao nome da criança do mencionado sobrenome de solteira da avó paterna, posteriormente alterado em virtude do casamento, não retrata um interesse de identificação social, mas explicita apenas questão de foro íntimo e vontade privada do genitor. O patronímico de uma criança não deve ficar à mercê de uma mera circunstância pessoal ou matemática por refugir ao interesse público e social que envolve o registro público.[40]

Nessa decisão, negou-se o acréscimo de nome de família ainda que comprovado o parentesco, o que é paradigmático em relação a outros pleitos que surgem no registro civil de genitores que pretendem importar, para os seus filhos e filhas, patronímicos que não possuem qualquer vínculo com sua procedência familiar. Para o Relator, então, com entendimento da Terceira Turma do Superior Tribunal de Justiça (STJ), não foi possível ao pai biológico acrescer ao nome da criança o sobrenome da bisavó paterna – o qual, no entanto, não fazia parte do nome do recorrente.

Adicionou, o Relator, acerca do seu posicionamento que não é justificável que se obrigue alguém a portar todos os nomes familiares das gerações passadas sem haver razão identificadora relevante e concreta para tanto, aduzindo o seguinte:

> A adição buscada revela, ao fim e ao cabo, mero capricho unilateral. Caso se considerasse o pedido do recorrente, qualquer traço do tronco ancestral de uma pessoa seria apto à alteração do nome, o que não se amolda à razoabilidade.[41]

Sobre isso, um exemplo interessante de ser destacado, que ocorre muito nas serventias de Registro Civil, é o desejo de pessoas de colocarem, em seus filhos e filhas, nomes de artistas e/ou jogadores de futebol, de forma a não diferenciar o que é prenome ou que é nome de família ou sobrenome, o que deve resultar em qualificação registral negativa por parte do (a) registrador (a) civil. Na Argentina, em recente

---

40. BRASIL, Superior Tribunal de Justiça. Inclusão de sobrenome em criança para homenagear família exige justificativa idônea. Disponível em: http://www.stj.jus.br/sites/portalp/Paginas/Comunicacao/Noticias/Inclusao-de-sobrenome-em-crianca-para-homenagear-familia-exige-justificativa-idonea.aspx. Acesso em: 17 dez. 2019.
41. Idem.

matéria veiculada em meio jornalístico, há proibição de os cartórios registrarem como prenomes aqueles que sejam sobrenomes (nomes de família), de modo a evitar confusão entre as pessoas.[42]

Ainda assim, com todas as bases hermenêuticas, não é incomum ver decisões judiciais que permitem registros anacrônicos, com inclusão de sobrenomes pertencentes a atletas ou a celebridades, de maneira que se faz urgente, também por esse viés, a regulamentação do nome civil através de lei ou de provimento administrativo.

No Brasil, embora não haja norma impositiva[43], um dos objetos de crítica neste estudo, no que toca à forma de composição do nome, é comum o nome de família materno preceder ao paterno, entretanto, sequer há obrigatoriedade de ambos constarem no registro, se assim for preferido pelo Declarante, havendo, obviamente, dois genitores no ato. Isso deve ser dito, porque há casos em que a mãe é a declarante, pois não houve paternidade declarada no momento de lavratura do assento.

Uma outra situação é quando o nome declarado repete um outro nome familiar, muito comum nos filhos do sexo masculino, novamente em consequência de um sistema patriarcal que reflete na seara jurídica, justificando a utilização apenas do nome de família do genitor, com adição do agnome, para diferenciação. Assim, nestes casos, constará apenas o nome de família materno, em razão da peculiaridade do caso.

Como elementos não fundamentais, podendo estar presentes ou não, foi visto acima o agnome, como exemplos estão "Júnior", "Filho", "Neto", "Sobrinho" "Segundo" etc., usados para homenagem, comumente, mas que possuem outras raízes sociais, com a finalidade de distinguir nomes iguais em diferentes gerações familiares. É um terceiro elementos que surge para complementar o nome[44].

Sobre as partículas do nome, como "de", "da, entre outras, há discussão se integram ou não o nome, entendendo-se que, se componentes do nome, não podem ser alteradas[45], conforme exemplo jurisprudencial abaixo relacionado:

> Direito civil. Recurso especial. Registros públicos. Retificação de registro civil. Nacionalidade portuguesa. Novo pedido. Retorno ao *status quo ante*. Impossibilidade. Ausência de justo motivo. Violação à segurança jurídica. Artigos analisados: arts. 54; 56 e 57 da lei 6.015/73.
>
> Ação de retificação de registro civil, ajuizada em 04.12.2008. Recurso especial concluso ao Gabinete em 24.06.2013.
>
> 2. Discussão relativa à possibilidade de alteração de registro civil de nascimento para restabelecimento no nome original das partes, já alterado por meio de outra ação judicial de retificação.
>
> 3. A regra geral, no direito brasileiro, é da imutabilidade ou definitividade do nome civil, mas são admitidas exceções. Nesse sentido, a Lei de Registros Públicos prevê, (i) no art. 56, a alteração

---

42. BRASIL, Estadão. *Messi recebe homenagens no Brasil e dá nome a crianças.* https://esportes.estadao.com.br/noticias/futebol,messi-recebe-homenagens-no-brasil-e-da-nome-a-criancas,1563479. Acesso em: 17 dez. 2019.
43. LOUREIRO, Luiz Guilherme. *Registros Públicos* – Teoria e Prática. São Paulo: Ed. Método, 2011.
44. VELOSO, 2018.
45. VELOSO, Zeno. *Direito Civil* – Temas. Pará: ANOREG, 2018.

do prenome, pelo interessado, no primeiro ano após ter atingido a maioridade civil, desde que não haja prejuízo aos apelidos de família e (ii) no art. 57, a alteração do nome, excepcional e motivadamente, mediante apreciação judicial, e após oitiva do MP.

4. O respeito aos apelidos de família e a preservação da segurança jurídica são sempre considerados antes de se deferir qualquer pedido de alteração de nome.

5. O registro público é de extrema importância para as relações sociais. Aliás, o que motiva a existência de registros públicos é exatamente a necessidade de conferir aos terceiros a segurança jurídica quanto às relações neles refletidas.

6. Uma vez que foram os próprios recorrentes, na ação anterior, que pediram a alteração de seus nomes, com o objetivo de obter a nacionalidade portuguesa e tiveram seu pedido atendido na integralidade, não podem, agora, simplesmente pretender o restabelecimento do *statu quo ante*, alegando que houve equívoco no pedido e que os custos de alteração de todos os seus documentos são muito elevados.

7. Ainda que a ação de retificação de registro civil se trate de um procedimento de jurisdição voluntária, em que não há lide, partes e formação da coisa julgada material, permitir sucessivas alterações nos registros públicos, de acordo com a conveniência das partes implica grave insegurança.

8. Se naquele primeiro momento, a alteração do nome dos recorrentes – leia-se: a supressão da partícula "DE" e inclusão da partícula "DOS" – não representou qualquer ameaça ou mácula aos seus direitos de personalidade, ou prejuízo à sua individualidade e autodeterminação, tanto que o requereram expressamente, agora, também não se vislumbra esse risco.

9. Recurso especial desprovido[46]

(grifos nossos).

A esse respeito, cabe mencionar a conjunção "y" na língua espanhola, assim com as demais partículas, "del" e "de la". Em relação à primeira, é comum unir os nomes de família materno e paterno por essa conjunção para demarcar, de forma mais evidente a origem de cada um dos sobrenomes.[47]

Outros elementos do nome, como os pseudônimos, em que pese sua importância, não interessam tanto para o propósito deste artigo, mas, apenas para que não fique sem uma devida explicação, não se trata de um nome falso, mas de um substitutivo da designação personativa, usado para identificar um sujeito em determinada atividade que ele desempenhe, tendo, portanto, sua utilização limitada[48].

No próximo capítulo, com base nas reflexões empreendidas durante este estudo, pretende-se apresentar uma minuta, como proposta inicial para uma normatização, via Provimento, do nome civil da pessoa natural, algo que seria de muita utilidade prática e que poderia lançar ideia para uma legislação completa e minuciosa sobre o tema.

---

46. BRASIL, Superior Tribunal de Justiça. REsp 1412260/SP, Rel. Ministra Nancy Andrighi, Terceira Turma, julgado em 15/05/2014, DJe 22/05/2014. Disponível em: http://www.kollemata.com.br/login/e1ba0076e07c-c473374b3529f27119a478c93550. Acesso em: 03 dez. 2019.
47. PÉREZ, Enrique Antonio Fernández. *El Nombre Y Los Apellidos*. Su Regulación em Derecho Español Y Comparado. Tesis Doctoral, Sevilla, Curso 2014/2015.
48. FRANÇA, Rubens Limongi. *Do Nome Civil das Pessoas Naturais*. 3 ed. rev. São Paulo: Ed. RT, 1975.

4. PROPOSTA/MINUTA DE PROVIMENTO ADMINISTRATIVO PARA REGRAMENTO DO NOME CIVIL

Com base no tema deste artigo e com as fundamentações teóricas apresentadas, apresenta-se, de forma minutada, uma proposta para o regramento do nome civil, por meio de um Provimento Administrativo, de lavra da Corregedoria Nacional de Justiça – CNJ. Ressalte-se que não se trata de uma proposta definitiva, mas de uma maneira de fomentar debates e acolher mais sugestões, dentro dos limites construídos neste artigo, iniciando-se um caminho para a regulamentação do nome civil da pessoa natural.

Tal regramento não é apenas um capricho acadêmico ou mais uma criação legislativa, por meio de Provimento, como poderiam sugerir alguns, mas de uma necessidade prática para a atividade registral civil, uma vez que esse tema, presente no cotidiano dos (as) Oficiais e Oficialas de Registro causa muitas dúvidas, em virtude da ausência de uma base normativa objetiva, em que as decisões possam ser fundamentadas e menos questionadas por usuários do serviço. Nesse sentido, apresenta-se a proposta abaixo para reflexão:

PROVIMENTO Nº XX, DE ___ DE _____DE _____

Dispõe sobre o nome civil da pessoa natural para padronizar a qualificação registral pelo Registro Civil e dá outras providencias.

O **CORREGEDOR NACIONAL DA JUSTIÇA**, usando de suas atribuições constitucionais, legais e regimentais e

CONSIDERANDO o poder de fiscalização e de normatização do Poder Judiciário dos atos praticados por seus órgãos (art. 103-B, § 4º, I, II e III, da Constituição Federal de 1988);

CONSIDERANDO a competência do Poder Judiciário de fiscalizar os serviços extrajudiciais (arts. 103-B, § 4º, I e III, e 236, § 1º, da Constituição Federal);

CONSIDERANDO a competência do Corregedor Nacional de Justiça de expedir provimentos e outros atos normativos destinados ao aperfeiçoamento das atividades dos ofícios de Registro Civil das Pessoas Naturais (art. 8º, X, do Regimento Interno do Conselho Nacional de Justiça);

CONSIDERANDO a obrigação dos Oficiais de Registro Civil das Pessoas Naturais de cumprir as normas técnicas estabelecidas pelo Poder Judiciário (arts. 37 e 38 da Lei nº 8.935, de 18 de novembro de 1994); **CONSIDERANDO** que é direito da personalidade ter um nome, nele compreendidos o prenome e o sobrenome (art. 16, da Lei nº 10.406, de 10 de janeiro de 2002, Código de Processo Civil), e que ter o patronímico familiar dos seus genitores consiste no retrato da identidade da pessoa, em sintonia com princípio fundamental da dignidade humana;

CONSIDERANDO a necessidade de uniformização da nomenclatura utilizada para os elementos do nome;

CONSIDERANDO a vigência do novo acordo ortográfico e os demais padrões e normas da língua portuguesa (projeto de texto de ortografia unificada de língua portuguesa aprovado em Lisboa, em 12 de outubro de 1990, pela Academia das Ciências de Lisboa, Academia Brasileira de Letras e delegações de Angola, Cabo Verde, Guiné-Bissau, Moçambique e São Tomé e Príncipe, com a adesão da delegação de observadores da Galiza)

CONSIDERANDO a necessidade de regulamentação do nome civil, a partir do disposto no art. 6.015/1973, cujo teor fala de nomes não suscetíveis a registro, mas de forma subjetiva (art. 55, Lei 6.015/73, que fala em "exposição ao ridículo);

RESOLVE:

Art. 1º. O nome civil da pessoa natural será composto pelos seguintes elementos mínimos, fundamentais para o seu registro, considerando esta a nomenclatura uniforme a ser utilizada:

I. Prenome, podendo ser simples ou composto, entendido como o nome individual que designa uma pessoa;

II. Nome de Família ou Sobrenome, entendendo-se como o que vem após o prenome ou nome individual, o qual deve ser adquirido por origem familiar;

III. Agnome, entendido como sinal distintivo e utilizado apenas quando tiver por objetivo evitar homonímias na mesma família, em diferentes gerações, quando houver uso de mesmo prenome e nome de família por membros da entidade familiar

§ 1º Fica proibida a utilização de nomes de família (sobrenomes) que não possam ser verificados pelo Registrador por meio documental.

§ 2º Havendo alteração do nome civil que contenha Agnome, por qualquer motivo, o mesmo deverá ser suprimido, em razão de sua desnecessidade.

§ 3º Os Apelidos, também conhecidos como Alcunhas, terão uso restrito ao indivíduo que os adquiriu, não podendo ser adquiridos por outros familiares, uma vez que designam características individuais e intransmissíveis.

Art. 2º O nome civil submetido a registro deverá obedecer à norma culta da língua portuguesa, em grafia e fonia, em especial, ao Novo Acordo Ortográfico, em vigor desde 1994.

§ 1º Os nomes registrados anteriormente a este Provimento Administrativo, em desacordo com a língua portuguesa, sejam em grafia ou fonia, permanecerão como lavrados, podendo ser retificados, por pedido a ser efetuado, perante o (a) Registrador (a) Civil, pelo interessado (a).

§ 2º O procedimento administrativo previsto no parágrafo anterior não depende de autorização judicial.

Art. 3º O nome civil da pessoa natural conterá, em sua composição, o prenome e do nome de família (sobrenome), obrigatoriamente, sendo este último composto dos sobrenomes de ambos os genitores, sem ordem previamente estabelecida, não podendo conter apenas o paterno e/ou materno, exceto em casos especiais de ausência do genitor, em que contará apenas com o nome de família materno

§ 1º Se o filho (a) menor de idade tiver, em seu nome, apenas o nome de família de um dos genitores, aquele preterido poderá, junto ao Registro Civil das Pessoas Naturais requerer a averbação respectiva sem a anuência do outro genitor;

§ 2º A certidão de nascimento será emitida com o acréscimo do patronímico do genitor ao nome do filho no respectivo campo, sem fazer menção expressa sobre a alteração ou seu motivo, devendo fazer referência no campo 'observações' ao parágrafo único do art. 21 da lei 6.015, de 31 de dezembro de 1973.

§ 3º O procedimento administrativo previsto no parágrafo primeiro não depende de autorização judicial.

Art. 4º Para efeito de aplicação do art. 55, da Lei 6.015/1973, nomes que exponham o seu portador ao ridículo serão aqueles em desacordo com este Provimento, bem como outros que, considerando os usos e costumes, ofendam a ordem pública e possam causar prejuízos particulares ao indivíduo, considerando o princípio da dignidade humana.

Art. 5º As demais alterações do nome civil, inclusive aquelas previstas em outros Provimentos, como o Provimento 73/2018, que dispõe sobre alteração de Prenome e Gênero, devem obedecer aos critérios deste Provimento.

Art. 6º Para os fins deste provimento deverão ser respeitadas as tabelas estaduais de emolumentos, bem como as normas referentes à gratuidade de atos, quando for o caso.

Art. 7º Este provimento entra em vigor na data de sua publicação.

Ministro

Corregedor Nacional de Justiça

5. CONCLUSÃO

O presente artigo buscou analisar, em breves linhas, a qualificação registral do nome civil da pessoa natural por parte do Oficial de Registro Civil. Qualificar um título é uma função essencial da atividade registral. Em que pese haver estranhamento, em seu cotidiano, o registrador civil se depara com diferentes meios de titulação, devendo nortear suas decisões de forma fundamentada com a ordem jurídica vigente.

Nesse aspecto, as Declarações de Nascido Vivo – DNV's e as Declarações de Óbito – DO's, são documentos essenciais para a qualificação registral no nascimento e no óbito, respectivamente. Compõem, junto à declaração verbal de conhecimento, trazida pelo Declarante (em que consta o nome civil pretendido, no caso do nascimento), uma titulação complexa para subsidiar a qualificação do (a) registrador (a).

Ora, se mencionar a existência de títulos registráveis e averbáveis no Registro Civil e a necessidade de sua qualificação pelo registrador ou registradora já é incomum, falar em qualificação do nome civil é ainda mais desafiador, a uma, porque não existe uma legislação suficiente que regule o tema e os dispositivos existentes são por demais subjetivos e, alguns, como visto em relação à preferência pelo sobrenome (nome de família) paterno, ultrapassados e preconceituosos.

Sabe-se que, doutrinariamente, o nome civil traz, em seu bojo, elementos de direito, vinculados fortemente à personalidade e à dignidade humanas, mas também tem suas facetas obrigacionais, o que exige um sopesamento constante entre o que fica no âmbito individual e o que extrapola para a necessidade de regulamentação e controle da ordem pública.

Os princípios que regem o nome, como o da imutabilidade, por exemplo, têm sofrido mitigações necessárias, diga-se, para que as demandas da sociedade sejam adaptadas, mas é certo que o nome civil carece, na legislação brasileira, de um normativo que comporte a sua complexidade. Não é recomendável deixar ao sabor da discricionariedade, seja do (a) Registrador (a) Civil, seja do (a) Juiz (a) Corregedor

Permanente, a valoração do que é "exposição ao ridículo", como disposto no art. 55, da Lei 6.015, de 1973, sem que haja um balizamento de apoio para os intérpretes da lei.

Uma outra questão abordada é a ausência de uniformidade na nomenclatura dos elementos do nome civil, trazendo confusão às pessoas no geral, o que leva a muitos equívocos registrais. Não é menor o problema relativo às grafias dos nomes, muitos registrados em desacordo com o padrão da norma culta da língua portuguesa, com estrangeirismos que poderiam ser vetados, falta de acentuação e formas de escrita do prenome, principalmente, ao critério de quem o coloca.

Assim, em que pese o fato de colocar o nome ser um direito, com base na doutrina estudada, o fato de ter relevância para a ordem pública submete o nome civil a regras mínimas. É certo que essas limitações não estão dispostas ainda em qualquer legislação e/ou provimento administrativo, ao menos não da forma como propõe este artigo, mas que merece essa reflexão.

É certo que a proposta em forma de minuta presente no subtópico 4 deste estudo não se esgota e abre uma possibilidade de debate que pode ser frutífero e resultar em um começo para que o nome civil, essencial não apenas para o campo jurídico, posto que permeia a vida em sociedade desde tempos remotos, a ponto de não saber em que tempo se iniciou, engloba as relações sociais de maneira muito mais profunda, individualizando as pessoas entre si e fazendo-as conhecidas nos variados ambientes em que trafegam.

A tutela jurídica do nome, que precisa se perfazer em enunciados normativos, engloba sua complexidade e se fundamenta em interesse protegidos. Implica que sua defesa se faça em duas vertentes, uma pública, que envolvem elementos penais, administrativos e registrais e outra privada para que o seu titular disponha de instrumentos para seu exercício e defesa, se for o caso.

São essas duas vertentes, pública e privada, que justificam proteção penal e civil do nome, mas que também requerem, do poder público, regras claras para sua existência inicial. Somente mediante normatização, uniformização de nomenclatura, obediência aos padrões gramaticais, limitações a estrangeiros e formas de composição com base em padrões mínimos é que o Poder Público poderá fazer jus à centralidade do nome civil da pessoa natural para a dignidade humana.

6. REFERÊNCIAS

BRASIL, Instituto Euclides da Cunha. Formulário Ortográfico de 1943. Disponível em: http://www.linguabrasil.com.br/nao-tropece-detail.php?id=779. Acesso em: 17 dez. 2019.

BRASIL. Decreto-Lei 5.186, de 13 de janeiro de 1943. Disponível em: https://www2.camara.leg.br/legin/fed/declei/1940-1949/decreto-lei-5186-13-janeiro-1943-415160-publicacaooriginal-1-pe.html. Acesso em: 03 dez. 2019.

BRASIL, Senado Federal. Acordo Ortográfico da Língua Portuguesa. Disponível em: https://www2.senado.leg.br/bdsf/bitstream/handle/id/508145/000997415.pdf?sequence=1. Acesso em: 17 dez. 2019.

BRASIL, Estadão. Messi recebe homenagens no Brasil e dá nome a crianças. Disponível em: https://esportes.estadao.com.br/noticias/futebol,messi-recebe-homenagens-no-brasil-e-da-nome-a-criancas,1563479. Acesso em: 17 dez. 2019.

BRASIL, Lei 6.015/1973. Dispõe sobre os registros públicos, e dá outras providências. Disponível em: http://www.planalto.gov.br/ccivil_03/leis/L6015compilada.htm. Acesso em 13 de dezembro de 2019.

BRASIL, Superior Tribunal de Justiça. REsp 1412260/SP, Rel. Ministra Nancy Andrighi, Terceira Turma, julgado em 15.05.2014, DJe 22.05.2014. Disponível em: http://www.kollemata.com.br/login/e1ba-0076e07cc473374b3529f27119a478c93550. Acesso em: 03 dez. 2019.

BRASIL, Superior Tribunal de Justiça. Inclusão de sobrenome em criança para homenagear família exige justificativa idônea. Disponível em: http://www.stj.jus.br/sites/portalp/Paginas/Comunicacao/Noticias/Inclusao-de-sobrenome-em-crianca-para-homenagear-familia-exige-justificativa-idonea.aspx. Acesso em: 17 dez. 2019.

BRASIL, Conselho Nacional de Justiça. Provimento 82/2019. Disponível em: https://www.anoreg.org.br/site/2019/07/04/provimento-no-82-do-cnj-padroniza-nacionalmente-procedimentos-de-alteracao-do-nome-do-genitor/. Acesso em: 03 dez. 2019.

CASSETARI, Christiano. *Elementos de Direito Civil*. 7 ed. São Paulo: Saraiva Educação, 2019.

DIP, Ricardo. *Registro de Imóveis* (Princípios). São Paulo: Editora Primus, 2017.

FRANÇA, Rubens Limongi. *Do Nome Civil das Pessoas Naturais*. 3 ed. rev. São Paulo: Ed. RT, 1975.

LOUREIRO, Luiz Guilherme. *Registros Públicos* – Teoria e Prática. São Paulo: Ed. Método, 2011.

LUCÁN, María Ángeles Parra. Documentos Auténticos Para Practicar Inscripciones. In: GÓMEZ, José Antonio Cobacho et al (Org.). *Comentarios a La Ley Del Registro Civil*. (Navarra: Aranzadi, 2012.

LUCES GIL, F. *Derecho Registral Civil*. Barcelona: Bosch, 1976.

LUCES GIL, F. F. Concepto, Naturaleza, y Caracteres Jurídicos del Nombre. *Revista General de Legislación y Jurisprudencia*, n. 6, 1977.

ONU. Organização das Nações Unidas. Declaração Universal dos Direitos Humanos. Disponível em: https://nacoesunidas.org/wp-content/uploads/2018/10/DUDH.pdf. Acesso em: 16 dez. 2019.

ORGAZ, Alfredo. *Las Personas humanas* – esencia y existencia, Argentina, Hammurabi – Jose Luis Depalma, Editor, 2000.

PÉREZ, Enrique Antonio Fernández. *El Nombre Y Los Apellidos*. Su Regulación em Derecho Español Y Comparado. Tesis Doctoral, Sevilla, Curso 2014/2015.

PETIT, Eugène. *Tratado Elemental de Derecho Romano*. México: Editorial Parrúa, 23 Edição, 2007.

PRATA, Edson. *Jurisdição Voluntária*. São Paulo: EUD, 1979.

RALUY, José Pere. *Derecho del Registro Civil*. Madri: Aguilar, 1962. t. I.

RUÍZ, Jorge Fernández. *El Registro Del Estado Civil de Las Personas*. Disponível em: www.juridicas.unam.mx. Acesso em: 11 dez. 2019.

SALÈ, Riccardo Omodei. Dello Stato Civile. In: ZACCARIA, Alessio (Org.). *Commentario all'Ordinamento dello Stato Civile*. Santarcangelo di Romagna: Maggioli Editore, 2013.

TIZIANI, Marcelo Gonçalves. *Títulos no Registro Civil das Pessoas Naturais*. Disponível em: https://jus.com.br/artigos/50153/titulos-no-registro-civil-das-pessoas-naturais. Acesso em: 09 de novembro de 2019.

TIZIANI, Marcelo Gonçalves. Marcelo Gonçalves. Diversas Faces do Registro Civil das Pessoas Naturais. Disponível em: https://jus.com.br/artigos/41746/as-diversas-acepcoes-do-termo-registro-civil-das--pessoas-naturais. Acesso em: 10 dez. 2019.

VELOSO, Zeno. *Direito Civil* – Temas. Pará: ANOREG, 2018.

DOS IMPACTOS DAS ALTERAÇÕES DE NOME E GÊNERO REALIZADOS COM BASE NO PROVIMENTO 73/2018 NOS ASSENTOS DE TERCEIROS E A NECESSIDADE DE COMPATIBILIZAÇÃO

Artur Osmar Novaes Bezerra Cavalcanti

Mestre em Direito pela UFPE. Especialista em Direito Tributário pelo IBET. Especialista em Direito Notarial e Registral pela Anhanguera/Uniderp. Graduado em Direito pela UNICAP-PE. Registrador Civil das Pessoas Naturais de Carpina-PE com ingresso mediante concurso público.

Resumo: O presente trabalho tem por objetivo conciliar o procedimento de alteração de nome e gênero realizada diretamente nas Serventias do Registro Civil, com base no Provimento 73 do Conselho Nacional de Justiça, com o conteúdo dos assentos de terceiros, observando a necessidade de se preservar a sistemática e publicidade registral, para que as certidões emitidas observem a verdade real e atual, de modo a evitar possíveis falhas em razão do disposto no artigo 8º do citado provimento.

Sumário: 1. Considerações iniciais – 2. Da possibilidade de alteração de nome e sexo diretamente no registro civil em virtude do provimento 73 do conselho nacional de justiça – 3. O conteúdo dos assentos de nascimento, casamento e óbito e suas certidões – 4. Artigo 8º do provimento 73 do CNJ, segurança jurídica e a verdade atual – 5. Uma possível conciliação de forma plenamente extrajudicial utilizando-se a sistemática existente – 6. Referências.

1. CONSIDERAÇÕES INICIAIS

Com a entrada em vigor do Provimento 73/2018[1] ocorreu uma verdadeira mudança de paradigma no âmbito das Serventias de Registro Civil das Pessoas Naturais – RCPN. Isso em virtude de o provimento (com base na decisão do Supremo Tribunal Federal) ter possibilitado que a alteração de nome e gênero seja realizada diretamente nas serventias, de forma totalmente administrativa, sem ingerência do poder judiciário.

Verdadeira mudança de paradigma, pois não só foi reconhecida a capacidade técnica dos registradores mas, também, abriu uma enorme porta para que em momento futuro, outros tipos de alterações, de mesma ou até maior magnitude, sejam

---

1. Conselho Nacional DE Justiça. Provimento 73 de 28 de junho de 2018. Brasília, DF. Disponível em: https://atos.cnj.jus.br/atos/detalhar/2623. Acesso em: 30 nov. 2019.

realizadas administrativamente, o que evidentemente é um enorme benefício para a sociedade, principalmente em virtude da enorme agilidade que se ganha, quando comparado a um processo judicial, bem como, em razão da capilaridade própria dos Registros Civis das Pessoas Naturais, os quais estão até mesmo em pequenos e longínquos distritos.

Entretanto, apesar do grande avanço de se reconhecer a possibilidade de se realizar essa alteração diretamente nas Serventias do Registro Civil, o Provimento 73, no Artigo 8º, estabeleceu que averbação da alteração no registro de nascimento dos descendentes dependerá de anuência deles, quando maiores ou de ambos os pais no caso de incapazes e, quando for se averbar tal alteração no assento de casamento, há necessidade de anuência do outro cônjuge.

Diante dessas determinações, como preservar a sistemática registral e a necessidade de que os assentos reflitam a verdade, abrindo um caminho para a possibilidade de divergência entre, por exemplo, o nascimento do transgênero que fez a alteração e o seu próprio casamento ou nascimento de seu filho? Além disso, como conciliar os diferentes interesses existentes na situação, a da pessoa que fez a alteração com o da pessoa que resiste ou se nega a fornecer a anuência exigida pelo artigo 8º? Tais problemas e eventuais soluções é o que se pretende examinar no presente estudo.

2. DA POSSIBILIDADE DE ALTERAÇÃO DE NOME E SEXO DIRETAMENTE NO REGISTRO CIVIL EM VIRTUDE DO PROVIMENTO 73 DO CONSELHO NACIONAL DE JUSTIÇA

O Conselho Nacional de Justiça editou em 28 de junho de 2018 o Provimento nº 73 que disciplina a averbação da alteração de prenome e gênero nos assentos de nascimento e de casamento de pessoas transgêneros diretamente nas serventias do Registro Civil.

Tal normativa surgiu em virtude da orientação determinada pelo Supremo Tribunal Federal quando do julgamento da ADI 4275/DF[2] em que foi conferido ao artigo 58 da Lei de Registros Públicos interpretação conforme a Constituição para reconhecer o direito da pessoa transgênero à alteração de prenome e gênero de forma administrativa nas serventias do Registro Civil das Pessoas Naturais:

ADI 4275 / DF Direito Constitucional e Registral. Pessoa transgênero. Alteração de prenome e do sexo no registro civil. Possibilidade. Direito ao nome, ao reconhecimento da personalidade jurídica, à liberdade pessoal, à honra e à dignidade. Inexigibilidade de cirurgia de transgenitalização ou da realização de tratamentos hormonais ou patologizantes. 1. O direito à igualdade sem discriminações abrange a identidade ou expressão de gênero. 2. A identidade de gênero é manifestação da própria personalidade da pessoa humana e, como tal, cabe ao Estado apenas o papel de reconhecê-la, nunca de constituí-la. 3. A pessoa transgênero que comprove sua identi-

---

2. Supremo Tribunal Federal. Ação Declaratória de Inconstitucionalidade 4275/DF. Relator: Min. Marco Aurélio. Brasília, DF. Disponível em: http://portal.stf.jus.br/processos/detalhe.asp?incidente=2691371. Acesso em: 1º dez. 2019.

dade de gênero dissonante daquela que lhe foi designada ao nascer por autoidentificação firmada em declaração escrita desta sua vontade dispõe do direito fundamental subjetivo à alteração do pronome e da classificação do gênero no registro civil pela via administrativa ou judicial, independentemente de procedimento cirúrgico e laudos de terceiros, por se tratar de tema relativo ao direito fundamental ao livre desenvolvimento da personalidade. 4. Ação direta julgada procedente.

O CNJ criou um procedimento por meio do qual o interessado, sem necessidade de realização de cirurgia de redesignação ou realização de tratamentos hormonais, pode comparecer a qualquer serventia do Registro Civil e, com base, unicamente na autonomia de sua vontade, solicitar, com a apresentação da documentação exigida, que o Registrador proceda a averbação em seu assento da mudança de prenome e sexo.

Esclareça-se que em que pese a decisão falar em gênero e o provimento do CNJ tratar de "alteração de nome e gênero", inexiste tal informação nos assentos de nascimento, Marcia Fidelis a esse respeito[3] comenta se tratar de atecnia, pois o que se altera realmente é o sexo, visto que gênero sequer integra os dados constantes do Registro Civil de Nascimento, como abaixo se verificará, ademais o gênero é autopercebido, diferentemente do sexo que é característica fisiológica.

Outro ponto importante em relação ao Provimento 73/2019 é que não há na normativa permissão para alteração de nome sem alteração de gênero. Pode-se afirmar que a alteração de gênero é o principal e a alteração de nome deve vir a reboque, como forma acessória de fazer com que o nome corresponda ao gênero/sexo inscrito no assento de nascimento. Tal leitura decorre do próprio artigo 2º do Provimento 73, *caput*: "Toda pessoa maior de 18 anos completos habilitada à prática de todos os atos da vida civil poderá requerer ao ofício do RCPN a alteração do prenome e gênero, a fim de adequá-los à identidade autopercebida"[4].

Sobre esse ponto, muitas vezes a redação dos artigos 3º e 4º, podem, a princípio, gerar dúvidas, pois neles se lê "averbação do prenome, do gênero ou de ambos", mas advém do fato de que muitas pessoas *trans*, antes da entrada em vigor da norma administrativa, haviam conseguido, por meio do poder judiciário, averbar a mudança de nome ou de sexo, sem, contudo, que o procedimento fosse "completo" e, nesses casos, utilizando-se do 73 agora é possível realizar a adequação remanescente.

Além disso, a alteração no nome que é permitida pelo Provimento 73, diz respeito apenas ao prenome, que pode ser simples ou composto, independentemente de o originário ser simples ou composto, não podendo haver qualquer alteração em relação ao nome de família.

---

3. CNJ padroniza alteração de nome de pessoas trans em cartório; burocracia imposta por conselho é criticada por especialistas. IBDFam, 29.06.2018. Disponível em: http://www.ibdfam.org.br/noticias/6681/CNJ+padroniza+altera%C3%A7%C3%A3o+de+nome+de+pessoas+trans+em+cart%C3%B3rio%3B+burocracia+imposta+por+conselho+%C3%A9+criticada+por+especialistas. Acesso em: 02 dez. 2019.

4. Conselho Nacional de Justiça. Provimento 73 de 28 de junho de 2018. Brasília, DF. Disponível em: https://atos.cnj.jus.br/atos/detalhar/2623. Acesso em: 30 nov. 2019.

Limongi França[5] esclarece que o prenome corresponde ao nome individual, coloquialmente chamado de primeiro nome, e que este pode ser simples ou composto.

Já o nome de família não pode ser alterado com a utilização do Provimento 73 justamente por ter a função, segundo o mesmo autor, de identificar e designar "a família a que o sujeito pertence" e, por óbvio, não há alteração quanto a família da pessoa que realiza a mudança de nome e gênero.

Ademais, no regramento quanto ao nome, o provimento veda a utilização de prenome idêntico ao de pessoa da mesma família e possibilita a inclusão ou exclusão de agnomes indicativos de gênero ou de descendência.

Agnome na classificação de Limongi França, é elemento secundário (aqueles sem os quais a designação personativa pode subsistir perante a lei e o vulgo)[6], também chamado de elemento assessório por Leonardo Brandelli[7], visto que pode ou não existir (nem todo nome completo possui agnome), complementando o nome, ao final, como sinal distintivo de algum parente ou com o objetivo de homenageá-lo, nas palavras de Zeno Veloso[8], mas principalmente com o intuito de identificar dentre os membros da mesma família, geralmente diferentes gerações, que possuem o exato mesmo prenome e nome de família. Ou seja, realmente se houver alteração no prenome e a identidade deixou de existir, não há razão para a manutenção do agnome, assim como, em sentido diametralmente oposto, se a identidade passou a existir, igualdade de nomes entre dois membros do mesmo grupo familiar, pode haver o acrescido do agnome (para realizar a identificação pessoal), não se confundindo esse, com os nomes de família.

Realizadas tais observações e, tendo em vista que o intuito do presente estudo é verificar e compatibilizar essas alterações com assentos e documentos de terceiros, não há razão para se pormenorizar a parte procedimental da mudança, bem como elencar a lista de documentos necessária, haja vista que tal informação pode ser facilmente apreendida com a leitura do provimento 73.

Quando aqui se refere a compatibilizar as alterações com assentos de terceiros, quer se explicar, os efeitos de eventual mudança realizada em assentos de quem do ato não participou.

Para o propósito deste, deve-se observar a disposição contida no Artigo 8°, *in verbis*:

> Art. 8° Finalizado o procedimento de alteração no assento, o ofício do RCPN no qual se processou a alteração, às expensas da pessoa requerente, comunicará o ato oficialmente aos órgãos expedidores do RG, ICN, CPF e passaporte, bem como ao Tribunal Regional Eleitoral (TRE).

---

5. LIMONGI FRANÇA. Rubens. *Do nome Civil das Pessoas Naturais.* 3. ed. São Paulo: Ed. RT, 1975. p. 57
6. LIMONGI FRANÇA. Rubens. *Do nome Civil das Pessoas Naturais.* 3. ed. São Paulo: Ed. RT, 1975. p. 59-60
7. BRANDELLI, Leonardo. *Nome Civil da Pessoa Natural.* São Paulo: Saraiva, 2012.
8. VELOSO, Zeno. *Direito Civil Temas.* Belém: Anoreg-PA, 2018.

§ 1º A pessoa requerente deverá providenciar a alteração nos demais registros que digam respeito, direta ou indiretamente, a sua identificação e nos documentos pessoais.

§ 2º A subsequente averbação da alteração do prenome e do gênero no registro de nascimento dos descendentes da pessoa requerente dependerá da anuência deles quando relativamente capazes ou maiores, bem como da de ambos os pais.

§ 3º A subsequente averbação da alteração do prenome e do gênero no registro de casamento dependerá da anuência do cônjuge.

§ 4º Havendo discordância dos pais ou do cônjuge quanto à averbação mencionada nos parágrafos anteriores, o consentimento deverá ser suprido judicialmente.

Desse dispositivo podem-se extrair de imediato alguns arremates. O primeiro deles é que o procedimento de alteração de nome e sexo deve ser realizado, inicialmente, por meio de averbação no assento de nascimento do interessado. Apenas após finalizado a alteração no nascimento, os demais documentos pessoais devem ser alterados.

Tal fato demonstra a importância do assento de nascimento e que dele, todos os demais documentos e a "vida jurídica" se iniciam e nele se "amoldam". A esse respeito Waldir de Pinho Veloso escreveu:

> A certidão de nascimento é o primeiro e mais valioso documento que todo mundo tem. Parece extremamente simples. Há um domínio universal de que, com a certidão de nascimento, conseguem-se outros documentos e o exercício de direitos, como matrícula em escola, cartão de vacina, documento de identidade, inscrição no Cadastro de Pessoa Física, Título de Eleitor, obrigações perante o Serviço Militar e tantos outros. A certidão de nascimento é o documento estende a cidadania. É o ponto inicial.[9]

Um parêntese há de ser aberto, e esse diz respeito ao brasileiro naturalizado. Não obstante o disposto no artigo 12, §2º da Constituição Federal[10] afirmar que: "A lei não poderá estabelecer distinção entre brasileiros natos e naturalizados, salvo nos casos previstos nesta Constituição.", na situação específica do provimento 73, por questões procedimentais o naturalizado fica quase que impedido de, de forma administrativa, realizar a alteração. Isso se dá, em virtude de não existir qualquer tipo de assento nas Serventias do Registro Civil das Pessoas Naturais que digam respeito ao Brasileiro Naturalizado, o que poderia ser facilmente solucionado com o Registro no Livro-E do Certificado de Naturalização (documento antigo) ou, a partir da Lei 13.445 (lei de migração), da Portaria de Naturalização, publicada no Diário Oficial da União[11], conforme o art. 73: "A naturalização produz efeitos após a publicação no Diário Oficial do ato de naturalização". Um procedimento dessa forma, extremamente simples, possibilitaria que o Registrador Civil, a pedido do naturalizado, efetuasse averbações posteriores, dando a devida publicidade registral.

---

9. VELOSO, Waldir Pinho. *Registro Civil das Pessoas Naturais*. Curitiba: Juruá. 2013 p. 30.

10. BRASIL, Constituição (1988), artigo 12. Disponível em: http://www.planalto.gov.br/ccivil_03/constituicao/constituicao.htm. Acesso em: 03 dez. 2019

11. BRASIL, Lei 13.445 de 24 de maio de 2017, artigo 73. Disponível em: http://www.planalto.gov.br/ccivil_03/_Ato2015-2018/2017/Lei/L13445.htm Acesso em: 03 dez. 2019.

O Oficial do Registro Civil, providenciará a remessa de comunicações aos órgãos expedidores do RG, ICN, CPF, Passaporte, bem como ao TRE, podendo tais comunicações, desde que haja prévio convênio ser enviadas por meio da Central do Registro Civil (CRC) ou de outro modo eletrônico. Tais comunicações, conforme expressamente afirma o provimento, devem ser custeadas pelo requerente, o qual se compromete a realizar as alterações em seus demais documentos. Isso ocorre pois, em que pese o Oficial do Registro Civil realizar as comunicações necessárias, tal não implica em imediata alteração dos documentos pessoais, sendo que essas apenas ocorrerão quando o interessado solicitar aos respectivos órgãos.

A respeito dessas comunicações, em que pese o artigo 9º, parágrafo único, estabelecer que o Registrador "deverá observar as normas legais referentes à gratuidade dos atos", tal gratuidade diz respeito única e exclusivamente ao procedimento interno realizado na serventia, ou seja, elaboração do processo administrativo, que ao fim, culminará na averbação e emissão da respectiva certidão, já com a alteração solicitada. Ou seja, se for necessária a realização de comunicação, com a utilização, por exemplo, de serviço postal, essa deve ser paga pelo requerente, visto que, a gratuidade atualmente existente não pode ser imposta, por exemplo, a Empresa Brasileira de Correios e Telégrafos.

Já o disposto nos §2º, §3º e §4º do Artigo 8º dizem respeito diretamente ao tema do presente estudo, pois estes dispositivos exigem, para que a alteração de nome e gênero seja realiza em assentos de "terceiros", quais sejam, os descendentes daquele que realizou a mudança ou no de seu próprio casamento, ressalvando que o terceiro neste caso é o cônjuge que haja anuência deles e, caso inexista tal consentimento, há necessidade de se proceder a um suprimento judicial.

Uma segunda conclusão do dispositivo transcrito é: mesmo que inexista a possibilidade de que terceiro impeça a realização da alteração, pois essa é, como visto, realizada inicialmente no assento de nascimento e neste não se poderia exigir qualquer tipo de anuência, podemos enfrentar na prática uma situação na qual a alteração de nome e gênero foi realizada (no nascimento) e posteriormente não foi possível a alteração em outros assentos, justamente por que não houve a concordância de terceiros. Para tanto, primordial que vejamos quais conteúdos são elementares nos assentos de nascimento, casamento e óbito, de acordo com a Lei de Registros Públicos.

3. O CONTEÚDO DOS ASSENTOS DE NASCIMENTO, CASAMENTO E ÓBITO E SUAS CERTIDÕES

A Lei 6.015 de 31 de dezembro de 1973[12], conhecida como Lei de Registros Públicos é no ordenamento pátrio a norma primordial que disciplina o conteúdo dos assentos existentes nos registros públicos e, portanto, nos assentos existentes nas serventias dos Registros Civis da Pessoas Naturais, dos quais aqui trataremos.

---

12. BRASIL, Lei 6.015 de 1976. Disponível em: http://www.planalto.gov.br/ccivil_03/leis/L6015compilada. htm. Acesso em: 03 dez. 2019.

DOS IMPACTOS DAS ALTERAÇÕES DE NOME E GÊNERO REALIZADOS COM BASE NO PROVIMENTO 73/2018

A Lei de Registros Públicos – LRP foi promulgada em 31 de dezembro de 1973, e, ainda que tenham ocorrido alterações no texto, grande parte permaneceu intocada ou, mesmo que alterada, com o espírito da época, razão pela qual, ao ser aplicada nos dias de hoje, quase que 46 anos depois, há de perceber que a norma que se extrai daquele texto, não é aquela de outrora, mas uma norma que necessariamente tem que ser compatível com o seu fundamento da validade atual, a Constituição de 1988. Tal observação é de extrema importância quando se aplica e interpreta a LRP nos dias atuais, pois diversos de seus comandos, se interpretados apenas de forma literal, não são mais compatíveis com a Constituição Federal.

Iniciando o exame pelo conteúdo do assento de Nascimento, contido no Título II, Capítulo IV (Do Nascimento), artigos 50 a 66, há de se transcrever, para facilitar a compreensão, de forma integral o artigo 54, que estabelece quais elementos devem estar presentes no termo de nascimento:

Art. 54. O assento do nascimento deverá conter: (Renumerado do art. 55, pela Lei 6.216, de 1975).

1°) o dia, mês, ano e lugar do nascimento e a hora certa, sendo possível determiná-la, ou aproximada;

2°) o sexo do registrando; (Redação dada pela Lei 6.216, de 1975).

3°) o fato de ser gêmeo, quando assim tiver acontecido;

4°) o nome e o prenome, que forem postos à criança;

5°) a declaração de que nasceu morta, ou morreu no ato ou logo depois do parto;

6°) a ordem de filiação de outros irmãos do mesmo prenome que existirem ou tiverem existido;

7°) Os nomes e prenomes, a naturalidade, a profissão dos pais, o lugar e cartório onde se casaram, a idade da genitora, do registrando em anos completos, na ocasião do parto, e o domicílio ou a residência do casal. (Redação dada pela Lei 6.140, de 1974)

8°) os nomes e prenomes dos avós paternos e maternos;

9°) os nomes e prenomes, a profissão e a residência das duas testemunhas do assento, quando se tratar de parto ocorrido sem assistência médica em residência ou fora de unidade hospitalar ou casa de saúde; (Redação dada pela Lei 13.484, de 2017)

10) o número de identificação da Declaração de Nascido Vivo, com controle do dígito verificador, exceto na hipótese de registro tardio previsto no art. 46 desta Lei; e (Redação dada pela Lei 13.484, de 2017)

11) a naturalidade do registrando. (Incluído pela Lei 13.484, de 2017)

(...)

Dentre todas as informações que segundo o dispositivo transcrito devem obrigatoriamente constar dos assentos de nascimento, apenas algumas importam para o propósito do presente, quais sejam aquelas nas quais encontramos informações de terceiros, de pessoas naturais diversas daquela da qual o assento diz respeito, estas situações são aquelas dos §§ 3°, 6°, 7° 8° e 9°.

As informações contidas nos itens 3° e 6° tratam sobre irmãos e que não necessariamente existirão, tendo em vista que a primeira situação apenas deverá constar dos assentos em se tratando de parto gemelar, ocasião em que tal fato deve constar expressamente. A segunda situação apenas ocorrerá quando existir ou tiver existido irmão com o exato mesmo prenome, ressalvando que nessa hipótese o nome completo há de ser distinto em razão do comando contido no parágrafo único do artigo 63[13].

Já as informações constantes dos itens 7º, 8º que tratam dos dados sobre as linhas ascendentes do registrado, em regra constarão em todos os assentos de nascimento, mesmo que apenas unilateralmente, razão pela qual importam diretamente ao objeto de estudo.

Em relação ao item 9º, também não será útil, pois, além de ser uma situação que apesar de ocorrer e de certa forma ter "ressurgido" nos últimos tempos, em razão dos chamados "partos humanizados", por vezes realizados fora de estabelecimentos hospitalares, o que inclusive vem causando controvérsias[14], a informação dessas pessoas que serão testemunhas do assento em momento posterior não será alterada, visto que em havendo mudança de nome e gênero delas, sequer haverá comunicação para que seja anotado naquele assento nas quais figuraram como testemunhas.

Quanto aos assentos de casamentos, os quais tem o seu conteúdo estabelecido no artigo 70 da Lei de Registros Públicos, vejamos em quais situações constam informações a respeito de terceiros:

> Art. 70 Do matrimônio, logo depois de celebrado, será lavrado assento, assinado pelo presidente do ato, os cônjuges, as testemunhas e o oficial, sendo exarados: (Renumerado do art. 71, pela Lei 6.216, de 1975).
>
> 1º Os nomes, prenomes, nacionalidade, naturalidade, data de nascimento, profissão, domicílio e residência atual dos cônjuges; (Redação dada pela Lei 13.484, de 2017)
>
> 2º) os nomes, prenomes, nacionalidade, data de nascimento ou de morte, domicílio e residência atual dos pais;
>
> 3º) os nomes e prenomes do cônjuge precedente e a data da dissolução do casamento anterior, quando for o caso;
>
> 4º) a data da publicação dos proclamas e da celebração do casamento;
>
> 5º) a relação dos documentos apresentados ao oficial do registro;
>
> 6º) os nomes, prenomes, nacionalidade, profissão, domicílio e residência atual das testemunhas;
>
> 7º) o regime de casamento, com declaração da data e do cartório em cujas notas foi tomada a escritura antenupcial, quando o regime não for o da comunhão ou o legal que sendo conhecido, será declarado expressamente;
>
> 8º) o nome, que passa a ter a mulher, em virtude do casamento;

---

13. Art. 63. No caso de gêmeos, será declarada no assento especial de cada um a ordem de nascimento. Os gêmeos que tiverem o prenome igual deverão ser inscritos com duplo prenome ou nome completo diverso, de modo que possam distinguir-se.
    Parágrafo único. Também serão obrigados a duplo prenome, ou a nome completo diverso, os irmãos a que se pretender dar o mesmo prenome.

14. CALDAS, Joana. *Resolução de SC proíbe médicos de ajudarem em partos fora do ambiente hospitalar*. Globo. com, Rio de Janeiro, 02 de setembro de 2019. Disponível em: https://g1.globo.com/sc/santa-catarina/noticia/2019/09/02/resolucao-de-sc-proibe-medicos-de-ajudarem-em-partos-fora-do-ambiente-hospitalar. ghtml. Acesso em: 10 dez. 2019.

9°) os nomes e as idades dos filhos havidos de matrimônio anterior ou legitimados pelo casamento.

10°) à margem do termo, a impressão digital do contraente que não souber assinar o nome. (Incluído pela Lei 6.216, de 1975).

Parágrafo único. As testemunhas serão, pelo menos, duas, não dispondo a lei de modo diverso.

Verifica-se no que necessariamente deve estar contido no teor do assento de casamento, que as informações a respeito de terceiros estão elencadas nos parágrafos 1°, 2°, 3° 6°, 8° e 9°.

Em relação ao parágrafo primeiro, em que pese a informação tratar diretamente dos próprios registrados, há de se considerar que no casamento sempre existirão duas pessoas naturais, portanto, havendo posteriormente alteração de nome e gênero de um dos dois, necessariamente irá se recair na situação de alteração em assento de terceiro, qual seja, alteração realizada por um dos cônjuges.

A informação a respeito dos ascendentes, também, constará no assento de casamento, bem como as informações a respeito de eventual cônjuge precedente, quando se tratar de novo casamento de quem já foi casado anteriormente e teve seu vínculo conjugal rompido em razão de divórcio ou viuvez.

O item 8 não se trata de um "novo" terceiro que irá aparecer no assento, mas apenas a dados sobre alteração de nome, com destaque para a necessária compatibilização da redação da Lei de Registros Públicos com o artigo 1.565, §1° do Código Civil de 2002 o qual afirma que: "qualquer dos nubentes, querendo, poderá acrescer ao seu o sobrenome do outro". Ou seja, não apenas a mulher é autorizada a mudar o nome em virtude de casamento, mas qualquer um dos cônjuges ou ambos.

Devendo-se ater ao fato de que o dispositivo apenas fala em "acrescer", havendo discussões doutrinarias quanto à possibilidade ou não de supressão e que, pela própria razão de ser do sobrenome, qual seja, a identificação e manutenção de uma unidade familiar, é interessante que em caso de alteração realizada por ambos os nubentes, seja mantida a mesma ordem dos sobrenomes, sobre esse aspecto, relevante a opinião de Christiano Cassetari no sentido de haver possibilidade de tanto acrescer quanto suprimir nomes quando da realização do casamento[15].

O item 9, que na atualidade deve ser omitido em virtude da determinação contida no Artigo 227, §6°[16] da Constituição Federal, que estabelece a proibição de quaisquer designações discriminatórias relativas à filiação, ou seja, todos os filhos são iguais perante a Lei.

---

15. CASSETARI. Christiano. *Elementos de Direito Civil*. 5. ed. São Paulo: Saraiva. 2017

16. Art. 227. É dever da família, da sociedade e do Estado assegurar à criança, ao adolescente e ao jovem, com absoluta prioridade, o direito à vida, à saúde, à alimentação, à educação, ao lazer, à profissionalização, à cultura, à dignidade, ao respeito, à liberdade e à convivência familiar e comunitária, além de colocá-los a salvo de toda forma de negligência, discriminação, exploração, violência, crueldade e opressão. (Redação dada Pela Emenda Constitucional 65, de 2010) § 6° Os filhos, havidos ou não da relação do casamento, ou por adoção, terão os mesmos direitos e qualificações, proibidas quaisquer designações discriminatórias relativas à filiação.

Elencados os elementos essenciais existentes nos assentos de nascimento e casamento, bem como ressalvadas os itens nos quais constam informações pertencentes a terceiros, necessário se fazer o mesmo no que tange ao assento de óbito, cujo conteúdo é determinado pelo artigo 80 da Lei de Registros Públicos:

Art. 80. O assento de óbito deverá conter: (Renumerado do art. 81 pela, Lei 6.216, de 1975).

1º) a hora, se possível, dia, mês e ano do falecimento;

2º) o lugar do falecimento, com indicação precisa;

3º) o prenome, nome, sexo, idade, cor, estado, profissão, naturalidade, domicílio e residência do morto;

4º) se era casado, o nome do cônjuge sobrevivente, mesmo quando desquitado; se viúvo, o do cônjuge pré-defunto; e o cartório de casamento em ambos os casos;

5º) os nomes, prenomes, profissão, naturalidade e residência dos pais;

6º) se faleceu com testamento conhecido;

7º) se deixou filhos, nome e idade de cada um;

8º) se a morte foi natural ou violenta e a causa conhecida, com o nome dos atestantes;

9º) lugar do sepultamento;

10º) se deixou bens e herdeiros menores ou interditos;

11º) se era eleitor.

12º) pelo menos uma das informações a seguir arroladas: número de inscrição do PIS/PASEP; número de inscrição no Instituto Nacional do Seguro Social – INSS, se contribuinte individual; número de benefício previdenciário – NB, se a pessoa falecida for titular de qualquer benefício pago pelo INSS; número do CPF; número de registro da Carteira de Identidade e respectivo órgão emissor; número do título de eleitor; número do registro de nascimento, com informação do livro, da folha e do termo; número e série da Carteira de Trabalho. (Vide Medida Provisória 2.060-3, de 2000) (Incluído pela Medida Provisória 2.187-13, de 2001)

Parágrafo único. O oficial de registro civil comunicará o óbito à Receita Federal e à Secretaria de Segurança Pública da unidade da Federação que tenha emitido a cédula de identidade, exceto se, em razão da idade do falecido, essa informação for manifestamente desnecessária.

Em relação ao óbito, poderemos encontrar informações de terceiros nos incisos, 4º, 5º e 7º. Em relação ao nome do cônjuge sobrevivente, há de se mencionar que será incluído o nome em uso no momento da realização do assento, de modo que, em se tratando de transgênero que já fez a alteração, o nome alterado será aquele que constará do assento de seu cônjuge. No item 5º a informação a respeito dos pais (genitores) e no 7º a informação, também, do momento da declaração a respeito da existência de filhos e os respectivos nomes.

Listadas quais dados precisam existir nos assentos, restam realizar duas observações a esse respeito. A primeira delas é esclarecer que, em que pese a quase totalidade das serventias do registro civil utilizarem "modelos" ou "formulas" consagradas nos textos dos assentos, muitas vezes oriundas até mesmos dos antigos livros pré-impressos, como por exemplo: "Aos XX dias do mês MM do ano YYYY, compareceu nesta Serventia do Registro Civil o declarante, Fulano de Tal, e afirmou que na data de XX dias do mês MM do ano YYYY, nasceu sua filha, de nome... etc.)" tais fórmulas não são obrigatórias, o que a Lei de Registros Públicos Exige é que as informações necessárias estejam presentes, não há qualquer tipo de regramento como a forma de exposição, ou seja, um assento poderia, sem problemas, ser lavrado como um formulário em que as informações seriam elencadas de forma discriminada e organizada.

Marcelo Salaroli de Oliveira ao tratar da publicidade registral afirmou:

> Na passagem de um sistema de publicidade estruturado em arquivos para um sistema de assentos, justamente ao envolver a participação ativa do agente público, verificamos que a atividade publicitária deixa de ser mera recepção e conservação de documentos e passa a ser acompanhada de um juízo de legalidade, a ser exercido pelo encarregado dos assentos, que passa a selecionar e organizar as informações que estão sob sua custódia, com a possibilidade de recusar o assento que esteja em desconformidade com a lei. Se tal ocorre, estamos diante da publicidade registral, que consiste na publicidade provocada, pois tem a intenção exclusiva de dar a conhecer, acrescentada de uma complexa organização e perfeição técnica.[17]

A segunda observação diz respeito a inexistência de constrangimento em razão da existência de informação no teor do assento, isso pois a Publicidade em sentido jurídico, é uma "divulgação direta ou indireta de um fato que pode prejudicar terceiros, realizada de forma adequada para que referidos terceiros possam conhecer o evento, que provém de um órgão público."[18], entretanto, a Publicidade Registral, em especial, necessariamente ocorre de forma indireta, ou seja, por meio de emissão de certidões, não havendo acesso direto, pelos interessados, ao conteúdo dos assentos, salvo, por exemplo, em virtude de determinação judicial. Ou seja, a única forma de acesso ao conteúdo dos assentos é através da emissão de certidões.

Vejamos com mais detalhes o seguinte comentário ao artigo 16 da Lei de Registros Públicos nas palavras de José Horácio Cintra Gonçalves Pereira:

> Sob nenhum pretexto os oficiais e os encarregados dos registros públicos podem deixar de expedir certidões do que lhes for requerido, bem como não podem deixar de prestar as informações solicitadas. Essa regra decorre, sem dúvida, da publicidade que norteia os Registros Públicos e os atos neles praticados.
>
> No tocante à publicidade, cumpre destacar, ainda, que o ato praticado nos Registros Públicos não se destina, exclusivamente, às partes que deles participam, mas visa alcançar também a todos que eventualmente tenham interesse, ainda que indireto, ou mesmo remoto.
>
> Com efeito, há referência ao sentido de "público" como o da "qualidade do que pertence a todos, em oposição ao que pertence a alguém. Ou, ainda mais, público seria o que fosse pertencente ou destinado ao povo, aquilo que a sociedade tem ciência e, por extensão, diz-se do que é notado, observado ou sabido por todos.
>
> Sucede, no entanto, que o princípio da publicidade não é absoluto, pois o próprio legislador, visando assegurar o respeito à intimidade e à dignidade das pessoas – também previsto na Constituição Federal –, mitigou (exceções: art. 57, § 6°, da Lei 6.015/1973 e art. 47 da Lei 8.096/1990).
>
> Ademais, para melhor compreensão do vocábulo "publicidade" cumpre destacar haver distinção entre publicidade direta e indireta, observando que aquela, antes prevista no Decreto 4.857/1939

---

17. OLIVEIRA, Marcelo Salaroli de. *Publicidade Registral Imobiliária*. São Paulo: Saraiva, 2013. p. 12.
18. LOUREIRO, Luiz Guilherme. *Registros Públicos*. 6. ed. São Paulo: Ed. Método, 2014. p. 22.

(art. 19), não acolhida pela Lei 6.015/1973 (art. 16), que, em regra, segue o sistema da publicidade indireta (via certidões e informações que não se confundem com exibição direta de livros ou fichas).

Com efeito, ao tempo do Decreto 4.857/1939, nos termos do seu art. 19, a publicidade registrária era não só indireta (via certidões), mas também direta (pela exibição dos próprios livros). No entanto, com o advento da Lei 6.015/1973, esse sistema de publicidade foi alterado, considerando-se, como regra, apenas a publicidade indireta (por certidões e informações), como consta do presente artigo, não havendo mais previsão legal para exibição dos próprios livros (ou das fichas que os substituírem).[19]

Diante do afirmado, a mera existência de informação no assento não implica em publicidade, em virtude de ser após 1973 exclusivamente indireta. Além disso, em razão do necessário respeito a intimidade e à dignidade das pessoas, cumpre ao Registrador quando da emissão das certidões verificar e deixar de informar aquilo que eventualmente possa violar a intimidade daquela pessoa do qual o assento diz respeito. Verificados os elementos que necessariamente devem estar presentes nos assentos, mas, tendo em conta a noção de que o conteúdo do assento não é necessariamente aquilo que estará na certidão, passamos a verificar o conteúdo dos modelos de certidão.

Para facilitar e padronizar as certidões emitidas pelos Registradores Civis de todo o país, em 14 de Novembro de 2017 o Conselho Nacional de Justiça editou o Provimento 63[20], o qual em apesar de ser mais conhecido por estabelecer o regramento sobre a averbação de paternidade e maternidade socioafetiva diretamente nas serventias do Registro Civil, também instituiu modelos únicos (implementados desde 1º de janeiro de 2018) para as certidões a serem emitidas pelas Serventias do Registro Civil das Pessoas Naturais.

Vejamos:

Art. 1º Os modelos únicos de certidão de nascimento, de casamento e de óbito, a serem adotados pelos ofícios de registro civil das pessoas naturais em todo o país, ficam instituídos na forma dos Anexos I, II e III deste provimento.

Art. 2º As certidões de casamento, nascimento e óbito, sem exceção, passarão a consignar a matrícula que identifica o código nacional da serventia, o código do acervo, o tipo do serviço prestado, o tipo de livro, o número do livro, o número da folha, o número do termo e o dígito verificador, observados os códigos previstos no Anexo IV.

Com uma análise do Anexo I do Provimento, que traz o modelo padrão para a certidão de nascimento pode se constatar que em relação aos dados que constam do assento e dos quais há informações de terceiros, há campo específico para a filiação e avós, bem como há campo para a informação de há irmão gêmeo e o nome e matrícula deste. Inexiste a necessidade de que se conste informações sobre as testemunhas que atestaram ao parto ocorrido fora da unidade hospitalar.

---

19. ALVIM NETO, José Manuel de Arruda et al. *Lei de Registros Públicos Comentada*. São Paulo: Ed. Forense: 2014. p. 15-16.
20. Conselho Nacional de Justiça. Provimento 63 de 17 de novembro de 2017. Brasília, DF. Disponível em: https://atos.cnj.jus.br/atos/detalhar/2525. Acesso em: 29 out. 2019.

Em relação a certidão de casamento, cujo modelo padrão encontra-se no anexo II do Provimento 63, dos dados de terceiros, devem expressamente constar: os nomes e qualificação completa (incluindo a filiação), bem como os nomes que passaram a ser utilizados após o casamento (em razão da possibilidade de mudança prevista no artigo 1.565, §1º do Código Civil), sendo desnecessário na certidão a informação acerca do cônjuge precedente, bem como a data do casamento anterior.

Na certidão de óbito, o Conselho Nacional de Justiça elencou, com informações de terceiros, apenas campos específicos para o nome dos pais, sendo costume, entretanto, em que pese não haver quadro próprio, que as informações a respeito dos filhos, bem como a existência de casamento e o nome do cônjuge sobrevivente sejam incluídas no campo referente a "averbações/anotações a acrescer".

Esclareça-se, por fim, quanto as certidões, que essas podem ser emitidas em inteiro teor, em resumo ou em relatório conforme quesitos (artigo 19 da Lei de Registros Públicos), sendo que a certidão em resumo utiliza o modelo padrão, acima descrito, e a de inteiro teor traz integralmente o conteúdo do assento, já a certidão por quesitos, não costuma ser tão utilizada no âmbito do Registro Civil das Pessoas Naturais.

Visto então e taxativamente citadas as situações (com exceção daquelas previstas nos registros especiais do livro-E) nas quais há informações sobre terceiros nos assentos que são lavrados no Registro Civil, resta então, compatibilizá-las com o disposto no Artigo 8º do Provimento 73/2018, para tanto, algumas premissas precisam ser fixadas.

A primeira delas, é deixar claro, que nem todo conteúdo do assento será exposto nas certidões e isso serve, inclusive para Certidão de Inteiro Teor (consoante o artigo 2º §1º do Provimento 63/2019: "A certidão de inteiro teor requerida pelo adotado deverá dispor sobre todo o conteúdo registral, mas dela não deverá constar a origem biológica, salvo por determinação judicial.".

Ou seja, como bem afirmou Reinaldo Velloso dos Santos[21]:

> A publicidade das certidões é limitada em alguns casos. Dispõe o artigo. 19, § 3º, da Lei 6.015/73 que nas certidões do registro civil não mencionará a circunstância de ser legítima, ou não, a filiação, salvo a requerimento do próprio interessado, ou em virtude de determinação judicial.

Um segundo ponto que é de fundamental importância para a compatibilização necessária, é notar que a verdade que norteia o registro público, para tanto, transcrevo dois julgados recentes do Superior Tribunal de Justiça:

> Recurso Especial 1.123.141 - PR (2005/0113055-8) Relator: Ministro Luis Felipe Salomão. Recorrente: ministério público do estado do paraná recorrido: Angela Ninno Leite. Advogado: Carlos Roberto de Oliveira. Ementa direito civil registro público. Retificação do nome da genitora por modificação decorrente de divórcio. Legitimidade concorrente. Da genitora. Averbação à margem

---

21. SANTOS. Renato Velloso dos; Dip, Ricardo (Coord.). *Introdução ao Direito Notarial e Registral*. Porto Alegre: Sergio Antonio Fabris Editor, 2004. p. 68.

do assento. De registro de nascimento de seus filhos menores. Possibilidade. Atendimento aos princípios da verdade real e da contemporaneidade. Recurso especial a que se nega provimento. 1. *O princípio da verdade real norteia o registro público e tem por finalidade a segurança jurídica. Por isso que necessita espelhar a verdade existente e atual e não apenas aquela que passou.* 2. Nos termos de precedente deste STJ "É admissível a alteração no registro de nascimento do filho para a averbação do nome de sua mãe que, após a separação judicial, voltou a usar o nome de solteira; para tanto, devem ser preenchidos dois requisitos: (i) justo motivo; (ii) inexistência de prejuízos para terceiros" (REsp 1.069.864-DF, 3ª Turma, Rel. Ministra Nancy Andrighi, julgado em 18.12.2008). 3. No contexto dos autos, inexistente qualquer retificação dos registros, não ocorreu prejuízo aos menores em razão da averbação do nome de solteira de sua mãe, diante do divórcio levado a efeito. 4. Recurso especial não provido.

Recurso Especial 1.641.159 – SP (2016/0078462-1) Relatora: Ministra Nancy Andrighi. Recorrente: V K da S. S. Recorrente: F. A. da S. M. Repr. por: A. P. da S. Advogado: Defensoria Pública do Estado de São Paulo. Ementa: Recurso especial. Civil. Retificação de registro civil de menores. Alteração no sobrenome da mãe após o divórcio. Possibilidade. I. *Faculta a averbação no registro civil dos filhos, qualquer alteração de nome dos genitores, a fim de que espelhe a verdade real do momento e, haja uniformidade no sistema jurídico que não pode, de um lado, permitir a alteração registral dos pais e, de outro lado, vedar a reprodução desta alteração em outros documentos.* II. Recurso especial provido.

Dessas decisões judiciais acima transcritas podemos extrair que o Registro Público deve conter a verdade real, mas a verdade real não é aquela existente no momento da feitura do assento e sim, a verdade atual, ou seja, o registro não pode ficar estático, mas deve acompanhar evolução e as alterações ocorridas com as pessoas ali registradas, obvio que a Lei de Registros Públicos cria os mecanismos próprios para que isso ocorra, por meio das averbações e anotações, não podendo, regra geral agir o delegatário de ofício.

Diante disso, da ciência, de que nem todo conteúdo dos livros está presente nas certidões emitidas em resumo (modelo padrão), de que mesmo nas certidões de inteiro teor, pode haver omissão (em razão de norma que assim o determine) de informações e, diante da necessidade que o princípio da publicidade registral espelhe a verdade, mas não apenas a pretérita e sim a verdade real e atual, como então, aceitar, justificar e aplicar o artigo 8º do Provimento 73/2019 que permite que ante a inexistência de anuência, averbação que **já** foi realizada no assento de nascimento de pessoa transgênero, não seja averbada também em seu casamento (ainda que já tenha havido divórcio) ou no nascimento dos filhos.

4. ARTIGO 8º DO PROVIMENTO 73 DO CNJ, SEGURANÇA JURÍDICA E A VERDADE ATUAL

Iniciando o presente tópico, transcrevo as palavras de Regnoberto Marques de Melo Jr.[22], ao dissertar sobre os fins do Registro Público:

---

22. MELO JR. Regnoberto M de; Dip, Ricardo (Coord.). *Estudos em Homenagem a Gilberto Valente da Silva.* Porto Alegre: Sergio Antonio Fabris Editor, 2005. p. 251.

Os registros públicos, em todas as suas modalidades, visam à prestação de serviço eficiente e adequado, de molde a garantir a publicidade, autenticidade, segurança e eficácia de atos jurídicos. Publicidade, autenticidade e eficácia são partes do mesmo fruto: a garantia. Aqui, a propósito, cumpre parentesiar para diferenciar garantia e segurança (outro fim registral, adredemente não incluído no "fruto garantia"). De logo assente-se que, do viso jurídico, garantia é norma do sistema e não valor dele. Garantia é veículo. Não é fim. Segurança, de sua vez, é valor. Não é veículo. É fim. Fim, valor intrínseco ao direito. Fim, valor, sem o qual, ao lado da justiça, não há direito.

Quando, pois, afirmo que a administração do registro público visa garantir publicidade etc., estou a afirmar que o registro público é meio de viabilização da norma garantia, visando ao fim segurança. Dessarte, a prestação registral é ontologicamente garantista, precativa. Mas o seu escopo final é assecuratório. A garantia registral serve à segurança registral. Precatam-se nulidades. Asseguram-se eficácias.

Dizemos, por conseguinte, almejando didatismo, que as garantias de publicidade, autenticidade e eficácia de atos jurídicos são fins imediatos dos registros públicos. E o valor segurança, o fim mediato.

Se tomarmos como suporte da sistemática registral e aí incluindo o Registro Civil das Pessoas Naturais, a necessidade de se garantir segurança, como também o fato de que o assento deve, sempre que possível, revelar a verdade, verdade essa atual, como então, justificar/permitir a existência do artigo 8º, que exige a anuência de terceiro para que haja averbação de algo que já foi realizado?

A busca pela verdade mais atual pode ser vista, há muito pouco tempo, com a edição do Provimento 82/2019, que permite, dentre outras providências, a alteração no registro de nascimento e no de casamento dos filhos, do nome dos pais em decorrência de casamento, separação ou divórcio.

Em verdade, a única justificativa para a existência dessa necessária anuência é pode-se afirmar, preconceito, visto que a não exigência implicaria em, por força de vontade de terceiro (que realizou a alteração com base no provimento), impor ao outro cônjuge a utilização de um documento no qual consta que é ou fora casado com alguém do mesmo sexo (em que pese ser alteração de gênero) ou que o filho possui dois genitores, ambos do mesmo sexo (salvo se ambos tivessem realizado a alteração).

E a grande preocupação, *in casu*, não é tentar suprimir a necessidade de anuência, pois se tal ocorresse, resistência na utilização da certidão emitida ou até mesmo o uso do poder judiciário para conseguir alteração é algo que se verificaria. O que se pretende é, diante de uma situação dessa, que dois assentos os quais dizem respeito a exata mesma pessoa, podem conter informações dispares, como conciliar, como garantir segurança jurídica e verdade dessa forma?

Não cabe ao registrador, a análise do que causa ou não causa constrangimento ao usuário do serviço, mas, sabendo, também, que ninguém é obrigado a utilizar um documento, o qual porte informação que ao seu "dono" cause constrangimento, tem-se adotado (as normas) a solução mais simples, que é a de omitir a informação, como exemplo, há diversos casos na jurisprudência, na qual determinou-se a retirada da causa mortis "AIDS". Em Pernambuco, apenas a título de exemplo, o provimento

23/2010 proíbe que conste da certidão de óbito expressões que possam macular a imagem da pessoa falecida ou o sentimento familiar. Tal solução, entretanto, não pode ser utilizada na situação em questão, pois não há possibilidade de simplesmente omitir a informação referente a determinada pessoa.

O que o provimento 73 faz, em seu artigo 8º, é quase que a solução acima, ele não omite "a pessoa", mas omite a informação atualizada de que houve alteração de nome e gênero, caso não haja anuência, ou seja, ele omite a verdade real e consequentemente, macula a segurança jurídica.

Ele exige que, aquela determinada pessoa em seu assento de nascimento uma determinada informação, mas veda que a mesma pessoa tenha sua informação correta e atualizada nos assentos em que terceiras pessoas fazem parte.

Também não há razão em se discutir se a alteração de nome e gênero teria eficácia *ex tunc* ou *ex nunc* para daí chegar a conclusões de que deveria ou não deveria ter alteração num assento pretérito, como por exemplo, um casamento cujo divórcio já tenha ocorrido, visto que, como já afirmado, o que deve estar inserido no registro público e deve ser dado publicidade é a verdade atual e real. Por mais que eventualmente um matrimônio tenha terminado, as pessoas existem e os assentos dizem respeito a essas pessoas. Tanto é assim, que o provimento 82 do CNJ permite que por exemplo uma mãe que se casou novamente, realize alteração de seu nome no assento de filho. Igual permissivo não há se essa exata mesma mãe tivesse mudado de gênero, pois no caso, haveria necessidade de anuência do pai ou do próprio filho em se tratando de maior.

Ademais, como afirma J. de Seabra Lopes, ainda que em um ordenamento estrangeiro, o registro "goza de presunção legal de veracidade e de autenticidade e, consequentemente, da presunção legal da verdade da situação jurídica resultante dos fatos inscritos"[23], como então, emitir uma certidão de casamento ou de nascimento de uma criança, sabendo que aquela informação ali constante em relação a um dos cônjuges ou a um dos pais não é mais correta, pois está desatualizada? Não se pode esquecer que os atos registrados, em razão do princípio da publicidade são públicos, acessíveis, e oponíveis.[24]

Ainda mais, em se tratando de Registro Civil, no qual atos diferentes precisam estar sempre "coordenados", com a utilização de averbações quando houver alteração no conteúdo do próprio registro ou anotações, essas na definição de Marcelo Salaroli de Oliveira e Mario de Carvalho Camargo Neto:

> As anotações são remissões a outros registros ou averbações relativos ao registrado, são indicações de que existe outro ou outros atos de registro civil relativos à mesma pessoa, o que permite que a publicidade seja completa e que uma certidão atualizada imediatamente indique a existência e a localização de atos registrários posteriores que alterem o estado da pessoa natural.[25]

---

23. LOPES, J. de Seabra. *Direito dos Registos e do Notariado*. 6. ed. Coimbra: Almedina, 2011. p. 36.
24. CAMARGO NETO, Mario de Carvalho; OLIVEIRA, Marcelo Salaroli; CASSETARI, Christiano (Coord.). *Registro Civil das Pessoas Naturais I*. São Paulo: Saraiva, 2014. p. 60.
25. CAMARGO NETO, Mario de Carvalho; OLIVEIRA, Marcelo Salaroli; CASSETARI, Christiano (Coord.). *Registro Civil das Pessoas Naturais I*. São Paulo: Saraiva, 2014. p. 79.

Feitas essas críticas, só resta, tentar buscar uma solução para a problemática existente, referente as alterações de nome e gênero nos assentos de terceiros, mas que observe a necessária segurança jurídica, a impossibilidade de se "omitir" fatos ante a necessidade de que o registro reflita a verdade real mas que também respeite, pois afinal, vivemos numa sociedade plural, a vontade de cada um no sentido de portar e utilizar um documento que não cause nenhum tipo de desconforto (ainda que esse seja meramente fruto de ideais preconcebidas e muito possivelmente errôneas).

Ou seja, busca-se, permitir a manutenção integral da sistemática registral, com sua verdade (atual) e demais atributos, sem, contudo, obrigar a àquele que não deseja a anuir, e isso independentemente de motivo, pois esse é indiferente, porque interno, subjetivo, ou seja, uma variável não acessível.

5. UMA POSSÍVEL CONCILIAÇÃO DE FORMA PLENAMENTE EXTRAJUDICIAL UTILIZANDO-SE A SISTEMÁTICA EXISTENTE

Primeiramente, necessitamos enquadrar diversas situações dentre aquelas elencadas em tópico anterior, nas quais há informações a respeito de terceiros e essas são incluídas nas certidões emitidas por resumo (seguindo o modelo estabelecido no provimento 63 do CNJ). A primeira situação é aquela em que há informação acerca de terceiro, mas não há exigência de qualquer anuência para averbação da alteração.

Averbação da alteração essa, que deve seguir a forma usual prevista no Artigo 97 da Lei de Registros Públicos: "Art. 97. A averbação será feita pelo oficial do cartório em que constar o assento à vista da carta de sentença, de mandado ou de petição acompanhada de certidão ou documento legal e autêntico", devendo ser observada sempre a legitimidade daquele que requer a realização da averbação.

Cite-se que os atos de averbação presentes na Lei de Registros Públicos não são *numerus clausus*, diferentemente dos atos de registro elencados, esses sim, taxativos.

Nesse conjunto, em que inexiste exigência de anuência de outrem, podem ser citadas as informações a respeito dos pais e do cônjuge sobrevivente, bem como dos filhos nos assentos de óbito. Para a averbação de alteração de nome e gênero nessas situações, apenas vai ser necessário o comparecimento de pessoa legitimada com a documentação adequada.

Também não há necessidade de solicitar anuência quando o irmão gêmeo (cujo nome completo e matrícula) realize a alteração com base no Provimento 73. Nessa situação, tendo em vista a necessidade de se preservar a verdade atual, deve a serventia realizar a averbação na matrícula do gêmeo (terceiro, que não fez a mudança), informando que houve alteração do prenome de seu irmão, mantendo-se a matrícula, nesse caso, quanto ao irmão, inexiste no assento do gêmeo informação sobre o sexo.

Caso a mudança diga respeito a um dos avós, essa poderá ser averbada no assento do neto, desde que aquele que tem legitimidade para tanto, o faça. Em caso de maior, o próprio registrado, caso esse seja menor de idade, aquele que o represente, em sendo um dos pais, a situação se assemelhará ao que está disposto no Artigo 8º, pois deve haver a concordância do outro genitor e caso inexista, pode haver o suprimento judicial do consentimento.

No assento de casamento, eventual mudança realizada pelos genitores dos cônjuges, deve se ter em conta, que a informação a respeito dos pais no assento de casamento é apenas uma qualificação de cada um dos nubentes, podendo ser solicitada a averbação da mudança pelo legitimado. Nesse caso não há exigência de consentimento, pois a situação não está abarcada dentre as hipóteses do Artigo 8º do Provimento 73, sendo apenas necessário que se proceda da forma do artigo 97 da Lei de Registros Públicos.

As demais situações, em que há informações acerca de terceiros nos assentos, são justamente aquelas em que o artigo 8º do provimento, exige a anuência. O § 2º possui a seguinte redação:

> A subsequente averbação da alteração do prenome e do gênero no registro de nascimento dos descendentes da pessoa requerente dependerá da anuência deles quando relativamente capazes ou maiores, bem como da de ambos os pais.

Ou seja, trata-se da situação de que um pai ou mãe realizou a alteração de nome e gênero (em seu próprio assento de nascimento, necessariamente) e quer que essa "nova" verdade, seja averbada no assento de seu filho, o qual, sendo maior ou plenamente capaz deverá anuir e, caso seja menor necessário a anuência de ambos os pais.

Necessário notar que o provimento expressamente englobou a situação do emancipado, acabando com discussões existentes quando da aplicação de outras normas, em que há a confusão da plena capacidade com a maioridade civil.

Além disso, a redação do dispositivo, não fala do "outro" pai, mas sim de ambos os pais, o que pode vir a causar confusão interpretativa quando da existência de multiparentalidade, inexistindo qualquer tipo de hierarquia, deve ser entendido com anuência de todos os genitores que possuem em comum o poder familiar. Ademais, em existindo apenas um pai registral, apenas desse seria necessário a anuência, que no caso, não poderá ser outro que não o próprio que realizou a alteração de nome e gênero.

A outra situação na qual o Provimento 73/2018 exige anuência é a do outro cônjuge quando da subsequente averbação da alteração do nome e gênero no registro de casamento.

Essas duas situações necessitam ser examinadas com mais detalhes. Um ponto crucial é notar que a alteração de nome e gênero já foi realizada no assento de nascimento (pois sem dúvida no nascimento que a alteração deve ser iniciada), ou seja, são alterações posteriores que aqui se trata. Conforme afirma Regina Pedroso e Milton Fernando Lamanauskas: "Em relação às certidões emitidas pelo RCPN, é necessário se atentar para dois pontos: sua atualidade e a constância das averbações que alteram o estado civil do indivíduo e filiação".[26]

---

26. PEDROSO. Regina; LAMANAUSKAS, Milton Fernando. *Direito Notarial e Registral*. Rio de Janeiro: Elsevier Editora, 2014.

Além disso, como já exposto, deve o registro civil espelhar a verdade real atual e não a verdade pretérita, exatamente por isso, que existem mecanismos próprios para a comunicação dos novos acontecimentos nos atos anteriores, como ocorre com as anotações previstas no artigo, também pelo mesmo motivo, pode-se afirmar que surgiu o Provimento 82/2019[27].

Diante disso, não se pode dizer que a inexistência de uma anuência, ou seja, uma simples vontade de uma pessoa, possa ter o efeito de atrapalhar a sistemática registral como um todo. O sistema precisa ser coeso, é inadmissível que se aceite que um assento de nascimento de uma determinada pessoa natural conste uma informação e em virtude de inexistência de anuência, não haja qualquer menção nos demais assentos nos quais aquela mesma pessoa faz parte. Ou seja, nessa situação, o assento subsequente, que não houve a averbação não é atual, não é real e espelha uma verdade "pretérita", gerando, apenas, uma grande insegurança.

Ademais, conforme lembra Marcelo Rodrigues[28]:

> Em outro aspecto, a publicidade gera presunção de veracidade do ato jurídico, dado que derivada do poder certificante que é conferido ao oficial registrador e ao tabelião. No direito brasileiro, essa presunção é de natureza relativa, pois para se desconstituí-la, necessária produção de prova bastante ao cancelamento do registro, que poderá ser total ou parcial (art. 249, LRP).
>
> Estatui o art. 1.247 do Código Civil de 2002 (= art. 860, *caput*, CC/16) que "se o teor do registro não exprimir a verdade, poderá o interessado reclamar que se retifica ou anule"

Apenas para demonstrar a necessidade de criar elos entre os assentos nos quais não tiver havido a anuência solicitada pelo Provimento e os assentos de nascimentos alterados. Será, que nessa situação, como hoje se encontra, não poderia o interessado ingressar em juízo solicitando a retificação daquele em que não houve anuência por não estar ele exprimindo a verdade? Entendo que sim.

A única solução viável e que aqui se propõe é: Partindo da premissa que não se pode obrigar que tal informação seja inserida nos assentos daqueles que não anuírem, por razões que não devem ser adentradas no presente, criar uma forma de comunicação entre os atos, pela exata mesma razão pelo qual existem as anotações: "remissões de informações contidas em outros assentos para que não haja solução de continuidade da informação da vida daquela pessoa"[29]

Isto é, faz-se necessário que haja uma comunicação entre o ato antecedente que foi alterado com o ato subsequente do qual se pretende que a informação seja inserida (no caso, o assento de nascimento dos filhos ou de casamento do próprio requerente). Essa comunicação, entretanto, não pode ser realizada por meio apenas

---

27. Conselho Nacional de Justiça. Provimento 82 de 03 de novembro de 2019. Brasília, DF. Disponível em: https://atos.cnj.jus.br/atos/detalhar/2973. Acesso em: 05 set. 2019.
28. RODRIGUES, Marcelo. *Tratado de Registros Públicos e Direito Notarial*. São Paulo: Atlas. 2014.
29. LIMA. Vivian Pereira. Averbações e anotações no registro civil das pessoas naturais. *O registro Civil das Pessoas Naturais*. Salvador; Juspodivm, 2018. p. 417.

de anotações, visto que nessas não há alteração do conteúdo registrado, sendo necessário que sejam realizadas averbações.

Averbações, pois tanto na situação do nascimento, estará sendo alterado o conteúdo do assento, no que diz respeito a um dos genitores, quanto na situação do casamento, estará havendo mudança no que tange a um dos cônjuges.

Entretanto, por não existir a anuência e, respeitando a "vontade" daquele que opta por não anuir, o que pode ser suprido judicialmente, uma solução que se propõe, é que a averbação seja realizada apenas com a remissão do ocorrido e constando a matrícula, o que deverá ser incluído, no caso das certidões emitidas em resumo, no campo específico para anotações/averbações. Por exemplo, em lugar de constar alterações no campo referente a paternidade/maternidade ou ao nome e dados do cônjuge, constara, por exemplo: "O cônjuge *Plínio*, matrícula 000000 01 55 0000 1 00000 000 0000000 91, teve seu assento de nascimento alterado na data de XX/YY/ZZ, com fundamento no Provimento 73 do Conselho Nacional de Justiça".

Com essa simples alteração, fica suprido a atual "lacuna" existente, em que se permite que os assentos posteriores não reflitam aquilo que consta no nascimento daquele que alterou o nome e gênero.

Dessa forma, é criada uma ponte, de modo que, ao realizar uma consulta, por exemplo, num assento de casamento, em que não houve anuência, em lugar de simplesmente não se ter ciência e publicidade (deixando o registro de cumprir seu papel primordial) dos fatos e gerando insegurança, aquele que visualizar a certidão terá acesso à informação atualizada, sabendo, mesmo que sem a existência expressa da alteração, de que há uma alteração no assento de nascimento. Possibilitando, assim, que solicite certidão deste último e tenha conhecimento da verdade real e atual.

Por fim, deve ser advertido que diferentemente do que a crença popular afirma, certidões e assentos não morrem com a realização de atos posteriores, o fato de ter havido um casamento, não impossibilita que a certidão de nascimento seja utilizada, devendo sempre observar e se manter a informação mais atual, seja por meio de averbações, quando for o caso, seja por meio de anotações.

Ademais, ainda que a solução apontada seja temporária, pois em muitos casos, haverá o suprimento judicial, enquanto este não for realizado, mantêm-se a necessária segurança jurídica.

6. REFERÊNCIAS

ALVIM NETO, José Manuel de Arruda et al. *Lei de Registros Públicos Comentada*. São Paulo: Ed. Forense: 2014.

BRANDELLI, Leonardo. *Nome Civil da Pessoa Natural*. São Paulo: Saraiva, 2012.

BRASIL, Lei 6.015 de 1976. Disponível em: http://www.planalto.gov.br/ccivil_03/leis/L6015compilada.htm. Acesso em: 03 dez. 2019.

BRASIL, Constituição (1988), artigo 12. Disponível em: http://www.planalto.gov.br/ccivil_03/constituicao/constituicao.htm. Acesso em: 03 dez. 2019.

BRASIL, Lei 13.445 de 24 de maio de 2017, artigo 73. Disponível em: http://www.planalto.gov.br/ccivil_03/_Ato2015-2018/2017/Lei/L13445.htm. Acesso em: 03 dez. 2019.

CALDAS, Joana. *Resolução de SC proíbe médicos de ajudarem em partos fora do ambiente hospitalar.* Globo.com, Rio de Janeiro, 02 de setembro de 2019. Disponível em: https://g1.globo.com/sc/santa-catarina/noticia/2019/09/02/resolucao-de-sc-proibe-medicos-de-ajudarem-em-partos-fora-do-ambiente-hospitalar.ghtml. Acesso em: 10 dez. 2019.

CAMARGO NETO, Mario de Carvalho; OLIVEIRA, Marcelo Salaroli; CASSETARI, Christiano (Coord.). *Registro Civil das Pessoas Naturais I.* São Paulo: Saraiva, 2014.

CASSETARI. Christiano. *Elementos de Direito Civil.* 5. ed. São Paulo: Saraiva. 2017

CNJ padroniza alteração de nome de pessoas trans em cartório; burocracia imposta por conselho é criticada por especialistas. IBDFam, 29/06/2018. Disponível em: <http://www.ibdfam.org.br/noticias/6681/CNJ+padroniza+altera%C3%A7%C3%A3o+de+nome+de+pessoas+trans+em+cart%C3%B3rio%3B+burocracia+imposta+por+conselho+%C3%A9+criticada+por+especialistas. Acesso em: 02 dez. 2019.

CONSELHO NACIONAL DE JUSTIÇA. Provimento 63 de 17 de novembro de 2017. Brasília, DF. Disponível em: https://atos.cnj.jus.br/atos/detalhar/2525. Acesso em: 29 out. 2019

CONSELHO NACIONAL DE JUSTIÇA. Provimento 73 de 28 de junho de 2018. Brasília, DF. Disponível em: https://atos.cnj.jus.br/atos/detalhar/2623. Acesso em: 30 nov. 2019.

CONSELHO NACIONAL DE JUSTIÇA. Provimento 82 de 03 de novembro de 2019. Brasília, DF. Disponível em: https://atos.cnj.jus.br/atos/detalhar/2973. Acesso em: 05 set. 2019.

LIMA. Vivian Pereira. Averbações e anotações no registro civil das pessoas naturais. *O registro Civil das Pessoas Naturais.* Salvador: Juspodivm, 2018.

LIMONGI FRANÇA. Rubens. *Do nome Civil das Pessoas Naturais.* 3. ed. São Paulo: Ed. RT, 1975.

LOUREIRO, Luiz Guilherme. *Registros Públicos.* 6. ed. São Paulo: Ed. Método, 2014.

LOPES, J. de Seabra. *Direito dos Registos e do Notariado.* 6. ed. Coimbra: Almedina, 2011.

MELO JR. Regnoberto M de; Dip, Ricardo (Coord.) *Estudos em Homenagem a Gilberto Valente da Silva.* Porto Alegre: Sergio Antonio Fabris Editor, 2005.

OLIVEIRA, Marcelo Salaroli de. *Publicidade Registral Imobiliária.* São Paulo: Saraiva, 2013.

PEDROSO. Regina; LAMANAUSKAS, Milton Fernando. *Direito Notarial e Registral.* Rio de Janeiro: Elsevier Editora, 2014.

RODRIGUES, Marcelo. *Tratado de Registros Públicos e Direito Notarial.* São Paulo: Ed. Atlas. 2014.

SANTOS. Renato Velloso dos; Dip, Ricardo (Coord.). *Introdução ao Direito Notarial e Registral.* Porto Alegre: Sergio Antonio Fabris Editor, 2004.

SUPREMO TRIBUNAL FEDERAL. Ação Declaratória de Inconstitucionalidade 4275/DF. Relator: Min. Marco Aurélio. Brasília, DF. Disponível em: http://portal.stf.jus.br/processos/detalhe.asp?incidente=2691371. Acesso em: 01 dez. 2019.

VELOSO, Waldir Pinho. *Registro Civil das Pessoas Natur*ais. Curitiba: Ed. Juruá. 2013.

VELOSO, Zeno. *Direito Civil Temas.* Belém: Anoreg-PA, 2018.

Proposta de Alteração Legislativa:

PROVIMENTO Nº XX, DE ___ DE _____DE _____

CONSIDERANDO que os Registros Públicos são pautados pelo princípio da verdade real;

CONSIDERANDO que as informações constantes dos registros públicos, tem por finalidade garantir a segurança jurídica, devendo espelhar a verdade existente e atual;

CONSIDERANDO a necessidade de uniformidade no sistema jurídico registral, que não pode permitir alteração registral no assento de nascimento, sem que haja correspondência com as informações da mesma pessoa constante de outros assentos

RESOLVE:

Art. 1º O Provimento n. 73 de 28 de junho de 2018, passa a vigorar com as seguintes alterações:

I – o artigo 8º passa a ter a acrescido o § 5º com seguinte redação:

§ 5º Nos casos do §§ 3º e 4º, antes do suprimento judicial ou, caso este não ocorra, deve ser anotado que a identificação da pessoa foi alterada, a anotação deve conter a matrícula do assento de nascimento em que a averbação se deu, de modo a possibilitar que a informação esteja sempre atualizada.

Art. 2º Este provimento entra em vigor na data de sua publicação.

Ministro
Corregedor Nacional de Justiça

PROCEDIMENTO EXTRAJUDICIAL DE ALTERAÇÃO DE NOME: AMPLIAÇÃO DAS HIPÓTESES PREVISTAS NO PROVIMENTO 82/2019 DO CONSELHO NACIONAL DE JUSTIÇA

Carolinna Nunes de Lima

Mestranda em Ciências Jurídicas pela Universidade Autónoma de Lisboa. Pós-graduada em Direito Notarial e Registral pela Faculdade Damásio. Pós-graduada em Direito de Família e Sucessões pela Faculdade Damásio. Bacharela em Direito pela Universidade Federal da Paraíba. Oficiala de Registro Civil das Pessoas Naturais em Pernambuco.

Resumo: O presente artigo tem por escopo analisar o procedimento extrajudicial de alteração do nome civil, com base no Provimento 82/2019 do Conselho Nacional de Justiça, bem como sua repercussão nos assentos de nascimento e/ou casamento dos descendentes. Outrossim, objetiva averiguar a possibilidade de ampliação das hipóteses previstas na norma provimental, para o fim de contemplar as modificações de nome, decorrentes das mais diversas causas justificativas e não apenas as advindas de casamento, separação e divórcio. Por fim, intenta examinar possibilidade de estender a prerrogativa para incluir a averbação de mudança de nome não apenas dos genitores, mas também dos avós paternos e /ou maternos, tudo como um meio de garantir a veracidade, a contemporaneidade e a segurança jurídica dos assentos civis.

Sumário: 1. Notas preliminares – 2. Do dogma da imutabilidade do nome à mutabilidade controlada – 3. Causas justificativas de alteração do nome e o seu processamento pela via administrativa; 3.1 Casamento; 3.2 União estável; 3.3 Separação, divórcio e dissolução de união estável; 3.4 Reconhecimento de filiação; 3.5 Reconhecimento de sexo diverso; 3.6 Viuvez – 4. Análise do provimento 82/2019 do conselho nacional de justiça – 5. Ampliação das hipóteses previstas no provimento 82/2019 do cnj: observância dos princípios da contemporaneidade ou da verdade real, da segurança jurídica e da mutabilidade do assento – 6. Referências.

1. NOTAS PRELIMINARES

O Conselho Nacional de Justiça (CNJ), em 03 de julho de 2019, publicou o Provimento 82, que dispõe sobre o procedimento de averbação, no registro de nascimento e no de casamento dos filhos, da alteração do nome do genitor, em virtude de casamento, separação ou divórcio; autoriza a pessoa viúva a retomar o nome de solteira; e permite o acréscimo do patronímico do genitor ao nome do filho menor de idade, quando houver alteração do nome do genitor decorrente de separação, divórcio ou viuvez ou filho tiver sido registrado apenas com o patronímico do outro genitor[1].

---

1. BRASIL. Conselho Nacional de Justiça. Provimento 82/2019. Disponível em: https://www.anoreg.org.br/site/2019/07/04/provimento-no-82-do-cnj-padroniza-nacionalmente-procedimentos-de-alteracao-do-nome-do-genitor/. Acesso em: 01 dez. 2019.

Trata-se de três possibilidades de alterações nos nomes de família, todas elas em virtude de alteração do estado civil. A principal justificativa para a edição da norma compreende o fato de que é direito da personalidade ter um nome, nele contidos o prenome e o sobrenome e que ter o patronímico familiar dos seus genitores consiste no retrato da identidade da pessoa, em harmonia com princípio fundamental da dignidade humana[2].

O provimento aponta para uma tendência de desjudicialização, através da qual se reduz o número de demandas judiciais, por meio de uma maior atuação dos registros civis de pessoas naturais, que começam a ter papel de relevância como parceiros da atividade judicial[3].

Em que pese o grande avanço trazido pela norma provimental, o seu conteúdo, em primeiro lugar, não contemplou todas as hipóteses de alteração do nome, limitando-se àquelas advindas do casamento, da separação e do divórcio. Em segundo, considerou apenas a possiblidade de atualização dos nomes dos genitores nos assentos filhos, excluindo a possível alteração dos nomes dos avós paternos e/ou maternos. Por fim, quando tratou da possibilidade de acréscimo do patronímico do genitor ao nome do filho, com vistas à identidade familiar, restringiu as opções para os casos de separação, divórcio e viuvez.

A primeira questão que se levanta é se as demais hipóteses de modificação de nome dos genitores, decorrentes de outros motivos justificadores que não aqueles mencionados pelo provimento, também poderiam ser averbadas nos registros de nascimento ou de casamento dos filhos e se, outrossim, possibilitariam o acréscimo do novo patronímico ao nome do filho, ambos pela via administrativa ou se, necessariamente, ensejariam a manifestação do Poder Judiciário. E a segunda consiste em saber se é possível estender a previsão normativa aos nomes dos avós.

A resposta a esses problemas perpassa pelo estudo do princípio da imutabilidade do nome e de seu abrandamento ao longo dos anos, como forma de atender ao princípio da dignidade da pessoa humana, bem assim aos princípios da veracidade e da segurança jurídica dos atos[4].

Ademais, exige o exame das causas justificadoras das alterações do prenome e do apelido de família, sobretudo aquelas processadas administrativamente, com o fito de demonstrar a tendência à extrajudicialização e a relevância do papel do oficial de registro nesse movimento[5].

---

2. BRASIL. Conselho Nacional de Justiça. Provimento 82/2019. Disponível em: https://www.anoreg.org.br/site/2019/07/04/provimento-no-82-do-cnj-padroniza-nacionalmente-procedimentos-de-alteracao-do-nome-do-genitor/. Acesso em: 01 dez. 2019.
3. NORONHA, João Otávio de. CNJ destaca papel relevante de notários e registradores na desjudicialização no Brasil. Disponível em: https://www.anoreg.org.br/site/2017/12/08/corregedoria-nacional-de-justica-destaca-papel-relevante-de-notarios-e-registradores-na-desjudicializacao-no-brasil/. Acesso em: 05 dez. 2019.
4. SALLES, Venicio Antonio de Paula. *Retificação de registro*. Disponível em: https://www.anoreg.org.br/site/2007/07/10/imported_2953/. Acesso em: 06 dez. 2019.
5. NORONHA, João Otávio de. *CNJ destaca papel relevante de notários e registradores na desjudicialização no Brasil*. Disponível em: https://www.anoreg.org.br/site/2017/12/08/corregedoria-nacional-de-justica-destaca-papel-relevante-de-notarios-e-registradores-na-desjudicializacao-no-brasil/. Acesso em: 05 dez. 2019.

Ainda, demanda a análise detalhada dos dispositivos do Provimento 82/2019, observando as suas contribuições ao processo de desjudicialização, bem como os aspectos da norma que reclamam aperfeiçoamento, para, ao final, concluir se é possível ou não a ampliação das hipóteses previstas no Provimento, a fim de abranger todos os casos de modificação do nome dispostos na legislação ou construídos pela jurisprudência.

2. DO DOGMA DA IMUTABILIDADE DO NOME À MUTABILIDADE CONTROLADA

O nome é um elemento inato da personalidade[6], cuja função principal é individualizar e identificar a pessoa no corpo social e na família à qual pertence[7]. Nesse sentido, possui uma acepção privatística, considerada sob a ótica do próprio indivíduo; e uma acepção publicística[8], consubstanciada no interesse da sociedade de que exista uma identificação precisa de todos os seus membros[9].

Com efeito, a designação personativa manifesta uma importância tanto de cunho privado, quanto de interesse público. Da importância para a ordem privada, derivam as ações que tutelam a inviolabilidade do direito ao nome. De modo semelhante, do interesse público, decorre a fixação de regras que objetivam assegurar a estabilidade das formas de individuação dos indivíduos[10]. Uma dessas normas é o princípio da imutabilidade do nome[11].

A característica da imutabilidade consiste na determinação rígida de limitações à liberdade de alteração do nome[12], em razão de imperativos de ordem pública que envolvem o instituto[13]. Visa à identificação continuada da pessoa e à proteção de

---

6. "Sem descer ao debate abstrato, o nosso direito, não obstante o silêncio do código civil de 1916, sempre pendeu para definir o nome como um direito, designativo do indivíduo, e fator de identificação. Com tais finalidades, destacam-se no nome civil dois aspectos: público e privado, e, neste sentido, diz-se que é um direito e um dever. Envolve simultaneamente um direito subjetivo e interesse social. Sob o aspecto público, a lei estabelece, na obrigatoriedade do assento de nascimento, que ali se consignará o nome do registrado, além de estatuir a imutabilidade, salvo os casos especiais de emenda ou alteração, expressamente previstos e sujeitos à autorização judicial. Sob o aspecto individual, a toda pessoa é assegurada a faculdade de se identificar pelo seu próprio nome". (PEREIRA, Caio Mario Silva. *Instituições de Direito Civil*. 25. ed. Rio de Janeiro: Forense. 2012. v. I, p 205-206).

7. BRANDELLI, Leonardo. Op. cit. p. 23.

8. "Si, en efecto, existe un interés público del Estado en con-trolar la 'identificación' de las personas, como lo reconoce, también hay un indudable interés privado – general – en evitar el desorden y mantener constante la posibilidad de identificar fácilmente a los sujetos a fin de que en tráfico jurídico se realice sobre una base subjetiva reconocible, y eso es exigencia de orden público" (PLINER, Adolfo. *El nombre de las personas*: legislácion, doctrina, jurisprudencia, derecho comparado. Buenos Aires: Abeledo – Perrot, 1966, p. 105. Apud ALMEIDA, Vitor. A disciplina jurídica do nome da pessoa humana à luz do direito à identidade pessoal. *Revista Jurídica luso-brasileira*. n. 3. ano 3 (2017). p. 1144).

9. BRANDELLI, Leonardo. Op. cit., p. 24.

10. FRANÇA, R. Limongi. *Do nome civil das pessoas naturais*. São Paulo: Ed. RT, 1975. p. 251.

11. FRANÇA, R. Limongi. Op. cit., p. 251.

12. ALMEIDA, Vitor. Op. cit., p. 1144.

13. BRANDELLI, Leonardo. Op. cit., p. 73.

quem com ela tenha estabelecido alguma espécie de relacionamento no âmbito social[14].

O ordenamento jurídico pátrio, ao estabelecer a definitividade do nome e do sobrenome, objetiva, em última instância, preservar a segurança jurídica das relações sociais e garantir a estabilidade dos atos da vida civil. A modificação do nome, ao arbítrio do seu titular, exporia a riscos os negócios e interesses de terceira pessoa[15].

Em razão disso, por exemplo, o artigo 59 da Lei 6.015/1973 (Lei de Registros Públicos), em sua redação original, já dispunha sobre a imutabilidade do prenome, admitindo, porém, a sua mudança, mediante sentença judicial[16]. A lei 9.708/98, por sua vez, alterando a Lei 6.015/73, admitiu a substituição do prenome por apelidos públicos notórios ou em virtude de coação ou ameaça derivada de colaboração com a apuração de crime[17]. Além dessas hipóteses, é possível a modificação do prenome quando ele expuser o seu titular ao ridículo, em caso de homonímia, tradução de nome estrangeiro, adoção e alteração decorrente mudança de gênero[18].

Incontestadamente, ainda que a legislação somente mencione a definitividade do prenome, é certo que a imutabilidade compreende tanto o prenome quanto o nome de família, porquanto uma alteração num ou noutro pode causar um desalinho não desejado[19], com repercussões sérias na vida social de jurídica, seja nas relações firmadas entre particulares, seja nas relações deste com o Estado[20].

Por esse motivo, a alteração do nome de família também só pode ocorrer em casos excepcionais, tais como: a adoção, o casamento, a união estável, a separação ou o divórcio e a declaração de nulidade do casamento[21]. Os tribunais dificilmente permitem a modificação do patronímico, fora das hipóteses constantes nesse rol[22]. O Superior Tribunal de Justiça (STJ), a propósito, já negou provimento a pedido de supressão de nome de família por motivos religiosos, sob o fundamento de que as normas que flexibilizam o princípio da imutabilidade não incluem a exclusão de patronímico em razão de ordem religiosa[23].

---

14. SOUZA, Nelson Oscar de. Apelação Cível 595119520, em 19 de outubro de 1995. Terceira Turma. Apud BRANDELLI, Leonardo. Op. cit., p. 74.
15. Art. 59. O prenome será imutável. Parágrafo único. Quando, entretanto, for evidente o erro gráfico do prenome, admite-se a retificação, bem como a sua mudança mediante sentença do Juiz, a requerimento do interessado, no caso do parágrafo único do artigo 56, se o oficial não o houver impugnado.
16. LOUREIRO, Luiz Guilherme. *Registros Públicos*: teoria e prática. 9. ed. Salvador: Juspodivm, 2018, p. 179.
17. Art. 58. O prenome será definitivo, admitindo-se, todavia, a sua substituição por apelidos públicos notórios. Parágrafo único. A substituição do prenome será ainda admitida em razão de fundada coação ou ameaça decorrente da colaboração com a apuração de crime, por determinação, em sentença, de juiz competente, ouvido o Ministério Público.
18. LOUREIRO, Luiz Guilherme. Op. cit., p. 180.
19. FRANÇA, R. Limongi. Op. cit., p. 251-252.
20. CARVALHO, Manuel Vilhena de. *Do direito ao nome*: proteção jurídica e regulamentação legal. Coimbra: Almedina, 1972. p. 41. Apud BRANDELLI, Leonardo. Op. cit., p. 74.
21. LOUREIRO, Luiz Guilherme. Op. cit., p. 180.
22. LOUREIRO, Luiz Guilherme. Op. cit., p. 180.
23. LOUREIRO, Luiz Guilherme. Op. cit., p. 181.

Conquanto sua importância social e jurídica, a regra da imutabilidade do nome não tem sido considerada de forma absoluta, comportando exceções, sejam decorrentes de alguns fatos justificadores previstos na lei, sejam decursivos de pronunciamento do Judiciário[24]. O posicionamento dos tribunais, aliás, não faz muito tempo, prestigiava a imutabilidade do nome como forma de consagrar o princípio da perpetualidade dos registros públicos[25].

No entanto, é possível perceber uma sensível mudança na interpretação da norma que autoriza a modificação do nome[26]. Dessa forma, ainda que a regra seja a inalterabilidade do nome, esta deve abrandada diante de algumas situações, desde que haja razões de utilidade, conveniência, como também que a alteração preserve os apelidos de família, não cause prejuízo a outrem e, por fim, que o requerimento formulado não abrigue um propósito fraudulento[27].

Essa decisão pelo abrandamento da regra da imutabilidade tem como propósito atender à utilização permanente que se faz do nome que se tem, considerando-o não somente como uma forma de individuação ou traço distintivo da pessoa, mas também como um direito da personalidade[28].

A relativização da imutabilidade, ocasionada pelas recentes modificações legislativas e pela jurisprudência[29], levou Almeida[30] a defender que o termo mais adequado para norma seria "princípio da mutabilidade motivada", a servir de orientação nas situações de "acréscimo, substituição ou supressão parcial" de nome da pessoa natural. Em direção semelhante, Salles[31] denomina-o de "princípio da mutabilidade controlada" do nome da pessoa natural.

A aceitável flexibilização[32] na admissão da mudança do nome é justificada pela função que ele executa na construção e estabilização da personalidade de uma

---

24. BRANDELLI, Leonardo. Op. cit., p. 74.
25. VALE, Horácio Eduardo Gomes. Princípio da imutabilidade do nome da pessoa natural. Princípio da mutabilidade controlada do nome da pessoa natural. Revista Jus Navigandi. Teresina, ano 22, n. 5267, 2 dez. 2017. Disponível em: https://jus.com.br/artigos/59871. Acesso em: 10 dez. 2019.
26. VALE, Horácio Eduardo Gomes. Op. cit.
27. FRANÇA, R. Limongi. Op. cit., p. 252.
28. MORAES, Maria Celina Bodin de. Sobre o nome da pessoa natural. *Revista da EMERJ*, v.3, n.12, 2000. p. 58.
29. "Infere-se, pois, de uma interpretação dos dispositivos legais, que o princípio da imutabilidade do nome, conquanto de ordem pública, pode ser mitigado quando sobressair o interesse individual ou o benefício social da alteração" (BRASIL. Superior Tribunal de Justiça. Recurso Especial: REsp 1.626.739 – RS. Relator Min. Luis Felipe Salomão. DJ: 09.05.2017).
30. ALMEIDA, Vitor. Op. cit., p. 1159.
31. SALLES, Venicio Antonio de Paula. Op. cit.
32. Voto no Desembargador Geraldo Guerreiro, do Tribunal de Alçada do Estado da Guanabara, proferido em 09/12/1969: "Ora, ao estabelecer normas restritivas à mudança de nome por parte das pessoas físicas (e jurídicas também) o que pretendeu a sociedade, através do legislador, foi se garantir dos meios de controle a respeito da maneira pela qual são indicados e reconhecidos os seus componentes, como já ficou dito. Tais restrições, assim, têm um destino certo, preciso, instrumental, que serve no plano das regras de direito, a um interesse social reputado suficientemente relevante para merecer a regulamentação restritiva. Por isso mesmo, o critério geral da manutenção do nome admite exceções. Não é absoluto. É que o interesse social, em muitos casos, fica melhor servido com a mudança do nome pelo qual é indicada a pessoa nos

pessoa[33]. Todavia, a possibilidade de modificação não é alheia a limites e, diante de um pedido de alteração de nome, o respeito aos apelidos de família, bem como a conservação da segurança jurídica devem ser sopesados[34].

3. CAUSAS JUSTIFICATIVAS DE ALTERAÇÃO DO NOME E O SEU PROCESSAMENTO PELA VIA ADMINISTRATIVA

As hipóteses de alteração do nome não compõem um rol taxativo. São inúmeras as causas justificativas de mudança de prenome e/ou nome de família, mencionadas pela doutrina[35]. A maioria dos pedidos de mudança de prenome e/ou sobrenome é processado pela via judicial. Todavia, nos últimos anos, muito em virtude da atuação da jurisprudência e de iniciativas do Conselho Nacional de Justiça, as possibilidades de alteração pela via administrativa têm sido alargadas.

Trata-se do denominado movimento de extrajudicialização do direito privado, através dos qual inúmeras questões que, em momento anterior, estavam reservadas ao exame e julgamento do Poder Judiciário começam a ser resolvidas por vias extrajudiciais[36]. Nessa perspectiva, já podem ser modificados, nas serventias extrajudiciais, o prenome ou apelido de família, em razão do casamento, união estável, separação, divórcio, dissolução de união estável, reconhecimento de filiação, reconhecimento de sexo diverso e viuvez[37].

---

documentos ou registros oficiais. Casos há em que outro nome é recomendável e a própria lei estabelece normas permissivas para a alteração do nome, algumas até de interesse público (RT 426, abril de 1971, p. 242/243 BRASIL. Superior Tribunal De Justiça. REsp 1.206.656 – GO. Relatora Ministra Nancy Andrighi. p. 6. Disponível em: https://ww2.stj.jus.br/processo/revista/documento/mediado/?componente=AT-C&sequencial=23744380&num_registro=201001415583&data=20121211&tipo=51&formato=PDF. Acesso em: 12 dez. 2019).

33. BRASIL. Superior Tribunal de Justiça. REsp 1412260/SP. Relatora: Ministra Nancy Andrighi. DJ 22/5/2014. Disponível em: https://ww2.stj.jus.br/processo/revista/documento/mediado/?componente=ATC&sequencial=35385663&num_registro=201301426960&data=20140522&tipo=51&formato=PDF. Acesso em: 10 dez. 2019.

34. BRASIL. Superior Tribunal de Justiça. REsp 1412260/SP. Relatora: Ministra Nancy Andrighi. DJ 22.05.2014. Disponível em: https://ww2.stj.jus.br/processo/revista/documento/mediado/?componente=ATC&sequencial=35385663&num_registro=201301426960&data=20140522&tipo=51&formato=PDF. Acesso em: 10 dez. 2019.

35. Leonardo Brandelli cita as seguintes as hipóteses de alteração comuns ao sobrenome e ao prenome: "nome posto por quem não tinha o direito; não correspondência do assento com a declaração; erro material; descoberta do verdadeiro nome; uso de nome diverso e coação ou ameaça decorrente da colaboração na apuração de crime". Hipóteses peculiares ao prenome: "prenome imoral ou ridículo; mudança de sexo ou reconhecimento de sexo diverso; apelido notório; adoção". Hipóteses peculiares ao nome de família: "casamento, união estável separação, divórcio, nulidade e anulação de casamento; sentença judicial em ação de estado; mudança de nome dos ascendentes ou do cônjuge; adoção; alteração no primeiro ano após a maioridade e alteração decorrente de abandono paterno ou materno, e vínculo socioafetivo". (BRANDELLI, Leonardo. Op. cit.).

36. CALDERÓN, Ricardo. *Filiação socioafetiva*: repercussões a partir do Provimento 63 do CNJ. p.1. Disponível em: https://www.migalhas.com.br/arquivos/2019/4/art20190426-07.pdf. Acesso em: 12 dez. 2019.

37. Vide Lei 11.441/2007, Provimentos 16/2012, 63/2017, 73/2018, 82/2019 e 83/2019 do Conselho Nacional de Justiça.

3.1 Casamento

O casamento é uma hipótese de aquisição do nome de família. O Código Civil de 1916, em seu artigo 240[38], já tratava dessa possibilidade, ao facultar à mulher casada acrescentar aos seus os sobrenomes do esposo[39]. Perceba-se, em primeiro lugar, que se tratava de uma faculdade e não de uma obrigação. Em segundo lugar, o dispositivo fazia referência apenas à mulher, nada falando a respeito do homem.

Não obstante a omissão da lei, a doutrina entendia, interpretando o texto constitucional de 1988[40], que era possível também ao homem acrescer aos seus próprios apelidos os da sua esposa. O Código Civil de 2002, oportunamente, colocou um fim em todas as discussões, ao recepcionar a proposição de possibilidade de aquisição, pelo esposo, do sobrenome da mulher, em razão do matrimônio[41].

Desse modo, pode, qualquer um dos cônjuges, quando da habilitação para o casamento, perante o oficial de registro, requerer a inclusão de algum (s) nomes de família do outro, conservando os seus ou suprimindo-os[42]. Se a inclusão não for feita no instante do casamento, poderá, a qualquer momento, desde que de forma justificada, ser requerida a alteração pela via judicial[43].

A possibilidade de supressão do patronímico para acrescentar os do outro cônjuge é um tema que desperta discussões. Há autores[44] que compreendem que apenas é permitido o acréscimo do nome de família do outro cônjuge, devendo ser conservados os seus próprios. Outros, todavia, a exemplo de Leonardo Brandelli[45], sustentam que é possível abandonar total ou parcialmente os apelidos de família adquiridos com o nascimento ou adoção, ao incorporar-se o sobrenome do outro cônjuge.

O Superior Tribunal de Justiça decidiu, ao julgar o Recurso Especial 1.433.187 – SC, que "a supressão devidamente justificada de um patronímico em virtude do

---

38. A redação original do art. 240 do Código Civil de 1916 dizia o seguinte: "A mulher assume, pelo casamento, com os apelidos do marido, a condição de companheira, consorte e auxiliar nos encargos da família". De acordo com C. Bevilaqua, "o fato de adquirir o nome do marido não importa em ficar sua personalidade absorvida. Antes de tudo, esta adopção de nome é costume, a que a lei deu guarida, e deve ser comprehendido como exprimindo a comunhão de vida, a transfusão das almas dos dois cônjuges". (BEVILAQUA, Clovis. *Comentários ao Código Civil*. 7. ed. Rio de Janeiro: Livraria Francisco Alves, 1945, V. II, p. 125 apud MORAES, Maria Celina Bodin de. Op. cit., p. 61).

39. Art. 240, Código Civil de 1916:

40. Arts. 5º, I e 226, § 5º.

41. BRANDELLI, Leonardo. Op. cit., p.141.

42. BRANDELLI, Leonardo. Op. cit., p. 141.

43. BRANDELLI, Leonardo. Op. cit., p. 141.

44. Para José Roberto Neves Amorim, "embora seja permitida a alteração do nome pelo marido ou pela mulher, com o acréscimo do sobrenome do outro, não se permite a retirada de qualquer dos seus, em homenagem à sua ancestralidade, apenas de outras interpretações mais flexíveis, que aceitem a renúncia parcial, ou total, do nome de solteiro". (AMORIM, José Roberto Neves. *Direito ao nome da pessoa física*. p. 40. Apud BRANDELLI, Leonardo. Op. cit., p. 141). De igual modo, entende Luiz Guilherme Loureiro, para quem "acrescentar significa que qualquer dos cônjuges, ou ambos, podem acrescer ou somar ao seu o nome do outro se, entretanto, suprimir algum de seus patronímicos. Do contrário, não haveria acréscimo como faculta o Código Civil, e sim substituição, ainda que parcial". (LOUREIRO, Luiz Guilherme. Op. cit., p. 174).

45. BRANDELLI, Leonardo. Op. cit., p. 142.

casamento realiza importante direito da personalidade, desde que não prejudique a plena ancestralidade nem a sociedade[46]".

Por fim, admite-se ainda a adoção simultânea do sobrenome do outro sem a retirada do seu próprio, situação em que os patronímicos devem ser postos na mesma ordem a fim que ambos os cônjuges fiquem com idênticos nomes de família[47].

3.2   União estável

O instituto da união estável é regulamentado pelo Código Civil, que reconhece, em seu art. 1.723, para efeito de proteção do Estado, a união estável entre homem e mulher como entidade familiar[48]. No entanto, nada disse, o Código Civil, a respeito do nome na união estável. O curioso é que, muitos anos antes da entrada em vigor do Código Civil, o tema tinha sido abordado na Lei 6.015/1973[49].

A lei 6.216/1975 introduziu na Lei de Registros Públicos o parágrafo 2º do artigo 57[50], segundo o qual a mulher, separada, divorciada ou viúva, que conviva com homem solteiro, separado, divorciado ou viúvo, em situações excepcionais e existindo um motivo razoável, poderia requerer, judicialmente, a averbação do nome de família do companheiro, sem prejuízo dos seus próprios, desde que não houvesse impedimento legal para o casamento, em decorrência do estado civil de qualquer um dos nubentes ou de ambos[51].

Uma dúvida suscitada consistia em saber se depois da Constituição de 1998 as exigências da lei ordinária tinham sido revogadas e se, em razão disso, os conviventes, à semelhança do casamento, tinham a liberdade de acrescentar do nome de família do companheiro ou se os requisitos do dispositivo acima mencionado continuavam vigendo[52].

Brandelli defendeu que, apesar de a Constituição Federal ter elevado a união estável à categoria de entidade família, não a igualou ao casamento, de modo que persistiam os requisitos previstos na Lei de Registros Públicos. Isto porque, primeiro, o casamento se submete a um regime de publicidade registral inexistente na união estável; e, se-

---

46. BRASIL. Superior Tribunal de Justiça. REsp 1.433.187/SC. Relator Ministro Ricardo Villas Bôas Cueva. DJ 02/06/2015. Disponível em: https://stj.jusbrasil.com.br/jurisprudencia/195533210/recurso-especial-res-p-1433187-sc-2014-0022694-1/relatorio-e-voto-195533227?ref=juris-tabs. Acesso em: 12 dez. 2019.
47. BRANDELLI, Leonardo. Op. cit., p. 142.
48. LOUREIRO, Luiz Guilherme. Op. cit., p. 1224.
49. VELOSO, Zeno. *Direito Civil* – Temas. Belém: Artes Gráficas Perpétuo Socorro, 2018. p. 58.
50. "Essa normatização refletia a proteção e exclusividade que se dava ao casamento – que era indissolúvel –, no início da década de 70 do século passado, pois este era o único elemento formador de família, legalmente aceito, fórmula da qual derivava as restrições impostas pelo texto de lei citado, que apenas franqueava a adoção de patronímico, por companheira, quando não houvesse a possibilidade de casamento, por força da existência de um dos impedimentos descritos em lei" (BRASIL. Superior Tribunal De Justiça. REsp 1.206.656 – GO. Relatora Ministra Nancy Andrighi. p. 6. Disponível em: https://ww2.stj.jus.br/processo/revista/documento/mediado/?componente=ATC&sequencial=23744380&num_registro=201001415583&data=20121211&tipo=51&formato=PDF. Acesso em: 12 dez. 2019.
51. BRANDELLI, Leonardo. Op. cit., p. 189.
52. BRANDELLI, Leonardo. Op. cit., p. 189.

gundo, porque o casamento é um ato solene, enquanto a união estável é caracterizada pela liberdade de forma[53]. Nesse sentido, vinham decidindo os tribunais estaduais[54].

Em 2012, porém, o Superior Tribunal de Justiça admitiu a possibilidade de modificação do nome de família dos companheiros, quando do reconhecimento judicial de união estável, aplicando analogicamente o disposto no art. 1.565, §1º, do Código Civil uniformizando, com isso, a interpretação da legislação infraconstitucional[55].

No voto condutor, a Ministra Nancy Andrighi aduziu que a simples leitura do art. 57, parágrafo 2º da Lei dos Registros Público, à luz do art. 226, parágrafo 3º da Constituição Federal, revela o descompasso daquele disposto de lei, o qual reclama uma apreciação mais coerente com a atual realidade social e constitucional[56].

A união estável não possui uma legislação específica acerca da possibilidade de aquisição do nome de família do companheiro (a). Sendo assim, as questões que entornam o tema devem ser solucionadas por meio da aplicação analógica[57] do art. 1.565, parágrafo 1º do Código Civil, visto que, continua a Ministra, é evidente o elemento de identidade entre os institutos[58]. Ressalve-se, por fim, a necessidade de que seja feita prova da união estável, através de escritura pública, em que contenha a concordância do companheiro, cujo nome será adotado[59].

---

53. BRANDELLI, Leonardo. Op. cit., p. 189.
54. "Apelação cível. Pedido de alteração do assento registral de nascimento. Inclusão do patronímico do companheiro no nome da requerente. União estável. Impedimento para o casamento. Falta de comprovação. Impossibilidade de alteração do registro do nascimento. Tendo em vista que ambos os companheiros não possuem qualquer impedimento para o casamento, a celebração desse ato proporcionaria a alteração do nome da apelante, no sentido de incluir o patronímico de seu companheiro ao seu nome. O fato de pretenderem se casar no regime de comunhão parcial de bens e não poderem em função da idade do companheiro, que conta com mais de 60 anos de idade, prevalecendo, neste caso, a exigência legal do regime de casamento da separação de bens, tal situação não constitui impedimento matrimonial exigido pela Lei de Registros Públicos para a alteração do nome da requerente, uma vez que eles podem se casar. A pretensão da requerente/apelante esbarra na regra insculpida no artigo 57, § 2º da Lei 6.015/73, que dispõe ser necessária a comprovação de impedimento legal para o casamento para ser possível, no registro de nascimento, a averbação do patronímico de um dos companheiros ao nome do outro, sem prejuízo dos apelidos de sua família. (Tribunal de Justiça do Estado de Goiás. Apelação Cível 116904-8/188 – 200703993318. DJ 22.01.2008).
55. IBDFAM, Assessoria de Comunicação do. Companheiros em união estável têm direito a usar sobrenome comum. Disponível em: http://www.ibdfam.org.br/noticias/5316/companheiros+em+uni%C3%A3o+est%C3%A1vel+t%C3%AAm+direito+a+usar+sobrenome+comum. Acesso em: 10 dez. 2019.
56. BRASIL. Superior Tribunal de Justiça. REsp 1.206.656 – GO. Relatora Min. Nancy Andrighi. p.6. Disponível em: https://ww2.stj.jus.br/processo/revista/documento/mediado/?componente=ATC&sequencial=23744380&num_registro=201001415583&data=20121211&tipo=51&formato=PDF. Acesso em: 12 dez. 2019.
57. Para Loureiro, por analogia à regra da modificação do nome por ocasião do casamento, nada impede que os companheiros façam constar da escritura pública em exame o acréscimo ao seu do nome do companheiro. Não há em tal fato, violação à ordem pública, devendo a norma registral supracitada ser interpretada sistemática e analogicamente com a norma civil que regula a mudança do nome no casamento. (LOUREIRO, Luiz Guilherme. Op. cit., p. 1226).
58. BRASIL. Superior Tribunal de Justiça. REsp 1.206.656 – GO. Relatora Min. Nancy Andrighi. p.7. Disponível em: https://ww2.stj.jus.br/processo/revista/documento/mediado/?componente=ATC&sequencial=23744380&num_registro=201001415583&data=20121211&tipo=51&formato=PDF. Acesso em: 12 dez. 2019.
59. BRASIL. Superior Tribunal de Justiça. REsp 1.206.656 – GO. Relatora Min. Nancy Andrighi. p. 6 Disponível em: https://ww2.stj.jus.br/processo/revista/documento/mediado/?componente=ATC&sequencial=23744380&num_registro=201001415583&data=20121211&tipo=51&formato=PDF. Acesso em: 12 dez. 2019.

3.3 Separação, divórcio e dissolução de união estável

Como visto, tanto o casamento quanto a união estável permitem ao cônjuge ou ao companheiro o acréscimo do nome de família do outro. Dissolvido o vínculo, é facultado aos ex-cônjuges ou ex-companheiros retomarem o uso do nome anterior, o que pode acontecer tanto no momento da sentença de divórcio ou de dissolução da união estável como a *posteriori*, por iniciativa de quaisquer das partes[60].

Na legislação anterior ao Código Civil de 2002, a perda do nome de casado era, como regra, obrigatória. O tema foi disciplinado na Lei de Divórcio, no parágrafo único[61] do artigo 25, incluído pela Lei 8.408/1992. Depreende-se do dispositivo mencionado que o divórcio tinha o condão de provocar automática e necessariamente a perda do nome de família do outro cônjuge, acrescentado em razão do casamento[62].

A manutenção do sobrenome do outro cônjuge somente era possível se o retorno ao nome anterior ocasionasse um inequívoco prejuízo à identificação; houvesse uma flagrante diferença entre o seu patronímico e o dos filhos e um grave dano reconhecido judicialmente[63].

A primeira ressalva foi estabelecida para proteger a mulher que conquistou notabilidade com o nome de casada e para quem sua exclusão prejudicaria, demasiadamente, a identificação. A segunda foi estipulada no interesse dos filhos, a fim de que esses não passassem por situações constrangedoras, em decorrência do fato de os seus genitores portarem patronímicos distintos dos deles. Por fim, a terceira exceção tem um caráter mais geral e deixa a cargo do juiz a identificação do grave dano justificador da manutenção do nome pela divorciada[64].

Tepedino argumenta que essa solução legal malfere o direito à identificação pessoal da mulher, eis que o sobrenome adquirido com o casamento se incorpora à sua personalidade[65].

Com o advento do Código Civil de 2002, houve uma inversão na regra, sendo permitida de forma expressa[66] a mantença do nome adquirido com o casamento, pelo cônjuge divorciado, exceto no caso de perda por culpa, declarada por sentença

---

60. DELGADO, Mário Luiz. É prerrogativa do cônjuge mudar ou manter o nome de casado após o divórcio. *Revista Consultor Jurídico*. Disponível em: https://www.conjur.com.br/2018-fev-04/processo-familiar-prerrogativa-conjuge-mudar-ou-manter-nome-casado. Acesso em: 10 dez. 2019.
61. Parágrafo único. A sentença de conversão determinará que a mulher volte a usar o nome que tinha antes de contrair matrimônio, só conservando o nome de família do ex-marido se alteração prevista neste artigo acarretar: I – evidente prejuízo para a sua identificação; II – manifesta distinção entre o seu nome de família e dos filhos havidos da união dissolvida; III – dano grave reconhecido em decisão judicial.
62. BRANDELLI, Leonardo. Op. cit., p. 192.
63. BRANDELLI, Leonardo. Op. cit., p. 192.
64. MORAES, Maria Celina Bodin de. Op. cit., p. 62.
65. TEPEDINO, Gustavo. *Temas de direito civil*. Rio de Janeiro: Renovar, 1999. Apud BRANDELLI, Leonardo. Op. cit., p. 192.
66. Art. 1.571, § 2º do Código Civil: § 2º Dissolvido o casamento pelo divórcio direto ou por conversão, o cônjuge poderá manter o nome de casado; salvo, no segundo caso, dispondo em contrário a sentença de separação judicial.

em ação de separação judicial[67]. Observa-se que as razões de manutenção do nome de casado são as mesmas do direito anterior, mencionadas anteriormente. Contudo, diferente da legislação antecedente, a perda do sobrenome do cônjuge não se trata mais de um efeito automático da dissolução do vínculo, necessitando de requerimento expresso do cônjuge inocente[68].

A Emenda Constitucional 66/2010 afastou definitivamente o debate acerca de culpa no espaço da ação de divórcio. O divórcio configuraria, depois disso, um direito potestativo, um imperativo de vontade, de modo que o único motivo à decretação do divórcio seria o fim do afeto[69].

Diante disso, não mais havendo discussão sobre a culpa, a alteração do nome de casado ou a sua manutenção, com a dissolução do casamento, é uma prerrogativa do cônjuge[70]. Em resumo, adquirido o nome de família pelo casamento e sendo este mais um elemento identificador do cônjuge na sociedade, apenas a sua renúncia viabilizará a alteração do registro civil e o regresso ao nome de solteiro[71].

Por oportuno, interessa assinalar que, em virtude da Lei 11.441/2007, a separação e o divórcio consensuais podem ser celebrados por um tabelião. O Código de Processo Civil, por seu turno, preservou a possibilidade de dissolução de vínculo conjugal por mútuo consenso, pela via administrativa.[72]

Nessa situação, podem as partes se decidir na escritura pública – de separação, divórcio ou dissolução de união estável – pela retomada do nome de solteiro. Não há impeditivo, inclusive, para que o retorno ao nome anterior seja realizado por meio de escritura de rerratificação do ato de divórcio (ou separação)[73]. Por se tratar de um direito potestativo, admite-se a rerratificação unilateral da escritura de dissolução do vínculo conjugal, a fim que a parte interessada adicione a declaração de que tem interesse em voltar o nome de solteiro[74].

3.4   Reconhecimento de filiação

O ordenamento jurídico brasileiro reconhece o estabelecimento de filiação por vínculo biológico, adotivo, afetivo, oriundo de reprodução assistida, entre outros. Como regra, o reconhecimento filial é realizado no ato do registro de nascimento[75].

---

67. Art. 1.578. O cônjuge declarado culpado na ação de separação judicial perde o direito de usar o sobrenome do outro, desde que expressamente requerido pelo cônjuge inocente e se a alteração não acarretar: I – evidente prejuízo para a sua identificação; II – manifesta distinção entre o seu nome de família e o dos filhos havidos da união dissolvida; III – dano grave reconhecido na decisão judicial.
68. BRANDELLI, Leonardo. Op. cit., p. 195.
69. BRANDELLI, Leonardo. Op. cit., p. 195.
70. DELGADO, Mário Luiz. Op. cit.
71. DELGADO, Mário Luiz. Op. cit.
72. LOUREIRO, Luiz Guilherme. Op. cit., p. 1186.
73. LOUREIRO, Luiz Guilherme. Op. cit., p. 184.
74. LOUREIRO, Luiz Guilherme. Op. cit., p. 184.
75. LOUREIRO, Luiz Guilherme. Op. cit., p. 316.

Nada impede, todavia, que seja feito, em momento posterior, por meio de determinação judicial, em ação de investigação de paternidade (reconhecimento forçado), ou por meio da livre manifestação de vontade dos pais (reconhecimento voluntário), formalizado através de escritura pública ou escrito particular, de testamento, e declaração expressa perante o juiz[76].

O reconhecimento do vínculo de consanguinidade tem previsão, em parte, no art. 1º da Lei 8.560/1992 e noutra, no Provimento 16/2012 do Conselho Nacional de Justiça (CNJ). Como dito, o reconhecimento pode ser judicial ou pela via administrativa, por meio de escritura pública, no tabelionato de notas, ou por termo assinado perante o oficial de registro civil de pessoas naturais.

O reconhecimento do elo socioafetivo como sendo o bastante para estabelecer parentesco percorreu um longo caminho[77]. A intitulada paternidade socioafetiva[78] é conhecida entre nós há mais de 30 anos. Essa espécie de vínculo parental é uma construção da doutrina e da jurisprudência, especialmente do Superior Tribunal de Justiça, o qual contribuiu de forma significativa, assentando, em inúmeras ocasiões, que a relação filial pode se estabelecer exclusivamente por intermédio do vínculo afetivo[79].

Até pouco tempo, para o reconhecimento da filiação socioafetiva, exigia-se a manifestação do Poder Judiciário. Em razão disso, muitas relações com elos de afeto não eram registradas. A datar de 2013, porém, o cenário iniciou um processo de mudança, eis que alguns Estados[80] passaram a admitir o reconhecimento da filiação socioafetiva nos cartórios de registro civil de pessoas naturais[81].

Entretanto, cada Estado regulamentou o procedimento nas serventias extrajudiciais de acordo com suas peculiaridades. Em razão disso, o procedimento em localidade assumiu formas e critérios diversos, sem uniformidade. Diante de tantas controvérsias sobre o assunto, o Conselho Nacional de Justiça foi desafiado a uniformizar o procedimento em todo o território nacional[82]. Nesse contexto, então, em

---

76. LOUREIRO, Luiz Guilherme. Op. cit., p. 315.
77. CALDERÓN, Ricardo. Op. cit., p. 2.
78. Rodrigo da Cunha Pereira define paternidade socioafetiva como: "a paternidade formada pelos laços de afeto, com ou sem vínculo biológico. (...) A paternidade socioafetiva tem seu embrião na antiga expressão posse de estado de filho. Para que haja a posse de estado é necessário que o filho seja tratado como filho e que sua condição oriunda da filiação seja reconhecida socialmente. Paternidade socioafetiva é uma expressão criada no Direito brasileiro, usada pela primeira vez pelo jurista paranaense Luiz Edson Fachin, em seu livro Estabelecimento da filiação e paternidade presumida, publicado em 1992. A concepção da paternidade socioafetiva estende-se também aos irmãos, mãe, enfim a toda parentalidade.". (PEREIRA, Rodrigo da Cunha. *Dicionário de Direito de Família e Sucessões*: ilustrado. São Paulo: Saraiva, 2015.p. 520).
79. CALDERÓN, Ricardo. Op. cit., p. 3.
80. "O primeiro Estado a levantar a possibilidade de registro extrajudicial da paternidade socioafetiva foi Pernambuco. Em seguida outros Estados, tais como Maranhão, Ceará, Amazonas, Santa Catarina, Paraná, Mato Grosso do Sul e Sergipe, também acompanharam essa linha, com similar fundamentação. Contudo, cada Estado regulou o procedimento com as suas particularidades" (CALDERÓN, Ricardo. Op. cit., p. 3).
81. CALDERÓN, Ricardo. Op. cit., p. 3.
82. CALDERÓN, Ricardo. Op. cit., p. 3.

novembro de 2017, foi publicado o Provimento 63/2017 do CNJ, padronizando o reconhecimento extrajudicial de paternidade/maternidade socieoafetiva[83].

Celebrado o reconhecimento – seja ele voluntário ou forçado por vínculo biológico ou afetivo – um dos seus efeitos é acarretar para o filho o direito de estampar o nome de família do pai ou da mãe, com que se estabeleceu a relação filial, com a devida alteração do seu nome. Destarte, a integração do sobrenome é uma decorrência natural do reconhecimento de filiação[84].

Contudo, a adição do patronímico não é obrigatória. Trata-se de uma prerrogativa do filho[85]. Ao cuidar do reconhecimento de filhos, a lei não exigiu a inclusão do sobrenome paterno ou materno. Nessa perspectiva, decidiu a Corregedoria Geral da Justiça de São Paulo (Processo CG 93.183/2008) que o filho tem a faculdade de escolher a composição de seu nome após o reconhecimento de paternidade e que ausência do nome de família do genitor não descaracteriza a filiação[86].

3.5 Reconhecimento de sexo diverso

A doutrina admite, há algum tempo, a possibilidade de alteração do prenome, em razão de mudança cirúrgica do sexo, com base no art. 58 da Lei de Registros Públicos, que permite a substituição do nome por apelido público e notório pelo qual a pessoa é conhecida no meio social[87].

A jurisprudência resistiu, durante alguns anos, à possibilidade de alteração do prenome do indivíduo trans no registro de nascimento, mesmo nos casos de intervenção cirúrgica para nova designação de sexo. Atualmente, porém, não restam dúvidas de que se trata de um direito que a pessoa possui de adequar o seu registro à sua nova condição física, independentemente de cirurgia de redesignação sexual.[88]

A temática foi objeto da Ação Direta de Inconstitucionalidade 4275. A discussão oferecida à análise do Supremo Tribunal Federal consistiu em determinar se era possível a alteração de prenome e gênero de indivíduo transexual no registro civil, desvinculada da realização de cirurgia de transgenitalização, conformando o artigo 58 da Lei 6.015/1973 à Constituição Federal[89].

No seu voto, o Ministro Marco Aurélio, considerou possível a modificação do assento de nascimento de pessoas não submetidas à cirurgia de transgenitalização,

---

83. CALDERÓN, Ricardo. Op. cit., p. 4.
84. BRASIL. Superior Tribunal de Justiça. REsp 1.104.743 – RR. Relator Ministro Ricardo Villas Bôas Cueva. Disponível em: https://ww2.stj.jus.br/processo/revista/documento/mediado/?componente=ATC&sequencial=34882034&num_registro=200802569960&data=20140605&tipo=51&formato=PDF. Acesso em: 13 dez. 2019.
85. BRANDELLI, Leonardo. Op. cit., p. 205.
86. BRANDELLI, Leonardo. Op. cit., p. 205.
87. LOUREIRO, Luiz Guilherme. Op. cit., p. 333.
88. LOUREIRO, Luiz Guilherme. Op. cit., p. 333.
89. BRASIL. Supremo Tribunal Federal. ADI 4275. Relator Ministro Marco Aurélio. p. 10. Disponível em: http://redir.stf.jus.br/paginadorpub/paginador.jsp?docTP=TP&docID=749297200. Acesso em: 08 dez. 2019.

condicionando a alteração à satisfação de dois requisitos, que devem ser verificados na via judicial, a saber: idade mínima de 21 anos e diagnóstico médico de transexualismo[90].

Analisando quais seriam os critérios mais adequados para a efetivação dessa mudança, o Ministro Gilmar Mendes[91] destacou a existência de três correntes de entendimento: duas delas defendiam a alteração do gênero e do nome, pela via administrativa, no registro civil; e a terceira compreendia como necessária uma decisão judicial autorizando a modificação[92].

O Ministro Edson Fachin[93], em voto que conduziu a decisão, deu interpretação conforme a Constituição ao art. 58 da Lei 6.015/1973, reconhecendo aos transgêneros, independentemente de cirurgia de transgenitalização ou de qualquer outro tratamento hormonal, o direito à modificação do gênero e do prenome e diretamente no registro civil[94].

Ao final da apreciação, os Ministros do Supremo Tribunal Federal acordaram "em reconhecer aos transgêneros que assim o desejarem, independentemente da cirurgia de transgenitalização, ou da realização de tratamentos hormonais ou patologizantes, o direito à substituição de prenome e sexo diretamente no registro civil"[95].

Após o julgamento, a comunidade jurídica ficou na expectativa de que fosse publicado algum ato normativo padronizando, em nível nacional, o procedimento averbação da alteração do prenome e do gênero nos assentos de nascimento e casa-

---

90. BRASIL. Supremo Tribunal Federal. ADI 4275. Relator Ministro Marco Aurélio. p. 15. Disponível em: http://redir.stf.jus.br/paginadorpub/paginador.jsp?docTP=TP&docID=749297200. Acesso em: 08 dez. 2019.

91. "1) É possível a alteração do gênero no registro civil, desde que respeitados os requisitos para a configuração do transexualismo, conforme ato normativo do Conselho Federal de Medicina (Portaria 1.652/2002); 2) A alteração de gênero no registro civil pode ser feita na via administrativa e pressupõe autodeclaração do interessado, que se manifesta sobre o gênero com qual verdadeiramente se identifica; 3) A modificação de gênero no registro civil da pessoa transgênero é possível, desde que comprovada juridicamente sua condição, independentemente da realização de procedimento cirúrgico de redesignação de sexo". (Voto do Ministro Gilmar Mendes na ADI 4275. p. 1-2. Disponível em: http://www.stf.jus.br/arquivo/cms/noticiaNoticiaStf/anexo/ADI4275VotoGMTransgneros.pdf. Acesso em: 08 dez. 2019.

92. BRASIL. Supremo Tribunal Federal. ADI 4275. Relator Ministro Marco Aurélio. p. 135. Disponível em: http://redir.stf.jus.br/paginadorpub/paginador.jsp?docTP=TP&docID=749297200. Acesso em: 08 dez. 2019.

93. BRASIL. Supremo Tribunal Federal. ADI 4275. Relator Ministro Marco Aurélio. p. 40. Disponível em: http://redir.stf.jus.br/paginadorpub/paginador.jsp?docTP=TP&docID=749297200. Acesso em: 08 dez. 2019.

94. Argumentou o Ministro Edson Fachin: "parto para sugerir a dispensabilidade ou a não necessidade imperativa e cogente, prima facie, de um procedimento judicial, em primeiro lugar, porque, de um modo geral, os assentos de nascimento são feitos diretamente ao registro civil. A alteração, não raro, acaba, eventualmente, sendo levada por alguma controvérsia ou debate que se venha à vara dos registros públicos, mas, se houver tal circunstância, o oficial do registro civil poderá, eventualmente, suscitar a dúvida e submeter a matéria ao juiz da vara de registros públicos". (BRASIL. Supremo Tribunal Federal. ADI 4275. Relator Ministro Marco Aurélio. p. 42. Disponível em: http://redir.stf.jus.br/paginadorpub/paginador.jsp?docTP=TP&docID=749297200. Acesso em: 08 dez. 2019).

95. BRASIL. Supremo Tribunal Federal. ADI 4275. Relator Ministro Marco Aurélio. p. 02. Disponível em: http://redir.stf.jus.br/paginadorpub/paginador.jsp?docTP=TP&docID=749297200. Acesso em: 08 dez. 2019.

mento de pessoa transgênero no Registro Civil das Pessoas Naturais (RCPN), a fim de dar cumprimento à decisão do Supremo Tribunal Federal[96].

A prometida regulamentação veio por meio do Provimento 73/20018 do Conselho Nacional de Justiça, o qual foi alvo de inúmeras críticas pelo grau de dificuldade[97] imposto para a prática do ato[98].

3.6 Viuvez

A discussão sobre a possibilidade de a viúva continuar utilizando o nome de família do marido é antiga e teve destaque especialmente no direito italiano. Lá, três teses debatiam a temática: a primeira dirigia-se no sentido de que a viúva não mantém nem o direito nem a obrigação de usar o sobrenome do esposo; a segunda argumentava que a viúva detinha o direito, porém não a obrigação respectiva; por fim, a terceira afirmava que existia tanto o direito quanto a obrigação[99]. Esta última tese foi a adotada legalmente pelo Código Civil italiano de 1942, o qual estabeleceu expressamente que a mulher poderia conservar o sobrenome do marido[100].

No Brasil, por falta de disposição em lei, a questão permaneceu aberta durante muitos anos. Cogitou-se, num primeiro momento, aplicar, por analogia, o art. 240 do Código Civil de 1916, que disciplinava o uso do nome do marido pela mulher, após o divórcio. À primeira vista, dissolvendo-se o vínculo conjugal com a morte, desapareciam tanto o direito como a obrigação de a viúva conservar o nome do marido

---

96. IBDFAM, Assessoria de imprensa do. CNJ padroniza alteração de nome de pessoas trans em cartório; burocracia imposta por conselho é criticada por especialistas. Disponível em: http://www.ibdfam.org. br/noticias/6681/CNJ+padroniza+altera%C3%A7%C3%A3o+de+nome+de+pessoas+trans+em+cart%-C3%B3rio%3B+burocracia+imposta+por+conselho+%C3%A9+criticada+por+especialistas. Acesso em: 13 dez. 2019.
97. "Segundo o Provimento, a pessoa requerente deverá apresentar ao ofício do RCPN, no ato do requerimento, os seguintes documentos: I – certidão de nascimento atualizada; II – certidão de casamento atualizada, se for o caso; III – cópia do registro geral de identidade (RG); IV – cópia da identificação civil nacional (ICN), se for o caso; V – cópia do passaporte brasileiro, se for o caso; VI – cópia do cadastro de pessoa física (CPF) no Ministério da Fazenda; VII – cópia do título de eleitor; IX – cópia de carteira de identidade social, se for o caso; X – comprovante de endereço; XI – certidão do distribuidor cível do local de residência dos últimos cinco anos (estadual/federal); XII – certidão do distribuidor criminal do local de residência dos últimos cinco anos (estadual/federal); XIII – certidão de execução criminal do local de residência dos últimos cinco anos (estadual/federal); XIV – certidão dos tabelionatos de protestos do local de residência dos últimos cinco anos; XV – certidão da Justiça Eleitoral do local de residência dos últimos cinco anos; XVI – certidão da Justiça do Trabalho do local de residência dos últimos cinco anos; XVII – certidão da Justiça Militar, se for o caso" (IBDFAM, Assessoria de imprensa do. *CNJ padroniza alteração de nome de pessoas trans em cartório; burocracia imposta por conselho é criticada por especialistas.* Disponível em: http://www.ibdfam. org.br/noticias/6681/CNJ+padroniza+altera%C3%A7%C3%A3o+de+nome+de+pessoas+trans+em+cart%-C3%B3rio%3B+burocracia+imposta+por+conselho+%C3%A9+criticada+por+especialistas. Acesso em: 13 dez. 2019.)
98. IBDFAM, Assessoria de imprensa do. *CNJ padroniza alteração de nome de pessoas trans em cartório; burocracia imposta por conselho é criticada por especialistas.* Disponível em: http://www.ibdfam.org.br/noticias/6681/ CNJ+padroniza+altera%C3%A7%C3%A3o+de+nome+de+pessoas+trans+em+cart%C3%B3rio%3B+buro-cracia+imposta+por+conselho+%C3%A9+criticada+por+especialistas. Acesso em: 13 dez. 2019.
99. FRANÇA, Rubens Limongi. *Do nome civil das pessoas naturais.* 3. ed. São Paulo: Ed. RT, 1975. p. 306.
100. FRANÇA, Rubens Limongi. Op. cit., p. 308.

falecido. O costume, por outro lado, atribuía à viúva honrada o direito de continuar usando o nome do marido[101].

A questão chegou até o Superior Tribunal de Justiça e a Terceira Turma se posicionou no sentido de que o direito ao nome do marido não é irrenunciável e que é possível à viúva retornar ao nome de solteira, desde que presentes circunstâncias justificativas e ausente qualquer prejuízo a terceiro. À semelhança do divórcio, a retomada do nome anterior seria uma faculdade da mulher[102].

Em janeiro de 2018, fixando o entendimento anterior, acordou que o divórcio e a viuvez estão relacionados a um núcleo essencial comum – a dissolução do vínculo conjugal – de modo que não haveria razão para tratar de modos distintos essas duas situações. Finalmente, estendeu a interpretação do art. 57 da Lei 6.015/1973, para possibilitar o retorno ao nome de solteiro em decorrência do falecimento do cônjuge.

Em decisão unânime, a Terceira Turma chegou à conclusão que impossibilitar o retorno ao nome de solteiro, na hipótese de falecimento do cônjuge, significaria grave transgressão aos direitos de personalidade, além de ir de encontro ao movimento de redução da importância social de modificação do apelido de família por ocasião do casamento[103].

Por ocasião do julgamento, a ministra Nancy Andrighi asseverou que apesar de não existir uma regulamentação específica sobre a temática (haja vista a lei tratar apenas da hipótese de retorno ao nome de solteiro pelo divórcio) e de haver um interesse público do Estado na excepcionalidade da modificação do nome civil da pessoa natural (posto que o nome é um elemento identificador do indivíduo na sociedade), deve prevalecer o direito ao nome como um atributo da personalidade, de forma que este deve ser o fator predominante na interpretação da norma[104].

Não havia sido assentado qual seria o procedimento apropriado para realizar essa alteração. Por ausência de disposição expressa, na maioria dos estados, a modificação estava condicionada à determinação judicial. Após a publicação do Provimento 82/2019 do CNJ, o requerimento de retorno ao nome de solteiro (a) pode ser feito

---

101. FRANÇA, Rubens Limongi. Op. cit., p. 309.
102. BRASIL. Superior Tribunal de Justiça. Recurso Especial: REsp 363.794 – DF. Relator Min. Carlos Alberto Menezes Direito. DJ. 30.09.2002. Disponível em: https://ww2.stj.jus.br/processo/revista/documento/mediado/?componente=ATC&sequencial=279207&num_registro=200101277455&data=20020930&tipo=51&formato=PDF. Acesso em: 13 dez. 2019.
103. BRASIL. Superior Tribunal de Justiça. Restabelecimento do nome de solteira também é possível com a morte do cônjuge. Disponível em: http://www.stj.jus.br/sites/portalp/Paginas/Comunicacao/Noticias-antigas/2018/2018-06-01_06-53_Restabelecimento-do-nome-de-solteira-tambem-e-possivel-com-a-morte-do-conjuge.aspx. Acesso em: 12 dez. 2019.
104. BRASIL. Superior Tribunal de Justiça. Restabelecimento do nome de solteira também é possível com a morte do cônjuge. Disponível em: http://www.stj.jus.br/sites/portalp/Paginas/Comunicacao/Noticias-antigas/2018/2018-06-01_06-53_Restabelecimento-do-nome-de-solteira-tambem-e-possivel-com-a-morte-do-conjuge.aspx. Acesso em: 12 dez. 2019.

pelo viúvo (a), na via administrativa, perante o oficial de registro civil, por ocasião do falecimento do cônjuge[105].

Todas as permissões concedidas às serventias extrajudiciais, sobretudo às de registro civil de pessoas naturais, demonstram o interesse do Estado em reduzir o número de demandas judiciais e informam o papel relevante do oficial de registro nesse movimento de desjudicialização[106].

4. ANÁLISE DO PROVIMENTO 82/2019 DO CONSELHO NACIONAL DE JUSTIÇA

Como dito, o Provimento 82/2019 do CNJ autorizou o viúvo (a) a requerer a averbação para retomada ao nome de solteiro (a), por ocasião do óbito do seu cônjuge, diretamente ao oficial de registro civil. Essa temática, entretanto, não é a única – tampouco a mais importante – abordada no citado provimento[107].

A norma provimental dedica-se, ainda, a) ao procedimento de averbação, no assento de nascimento e no de casamento dos filhos, da alteração do nome do (s) genitor(es); e b) à alteração do nome de filho menor para identidade familiar[108].

Contempla, no primeiro caso, as situações em que há modificações de patronímico dos genitores em decorrência de matrimônio, separação ou divórcio. Justifica-se a averbação da alteração do nome no registro de nascimento do filho, notadamente porque eventual discrepância entre a sua atual identidade pessoal e aquela constante no assento mencionado pode dificultar a comprovação da filiação e, por via de consequência, causar transtornos no exercício do poder familiar[109].

Como explanado em tópico anterior, com o casamento, é facultado aos cônjuges acrescer aos seus os patronímicos do outro. Do mesmo, a separação e divórcio podem modificar os patronímicos dos ex-consortes. A alteração do nome dos ascendentes, em qualquer situação, faz nascer uma nova realidade que deve constar no assento dos respectivos descendentes[110].

---

105. IBDFAM, Assessoria de imprensa do. Provimento trata de possibilidades de alterações nos sobrenomes de forma extrajudicial. Disponível em:
http://www.ibdfam.org.br/noticias/6998/Provimento+trata+de+possibilidades+de+altera%C3%A7%C3%B5es+nos+sobrenomes+de+forma+extrajudicial. Acesso em: 08 dez. 2019.
106. NORONHA, João Otávio de. *CNJ destaca papel relevante de notários e registradores na desjudicialização no Brasil.* Disponível em: https://www.anoreg.org.br/site/2017/12/08/corregedoria-nacional-de-justica-destaca-papel-relevante-de-notarios-e-registradores-na-desjudicializacao-no-brasil/. Acesso em: 05 dez. 2019.
107. BRASIL. Provimento 82/2019. Disponível em: https://www.anoreg.org.br/site/2019/07/04/provimento-no-82-do-cnj-padroniza-nacionalmente-procedimentos-de-alteracao-do-nome-do-genitor/. Acesso em: 1º dez. 2019.
108. BRASIL. Provimento 82/2019. Disponível em: https://www.anoreg.org.br/site/2019/07/04/provimento-no-82-do-cnj-padroniza-nacionalmente-procedimentos-de-alteracao-do-nome-do-genitor/. Acesso em: 1º dez. 2019.
109. BRASIL. Superior Tribunal de Justiça. Resp. 1.123.141 – PR. Disponível em: https://ww2.stj.jus.br/processo/revista/documento/mediado/?componente=ATC&sequencial=12036533&num_registro=200501130558&data=20101007&tipo=91&formato=PDF. Acesso em: 14 dez. 2019.
110. SLVEIRA, Luciano Cardoso. Repertório de Jurisprudência IOB, n. 21; nov. 2004. p. 631. Apud BRASIL. Superior Tribunal de Justiça. Recurso Especial: REsp 1.123.141 – PR. p.4. Disponível em: https://ww2.stj.

São legitimados para requerer a averbação da alteração do nome o próprio interessado (quando maior e capaz) ou seu representante legal (quando menor ou incapaz) ou procurador constituído pelo interessado ou representante legal, por meio de instrumento público ou particular com firma reconhecida[111].

O requerimento será processado perante o oficial de registro civil competente, independentemente de autorização judicial. Além do pedido de averbação, devidamente assinado, a parte interessada deverá apresentar a certidão original do registro de casamento dos pais (com a averbação de separação ou divórcio, se for o caso), em que conste a alteração pretendida; e cópia autenticada ou conferida, pelo oficial de registro ou um dos seus prepostos autorizados, dos documentos pessoais[112].

Ademais, deverá efetuar o pagamento dos emolumentos, conforme a tabela do respectivo estado, respeitando-se as questões atinentes à gratuidade, quando for o caso. Ao final, uma certidão de nascimento e/ou de casamento será emitida com o nome mais atual, sem fazer menção sobre a alteração ou o seu motivo, devendo fazer referência no campo de "observações" ao parágrafo único do art. 21[113] da Lei 6.015, de 31.12.1973[114].

A última regulamentação do provimento diz respeito à alteração de nome de filho menor para identidade familiar. Trata-se da possibilidade de acrescentar o sobrenome de genitor, cujo nome foi alterado em virtude de separação, divórcio ou viuvez, ao nome de filho menor de idade; ou no caso de o filho ter sido registrado apenas com o patronímico do outro genitor[115].

Por precaução, é recomendável que o requerimento de averbação seja formulado por ambos os genitores, conjuntamente, ou por procurador constituído por eles, através de instrumento público ou particular com firma reconhecida. O procedimento é realizado na via extrajudicial, dispensando autorização judicial[116].

---

jus.br/processo/revista/documento/mediado/?componente=ATC&sequencial=12036533&num_registro=200501130558&data=20101007&tipo=91&formato=PDF. Acesso em: 14 dez. 2019.

111. ARPEN BRASIL. Nota técnica da ARPEN/BR sobre o Provimento 82 do CNJ. Disponível em: http://www.arpensp.org.br/index.php?pG=X19leGliZV9ub3RpY2lhcw==&in=ODU0MDg=&MSG_IDENTIFY_CODE. Acesso em: 15 dez. 2019.

112. ARPEN BRASIL. Nota técnica da ARPEN/BR sobre o Provimento 82 do CNJ. Disponível em: http://www.arpensp.org.br/index.php?pG=X19leGliZV9ub3RpY2lhcw==&in=ODU0MDg=&MSG_IDENTIFY_CODE. Acesso em: 15 dez. 2019.

113. "A presente certidão envolve elementos de averbação à margem do termo".

114. ARPEN BRASIL. Nota técnica da ARPEN/BR sobre o Provimento 82 do CNJ. Disponível em: http://www.arpensp.org.br/index.php?pG=X19leGliZV9ub3RpY2lhcw==&in=ODU0MDg=&MSG_IDENTIFY_CODE. Acesso em: 15 dez. 2019.

115. ARPEN BRASIL. Nota técnica da ARPEN/BR sobre o Provimento 82 do CNJ. Disponível em: http://www.arpensp.org.br/index.php?pG=X19leGliZV9ub3RpY2lhcw==&in=ODU0MDg=&MSG_IDENTIFY_CODE. Acesso em: 15 dez. 2019.

116. ARPEN BRASIL. Nota técnica da ARPEN/BR sobre o Provimento 82 do CNJ. Disponível em: http://www.arpensp.org.br/index.php?pG=X19leGliZV9ub3RpY2lhcw==&in=ODU0MDg=&MSG_IDENTIFY_CODE. Acesso em: 15 dez. 2019.

Além do pedido, os interessados devem apresentar, perante o oficial de registro, a certidão original do assento de nascimento do menor; a certidão original do assento de casamento dos pais que conste a alteração pretendida; cópia autenticada ou conferida, pelo oficial de registro ou um dos seus prepostos autorizados, dos documentos pessoais dos interessados. Em ambas as hipóteses de cabimento, se o filho for maior de dezesseis anos, o acréscimo do nome de família exigirá o seu consentimento[117].

5. AMPLIAÇÃO DAS HIPÓTESES PREVISTAS NO PROVIMENTO 82/2019 DO CNJ: OBSERVÂNCIA DOS PRINCÍPIOS DA CONTEMPORANEIDADE OU DA VERDADE REAL, DA SEGURANÇA JURÍDICA E DA MUTABILIDADE DO ASSENTO

Não obstante sua grande valia ao regular o procedimento de averbação, no assento de nascimento e no de casamento, da alteração do nome do (s) genitor(es) em decorrência de matrimônio, separação ou divórcio, o provimento 82/2019 do CNJ perdeu a oportunidade de regular a averbação da modificação do nome oriunda de outros motivos justificadores, a exemplo do reconhecimento de filiação, do reconhecimento de sexo diverso, da adoção e da aquisição da cidadania brasileira.

Todas essas hipóteses, tal como o casamento, a separação, o divórcio e a viuvez – tratados pelos Provimento 82/2019 – têm a mesma natureza jurídica: causas justificativas de alteração do nome.

É certo que o estado da pessoa natural se modifica no decorrer de sua existência, em consequência de fatos ou atos que constituem novas situações ou desconstituem aquelas existentes[118]. Tratando-se de mudanças de informações já registradas nos assentos públicos, é necessária ajustar o conteúdo registral à realidade atual[119].

O assento civil, conquanto deva espelhar a situação fática existente na época de sua lavratura, deve também se conformar à dinâmica da vida, dado que não se trata apenas de um registro estático, preso à realidade do tempo em que foi lavrado. Sendo um documento indispensável à prática de muitos atos da vida civil, deve abrigar eventuais modificações, decorrentes das instabilidades próprias da vida[120].

A necessidade de retratar a verdade atual – e não somente aquela que passou -decorre do princípio da verdade real, o qual orienta o registro público e tem por

---

117. ARPEN BRASIL. Nota técnica da ARPEN/BR sobre o Provimento 82 do CNJ. Disponível em: http://www.arpensp.org.br/index.php?pG=X19leGliZV9ub3RpY2lhcw==&in=ODU0MDg=&MSG_IDENTIFY_CODE. Acesso em: 15 dez. 2019.
118. KÜMPEL, Vitor Frederico. *Tratado Notarial e Registral*. São Paulo: YK Editora, 2017. v. II, p. 886.
119. KÜMPEL, Vitor Frederico. Op. cit., p. 886.
120. DISTRITO FEDERAL. Tribunal de Justiça do Distrito Federal e Territórios. Sentença Cível 2006.01.1.125909-4. Juiz João Batista Gonçalves da Silva. Disponível em: http://cache-internet.tjdft.jus.br/cgi-bin/tjcgi1?M-GWLPN=SERVIDOR1&NXTPGM=tjhtml122&ORIGEM=INTER&CIRCUN=1&SEQAND=37&CDNU-PROC=20060111259094. Acesso em: 10 dez. 2019.

propósito a segurança jurídica[121]. Indubitavelmente, o documento público, dotado, pois, de fé pública, deve ser o retrato da realidade, acompanhando a nova dinâmica familiar e social, sob pena de perder a sua função essencial de garantir segurança às relações[122].

É em defesa dessa segurança que o assento deve refletir a verdade presente e não apenas uma realidade pretérita – ainda que a informação continue no registro para atestar como era[123]. Nesse sentido, afirma Silveira, "uma vez que a vida é dinâmica, e não contemplativa de vínculos imutáveis, o direito deve-se coadunar com o presente, ainda mais quando se trata da personalidade humana"[124]

A segurança jurídica que deve ser observado pelo sistema normativo não pode ser compreendida como algo que eterniza os direitos e os torna imodificáveis. É necessário que a construção jurídica reconheça as vicissitudes próprias da vida. Nesse sentido, afirma Salles[125], "na condição de 'ato administrativo', o ato de registro deve espelhar a realidade, não podendo, por imperativo de coerência, rivalizar com outras informações constantes ou presentes em outros documentos oficiais".

Todos esses aspectos mencionados guardam relação com os princípios da veracidade, da segurança jurídica e da mutabilidade do assento, aos quais se submete o registro civil. Sobre este último, Kumpel adverte que "a imutabilidade dos assentos conduziria à perda de credibilidade das certidões atualizadas, fazendo do registro público um mero depósito de informações anacrônicas[126]".

Isso posto, não restam dúvidas acerca da necessidade de o registro civil espelhar a verdade atual. Desse modo, todas as alterações de nome de genitores, sejam as decorrentes de decisão judicial, sejam as oriundas de requerimento administrativo, devem ser averbadas nos assentos de nascimento e de casamento dos filhos.

O problema que se discute é se ainda seria necessária a intervenção judicial para autorizar a citada averbação. O Provimento 82/2019 sinalizou para sua prescindibilidade nos casos de casamento, separação e divórcio, inclusive os havidos na via administrativa. No entanto, não faz sentido prestigiar algumas causas justificadoras e excluir outras, sem que, para isso, exista um motivo impeditivo.

---

121. BRASIL. Superior Tribunal de Justiça. Resp. 1.123.141 – PR. Disponível em: https://ww2.stj.jus.br/processo/revista/documento/mediado/?componente=ATC&sequencial=12036533&num_registro=200501130558&data=20101007&tipo=91&formato=PDF. Acesso em: 14 dez. 2019.

122. Rio Grande do Sul. Tribunal de Justiça do Estado do Rio Grande do Sul. Agravo de instrumento 70021907175. Relatora Desa. Maria Berenice Dias. Disponível em: http://www.tjrs.jus.br/site/busca-solr/index.html?aba=jurisprudenci. Acesso em: 15 dez. 2019.

123. SILVEIRA, Luciano Cardoso. Tese apresentada no XXXI Encontro dos Oficiais de Registro de Imóveis do Brasil – A autonomia do registrador e a retificação registral. Disponível em: http://www.arpensp.org.br/?p-G=X19leGliZV9ub3RpY2lhcw==&in=MTU2Mg==. Acesso em: 15 dez. 2019.

124. SILVEIRA, Luciano Cardoso. Tese apresentada no XXXI Encontro dos Oficiais de Registro de Imóveis do Brasil – A autonomia do registrador e a retificação registral. Disponível em: http://www.arpensp.org.br/?p-G=X19leGliZV9ub3RpY2lhcw==&in=MTU2Mg==. Acesso em: 15 dez. 2019.

125. SALLES, Venicio Antonio de Paula. Op. cit.

126. KÜMPEL, Vitor Frederico. Op. cit., p. 889.

A modificação de nome em razão de reconhecimento de filiação, de mudança de sexo e de viuvez, à semelhança do casamento, da separação e do divórcio, pode ser processada nas serventias extrajudiciais. Sendo assim, as averbações respectivas nos registros de nascimento e de casamentos dos filhos deve também dispensar a participação do Judiciário.

Invoca-se, nesse ponto, a máxima "quem pode o mais pode o menos". Se é autorizado ao oficial de registro civil de pessoas naturais o processamento de requerimentos de alteração de nome, nas hipóteses acima mencionadas, deve o ser também para, atento aos princípios da veracidade e da segurança jurídica, proceder à atualização das informações registrais nos assentos civis dos filhos.

No que concerne aos pedidos de alteração de nome tramitados na via judicial, nada impede que o requerimento de averbação da mudança de nome nos registros dos filhos seja feito diretamente ao oficial de registro competente, bastando, para tanto, a apresentação de documentos que comprovem a modificação.

Outrossim, em que pese o Provimento ter mencionado apenas a atualização dos dados registrais dos genitores, defende-se, pelos mesmos fundamentos, que o registrado tenha o direito de averbar em seu assento eventuais alterações nos nomes dos avós paternos e/ou maternos.

De igual modo, o Provimento foi contido ao regulamentar a possibilidade de alteração do nome do filho menor para acrescentar o nome do genitor em virtude de separação, divórcio ou viuvez. Seguindo o mesmo raciocínio, poderia ter ampliado o seu âmbito de incidência para incluir as demais hipóteses de alteração do nome.

Diante de tudo o que foi exposto, verifica-se a necessidade de uma normatização mais abrangente a fim de abarcar as mais diversas situações que autorizam a modificação do prenome e/ou do apelido de família, bem como para conter a possibilidade de averbação de alteração dos nomes dos avós paternos e maternos e, por fim, para permitir o acréscimo do sobrenome do genitor alterado, independente de qual tenha sido o motivo da modificação.

6. REFERÊNCIAS

ALMEIDA, Vitor. A disciplina jurídica do nome da pessoa humana à luz do direito à identidade pessoal. *Revista Jurídica luso-brasileira*. 3. ano 3 (2017).

ARPEN BRASIL. Nota técnica da ARPEN/BR sobre o Provimento 82 do CNJ. Disponível em: http://www.arpensp.org.br/index.php?pG=X19leGliZV9ub3RpY2lhcw==&in=ODU0MDg=&MSG_IDENTIFY_CODE. Acesso em: 15 dez. 2019.

BRANDELLI, Leonardo. *O nome civil da pessoa natural*. São Paulo: Saraiva, 2012.

BRASIL. Conselho Nacional de Justiça. Provimento 82/2019. Disponível em: https://www.anoreg.org.br/site/2019/07/04/provimento-no-82-do-cnj-padroniza-nacionalmente-procedimentos-de-alteracao-do-nome-do-genitor/. Acesso em: 1º dez. 2019.

BRASIL. Superior Tribunal de Justiça. REsp 1.433.187 – SC. Relator Ministro Ricardo Villas Bôas Cueva. DJ 02/06/2015. Disponível em: https://stj.jusbrasil.com.br/jurisprudencia/195533210/recurso-es-pecial-resp-1433187-sc-2014-0022694-1/relatorio-e-voto-195533227?ref=juris-tabs. Acesso em: 12 dez. 2019.

BRASIL. Superior Tribunal de Justiça. REsp 1.206.656 – GO. Relatora Ministra Nancy Andrighi. p. 6. Disponível em:https://ww2.stj.jus.br/processo/revista/documento/mediado/?componente=ATC&-sequencial=23744380&num_registro=201001415583&data=20121211&tipo=51&formato=PDF. Acesso em: 12 dez. 2019.

BRASIL. Superior Tribunal de Justiça. REsp 1.104.743 – RR. Relator Ministro Ricardo Villas Bôas Cueva. Disponível em: https://ww2.stj.jus.br/processo/revista/documento/mediado/?componente=ATC&-sequencial=34882034&num_registro=200802569960&data=20140605&tipo=51&formato=PDF. Acesso em: 13 dez. 2019.

BRASIL. Superior Tribunal de Justiça. REsp 363.794 – DF. Relator Ministro Carlos Alberto Menezes Direito. DJ. 30/09/2002. Disponível em: https://ww2.stj.jus.br/processo/revista/documento/media-do/?componente=ATC&sequencial=279207&num_registro=200101277455&data=20020930&-tipo=51&formato=PDF. Acesso em: 13 dez. 2019.

BRASIL. Superior Tribunal de Justiça. REsp 1.123.141 – PR. Relator Ministro Luis Felipe Salomão. Disponível em: https://ww2.stj.jus.br/processo/revista/documento/mediado/?componente=ATC&-sequencial=12036533&num_registro=200501130558&data=20101007&tipo=91&formato=PDF. Acesso em: 14 dez. 2019.

BRASIL. Superior Tribunal de Justiça. Restabelecimento do nome de solteira também é possível com a morte do cônjuge. Disponível em: http://www.stj.jus.br/sites/portalp/Paginas/Comunicacao/Noticias-antigas/2018/2018-06-01_06-53_Restabelecimento-do-nome-de-solteira-tambem-e-pos-sivel-com-a-morte-do-conjuge.aspx. Acesso em: 12 dez. 2019.

BRASIL. Supremo Tribunal Federal. ADI 4275. Relator Ministro Marco Aurélio. p. 10. Disponível em: http://redir.stf.jus.br/paginadorpub/paginador.jsp?docTP=TP&docID=749297200. Acesso em: 08 dez. 2019.

CALDERÓN, Ricardo. *Filiação socioafetiva*: repercussões a partir do Provimento 63 do CNJ. p. 1. Dis-ponível em: https://www.migalhas.com.br/arquivos/2019/4/art20190426-07.pdf. Acesso em: 12 dez. 2019.

DELGADO, Mário Luiz. É prerrogativa do cônjuge mudar ou manter o nome de casado após o divórcio. Revista Consultor Jurídico. Disponível em: https://www.conjur.com.br/2018-fev-04/processo-fa-miliar-prerrogativa-conjuge-mudar-ou-manter-nome-casado. Acesso em: 10 dez. 2019.

FRANÇA, Rubens Limongi. *Do nome civil das pessoas naturais*. 3. ed. São Paulo: Ed. RT, 1975.

IBDFAM, Assessoria de comunicação do. *CNJ padroniza alteração de nome de pessoas trans em cartório; burocracia imposta por conselho é criticada por especialistas*. Disponível em: http://www.ibdfam.org.br/noticias/6681/CNJ+padroniza+altera%C3%A7%C3%A3o+de+nome+de+pessoas+trans+em+-cart%C3%B3rio%3B+burocracia+imposta+por+conselho+%C3%A9+criticada+por+especialistas. Acesso em: 13 dez. 2019.

IBDFAM, Assessoria de comunicação do. *Provimento trata de possibilidades de alterações nos sobrenomes de forma extrajudicial*. Disponível em: http://www.ibdfam.org.br/noticias/6998/Provimento+tra-ta+de+possibilidades+de+altera%C3%A7%C3%B5es+nos+sobrenomes+de+forma+extrajudicial. Acesso em: 08 dez. 2019.

IBDFAM, Assessoria de Comunicação do. *Companheiros em união estável têm direito a usar sobrenome co-mum*. Disponível em: http://www.ibdfam.org.br/noticias/5316/companheiros+em+uni%C3%A3o+es-t%C3%A1vel+t%C3%AAm+direito+a+usar+sobrenome+comum. Acesso em: 10 dez. 2019.

KÜMPEL, Vitor Frederico. *Tratado Notarial e Registral*. São Paulo: YK Editora, 2017. v. II.

LOUREIRO, Luiz Guilherme. *Registros Públicos*: teoria e prática. 9. ed. Salvador: Editora Juspodivm, 2018.

MORAES, Maria Celina Bodin de. Sobre o nome da pessoa natural. *Revista da EMERJ*, v. 3, n. 12, 2000.

NORONHA, João Otávio de. *CNJ destaca papel relevante de notários e registradores na desjudicialização no Brasil*. Disponível em: https://www.anoreg.org.br/site/2017/12/08/corregedoria-nacional-de-justica-destaca-papel-relevante-de-notarios-e-registradores-na-desjudicializacao-no-brasil/. Acesso em: 05 dez. 2019.

PEREIRA, Caio Mario Silva. Instituições de Direito Civil. 25. ed. Rio de Janeiro: Forense. 2012. v. I.

PEREIRA, Rodrigo da Cunha. Dicionário de Direito de Família e Sucessões: ilustrado. São Paulo: Saraiva, 2015

RIO GRANDE DO SUL. Tribunal de Justiça do Estado do Rio Grande do Sul. Agravo de instrumento 70021907175. Relatora Desa. Maria Berenice Dias. Disponível em: http://www.tjrs.jus.br/site/busca-solr/index.html?aba=jurisprudencia. Acesso em; 15 dez. 2019.

SALLES, Venicio Antonio de Paula. *Retificação de registro*. Disponível em: https://www.anoreg.org.br/site/2007/07/10/imported_2953/. Acesso em: 06 dez. 2019.

SILVEIRA, Luciano Cardoso. Tese apresentada no XXXI Encontro dos Oficiais de Registro de Imóveis do Brasil – *A autonomia do registrador e a retificação registral*. Disponível em: http://www.arpensp.org.br/?pG=X19leGliZV9ub3RpY2lhcw==&in=MTU2Mg==. Acesso em: 15 dez. 2019.

VALE, Horácio Eduardo Gomes. Princípio da imutabilidade do nome da pessoa natural. Princípio da mutabilidade controlada do nome da pessoa natural. *Revista Jus Navigandi*. Teresina, ano 22, n. 5267, 2 dez. 2017. Disponível em: https://jus.com.br/artigos/59871. Acesso em: 10 dez. 2019.

VELOSO, Zeno. *Direito Civil – Temas*. Belém: Artes Gráficas Perpétuo Socorro, 2018.

O OFÍCIO DA CIDADANIA COMO INSTRUMENTO DE ACESSO À DESJUDICIALIZAÇÃO: A POSSIBILIDADE DE RECONHECIMENTO DA MATERNIDADE E PATERNIDADE SOCIOAFETIVAS E A ALTERAÇÃO DO NOME CIVIL ATRAVÉS DO REGISTRO CIVIL DAS PESSOAS NATURAIS À LUZ DOS PROVIMENTOS 63/2017 E 83/2019

Larissa Aguida Vilela Pereira de Arruda

Especialista em Direito do Estado com ênfase em Direito Constitucional pelo Centro Universitário Cândido Rondon – UNIRONDON e em Processo Civil pela Fundação Escola do Ministério Público do MT. Mestre em Direito pela Universidade Portucalense – UPT. Mestranda em Direito pela UNOESC. Doutoranda em Direito pela UNIMAR. Professora da UNIFACC, Tabeliã e Registradora Civil do Distrito de Coxipó do Ouro em Cuiabá - MT.

Resumo: Neste artigo propomos desenvolver um estudo acerca da importância dos Registros Civis das Pessoas Naturais, que foram alçados a ofícios da cidadania, sendo importante instrumento de acesso à desjudicialização, com a possibilidade de reconhecimento da maternidade e paternidade socioafetivas perante referida serventia extrajudicial, com a alteração do nome da pessoa civil, o que foi possibilitado pelos Provimentos 63/2017 e 83/2019 do Conselho Nacional de Justiça. A maternidade e paternidade socioafetivas decorrem dos novos modelos de família, tendo como base o afeto, subsistindo atualmente juntamente com o vínculo biológico, fato que enseja a retificação do registro civil de forma extrajudicial, em se tratando de partes maiores, capazes e havendo consenso, com a possibilidade de acréscimo de um genitor materno e um paterno socioafetivos, e a consequente averbação do reconhecimento no registro civil, com o acréscimo dos patronímicos familiares, ou ainda, com a supressão de um dos patronímicos de sua filiação biológica, não sendo permitida a exclusão total do sobrenome do vínculo biológico, a não ser que haja concordância dos genitores, ou em havendo decisão reconhecendo o abandono afetivo.

Sumário: 1. A importância dos ofícios da cidadania como instrumento de acesso à desjudicialização – 2. A filiação socioafetiva; 2.1 A possibilidade de reconhecimento da maternidade e paternidade socioafetivas via registro civil das pessoas naturais e os provimentos 63/2017 e 83/2019 do Conselho Nacional de Justiça; 2.2 A alteração do nome civil tendo como base a filiação socioafetiva com inclusão dos patronímicos e o artigo 110 da Lei 6.015/73 – 3. Proposta de minuta de provimento ao CNJ – 4. Conclusão – 5. Referencias

1. A IMPORTÂNCIA DOS OFÍCIOS DA CIDADANIA COMO INSTRUMENTO DE ACESSO À DESJUDICIALIZAÇÃO

Os notários e registradores vem exercendo um grande papel em nossa sociedade, ao facilitar o acesso à Justiça na lavratura de atos extrajudiciais, contribuindo para a desburocratização e desjudicialização, que estão cada dia mais em pauta devido ao abalroamento de processos pelo Poder Judiciário.

A sociedade está habituada a levar seus conflitos para os Tribunais em busca da prestação jurisdicional (judicialização), por acreditar que o Poder Judiciário é a única fonte de acesso à Justiça, em uma verdadeira cultura do litígio, o que culminou com a crise do Judiciário que, abarrotado de processos, está cada vez mais moroso e ineficiente, dando ensejo ao caos judicial e a demora na prestação jurisdicional.

Desjudicializar, palavra ausente em nosso dicionário, consiste em tirar da tutela do Poder Judiciário a resolução de conflitos que podem ser resolvidos de forma simples e racional entre as partes no âmbito extrajudicial[1].

O termo diz respeito à propriedade de facultar às partes comporem seus conflitos fora da esfera judicial, desde que sejam juridicamente capazes e que tenham por objeto direitos disponíveis[2], na busca de soluções sem a tramitação habitual dos tribunais, considerada morosa.

O fenômeno da desjudicialização surge assim como um relevante instrumento capaz de proporcionar a redução do volume de processos, de modo a desobstruir o Poder Judiciário, auxiliando-o na prestação da tutela jurisdicional pretendida, e de certa forma, às demandas que aguardam seus trâmites.

Tal princípio foi inclusive inserido no Código de Processo Civil, em seu artigo 3º, parágrafo 3º, ao destacar que

> A conciliação, a mediação e outros métodos de solução consensual de conflitos deverão ser estimulados por juízes, advogados, defensores públicos e membros do Ministério Público, inclusive no curso do processo judicial.[3]

A desjudicialização ocorre com o deslocamento de algumas atividades que eram atribuídas de forma exclusiva ao Poder Judiciário, para o âmbito das serventias extrajudiciais, admitindo que estes serviços possam realizá-las por meio de procedimentos administrativos, sendo os atos dotados de segurança, autenticidade, publicidade e eficácia jurídica, conforme preceitua o artigo 1º da Lei 8.935/1994[4].

---

1. FELIPE, Diogo Francisco; NOGUEIRA, André Murilo Parente. *O fenômeno da desjudicialização e o crescente rito extrajudicial*. Disponível em: https://jus.com.br/artigos/35629/o-fenomeno-da-desjudicializacao-e-o--crescente-rito-extrajudicial. Acesso em: 10 dez. 2019.
2. HELENA, Eber Zoehler Santa. O fenômeno da desjudicialização. *Jus Navigandi*, Teresina, ano 11, n. 922, 11 jan. 2006. Disponível em: http://jus.com.br/artigos/7818. Acesso em: 10 dez. 2019.
3. Código de Processo Civil. Disponível em: www.planalto.gov.br/ccivil_03/_Ato2015-2018/2015/Lei/L13105.htm. Acesso em: 10 out. 2021.
4. Lei 8.935/1994. Art. 1º Serviços notariais e de registro são os de organização técnica e administrativa destinados a garantir a publicidade, autenticidade, segurança e eficácia dos atos jurídicos.

Este processo de transferência de serviços para os cartórios extrajudiciais que antes só poderiam ser feitos pela Justiça, dentro de um processo de desjudicialização, tem por objetivo trazer celeridade às ações que envolvem partes maiores e capazes, e não envolvam litígio, contribuindo para a redução da crescente pressão sobre os tribunais, que estão abarrotados de processos.

Mas para que este instrumento se torne célere, é imperioso concentrar a atividade do Juiz natural, afastando do Poder Judiciário questões de menor complexidade, nas quais inexistam conflitos entre as partes, e que as mesmas sejam maiores e capazes.

Desta forma, se evita a intervenção judicial nas situações em que não se faz necessária, tendo sido a legislação processual adaptada a essa realidade.

O pontapé inicial desse novo caminho ocorreu em 2007 com a publicação da Lei 11.441/2007 que instituiu a possibilidade de realização de inventários, partilhas, divórcios e separação consensual de forma extrajudicial, sendo que a partir deste momento, foram possibilitados inúmeros outros atos pela via extrajudicial.

E uma dessas possibilidade foi trazida pelos Provimentos 63/2017 e 83/2019 do Conselho Nacional de Justiça, que possibilitaram o reconhecimento voluntário e a averbação da maternidade e paternidade socioafetivas pela via extrajudicial, conforme será demonstrado a seguir.

Ressalte-se que em 2017 ainda foi editada a Lei n. 13.484 que atribuiu aos ofícios do registro civil das pessoas naturais o status de ofícios da cidadania, autorizando os mesmos a prestar outros serviços remunerados, na forma prevista em convênio, em credenciamento ou em matrícula com órgãos públicos e entidades interessadas[5].

Os instrumentos acima mencionados demonstram a importância que as serventias extrajudiciais vêm ganhando em nosso ordenamento jurídico, como importantes instrumentos de acesso à desjudicialização.

Importante destacar que a desjudicialização não extingue a via judicial, apenas concedendo ao cidadão optar por esta via facultativa e mais célere.

2. A FILIAÇÃO SOCIOAFETIVA

É cediço que o direito deve acompanhar a evolução da sociedade, em especial das novas entidades familiares, de modo que a legislação deve se adaptar as novas modalidades de vínculo parental, visando a tutela da dignidade da pessoa humana, princípio este tutelado pela nossa Constituição Federal[6].

---

5. Art. 1º, § 4º da Lei 13.484. Disponível em: http://www.planalto.gov.br/CCIVIL_03/_Ato2015-2018/2017/Lei/L13484.htm. Acesso em: 10 out. 2021.
6. Art. 1º A República Federativa do Brasil, formada pela união indissolúvel dos Estados e Municípios e do Distrito Federal, constitui-se em Estado Democrático de Direito e tem como fundamentos: I – a soberania; II – a cidadania; III – a dignidade da pessoa humana; IV – os valores sociais do trabalho e da livre iniciativa; V – o pluralismo político.

O afeto talvez seja apontado, atualmente, como o principal fundamento das relações familiares, e mesmo não constando a expressão afeto da Constituição Federal como um direito fundamental, pode-se afirmar que ele decorre da valorização constante da dignidade humana[7] e gerou alterações profundas nas novas formas de famílias brasileiras.

Segundo De Plácido e Silva, o "estado de filho deriva da evidência de sua qualidade ou condição de filho, seja baseada em presunções legais ou noutras que aparentemente assim se manifestem[8]".

Ao conceituar o estado de filho, De Plácido e Silva complementa ao destacar que

> "Tanto basta que se evidencie a posse desse estado, com os seus requisitos de *nominatio, tractatus* e *reputatio*. A *nominatio* é revelada pelo uso, pelo filho, do apelido do pai; o tractatus pelo tratamento carinhoso que obtém do pai, inclusive sua alimentação, sustento e educação; a *reputatio*, quando havido e considerado como filho, pela família, pelos vizinhos e por tantos outros que mantenham relações de amizade com a família a que se julga pertencer.[9]"

Desta forma, atualmente se privilegia os vínculos socioafetivos formados, tendo em vista que ser pai ou mãe não está tanto no fato de gerar, mas sim na circunstância de amar e servir[10].

A sua valorização prática remonta ao brilhante trabalho de João Baptista Villela, escrito em 1979, tratando da desbiologização da paternidade. Na essência, o trabalho procura dizer que o vínculo familiar constitui mais um vínculo de afeto do que um vínculo biológico, surgindo assim uma nova forma de parentesco civil, a parentalidade socioafetiva, baseada na posse de estado de filho. É o resumo do trabalho:

> "A paternidade em si mesma não é um fato da natureza, mas um fato cultural. Embora a coabitação sexual, da qual pode resultar gravidez, seja fonte de responsabilidade civil, a paternidade, enquanto tal, só nasce de uma decisão espontânea. Tanto no registro histórico como no tendencial, a paternidade reside antes no serviço e no amor que na procriação. As transformações mais recentes por que passou a família, deixando de ser unidade de caráter econômico, social e religioso, para se afirmar fundamentalmente como grupo de afetividade e companheirismo, imprimiram considerável esforço ao esvaziamento biológico da paternidade. Na adoção, pelo seu caráter afetivo, tem-se a prefigura da paternidade do futuro, que radica essencialmente a ideia de liberdade".[11]

Ensina Orlando Gomes[12] que a posse do estado de filho constitui-se por um conjunto de circunstâncias capazes de exteriorizar a condição de filho legítimo do casal que cria e educa, devendo ter os seguintes requisitos:

---

7. TARTUCE, Flávio. *Direito civil: direito de família*. 14. ed. Rio de Janeiro: Forense, 2019, v. 5, p. 55.
8. SILVA, De Placido e. *Vocabulário Jurídico*. Atual. Nagib Slaibi Filho e Priscila Pereira Vasques Gomes. 31. ed. Rio de Janeiro: Forense, 2014, p. 861.
9. Apud SILVA, De Placido, p. 861-862.
10. VILLELA, João Baptista. *Desbiologização da Paternidade, Separada da Revista da Faculdade de Direito da Universidade federal de Minas Gerais*, Belo Horizonte, ano XXVII, n. 21, Maio 1979, p. 409. Disponível em: http://www.ibdfam.org.br/_img/artigos/Desbiologizacao.pdf. Acesso em: 10 dez. 2019.
11. Apud VILLELA, João Baptista. p. 401.
12. GOMES, Orlando. *Direito de família*. 7. ed. Rio de Janeiro: Forense, 1993. p. 311.

a) sempre ter levado o nome dos presumidos genitores;

b) ter recebido continuamente o tratamento de filho legítimo;

c) ter sido constantemente reconhecido, pelos presumidos pais e pela sociedade, como filho legítimo.

Com relação a legitimidade, Christiano Cassettari destacou que a legitimidade para pedir o reconhecimento da parentalidade socioafetiva é do filho, do pai e da mãe. O terceiro só poderá entrar com essa ação no caso de o titular do reconhecimento ter falecido, e não ter pedido o reconhecimento em vida, além de provar que há possibilidade de convivência com o parente que quer o reconhecimento do vínculo, e que o mesmo não tem o condão de auferir vantagem patrimonial.[13]

O ilustre doutrinador complementou ao mencionar que para que a parentalidade socioafetiva seja reconhecida é necessário o consenso entre as partes, consubstanciado no afeto mútuo existente entre estas, pois seria forçoso obrigar uma pessoa a ter vínculo de parentesco voluntário com alguém que não queira. Assim sendo, é necessário distinguir o reconhecimento de parentalidade socioafetiva, apto a gerar todas as consequências jurídicas da filiação e a necessidade do pagamento de pensão alimentícia, quando essa parentalidade não puder ser levada adiante pelo fim do afeto entre as partes, mas em homenagem aos laços que existiram algum dia.[14]

Em 2016 o Supremo Tribunal Federal em brilhante julgamento, acolhendo as novas formas de vínculos familiares existentes em nossa sociedade, aprovou uma relevante tese sobre direito de família, ao reconhecer que não há prevalência entra as referidas modalidades de vínculo parental, apontando a possibilidade de coexistência de ambas as paternidades.

A tese aprovada tem o seguinte teor: *"A paternidade socioafetiva, declarada ou não em registro público, não impede o reconhecimento do vínculo de filiação concomitante baseado na origem biológica, com os efeitos jurídicos próprios"*[15].

A tese é explícita em afirmar a possibilidade de cumulação do vínculo socioafetivo concomitantemente a paternidade biológica, mantendo-se ambas em determinado caso concreto, admitindo, com isso, a possibilidade da existência jurídica de dois pais ou duas mães.

Ao prever expressamente a possibilidade jurídica da pluralidade de vínculos familiares nossa Corte Suprema consagra um importante avanço: o reconhecimento da multiparentalidade, um dos novíssimos temas do direito de família e que traz grandes repercussões ao Direito Registral, tendo em vista a possibilidade do registrado

---

13. CASSETTARI, Christiano. *Multiparentalidade e parentalidade socioafetiva*: efeitos jurídicos. 3. ed. rev. Atual e ampl. São Paulo: Atlas, 2017, p. 160

14. Apud CASSETTARI, Christiano. p. 160.

15. Supremo Tribunal Federal, Recurso Extraordinário 898060. Disponível em: https://portal.stf.jus.br/processos/detalhe.asp?incidente=4803092. Acesso em: 10 out. 2021.

poder ter mais de um genitor paterno e materno, com o consequente acréscimo dos patronímicos familiares de seus genitores em seu nome.

Importante mencionar que tal medida garante a tutela dos direitos e o reconhecimento dos pais afetivos, pais de criação, de forma que não se exclua a origem biológica do registro de nascimento do registrado.

Em 2018 o Superior Tribunal de Justiça ratificou o entendimento por ocasião do julgamento do Recurso Especial 1704972/CE, conforme segue abaixo:

> Recurso especial. Direito de família. Socioafetividade. Art. 1.593 do código civil. Paternidade. Multiparentalidade. Possibilidade. Súmula 7/STJ. Indignidade. Ação autônoma. Arts. 1.814 e 1.816 do código civil de 2002.
>
> 1. Recurso especial interposto contra acórdão publicado na vigência do Código de Processo Civil de 1973 (Enunciados Administrativos 2 e 3/STJ).
>
> 2. A eficácia preclusiva da coisa julgada exige a tríplice identidade, a saber: mesmas partes, mesma causa de pedir e mesmo pedido, o que não é o caso dos autos. 3. Na hipótese, a primeira demanda não foi proposta pelo filho, mas por sua genitora, que buscava justamente anular o registro de filiação na ação declaratória que não debateu a socioafetividade buscada na presente demanda.
>
> 4. Não há falar em ilegitimidade das partes no caso dos autos, visto que o apontado erro material de grafia foi objeto de retificação.
>
> 5. À luz do art. 1.593 do Código Civil, as instâncias de origem assentaram *a posse de estado de filho, que consiste no desfrute público e contínuo dessa condição, além do preenchimento dos requisitos de afeto, carinho e amor, essenciais à configuração da relação socioafetiva de paternidade ao longo da vida,* elementos insindicáveis nesta instância especial ante o óbice da Súmula 7/STJ.
>
> 6. *A paternidade socioafetiva realiza a própria dignidade da pessoa humana por permitir que um indivíduo tenha reconhecido seu histórico de vida e a condição social ostentada, valorizando, além dos aspectos formais, como a regular adoção, a verdade real dos fatos.*
>
> 7. O Supremo Tribunal Federal, ao julgar o Recurso Extraordinário 898.060, com repercussão geral reconhecida, admitiu a coexistência entre as paternidades biológica e a socioafetiva, afastando qualquer interpretação apta a ensejar a hierarquização dos vínculos.
>
> 8. Aquele que atenta contra os princípios basilares de justiça e da moral, nas hipóteses taxativamente previstas em lei, fica impedido de receber determinado acervo patrimonial por herança.
>
> 9. A indignidade deve ser objeto de ação autônoma e seus efeitos se restringem aos aspectos pessoais, não atingindo os descendentes do herdeiro excluído (arts. 1.814 e 1.816 do Código Civil de 2002).
>
> 10. Recurso especial não provido. (REsp 1704972/CE, Rel. Ministro Ricardo Villas Bôas Cueva, Terceira Turma, julgado em 09.10.2018, DJe 15.10.2018)

Assim, com a alteração do entendimento jurisprudencial, há a possibilidade do reconhecimento jurídico da convivência estabelecida com o acolhimento pelo direito contemporâneo das manifestações afetivas que se apresentam na sociedade[16], fato que, conforme acima mencionado repercute na esfera registral, com relação aos

---

16. CALDERÓN, Ricardo. *Socioafetividade e multiparentalidade acolhidas pelo STF.* Disponível em: https://www.migalhas.com.br/dePeso/16,MI246906,81042-Socioafetividade+e+multiparentalidade+acolhidas+pelo+S-TF. Acesso em: 1º dez. 2019.

O OFÍCIO DA CIDADANIA COMO INSTRUMENTO DE ACESSO À DESJUDICIALIZAÇÃO   **75**

sobrenomes dos registrados, e consequente atribuição dos apelidos de família em decorrência dessa nova espécie de vínculo familiar.

Isso porque o meio fundamental da aquisição do apelido de família, é a filiação[17], sendo o nome a designação personativa da pessoa, elemento ínsito da personalidade sua e que tem o consectário principal de individualizar determinada pessoa no seio social e na família a qual integra, tornando-o único como sói ver[18].

O Código Civil preceitua no artigo 16 que o nome é constituído pelo *prenome*, que é a parte do nome que designa o indivíduo propriamente, e *sobrenome*[19], também conhecido por nome de família, que é a parte do nome que identifica a origem familiar do indivíduo.

Assim, considerando que o patronímico serve para identificar no seio social a origem familiar da pessoa, em havendo o reconhecimento da socioafetividade, há a possibilidade de alteração do nome do registrado para o acréscimo do patronímico familiar em decorrência desse vínculo familiar-afetivo, procedimentos estes realizados de forma extrajudicial, conforme será demonstrado a seguir.

2.1 A possibilidade de reconhecimento da maternidade e paternidade socioafetivas via registro civil das pessoas naturais e os provimentos 63/2017 e 83/2019 do Conselho Nacional de Justiça

O Registro Civil das pessoas naturais é uma das modalidades das serventias extrajudiciais[20] conforme preceitua a Lei 6.015/1973, sendo responsável pelos atos que digam respeito a cidadania das pessoas, tais como o registro de nascimento, e as modificações posteriores nas relações jurídicas, tais como o casamento e óbito, dentre outros.

Devido a desjudicialização, com o desafogamento do Poder Judiciário de determinadas questões que antes somente poderiam ser solucionadas pela via judicial, referida serventia também passou a ter a atribuição de poder realizar algumas retificações extrajudiciais, conforme autoriza o artigo 110 da Lei 6.015/73[21], além da

---

17. FRANÇA, Rubens Limongi. *Do nome civil das pessoas naturais*. 3. ed. rev. São Paulo: Ed. RT, 1975, p. 219.
18. BRANDELLI, Leonardo. *Nome Civil da pessoa natural*. São Paulo: Saraiva, p. 19.
19. Art. 16. Toda pessoa tem direito ao nome, nele compreendidos o prenome e o sobrenome.
20. Art. 1º Os serviços concernentes aos Registros Públicos, estabelecidos pela legislação civil para autenticidade, segurança e eficácia dos atos jurídicos, ficam sujeitos ao regime estabelecido nesta Lei. § 1º Os Registros referidos neste artigo são os seguintes: I – o registro civil de pessoas naturais; II – o registro civil de pessoas jurídicas; III – o registro de títulos e documentos; IV – o registro de imóveis.
21. Art. 110. O oficial retificará o registro, a averbação ou a anotação, de ofício ou a requerimento do interessado, mediante petição assinada pelo interessado, representante legal ou procurador, independentemente de prévia autorização judicial ou manifestação do Ministério Público, nos casos de: I — erros que não exijam qualquer indagação para a constatação imediata de necessidade de sua correção; II – erro na transposição dos elementos constantes em ordens e mandados judiciais, termos ou requerimentos, bem como outros títulos a serem registrados, averbados ou anotados, e o documento utilizado para a referida averbação e/ou retificação ficará arquivado no registro no cartório; III – inexatidão da ordem cronológica e sucessiva referente à numeração do livro, da folha, da página, do termo, bem como da data do registro; IV – ausência de

averbação da mudança de nome e sobrenome, inclusive no caso dos transgêneros, no qual se permite inclusive a alteração do sexo e gênero, conforme regulamentado pelo Provimento 73/2018 do CNJ.

Em 14 de Novembro de 2017 foi editado pelo Conselho Nacional de Justiça (CNJ) o Provimento 63, demonstrando a importância que vem ganhando o movimento da desjudicialização em nosso País, o qual instituiu modelos únicos de certidão de nascimento, casamento e óbito, além de dispor sobre o reconhecimento voluntário e a averbação da paternidade e maternidade socioafetivas no Livro "A" e o registro de nascimento e emissão da respectiva certidão dos filhos havidos por reprodução assistida.

Dentre as justificativas para edição de referido Provimento e a desjudicialização da maternidade e paternidade socioafetivas, estão a) a ampla aceitação doutrinária e jurisprudencial da paternidade e maternidade socioafetivas, contemplando os princípios da afetividade e da dignidade da pessoa humana como fundamento da filiação civil, b) a possibilidade de o parentesco resultar de outra origem que não a consanguinidade e o reconhecimento dos mesmos direitos e qualificações aos filhos, havidos ou não da relação de casamento ou por adoção, proibida toda designação discriminatória relativa à filiação (arts. 1.539 e 1.596 do Código Civil); c) a possibilidade de reconhecimento voluntário da paternidade perante o oficial de registro civil das pessoas naturais e, d) ante o princípio da igualdade jurídica e de filiação, de reconhecimento voluntário da paternidade ou maternidade socioafetiva.

Em referido Provimento, foi incluído o artigo 10, o qual dispôs que

> "o reconhecimento voluntário da paternidade ou da maternidade socioafetiva de pessoa de qualquer idade será autorizado perante os oficiais de registro civil das pessoas naturais.[22]"

Referido Provimento destacou ainda nos parágrafos do artigo 10, que: 1) o reconhecimento voluntário da paternidade ou maternidade será irrevogável, somente podendo ser desconstituído pela via judicial, nas hipóteses de vício de vontade, fraude ou simulação; 2) poderão requerer o reconhecimento da paternidade ou maternidade socioafetiva de filho os maiores de dezoito anos de idade, independentemente do estado civil; 3) não poderão reconhecer a paternidade ou maternidade socioafetiva os irmãos entre si nem os ascendentes; 4) que o pretenso pai ou mãe seja pelo menos dezesseis anos mais velho que o filho a ser reconhecido.

O artigo 13 complementou os requisitos ao destacar que a discussão judicial sobre o reconhecimento da paternidade ou de procedimento de adoção constitui óbice ao reconhecimento da filiação pela via extrajudicial.

---

indicação do Município relativo ao nascimento ou naturalidade do registrado, nas hipóteses em que existir descrição precisa do endereço do local do nascimento; V – elevação de Distrito a Município ou alteração de suas nomenclaturas por força de lei.

22. Provimento 63/CNJ. Disponível em: https://atos.cnj.jus.br/files//provimento/provimento_63_14112017_19032018150944.pdf .Acesso em: 10 out. 2021.

O procedimento restou regulamentado no artigo 11, que disciplinou que o reconhecimento da maternidade ou paternidade socioafetiva será processado perante o oficial de registro civil das pessoas naturais, ainda que diverso daquele em que foi lavrado o assento, mediante a exibição de documento oficial de identificação com foto do requerente e da certidão de nascimento do filho, ambos em original e cópia, sem constar do traslado menção à origem da filiação.

Ao receber a documentação, o registrador dentro do controle da legalidade a que é sujeito, deve proceder à minuciosa verificação da identidade do requerente, mediante coleta, em termo próprio, por escrito particular, conforme modelo constante do Provimento, de sua qualificação e assinatura, além de proceder à rigorosa conferência dos documentos pessoais.

E em sendo o filho for maior de doze anos, o reconhecimento da paternidade ou maternidade socioafetiva exigirá seu consentimento, sendo que a coleta da anuência tanto do pai quanto da mãe e do filho maior de doze anos deverá ser feita pessoalmente perante o oficial de registro civil das pessoas naturais ou escrevente autorizado.

O Provimento ainda destaca no § 6º do artigo 11, que na falta da mãe ou do pai do menor, na impossibilidade de manifestação válida destes ou do filho, quando exigido, o caso será apresentado ao juiz competente nos termos da legislação local, complementando ainda no § 7º que serão observadas as regras da tomada de decisão apoiada quando o procedimento envolver a participação de pessoa com deficiência (Capítulo III do Título IV do Livro IV do Código Civil).

O reconhecimento da paternidade ou da maternidade socioafetiva poderá ocorrer ainda por meio de documento público ou particular de disposição de última vontade, desde que seguidos os demais trâmites previstos no provimento.

Ao receber a documentação, e realizar a análise do procedimento, em havendo suspeita de fraude, falsidade, má-fé, vício de vontade, simulação ou dúvida sobre a configuração do estado de posse de filho, o registrador fundamentará a recusa, não praticará o ato e encaminhará o pedido ao juiz competente nos termos da legislação local, conforme preceitua o artigo 12 do referido Provimento.

Importante ressaltar que o Provimento 63/2017 CNJ destacou que o reconhecimento da paternidade ou maternidade socioafetiva somente poderá ser realizado de forma unilateral e não implicará o registro de mais de dois pais ou de duas mães no campo Filiação no assento de nascimento (artigo 14), e o reconhecimento espontâneo da paternidade ou maternidade socioafetiva não obstaculizará a discussão judicial sobre a verdade biológica (artigo 15).

Assim, algo que somente era possível ser reconhecido de forma judicial, foi atribuído as serventias extrajudiciais, permitindo-se seu reconhecimento pela via extrajudicial, sendo este mais um exemplo do movimento da desjudicialização e que demonstra a importância da atividade registral na sociedade contemporânea.

Ou seja, antes o reconhecimento da filiação socioafetiva somente poderia se dar por intermédio da intervenção do Poder Judiciário, através do ajuizamento de uma ação judicial, com a contratação de um advogado, para obter o pronunciamento judicial nesse sentido, o que fazia com que muitos vínculos afetivos não fossem reconhecidos, muito embora existentes na realidade fática, devido à demora dos processos judiciais.

Ocorre que o artigo 14 do referido provimento destacou que "o reconhecimento da paternidade ou maternidade socioafetiva somente poderá ser realizado de forma unilateral e não implicara o registro de mais de dois pais e de duas mães no campo filiação no assento de nascimento".

Assim, foi admitido o reconhecimento da filiação socioafetiva diretamente no cartório de registro civil, de forma extrajudicial, em todo o território nacional, *de forma que cada cidadão poderia ter apenas dois pais ou duas mães*, sendo, pois, alternativo, não podendo haver a possibilidade de cumulação de dois genitores maternos e dois paternos.

Posteriormente, em 14 de agosto de 2019, foi editado o Provimento 83/2019 pelo CNJ, que alterou os requisitos da paternidade socioafetiva, definindo a idade de 12 anos para esse reconhecimento voluntario da paternidade ou maternidade socioafetivas pela via extrajudicial.

Referida norma complementou o artigo 10 do Provimento 63, ao destacar que a paternidade ou a maternidade socioafetivas deve ser estável, e estar exteriorizada socialmente, devendo o registrador atestar a existência do vínculo afetivo da paternidade ou maternidade socioafetiva mediante apuração objetiva por intermédio da verificação de elementos concretos.[23]

Destacou ainda que o requerente do reconhecimento do vínculo de filiação socioafetiva deve demonstrar a afetividade por todos os meios em direito admitidos, bem como por documentos, tais como: apontamento escolar como responsável ou representante do aluno; inscrição do pretenso filho em plano de saúde ou em órgão de previdência; registro oficial de que residem na mesma unidade domiciliar; vínculo de conjugalidade – casamento ou união estável – com o ascendente biológico; inscrição como dependente do requerente em entidades associativas; fotografias em celebrações relevantes; declaração de testemunhas com firma reconhecida.

Importante destacar que a ausência destes documentos não impede o registro, desde que justificada a impossibilidade, no entanto, o registrador deverá atestar como apurou o vínculo socioafetivo, sendo que os documentos colhidos na apuração do vínculo socioafetivo deverão ser arquivados pelo registrador (originais ou cópias) juntamente com o requerimento.

O registrador civil ao receber a documentação, autua e encaminha ao Ministério Público para parecer. Dentro desse controle da legalidade, se o parecer for favorável,

---

23. Provimento 83, de 14 de Agosto de 2019. Disponível em: https://atos.cnj.jus.br/files//provimento/provimento_83_14082019_15082019095759.pdf. Acesso em: 10 out. 2021.

O registro poderá ser realizado, e caso seja desfavorável, o registrador comunicará aos requerentes e arquivará o procedimento.

Desta forma, os Provimentos 63/2017 e 83/2019 resolveram parcialmente o problema, já que grande parte das situações ocorre quando os genitores não tem condições de criar e educar o menor, ou mesmo rompem esse relacionamento após o nascimento do filho, sendo estes educados por algum parente mais próximo, um tio, ou mesmo um terceiro, com quem cria laços afetivos com o menor, havendo assim, muitas vezes necessidade de reconhecimento dos vínculos socioafetivos materno e paterno, sendo que com a possibilidade de reconhecimento de apenas um, faz com que essa pessoa acabe se socorrendo ao judiciário na busca de sua pretensão, não surtindo o efeito desejado a norma.

Inclusive os recentes entendimentos jurisprudenciais demonstram que os Tribunais têm reconhecido que a afetividade prevalece sobre o vínculo biológico.

> Ementa: Apelação cível. Ação de reconhecimento de *filiação* socioafetiva cumulada com alteração de registro civil. Pleito de reconhecimento da paternidade *socioafetiva* e, via de consequência, da multiparentalidade. Cabimento. Determinação de retificação do registro civil, nos termos do requerido. Embora a existência de entendimento no sentido da possibilidade de conversão do parentesco por afinidade em parentesco socioafetivo somente quando, em virtude de abandono de pai ou mãe biológicos e registrais, ficar caracteriza a posse de estado da *filiação* consolidada no tempo, a vivência dos vínculos familiares nessa seara pode construir a socioafetividade apta a converter a relação de afinidade em paternidade propriamente dita. Sob essa ótica, a *filiação* socioafetiva, que encontra alicerce no artigo 227, § 6º, da Constituição Federal, realiza a própria dignidade da pessoa humana, constitucionalmente prevista, porquanto possibilita que um indivíduo tenha reconhecido seu histórico de vida e a condição social vivenciada, enaltecendo a verdade real dos fatos. Multiparentalidade que consiste no reconhecimento simultâneo, para uma mesma pessoa, de mais de um pai ou mais de uma mãe, estando fundada no conceito pluralista da família contemporânea. Caso dos autos em que a prova documental acostada aos autos e o termo de audiência de ratificação evidenciam que ambas as partes, maiores e capazes, desejam o reconhecimento da *filiação* socioafetiva e da multiparentalidade, o que, ao que tudo indica, não traria qualquer prejuízo a elas e a terceiros. Genitor biológico da apelante que está de acordo com o pleito, sendo que o simples ajuizamento de ação de alimentos contra ele em 2008, com a respectiva condenação, não descaracteriza, por si só, a existência de parentalidade *socioafetiva* entre os apelantes. Apelação provida. (Apelação Cível, 70077198737, Oitava Câmara Cível, Tribunal de Justiça do RS, Relator: José Antônio Daltoe Cezar, Julgado em: 22.11.2018).

O Desembargador Relator José Antônio Daltoe Cezar destacou em seu relatório, ao julgar o Recurso de Apelação Cível 70077198737 que

> A paternidade socioafetiva realiza a própria dignidade da pessoa humana, constitucionalmente prevista, porquanto possibilita que um indivíduo tenha reconhecido seu histórico de vida e a condição social vivenciada, enaltecendo a verdade real dos fatos. Aliás, prepondera sobre a paternidade registral, em observância à adequada tutela dos direitos da personalidade dos filhos.[24]

---

24. Recurso de Apelação Cível 70077198737, Tribunal de Justiça do Rio Grande do Sul, 8ª Câmara Cível, Comarca de Origem Pelotas.

Recente decisão proferida pelo juiz Mábio Antônio Macedo, da 5ª Vara de Família e Sucessões de Goiânia – GO, trilhou o mesmo caminho ao autorizar o registro socioafetivo de tios-avôs de uma adolescente, por entender que os mesmos foram os responsáveis pela moradia, criação e bem-estar da menina desde os seus primeiros anos de vida, consignando ainda que não haveria qualquer prejuízo nos nomes dos pais biológicos do registro, tendo sido a concordância dos pais biológicos considerada pelo magistrado em sua decisão[25].

Referidas decisões evidenciam que o direito deve acompanhar a evolução das novas formas familiares, de forma a promover o melhor interesse da criança ou adolescente, devendo ser possibilitado seu reconhecimento de forma extrajudicial, tendo-se por pai e mãe por aquele que desempenha o papel de protetor e educador e que reconhece socialmente essa filiação, sendo considerados como pais não somente aqueles que geram o filho, mas principalmente aquele que se apresentar socialmente como tal.

A filiação socioafetiva além do fundamento jurisprudencial, encontra alicerce no artigo 227, § 6º, da Constituição Federal, de forma que, além do parentesco decorrente da consanguinidade oriunda da ordem natural, a socioafetividade surge como elemento de ordem cultural.

Assim, devido à grande relevância e importância dos vínculos de afetividade, imperioso que haja a adequação da norma, e a possibilidade do reconhecimento tanto da maternidade quanto da paternidade socioafetivas pela via extrajudicial, visando a publicidade e para que consigam de forma mais efetiva, a produção de seus regulares efeitos, fato que já vem sendo proclamado pelos nossos Tribunais, visando a tutela da dignidade da pessoa humana, possibilitando que o registrado possa também realizar o reconhecimento da maternidade e paternidade socioafetivas de forma extrajudicial, com a alteração de seu nome, e a inclusão dos patronímicos adquiridos em decorrência dos vínculos afetivos.

2.2 A alteração do nome civil tendo como base a filiação socioafetiva com inclusão dos patronímicos e o artigo 110 da Lei 6.015/73

É cediço que o intuito do Conselho Nacional de Justiça foi desburocratizar os procedimentos por meio da via extrajudicial, imputando aos Registros Civis a prerrogativa do reconhecimento da filiação socioafetiva através de um processo administrativo, com a averbação dos patronímicos de forma extrajudicial.

E um dos efeitos das novas regras dos Provimentos acima mencionados estão na alteração do nome civil tendo como base a filiação socioafetiva, ou seja, a inclusão do nome de ambos os genitores socioafetivos no registro e consequente acréscimo de seu sobrenome ao nome do registrado.

---

25. Multiparentalidade: tios-avós terão seus nomes no registro civil de adolescente. Disponível em: http://www.ibdfam.org.br/noticias/7063/Multiparentalidade%3A+tios-av%C3%B3s+ter%C3%A3o+seus+nomes+no+re-gistro+civil+de+adolescente. Acesso em: 10 dez. 2019.

Tal fato é de tamanha relevância, devido ao grau de importância que o nome exerce na vida da pessoa: o nome é a expressão pela qual se identificam e distinguem as pessoas naturais, nas relações concernentes ao aspecto civil da sua vida jurídica[26], identificando a sua origem familiar.

Desta forma, como corolário lógico dos laços de sociafetividade, este vínculo criado necessita ser reconhecido a fim de que possa ser atribuído a pessoa natural os sobrenomes daqueles com os quais o tiveram como filho de criação e com quem adquiriu a afetividade.

O artigo 110 da Lei 6.015/1973 atualmente permite a realização de retificação extrajudicial a requerimento do interessado, mediante petição assinada, razão pela qual há de se alterar a legislação, a fim de permitir a extrajudicialização da paternidade socioafetiva, com a consequente autorização do procedimento através do artigo acima citado, mediante procedimento administrativo após a oitiva do Ministério Público, autorizando-se ainda a inclusão dos patronímicos maternos e paternos socioafetivos, além da inclusão dos avós, e em tendo em vista o princípio da autonomia da vontade, autorizando-se a supressão do patronímico biológico em havendo concordância de seus genitores.

Segundo o inciso II do art. 10 do Código Civil, far-se-á averbação em registro público dos atos judiciais ou extrajudiciais que declararem ou reconhecerem a filiação. Isso se dá em razão de que o registro civil é o cartório que guarda toda a história de vida da pessoa, no que tange à sua existência, ao seu nome, à sua parentalidade, ao seu estado civil e à perda da personalidade.[27]

O Tribunal de Justiça de São Paulo, em acórdão de 28 de março de 1950, nos autos da Apelação 47.689, entendeu que

> "É de se deferir a averbação, no registro de nascimento de um menor, de nome de família de pessoa que o criou e educou e pelo qual foi sempre conhecido.[28]"

Assim, se presentes os requisitos e a comprovação da configuração da filiação socioafetiva, quais seja: o tratamento, a reputação e o nome, nada deve obstar o reconhecimento pela via extrajudicial em sendo as partes maiores e estando concordes, após oitiva do Ministério Público, mormente porque se o nome tem a finalidade de refletir a posição jurídica familiar perante a sociedade, o registro também deve refletir a verdade real[29].

Inexistem razões para se limitar numericamente a composição da filiação a no máximo dois pais *ou* duas mães, em detrimento da tutela da realidade da criação do

---

26. FRANÇA, Rubens Limongi. *Do nome civil das pessoas* naturais. 3. ed. rev. São Paulo: Ed. RT, 1975, p. 21.
27. CASSETTARI, Christiano. *Multiparentalidade e parentalidade socioafetiva*: efeitos jurídicos. 3. ed. rev. atual e ampl. – São Paulo: Atlas, 2017, p. 155.
28. *Revista Dos Tribunais*, v. 187. p. 212.
29. TEIXEIRA, Ana Carolina Brochado; RODRIGUES, Renata de Lima. *O direito das famílias entre a norma e a realidade*. São Paulo: Atlas, 2010. p. 212.

registrado, sendo imperioso que se permita esse reconhecimento para aqueles que foram criados na condição de filhos de criação e com aqueles adquiriram laços de afetividade.

Da mesma forma, não há que se falar que a única via para o reconhecimento da multiparentalidade seja por meio de processo judicial, devendo a nossa legislação se adaptar à realidade latente das transformações das estruturas familiares de nossa sociedade, a fim de que se permita o reconhecimento tanto da maternidade quanto da paternidade socioafetivas pela via extrajudicial.

Isso porque em referido procedimento, o Registrador Civil, profissional do direito dotado de fé pública, a quem é delegado o exercício da atividade de registro, nos termos do artigo 3º da Lei 8935/1994, exerce o controle da legalidade, ao analisar a documentação que lhe é apresentada, e em não existindo os requisitos pode o mesmo negar o pedido na via extrajudicial que como mencionado é uma via facultativa e visa a desburocratização, havendo ainda a intervenção obrigatória do Ministério público.

Há que se destacar que a Lei 6.015/1973 no parágrafo único do artigo 97, preceitua que, dentro desse controle da legalidade, se o Oficial suspeitar de fraude, falsidade ou má-fé nas declarações ou na documentação apresentada para fins de averbação, não praticará o ato pretendido e submeterá o caso ao representante do Ministério Público para manifestação, com a indicação, por escrito dos motivos da suspeita.

O próprio Provimento 63/2017 e 83/2019 ressaltam a importância da desjudicialização na filiação socioafetiva, incumbindo às serventias extrajudiciais a realização de tais procedimentos de forma a desburocratizar e tornar mais célere o reconhecimento da socioafetividade.

Assim, o provimento deve ser readequado, de forma a se permitir que o reconhecimento abranja tanto o genitor materno quanto o paterno socioafetivos, fato que também já vem sendo proclamado pela jurisprudência de nossas cortes superiores, além de possibilitar expressamente a averbação da alteração do nome do registrado no registro civil, com o acréscimo do nome de família se seus genitores socioafetivos, a averbação dos nomes dos avós paternos e maternos em decorrência do vínculo da socioafetividade, não sendo, entretanto, permitida a exclusão total do sobrenome do vínculo biológico, a não ser que haja concordância do genitor biológico, ou em havendo decisão reconhecendo o abandono afetivo, fato que concederá a mais ampla publicidade, e que ensejará de forma mais efetiva a produção de seus efeitos regulares.

3.   PROPOSTA DE MINUTA DE PROVIMENTO AO CNJ

Em conformidade com o direito civil contemporâneo e as novas composições familiares, e após discorrer sobre a necessidade de adequação da norma à atualidade, de forma a trazer mais efetividade aos Provimentos acima estudados, o presente estudo sugere uma proposta de alteração dos Provimentos mencionados, conforme segue:

PROVIMENTO Nº ____, DE (DIA) DO (MÊS) DO (ANO).

Altera a Seção II, que trata da Paternidade Socioafetiva, do Provimento 63, de 14 de Novembro de 2017

O **CORREGEDOR NACIONAL DE JUSTIÇA**, usando de suas atribuições, legais e regimentais e

CONSIDERANDO o poder de fiscalização e de normatização do Poder Judiciário dos atos praticados por seus órgãos (art. 103-B, § 4º, I, II e III, da Constituição Federal de 1988);

CONSIDERANDO a competência do Poder Judiciário de fiscalizar os serviços notariais e de registro (arts. 103-B, § 4º, I e III, e 236, § 1º, da Constituição Federal);

CONSIDERANDO a ampla aceitação doutrinária e jurisprudencial da paternidade e maternidade socioafetiva, contemplando os princípios da afetividade e da dignidade da pessoa humana como fundamento da filiação civil;

CONSIDERANDO a possibilidade de o parentesco resultar de outra origem que não a consanguinidade e o reconhecimento dos mesmos direitos e qualificações aos filhos, havidos ou não da relação de casamento ou por adoção, proibida toda designação discriminatória relativa à filiação (art. 1.596 do Código Civil);

CONSIDERANDO a possibilidade de reconhecimento voluntário da paternidade perante o oficial de registro civil das pessoas naturais e, ante o princípio da igualdade jurídica e de filiação, de reconhecimento voluntário da paternidade ou maternidade socioafetiva;

CONSIDERANDO a necessidade de averbação, em registro público, dos atos judiciais ou extrajudiciais que declararem ou reconhecerem a filiação (art. 10, II, do Código Civil);

CONSIDERANDO o fato de que a paternidade e maternidade socioafetiva, declarada ou não em registro público, não impede o reconhecimento do vínculo de filiação concomitante baseado na origem biológica, com os efeitos jurídicos próprios (Supremo Tribunal Federal – RE n. 898.060/SC);

CONSIDERANDO o previsto no art. 227, § 6º, da Constituição Federal;

CONSIDERANDO a competência da Corregedoria Nacional de Justiça de expedir provimentos e outros atos normativos destinados ao aperfeiçoamento das atividades dos serviços notariais e de registro (art. 8º, X, do Regimento Interno do Conselho Nacional de Justiça);

CONSIDERANDO a plena aplicação do reconhecimento extrajudicial da parentalidade de caráter socioafetivo para aqueles que possuem dezoito anos ou mais;

CONSIDERANDO a possibilidade de aplicação desse instituto jurídico aos menores, desde que sejam emancipados, nos termos do parágrafo único do art. 5º, combinado com o art. 1º do Código Civil;

CONSIDERANDO a possibilidade de aplicação desse instituto, aos menores, com doze anos ou mais, desde que seja realizada por intermédio de seu(s) pai(s), nos termos do art. 1.634, VII do Código Civil, ou seja, por representação;

CONSIDERANDO ser recomendável que o Ministério Público seja sempre ouvido nos casos de reconhecimento extrajudicial de parentalidades socioafetiva de menores de 18 anos;

CONSIDERANDO o que consta nos autos dos Pedidos de Providência n. 0006194-84.2016.2.00.0000 e n. 0001711.40.2018.2.00.0000.

RESOLVE:

Art. 1º O Provimento n. 63, de 14 de novembro de 2017, passa a vigorar com as seguintes alterações:

I – o art. 10 passa a ter a seguinte redação:

Art. 10. O reconhecimento voluntário da paternidade e da maternidade socioafetiva de pessoas acima de 12 anos será autorizado perante os oficiais de registro civil das pessoas naturais, de forma que o registrado poderá conter no campo filiação a existência de dois genitores maternos e dois genitores paternos, permitindo-se apenas o reconhecimento de um único vínculo socioafetivo além do biológico.

II – o Provimento n. 63, passa a vigorar acrescida do seguinte art. 10-A:

Art. 10-A. A paternidade e a maternidade socioafetiva deve ser estável e deve estar exteriorizada socialmente.

§ 1º O registrador deverá atestar a existência do vínculo afetivo da paternidade e maternidade socioafetiva mediante apuração objetiva por intermédio da verificação de elementos concretos.

§ 2º O requerente demonstrará a afetividade por todos os meios em direito admitidos, bem como por documentos, tais como: apontamento escolar como responsável ou representante do aluno; inscrição do pretenso filho em plano de saúde ou em órgão de previdência; registro oficial de que residem na mesma unidade domiciliar; comprovação dos vínculos socioafetivos; inscrição como dependente do requerente em entidades associativas; fotografias em celebrações relevantes; declaração de testemunhas com firma reconhecida.

§ 3º A ausência destes documentos não impede o registro, desde que justificada a impossibilidade, no entanto, o registrador deverá atestar como apurou o vínculo socioafetivo.

§ 4º Os documentos colhidos na apuração do vínculo socioafetivo deverão ser arquivados pelo registrador (originais ou cópias) juntamente com o requerimento.

III – o § 4º do art. 11 passa a ter a seguinte redação:

§ 4º Se o filho for menor de 18 anos, o reconhecimento da paternidade e maternidade socioafetiva exigirá o seu consentimento.

IV– o art. 11 passa a vigorar acrescido de um parágrafo, numerado como § 9º, na forma seguinte:

"Art. 11 (...).

(...)

§ 9º Atendidos os requisitos para o reconhecimento da paternidade e maternidade socioafetiva, o registrador encaminhará o expediente ao representante do Ministério Público para parecer.

I – O registro da paternidade e maternidade socioafetiva será realizado pelo registrador após o parecer favorável do Ministério Público.

II – Se o parecer for desfavorável, o registrador não procederá o registro da paternidade e maternidade socioafetiva e comunicará o ocorrido ao requerente, arquivando-se o expediente.

III – Eventual dúvida referente ao registro deverá ser remetida ao juízo competente para dirimi-la.

V – o art. 14 passa a vigorar acrescido de dois parágrafos, numerados como §§ 1º e 2º, na forma seguinte:

"Art. 14 (...)

(...)

§ 1º Somente é permitida a inclusão de um ascendente socioafetivo materno e paterno.

§ 2º Será permitida a alteração do nome do registrado mediante averbação com acréscimo do sobrenome adquirido com a sociafetividade, sem que se exclua os sobrenomes de sua origem biológica, a não ser que haja expressa concordância de seus genitores biológicos.

Art. 2º Este Provimento entrará em vigor na data de sua publicação.

Ministro _____

Corregedor Nacional de Justiça

Com as alterações sugeridas e baseado na nova tendência do Direito de Família, fundado nesse conceito pluralista de família contemporânea, também se sugere a alteração do disposto no artigo 110 da Lei 6015/73, de forma a se permitir expressamente a averbação dos patronímicos socioafetivos, nos seguintes termos:

Art. 110. O oficial retificará o registro, a averbação ou a anotação, de ofício ou a requerimento do interessado, mediante petição assinada pelo interessado, representante legal ou procurador, independentemente de prévia autorização judicial ou manifestação do Ministério Público, nos casos de:

(...)

§ 6º. O oficial retificará o registro a requerimento do interessado nos casos de inclusão de filiação sociafetiva, mediante petição assinada pelos interessados, representante legal ou procurador, com anuência dos genitores biológicos, após comprovação dos vínculos afetivos e manifestação do Ministério Público, permitindo-se o acréscimo de um genitor paterno e materno socioafetivos, e a inclusão dos sobrenomes dos pais socioafetivos, resguardando-se a origem biológica.

I – será permitida a averbação dos nomes dos avós paternos e maternos em decorrência do vínculo da socioafetividade.

II – não será permitida a exclusão total do sobrenome do vínculo biológico, a não ser que haja concordância do genitor biológico, ou em havendo decisão reconhecendo o abandono afetivo.

4. CONCLUSÃO

Tecidas as considerações acima e tendo em vista a possibilidade de reconhecimento extrajudicial da parentalidade socioafetiva, evidencia-se a necessidade de readequação da norma, para que esta efetivamente cumpra seu papel na desjudicialização, de forma a permitir a inclusão tanto da maternidade quanto da paternidade socioafetiva nos casos consensuais e incontroversos, sob os quais não parem dúvidas, e consequente retificação do nome de forma extrajudicial, com posterior averbação à margem do registro, fato que já é aceito em nossa jurisprudência das Cortes Superiores e nos Tribunais Estaduais, além de ter sido acolhido pelo Conselho Nacional de Justiça nos Provimentos acima comentados.

Tal medida nos casos em que envolvam pessoas capazes e com a anuência de todos é salutar, e visa não só a desjudicialização, mas também a proteção da criança e do adolescente, e principalmente o reconhecimento do histórico de vida e condição social vivenciada, concretizando os princípios registrais de que o nosso nome deve corresponder a realidade, à forma que nos apresentamos e somos conhecidos em nossa sociedade.

5. REFERÊNCIAS

CALDERÓN, Ricardo. *Socioafetividade e multiparentalidade acolhidas pelo STF*. Disponível em: https://www.migalhas.com.br/dePeso/16,MI246906,81042-Socioafetividade+e+multiparentalidade+acolhidas+pelo+STF. Acesso em: 09 dez. 2019.

CASSETTARI, Christiano. *Multiparentalidade e parentalidade socioafetiva*: efeitos jurídicos. 3. ed. rev. atual e ampl. São Paulo: Atlas, 2017.

CESAR, Gustavo Sousa. *A função social das serventias extrajudiciais e a desjudicialização*. Disponível em: http://www.notariado.org.br/blog/notarial/funcao-social-das-serventias-extrajudiciais-e-desjudicializacao. Acesso em: 07 dez. 2019.

CÓDIGO DE PROCESSO CIVIL. Disponível em: www.planalto.gov.br/ccivil_03/_Ato2015-2018/2015/Lei/L13105.htm. Acesso em: 10 dez. 2019.

CONSTITUIÇÃO FEDERAL. Disponível em: http://www.planalto.gov.br/ccivil_03/Constituicao/Constituicao.htm. Acesso em: 10 dez. 2019.

FELIPE, Diogo Francisco; NOGUEIRA, André Murilo Parente. *O fenômeno da desjudicialização e o crescente rito extrajudicial*. Disponível em: https://jus.com.br/artigos/35629/o-fenomeno-da-desjudicializacao-e-o-crescente-rito-extrajudicial. Acesso em: 10 dez. 2019.

FRANÇA, Rubens Limongi. *Do nome civil das pessoas naturais*. 3. ed. rev. São Paulo, Ed. RT, 1975.

GOMES, Orlando. *Direito de família*. 7. ed. Rio de Janeiro: Forense, 1993.

HELENA, Eber Zoehler Santa. O fenômeno da desjudicialização. Jus Navigandi, Teresina, ano 11, n. 922, 11 jan. 2006. Disponível em: http://jus.com.br/artigos/7818 Acesso em: 09 dez. 2019.

LEI 13484/2017. Disponível em: http://www.planalto.gov.br/CCIVIL_03/_Ato2015-2018/2017/Lei/L13484.htm. Acesso em: 10 out. 2021.

LEI 6.015/1973. Disponível em: http://www.planalto.gov.br/ccivil_03/Leis/L6015compilada.htm. Acesso em: 10 dez. 2021.

LEI 8.935/1994. Disponível em: http://www.planalto.gov.br/ccivil_03/Leis/L8935.htm. Acesso em: 10 out. 2021.

MULTIPARENTALIDADE: tios-avós terão seus nomes no registro civil de adolescente. Disponível em; http://www.ibdfam.org.br/noticias/7063/Multiparentalidade%3A+tios-av%C3%B3s+ter%C3%A3o+-seus+nomes+no+registro+civil+de+adolescente. Acesso em: 10 dez. 2019.

Provimento 63, de 14 de Novembro de 2017. Disponível em: https://atos.cnj.jus.br/files//provimento/provimento_63_14112017_19032018150944.pdf. Acesso em: 10 out. 2021.

PROVIMENTO 83, de 14 de Agosto de 2019. Disponível em: https://atos.cnj.jus.br/files//provimento/provimento_83_14082019_15082019095759.pdf. Acesso em: 10 out. 2021.

RECURSO DE APELAÇÃO CÍVEL 70077198737, Tribunal de Justiça do Rio Grande do Sul, 8ª Câmara Cível, Comarca de Origem Pelotas.

Revista Dos Tribunais, v. 187.

SILVA, De Placido e. *Vocabulário Jurídico*. Atual. Nagib Slaibi Filho e Priscila Pereira Vasques Gomes. 31. ed. Rio de Janeiro: Forense, 2014, p. 861.

Supremo Tribunal Federal, Recurso Extraordinário 898060. Disponível em: https://portal.stf.jus.br/processos/detalhe.asp?incidente=4803092 Acesso em: 10 out. 2021

TARTUCE, Flávio. *Direito civil*: direito de família. 14. ed. Rio de Janeiro: Forense, 2019. v. 5.

TEIXEIRA, Ana Carolina Brochado; RODRIGUES, Renata de Lima. O direito das famílias entre a norma e a realidade. São Paulo: Atlas, 2010.

VILLELA, João Baptista. Desbiologização da Paternidade, Separada da Revista da Faculdade de Direito da Universidade federal de Minas Gerais, Belo Horizonte, ano XXVII, n. 21, Maio 1979, p. 401. Disponível em: http://www.ibdfam.org.br/_img/artigos/Desbiologizacao.pdf. Acesso em: 10 out. 2021.

OS SUBSTITUTIVOS DO NOME E SUA TUTELA JURÍDICA NO REGISTRO CIVIL DAS PESSOAS NATURAIS

Luciana Vila Martha

Especialista em Direito Imobiliário pela Escola Paulista de Direito – EPD e em Direito Civil pela Universidade Anhanguera – Uniderp e Doutoranda em Ciências Jurídicas pela Universidade del Museo Social Argentino – UMSA. Graduada em direito pela Faculdade de Direito de Bauru. Aluna da Escola Nacional de Notários e Registradores – ENNOR. Oficial de Registro Civil das Pessoas Naturais do Subdistrito de Conceição da Praia – Salvador – BA
Contato: luciana.frade@hotmail.com

Resumo: O presente trabalho visa demonstrar a relevância do nome civil, como elemento de individualização que extrapola o universo do direito subjetivo, vez que por meio dele se faz identificar tanto perante o Estado quanto em face das pessoas que com ele se relacionam, daí advir diversas consequências pela sua obrigatoriedade do seu uso e pela publicidade. Será demonstrado que a identificação compreende um ato de escolha decorrente do exercício da autonomia da vontade, o que permite ampla liberdade para eleger pessoalmente a forma como pretende se identificar, o que poderá ocorrer tanto pelo nome registral, como também por meio dos substitutivos do nome, seja através do pseudônimo, apelido público notório ou nome vocatório. Deste modo, será desenvolvida no presente artigo, a possibilidade de se valer do Registro Civil das Pessoas Naturais, que por meio da averbação, terá o condão de transferir uma situação de fato para a tutela do direito, a fim de garantir a sua eficácia *erga omnes,* prevenir litígios que envolvam usurpação do nome e garantir a segurança jurídica com aqueles que venham a celebrar negócios jurídicos.

Sumário: 1. A relevância do nome civil e seus elementos de formação – 2. Natureza jurídica do direito ao nome e suas características – 3. Os substitutivos do nome e sua utilização como expressão da autonomia da vontade – 4. A possibilidade de averbação dos substitutivos do nome junto ao registro civil das pessoas naturais – 5. Da obrigatoriedade de envio de comunicação pelo registro civil ao SIRC – Lei 8.212/91 E à CRC – provimento nº 46 CNJ – 6. Conclusão – 7. Proposta de criação de provimento – 8. Referências bibliográficas.

1.   A RELEVÂNCIA DO NOME CIVIL E SEUS ELEMENTOS DE FORMAÇÃO

O ato de nomear coisas e pessoas sempre esteve presente entre os homens desde o início da civilização.

Diz a bíblia que Deus incumbiu ao homem a responsabilidade de dar nome àquilo que a Êle dera o ser (Gênesis 2:20).

Logo, o nome não tem o condão de criar, mas sim de identificar e individualizar dos demais seres. Por meio dele o ser se torna único, verdadeiro reflexo de sua representação como indivíduo.

Surge assim a necessidade do homem, como um ser social, de afirmar perante si e perante a sociedade a sua identidade, distinguindo-se um dos outros.

Além de um direito ao nome, inerente a todos os indivíduos, o nome corresponde também a um dever.

Logo, o nome civil, exerce uma função de caráter subjetivo, no sentido de identificação pessoal e outra que o considera como uma instituição de ordem pública, pois reflete o interesse da sociedade como um todo em identificar os seus indivíduos, para que delas se possa exigir o cumprimento de suas obrigações.

Nesse sentido, o nome, atrelado ao domicílio e o estado, configuram elementos de individualização do sujeito jurídico, para que dessa forma seja possível sua imputação em direitos e deveres.

O nome pode então ser conceituado como a expressão linguística escolhida por quem de direito, para designar e identificar as pessoas, sejam elas pessoas físicas ou jurídicas, e da qual consta a inscrição no Registro Civil.

Nos dizeres de Limongi França, nome civil é a designação pela qual se identificam e se distinguem as pessoas naturais nas suas relações concernentes ao aspecto civil da sua vida jurídica.[1]

Dado o seu caráter inato ao ser humano, o nome, configura uma verdadeira necessidade do indivíduo, de modo que não é possível cogitar a existência de uma pessoa que não se faça conhecido por algum nome, e tão pouco a sua renúncia, mesmo que não tenha sido observada a obrigatoriedade de inscrição no Registro Civil das Pessoas Naturais.

Assim, o nome a partir do momento em que se torna reconhecido pelo ordenamento jurídico como um direito do indivíduo, passa a ter a seu favor o exercício de diversas tutelas, tanto na esfera do direito privado quanto do direito público.

Nesse sentido, sob a ótica do direito privado é possível o exercício do direito de ação a fim de proibir-lhe a usurpação, proibição do uso ilegítimo por terceiro, ação de responsabilidade civil em caso de lesão moral, entre outros.

Na esfera do direito público, em que pese a Lei de Registros Públicos, em seu artigo 57, faça previsão de que a alteração posterior do nome, somente se dará por exceção e motivadamente, consagra em nosso ordenamento jurídico o princípio da imutabilidade relativa do nome, já que a própria lei de registros elenca rol de situações que se torna possível a sua modificação, tais como homonímia, casamento, adoção, lei de proteção à testemunha, exposição ao ridículo, entre outros.

---

1. FRANÇA, Rubens Limongi. Do *Nome Civil das Pessoas Naturais*. 3. ed. São Paulo, 1975, p. 22.

Até mesmo o natimorto, ou seja, aquele que sequer chegou a ter vida, faz *jus* a inscrição no Registro Civil, junto ao livro C-Auxiliar, sendo-lhe garantido o direito ao nome, nele compreendido o prenome e o sobrenome, conforme consta na normativa extrajudicial do Estado da Bahia.

Cabe frisar, que a normativa extrajudicial do Estado de São Paulo, entende como uma faculdade dos pais a atribuição de nome ao natimorto.

Sobre o tema, segue enunciado do Conselho da Justiça Federal nº 1: "Art. 2º A proteção que o Código defere ao nascituro alcança o natimorto no que concerne aos direitos da personalidade, tais como nome, imagem e sepultura".

O nome, portanto, é tanto um direito quanto um dever. É direito de a pessoa ter um nome e protegê-lo contra quem quer que seja e que pretenda violá-lo, direito este que persiste além da vida. Mas configura também um dever de uso, de modo que permita ao Estado, lógico que atualmente, somado a outros elementos numéricos e biológicos, tais como a coleta da biometria e a obrigatoriedade de inscrição do Cadastro de Pessoas Físicas CPF/MF desde o nascimento, reunir de forma mais completa possível um conjunto de informação de seus indivíduos, de modo a criar um sistema de individualização, a fim de imputar-lhe com segurança seus direitos e deveres perante a sociedade.

Nesse sentido, muito embora o nome como fator de identificação pessoal, já não possua a mesma força jurídica que detinha em outros tempos, onde a tecnologia ainda não era tão desenvolvida, fato é que ninguém quer se ver identificar tão somente por um numeral. Assim, não há como se negar que ele carrega em si todo o passado do indivíduo, sua tradição familiar, representando um verdadeiro corolário dentre os direitos da personalidade.

O nome em sua formação, conforme o nosso ordenamento jurídico, possui elementos que são considerados fundamentais e outros considerados secundários.

Estabelece o nosso Código Civil que o nome tem como elementos fundamentais o prenome e sobrenome (art. 16).

O prenome, cujo vernáculo em si não seja do conhecimento do povo, corresponde à forma disseminada na utilização do nome, já que corresponde ao nome individual, o conhecido em outros tempos por nome de batismo, podendo ser simples ou composto.

No Brasil, diferentemente do outros ordenamentos jurídicos, há uma relativa liberdade na forma de escolha do nome, limitando-se tão somente, na forma do artigo 53 da Lei dos Registros Públicos a estabelecer o rol de obrigados a fazer a declaração de nascimento, estabelecendo uma preferência aos pais do registrado, isoladamente ou em conjunto, em clara observância ao princípio da isonomia que rege nossa constituição, além de submetê-los ao crivo do registrador que tratará de vedar a escolha de nomes obscenos, vergonhosos, contrário aos bons costumes, isto é, que venham expor o seu portador ao ridículo e a constrangimentos.

Vale destacar que a legislação portuguesa pode ser considerada mais rígida sob tal aspecto, já que não permite a utilização de nomes que não sejam portugueses e não podem suscitar dúvidas quanto ao sexo do registrado.

Em continuidade, o sobrenome, que outras passagens também pode ser intitulado como patronímico, corresponde ao nome de família, e busca por meio dele sinalizar a *gens* à qual pertence o indivíduo.

Sobre ele, a legislação brasileira também não tece maiores detalhes acerca da ordem se sua formação se há necessidade, por exemplo, de ser composto pelos sobrenomes de ambos os pais ou se é permitido que se atribua à criança apenas o sobrenome de um deles.

Para Luiz Guilherme Loureiro não há, pela lei, uma definição sobre a ordem dos sobrenomes, não sendo permitida, tão somente, a intercalação de sobrenome materno no meio do sobrenome paterno e vice versa.[2]

Já como elementos secundários, temos os axiônimos; os títulos qualificativos eclesiásticos, de dignidade oficial ou acadêmicos; partícula e agnome.

Os axiônimos correspondem aos títulos nobiliárquicos ou honoríficos.

O título nobiliárquico provém de distinção de classes sociais, como por exemplo, os patrícios e os plebeus. Porém na França diziam respeito a cargos militares, daí serem transitórios e pessoais. Com o surgimento do feudalismo, os títulos passam a estar relacionados aos feudos, e por isso se tornam transmissíveis.

Todavia, como o advento da revolução francesa, os títulos foram abolidos, dando origem, posteriormente aos títulos honoríficos.

Em suma, pode-se dizer que tanto os títulos honoríficos quanto os títulos nobiliários, tinham como função honrar e identificar os seus titulares, porém somente os nobiliários eram transmissíveis, devido a sua origem feudal (ex. príncipe, duque, marês), sendo os honoríficos de caráter pessoal, (ex: cavaleiro, escudeiro)

No Brasil, foram suprimidos pelo artigo 72, §2º da Constituição Federal de 1891, onde se estabeleceu que todos são iguais perante a lei.

Quanto aos títulos eclesiásticos, estes possuem a mais variada natureza, e talvez nem o próprio direito canônico fosse capaz de elencá-los de maneira a exauri-los, podendo-se destacar os mais relevantes como sendo: Cardeal, Monsenhor, Cônegos. E ainda: Padre, Frei, Irmão ou Irmã.

Vale destacar que embora haja separação entre a igreja e o Estado, é reconhecida a tutela dos títulos eclesiásticos, tal qual o direito ao nome, bem como aos seus atos de hierarquia.

---

2. LOUREIRO, Luiz Guilherme. *Registros Públicos*: teoria e prática. 3. ed. São Paulo: Gen/ Método, 2012, p. 60.

Sobre o tema, segue jurisprudência do Tribunal de Justiça de São Paulo, Apelação Cível 4003115-88.2013.8.26.0071, segue ementa:

> Ação Declaratória e Ação Cautelar. Nulidade de procedimento interno. Excomunhão. Obediência ao devido processo legal estabelecido no âmbito da Igreja Católica. Sobrenia *in ordine suo*. Não interferência judicial civil nas sentenças do juízo eclesiástico – Vedação – Manifestação de regalismo – Sentença mantida – Inteligência do art. 252 do RITJSP – Recurso Improvido

Sobre os títulos acadêmicos, é possível afirmar que os mesmos têm a sua razão de ser dentro da esfera ao qual pertencem, isto é, são elementos individualizadores no meio acadêmico ou científico do qual se originam. São eles: Professor, Doutor, Licenciado, Bacharel, Mestre.

Desta forma, no trato entre os particulares em geral, a distinção de suas profissões não gera qualquer vínculo de subordinação, devendo, portanto, a exigência de seu uso, restar restrito às situações em que se está a desempenhar as suas funções oficiais.

Assim, um engenheiro ou um médico não podem exigir que seus clientes o chamem de doutor, o mesmo não pode se dizer de um professor em sua sala de aula.

Referente à partícula "de", esta é um elemento de constituição do sobrenome e às vezes do prenome, ou seja, a mesma pode ser utilizada tanto para ligação entre dois prenomes, dois sobrenomes e ainda o prenome ao sobrenome. Seu surgimento se dá quando da adoção do nome civil junto ao Registro Civil de Pessoas Naturais, configurando elemento inseparável do nome a partir de então.

Isto quer dizer, que quando da escolha do nome por qualquer dos titulares desse direito junto ao oficial registrador, é possível a adoção ou não da partícula, mesmo que seus genitores venham a possuir, porém, uma vez que fora adotada, passa a constituir elemento do nome, sendo impossível sua alteração, seja para incluí-la, em caso de os pais a possuírem, seja para extirpar de seu nome civil, na esfera administrativa, demandando, portanto a propositura de ação judicial, através da qual deverá ser demonstrado interesse jurídico e ausência de prejuízo u risco para terceiros.

Por fim, como elemento secundário do nome, temos o agnome, quando utilizado da maneira adequada, sempre corresponderá ao último elemento do nome, podendo ser indicativo de parentesco, tais como filho, neto e sobrinho, ou epitético, quando são indicativos de qualidade do seu portador, como "o Gago", "o Calvo".

O agnome não é elemento transmissível, devendo ser adotado no momento da inscrição logo após o nascimento ou posteriormente mediante ordem judicial.

Fala-se em utilizado de maneira adequada, vez o que nome, dado sua força social, pode vir agregar significado na vida do indivíduo tamanha, que por vezes se pode vir a ser eleito como patronímico. Tal situação ocorre por vezes também ao se tratar alcunha ou apelido, conforme se verá no próximo tópico.

2. NATUREZA JURÍDICA DO DIREITO AO NOME E SUAS CARACTERÍSTICAS

O nome, dada sua complexidade, constitui um atributo que desperta interesse tanto na esfera do direito privado quanto do direito público, daí terem sido desenvolvidas diversas teorias com intuito de definir a sua natureza jurídica, que variam conforme o aspecto que se pretende tutelar, muito embora nenhuma delas tenha negado a sua proteção.

Leonardo Brandelli, em sua obra Nome Civil da Pessoa Natural apresentou as principais teorias sobre a natureza jurídica do direito ao nome.[3] São elas: teoria negativista, teoria do direito de propriedade, teoria da polícia civil e teoria do direito da personalidade.

Segundo a teoria negativista, defendida entre nós por Clóvis Beviláqua, como o próprio nome faz crer, não reconhece o nome como um direito. Informam que o nome se refere à própria pessoa e que somente possui interesse quando se refere à identidade.

Pela teoria do direito de propriedade, reflexo de um ordenamento jurídico extremamente patrimonialista, enxergaram no nome a sua aproximação com o direito de propriedade oriundo dos direitos reais, dada o seu caráter absoluto e geração de efeito *erga omnes*.

Inúmeras críticas atingiram essa teoria, devido ao caráter incompatível do direito de propriedade ao nome, tais como a inalienabilidade, imprescritibilidade, e ausência de conteúdo patrimonial.

A teoria da polícia civil surge em contraposição à teoria do direito de propriedade, pela qual o nome também não é considerado um direito, mas sim uma obrigação do indivíduo de tê-lo e usá-lo, e desse caráter obrigatório resulta na sua imutabilidade.

Já pela teoria do direito da personalidade, o nome configura um direito da personalidade, sendo essa a que já vinha sendo a mais aceita pela doutrina e pela jurisprudência e acabou por consagrada no direito brasileiro com a expressa previsão no Código Civil nos artigos 16 a 19, no capítulo pertinente aos direitos da personalidade.

Segundo o entendimento do autor Leonardo Brandelli:

"O nome é, segundo esta corrente, um dos elementos da personalidade, que a integra, mas que com ela não se confunde, por ser esta mais ampla que aquele. O nome é elemento identificador da personalidade da pessoa, posto que com o pronunciar daquele, vem jungida toda a carga de direitos e obrigações que compõe esta".

Segundo esta teoria, o nome corresponde uma parcela dos direitos da personalidade, dado que o indivíduo também se individualiza por outros meios, tais como domicílio e estado.

---

3. BRANDELLI, Leonardo. *Nome Civil da Pessoa, Natural.* São Paulo: Saraiva, 2012, p. 59-106.

Cabe ainda acrescentar que a Constituição Federal de 1988 assegura os direitos da personalidade ao elencar a cidadania e a dignidade da pessoa humana como fundamentos da República Federativa do Brasil.

Dessa forma, os direitos da personalidade são inerentes a pessoa humana, tutelando sua integridade física, moral e intelectual, isto é, por meio deles se assegura os direitos fundamentais, entendido estes como o mínimo necessário ao pleno desenvolvimento humano, daí serem imbuídos das seguintes características: inato, absoluto, imutável, intransmissível, irrenunciável e imprescritíveis.

Conforme o artigo 11 do Código Civil, os direitos da personalidade são inalienáveis e irrenunciáveis, salvo as exceções legais, não podendo vir a sofre limitação voluntária, ou seja, nem mesmo que seja a vontade do seu titular, não poderá dele dispor ou abdicar.

No que se refere à sua irrenunciabilidade, a lei a veda que a mesma se dê de modo permanente, mas na prática é possível o abandono eventual de prenome ou até do sobrenome, por uma abreviatura por exemplo.

Assim, o nome pode ser entendido como um dos mais importantes direitos da personalidade, estando inserido de forma implícita em nossa Constituição dentre os direitos fundamentais em decorrência da Declaração Universal dos Direitos Humanos.

Deve-se considerar também que o nome se constitui em um direito de extrema complexidade e que está em constante expansão, e que dele irradiam o direito de ter um nome, direito de interferir no próprio nome e o direito de impedir o uso indevido do nome por terceiros.

O direito de ter nome, já é condição inerente pelo simples fato de ser pessoa, sendo cabível desde a qualidade como nascituro. O direito de interferir no próprio nome, diz respeito às situações previstas em lei em que se concede a faculdade de alterar o prenome e sobrenome. E o direito de impedir o uso indevido por terceiros, implica na proibição da utilização do nome da pessoa em publicações ou representações que exponham ao desprezo público, independentemente de dolo ou culpa.

Nesse sentido, o nome integra os direitos da personalidade por ser o principal meio de identificação e individualização do ser humano, permitindo o reconhecimento do ser na sociedade e dentro de seu grupo familiar, sendo direito subjetivo complexo, pois desperta interesse simultâneo ora para o poder público ora para o próprio indivíduo, daí ser amplamente tutelado pelo nosso ordenamento jurídico, tudo em vista a garantir a dignidade da pessoa humana, bem como a segurança jurídica.

3. OS SUBSTITUTIVOS DO NOME E SUA UTILIZAÇÃO COMO EXPRESSÃO DA AUTONOMIA DA VONTADE

Os substitutivos, como a própria nomenclatura indicam, não integram o nome, mas por vezes o substitui. São eles: nome vocatório; o epíteto, alcunha ou apelido e o pseudônimo.

O nome vocatório corresponde a uma simplificação do nome civil, através do qual a pessoa se tornou conhecida, e normalmente é escolhido por terceiros e não pelo seu próprio titular, sem que haja qualquer critério pré-definido, por isso recebe proteção jurídica, tal qual o seu nome formal.

Para Limongi, o direito à eleição do nome vocatório cabe ao titular. Embora reconheça que caso terceiro o chamem de maneira diversa e ele não manifeste oposição, estaria presente uma situação de opção tácita. Todavia, entende ser plenamente cabível a oposição através de ação de reclamação de nome.[4]

O epíteto, alcunha ou apelido, são expressões sinônimas e que correspondem a uma designação atribuída geralmente por terceiros a uma pessoa, normalmente fazendo menção a uma característica pessoal, profissão, diminutivo de nome próprio ou ainda afetivo. Tal qual o nome vocatório, é meio de identificação pessoal e que por vezes acaba por constituir patronímicos, como Gato, Calvo, Branco etc.

Assim, não há como lhe negar valor jurídico, estando expressamente previsto na Lei de Registros Públicos com a previsão da possibilidade de substituição do nome por apelidos públicos notórios, devendo ser, todavia, vedada a sua utilização de modo a trazer confusão com o nome constante do Registro Civil ou implicar em alteração do mesmo em situação que não as expressamente autorizadas por lei.

Já o pseudônimo, corresponde a uma identidade do sujeito dentro de certa esfera de ação. É prática considerada corriqueira no meio literário e jornalístico, sendo tutelado pelo direito desde que empregado em atividades consideradas lícitas.

Essa é a previsão do nosso Código Civil que em seu artigo 19 assim dispõe que o pseudônimo utilizado para atividades lícitas goza da mesma proteção conferida ao nome.

O Código Civil italiano em seu artigo 9º dispõe que o pseudônimo receberá o mesmo tratamento que o nome, desde que tenha assumido a mesma importância deste.

Na Alemanha, também se estende ao pseudônimo a mesma tutela conferida ao nome.

E em Portugal, em seu artigo 74, estabelece que uma vez adquirida notoriedade, gozará o pseudônimo da mesma proteção conferida ao nome civil.

Nota-se, portanto, que há uma harmonia de entendimentos no que se refere ao reconhecimento do pseudônimo como meio de identificação pessoal tal qual como se dá em face do próprio nome civil, inclusive no que diz respeito à possibilidade de extensão das tutelas jurídicas.

Assim, por meio da utilização do pseudônimo, se torna possível ocultar a identidade principal, isto é, aquela consta do Registro Civil das Pessoas Naturais e/ ou criar identificação, porém restrita a parcela da vida do titular.

---

4. *Do Nome Civil das Pessoas Naturais.* 3. ed. São Paulo: Ed. RT, 1975, p. 498-499.

Todavia, esse ocultamento nada tem a ver com anonimato, isto é, pelo anonimato não há sequer identidade, prática que é vedada pelo nosso ordenamento jurídico.

Também não se aproxima do falso nome, já que este tem por finalidade esconder a identidade do autor em todas as situações da vida, sendo que pelo pseudônimo, o que se verifica é o ocultamento da identidade considerada formal, em determinada esfera da atividade de seu titular.

Logo, o pseudônimo constitui prática utilizada secularmente e de maneira universal, sendo considerada lícita pelo direito, vez que representa direito da personalidade, assumindo função análoga ao nome.

Ainda, não há que se falar em desuso do nome registral em decorrência da utilização do pseudônimo, pois o mesmo permanecerá sendo utilizado nos seus demais aspectos da personalidade e tão pouco cogitar eventual perda pela falta de uso, dada a sua imprescritibilidade.

O pseudônimo acaba então por implicar numa disposição temporária do nome, situação esta reconhecida pela doutrina, com o limitador de que não seja permanente e nem geral, como é o presente caso.

Assim, a possibilidade de valer-se do pseudônimo, caso assim deseje, já que se trata de mera faculdade, constitui verdadeiro exercício da autonomia privada, já que permite ao sujeito exercer a sua vontade de ocultar sua identidade principal e assim gerar nova identidade e por meio dela vir a contrair direitos e obrigações.

A lei tão pouco o regula, tal qual faz com o nome, a forma de escolha do nome, como se dá com a vedação à exposição ao ridículo (§único, artigo 55 da Lei de Registros Públicos), tradução de nomes estrangeiros (artigo 43, III da Lei 6.815/80 – Estatuto do Estrangeiro), a preocupação com a homonímia, a obrigatoriedade de ser composto por prenome e sobrenome etc.

Não há que se falar também em observância aos princípios da veracidade e da novidade, previsto no art. 34 da Lei 8.934/1994, que dispõe sobre o registro público de empresas mercantis.

Deste modo, estabelece a doutrina ampla liberdade para a escolha pelo titular, acerca do pseudônimo que se pretende utilizar.

Segundo Limongi, para a formação do pseudônimo poderá ser utilizada a técnica da composição ou conforme a finalidade do uso.[5]

Pela técnica da composição, poderá ser formado através de anagrama; pela constituição de um nome completamente diferente do próprio ou criptônimo, onde se utiliza das primeiras letras do nome do titular e por vezes do nome de outrem.

Já pela finalidade do uso, poderá ser literário ou artístico, religioso, incógnito ou nome de guerra.

---

5. *Do Nome Civil das Pessoas Naturais.* 3. ed. São Paulo: Ed. RT, 1975, p. 510-513.

O pseudônimo literário ou artístico é o mais corriqueiro e que apresenta o maior interesse prático, sendo este, portanto o qual será considerado neste estudo ao se tratar de pseudônimo.

Sobre o tema, vale destacar que o entendimento do Superior Tribunal de Justiça tem sido na necessidade de o mesmo estar vinculado ao uso de atividades lícitas, e que deve corresponder a uma obra, um trabalho artístico, para receber a tutela de direito moral e material, não sendo suficiente o uso permanente para vedar a sua utilização por terceiros. Vejamos:

> Direito Civil. Uso de pseudônimo. "Tiririca". Exclusividade. Inadmissibilidade. I. – O pseudônimo goza da proteção jurídica dispensada ao nome, mas, por não estar configurado como obra, inexistem direitos materiais e morais sobre ele. II. – O uso contínuo de um nome não dá ao portador o direito ao seu uso exclusivo. Incabível a pretensão do autor de impedir que o réu use o pseudônimo "Tiririca", até porque já registrado, em seu nome, no INPI. IV. – Recurso especial não conhecido. (REsp. 555483 SP 2003/0125980-9, 3ª Turma STJ, publicado 10.11.2003, julgamento 14/10/2003, relator Ministro Antônio de Pádua Ribeiro)

Vale destacar que a lei em momento algum veda que sua proteção goze de eficácia *erga omnes*, mesmo que com absoluta liberdade em sua formação, isto é, não lhe sendo estendidas as limitações cabíveis ao nome registral. O que não se permite é que a revelação do pseudônimo seja feita por outrem que não o seu próprio titular.

Sobre o pseudônimo ainda, o Professor Orlando Gomes afirma:

> "O pseudônimo, quando adquire a importância do nome, goza da proteção a este dispensada, mas não se lhe estendem as medidas de tutela administrativa, podendo ser assumidos, alterados e abandonados com inteira liberdade."

Reafirmando, portanto sua natureza de direito da personalidade, bem como a liberdade para sua escolha e utilização.

Prosseguindo acerca dos substitutivos do nome, a lei de Registros Públicos também estende sua proteção ao apelido público notório, pois permite que o mesmo seja inserido junto ao nome registral da pessoa, reforçando ainda mais a autonomia do exercício dos direitos da personalidade.

Borges nos lembra ainda que:

> É preciso não confundir pseudônimo com apelido nem alcunha com nome de guerra. O uso de pseudônimo é lícito, pois voltado para a identificação da pessoa em seu meio profissional, principalmente no meio artístico, ou, conforme definição de Raymond Lindon, em função de uma atividade específica. É como um nome fantasia, que serve de identificação da pessoa em certa esfera profissional de sua vida e que acaba por integrar, por isso, sua personalidade. O nome falso utilizado para a prática de atividades ilícitas não é pseudônimo e não tem proteção legal. O apelido, que, conforme visto acima, não se confunde com pseudônimo, pode ser inserido no registro da pessoa para compor o seu nome.[6]

---

6. BORGES, Roxana Cardoso Brasileiro. *Direitos da Personalidade e Autonomia Privada*. 2. ed. São Paulo: Saraiva, 2007, p. 225.

Pelo exposto, é possível se extrair que a lei de registros públicos ao estabelecer exceções ao princípio da imutabilidade do nome acaba por fortalecer o princípio da autonomia privada, pois através dele o indivíduo passa a ter liberdade para escolher o modo como pretende ser identificado, de modo que restringir o exercício de tal direito, implicaria em violação ao princípio da dignidade da pessoa humana.

4. A POSSIBILIDADE DE AVERBAÇÃO DOS SUBSTITUTIVOS DO NOME JUNTO AO REGISTRO CIVIL DAS PESSOAS NATURAIS

De acordo com a Lei de Registros Públicos, em seu artigo 1º: a finalidade dos serviços concernentes aos Registros Públicos é a autenticidade, segurança, a publicidade e a eficácia dos atos de jurídicos.

Compete ao Registro Civil a guarda, de forma pública e duradoura, e em certos casos, até mesmo perpétua, das situações jurídicas experimentadas pelo indivíduo ao longo de sua vida. Esse repositório de informações permite a produção de diversos efeitos, tais como a oponibilidade de estado civil em face de terceiros, o exercício da cidadania, na medida em que assegura direito também passa a ser fonte de deveres, base de dados para a formação de estatísticas, assegura a dignidade, dentre outros diversos desdobramentos.

Os substitutivos do nome, vez que são meios de identificação pessoal, que satisfazem tanto um desejo pessoal de portador, que por ele em muitas situações se identificam até mais do que o próprio nome registral, bem como diante de notoriedade que involuntariamente acabam por alcançar, agregam, portanto, peculiar importância para o registro civil.

Conforme relatado, o pseudônimo é tutelado pelo ordenamento jurídico ao exercer função análoga ao nome, dentro da esfera especial ao qual é destinado.

Cumpre informar que não lhe cabe assumir a importância do nome, já que este representa o indivíduo em sua inteireza.

Ainda nesse sentido, tão pouco é exigido um lapso temporal de uso, ou que seja compatível com o sexo biológico, como por exemplo, o autor Nelson Rodrigues que utilizou o pseudônimo Suzana Flag na obra "A vida como ela é".

Ocorre que por vezes, o pseudônimo pode vir a exercer papel de notoriedade para o indivíduo, que passa a realizar volume considerável de negócios sob a esfera de atuação para o qual foi criado, de modo que se torna diligente que se tome medidas para torná-lo conhecido e oponível erga omnes.

Assim, muito embora a lei não estabeleça qualquer regramento para sua formação, certo é que também não poderá causar embaraço ou confusão ao refletir na esfera geral do indivíduo, podendo vir a ser garantida a segurança jurídica por meio dos registros públicos.

Nesse sentido, em sendo o registro público competente para o registro de atos e fatos da vida civil, é plenamente possível que se permita a sua averbação junto ao registro civil de seu titular a fim de proporcionar a eficácia erga omnes ao pseudônimo, além de permitir a sua tutela contra a usurpação, a proibição de sua utilização por terceiros, sem que isso venha importar em violação ao princípio da unicidade do registro.

Frise-se que tal tratamento é similar ao que se dá em relação à averbação do nome abreviado, utilizado como firma comercial registrada ou qualquer atividade profissional, previsto no artigo 57, §1º da Lei de Registros Públicos.

Certo também que tal possibilidade de averbação junto ao registro civil das pessoas naturais tratar-se-ia de mera faculdade, vez que o seu titular poderá preferir valer-se do pseudônimo para ocultar a sua identidade, o que não necessariamente configura uma regra em se tratando pseudônimo.

Ainda, com o intuito de garantir a segurança jurídica e a estabilidade aos atos da vida civil, a Lei de Registros Públicos em seu artigo 58 faz previsão acerca da definitividade do nome, demonstrando um interesse público na imutabilidade do nome.

Por outro lado, a mesma lei também permite a sua substituição por apelidos públicos notórios.

Assim, por meio desse permissivo legal, as pessoas portadoras de apelidos públicos notórios, podem optar por integrá-los ao nome, tornando-se um elemento do seu nome civil, como exemplos emblemáticos podem ser citados o caso do ex presidente Lula que acresceu ao seu nome o seu apelido e passou a ser chamado de Luiz Inácio Lula da Silva, o sambista neguinho da Beija-Flor que passou a se chamar Luiz Antônio Feliciano Neguinho da Beija-Flor Marcondes e da apresentadora Xuxa que passou a assinar Maria da Graça Xuxa Meneghel.

Ocorre que a lei ao utilizar a expressão "substituição", não deixou clara a maneira como se daria a aplicação do instituto, se o apelido seria incorporado antes do prenome ou inserido entre o prenome ou sobrenome.

Sobre o tema, segue jurisprudência do E. Superior Tribunal de Justiça:

Recurso especial 1.217.166 – MA (2010/0175173-1) Relator: Ministro Marco Buzzi. Recorrente: Raimunda de Sousa Ribeiro. Advogado: Francisco Gomes de Morais e outro(s) recorrido: Ministério Público do Estado do Maranhão ementa recurso especial – Direito civil – Registros públicos – *Retificação de registro civil – Prenome utilizado pela requerente desde criança no meio social em que vive diverso daquele constante do registro de nascimento – Posse prolongada do nome – Conhecimento público e notório – Substituição – Possibilidade* – Recurso provido. Hipótese: Trata-se de ação de retificação de registro civil de nascimento, pela qual a autora pretende a alteração de seu prenome (Raimunda), ao argumento de que é conhecida por Danielle desde criança e a divergência entre o nome pelo qual é tratada daquele que consta do seu registro tem lhe causado constrangimentos. 1. O princípio da imutabilidade do nome não é absoluto no sistema jurídico brasileiro. 2. O nome civil, conforme as regras dos artigos 56 e 57 da Lei de Registros Públicos, pode ser alterado: a) no primeiro ano após atingida a maioridade, desde que não prejudique os apelidos de família; ou b) ultrapassado esse prazo, por justo motivo, mediante apreciação judicial e após ouvido o Ministério Público. 3. Caso concreto no qual se identifica justo motivo no pleito da recorrente de alteração do prenome, pois é conhecida no meio social em que vive, desde criança, por nome diverso daquele constante do registro de nascimento, circunstância que tem lhe causado constrangimentos. 4. Recurso especial conhecido e provido. (grifo nosso)

Na jurisprudência supra, é possível verificar que houve a prevalência da situação de posse do nome em detrimento àquele constante do registro, dando conta dos riscos oriundos pela falta de regulamentação da matéria.

Como já retratado anteriormente, o apelido, carrega consigo o caráter de intransmissibilidade, inalienabilidade, inacessibilidade e acima de tudo a exclusividade, dando conta do seu caráter estritamente pessoal.

Ocorre que o tratamento que vem sendo conferido ao apelido, através do qual se realiza verdadeira modificação do nome do indivíduo, acaba por violar o principal pilar do nosso ordenamento jurídico que é o da segurança jurídica.

Permitir a modificação do nome para inclusão do apelido público notório na sua grafia tem gerado verdadeiro efeito colateral ao nosso ordenamento, vez que acaba por atribuir ao mesmo a força de patronímico, permitindo a transmissibilidade do mesmo em diversas situações, como exemplo reitera-se o caso do ex-presidente Lula o qual teve seu apelido atribuído ao filho e ao seu neto.

Frise-se que a ausência de legislação acerca do tema não permite ao registrador civil quando de sua qualificação registrária, pela mera análise de documentos, inferir se trata de patronímico materno ou paterno, quanto o mais se é o caso de apelido público notório.

Assim, sem perder de vista o permissivo legal da substituição do nome por apelido público notório, e concomitantemente afastar o risco pelo seu uso indevido por terceiro que não o seu titular, facilitando assim a qualificação registraria, entende-se ser possível a sua inscrição por meio da averbação, tornando a informação segura e atualizada a todos os membros da comunidade.

Vale destacar que não poderá ser incorporado ao nome apelido que viole a moral, os bons costumes ou que provenha da prática de atos ilícitos, cabendo ainda ao registrador, fazer o mesmo controle quando da vedação de nome suscetível de exposição ao ridículo.

No que se refere ao nome vocatório, isto é, àquele que por vezes é utilizado em virtude da extensão do nome constante do Registro Civil, facilitando a sua identificação, pode vir a conferir ao seu titular a mesma força do seu nome civil, tornando de interesse jurídico que ao mesmo lhe seja atribuído eficácia erga omnes, dado o seu poder social.

Deste modo, por meio da averbação do nome vocatório junto ao registro civil das pessoas naturais, como mais um elemento agregador de identidade, tal qual o pseudônimo e alcunha, se operará a transformação de um fato social em ato jurídico, permitindo o seu uso para relações jurídicas, o que contribuirá para afastamento das homonímias, segurança jurídica e estabilização das relações sociais.

Nesse sentido, a averbação dos substitutivos do nome poderá ser realizada administrativamente junto ao registro civil onde o assento foi lavrado, mediante requerimento do seu titular ao oficial competente, a qual será inscrita no campo pertinente à observação da certidão seguida de frase objetiva que traga a informação de que o registrado também se identifica por (acrescer o substituto eleito) em virtude de pseudônimo/ apelido público notório ou nome vocatório, conforme o caso.

Permitir a inscrição do substitutivo de nome junto ao registro civil estar-se-á a reforçar o ideal de imutabilidade do nome, vez que este estará atribuindo a eficácia tal qual se dá em relação ao nome civil, permitindo que um fato da vida se submeta ao controle do registrador civil para o fim de se prevenir a formação de litígios, conferir oponibilidade erga omnes e garantir a segurança jurídica.

Vale ressaltar que em se tratando de registrado casado, haverá necessidade de se realizar a comunicação no registro de nascimento.

Em se tratando de averbação destinada à inscrição de apelido público notório o requerente deverá estar acompanhado ao menos de 02 (duas) testemunhas que corroborem de sua afirmação de notoriedade, bem como outros meios admitidos por lei que o atestem.

Já para utilização do pseudônimo, caberá ao interessado apresentar ao registrador, documentos que demonstrem a esfera jurídica ao qual vem sendo utilizado e que deseja exercer a tutela, como por exemplo, a autoria de livros e outras publicações.

No caso do nome vocatório, basta que o requerimento esteja acompanhado de uma via do registro de nascimento ou casamento do próprio titular que demonstrada a extensão do nome registral, justifique a sua utilização e indicar o modo como pretende que o mesmo seja averbado.

Por fim, o procedimento para averbação de substitutivo do nome deverá estar acompanhado de prévia consulta à Central de Informações do Registro Civil, devendo ser consignado na certidão negativa o código da consulta gerado (hash).

5. DA OBRIGATORIEDADE DE ENVIO DE COMUNICAÇÃO PELO REGISTRO CIVIL AO SIRC – LEI 8.212/91 E À CRC – PROVIMENTO Nº 46 CNJ

Em razão da capilaridade inerente ao registro civil das pessoas naturais aliada à segurança e confiabilidade das suas informações, sua base de dados é utilizada pelo governo para o desenvolvimento de diversos programas sociais, devendo, portanto, estar sempre atualizada.

Deste modo, diante das inúmeras modificações jurídicas vivenciadas pelas pessoas ao longo de suas vidas e que acabam por materializadas junto ao Registro Civil das Pessoas Naturais, resta por evidenciado o seu caráter essencial para a colaboração das políticas sociais que venham a corrigir distorções e conferir eficácia para as medidas de caráter público.

Assim, o procedimento administrativo destinado à averbação de substitutivos do nome junto ao nome registral, uma vez que passa a conferir tutela jurídica para situações que apenas eram experimentadas como fato social, demanda a atualização da informação por meio da Central de Informações de Registro Civil – CRC.

No que diz respeito à Central de Informações de Registro Civil, prevê este a obrigatoriedade de atualização dos registros, no prazo de 10 (dez) dias corridos, de qualquer alteração que venham a sofrer.

Já no que se refere à modificação introduzida à Lei 8.212/91 em seu artigo 68, implementada pela Lei Federal 13.846/2019 que previu o envio de informações referentes às anotações, averbações e retificações ao INSS por meio do SIRC, encontra-se com sua eficácia suspensa, dada a decisão administrativa, que possui caráter liminar, concedida pela Corregedoria Nacional de Justiça do CNJ junto ao Pedido de Providências – 0000272-86.2021.2.00.0000 protocolado pela Associação Nacional dos Registradores de Pessoas Naturais – Arpen Brasil.

6. CONCLUSÃO

Buscou-se pelo presente artigo científico demonstrar a importância do direito ao nome, bem como a necessidade de todo o ser em tê-lo e usá-lo como elemento indispensável para sua identificação tanto no meio social a qual pertence e quanto perante a sociedade de maneira geral.

Demonstrada a importância da sua utilização, partiu-se para o tema central deste artigo, que diz respeito à possibilidade de se atribuir efeitos jurídicos para os substitutivos do nome, vez que em muitos casos estes podem vir a possuir relevância na vida social do indivíduo tal qual o seu próprio nome registral, sendo de interesse do mesmo e da própria sociedade atrelá-lo ao registro público, a fim de tornar tal informação cognoscível e sujeita a atribuição de efeitos erga omnes.

O pseudônimo a despeito de conter expressa previsão legal no Código Civil acerca da sua proteção, tal qual se dá com o nome, fato é que na prática, o Registro Civil das Pessoas Naturais poderá contribuir ativamente na defesa desse direito, caso seja a vontade do titular.

Desta forma, uma vez vislumbrada que o mesmo venha adquirir eficácia erga omnes por meio da publicidade registral, poderá ser realizada a averbação junto ao registro civil.

Ressalte-se, que muito embora seja corriqueiro pensar que o mesmo tenha a finalidade de ocultação de identidade, o que poderia nos levar a crer ser verdadeiro contrassenso permitir a sua averbação, o pseudônimo pode ser utilizado para diversificar a identificação dentro de uma esfera especial, tão somente. Não há obrigatoriedade de sigilo se assim não o desejar, frise-se. Isto é, a revelação do ortônimo (pessoa que se oculta pelo pseudônimo) por meio da averbação no registro civil cabe exclusivamente ao seu titular, em manifestação da sua autonomia da vontade, configurando verdadeira lesão à direito fundamental que tal fato se dê por terceiros.

Na prática, estar-se-á aplicando ao pseudônimo o mesmo tratamento já conferido pela lei de registro ao nome abreviado utilizado como firma comercial, no artigo 57 § 1º, já que ambos os institutos têm por finalidade permitir a utilização comercial do nome.

Ainda, não prevê a lei qualquer regramento para sua criação e nenhuma delimitação quanto a um número possível de pseudônimos que uma pessoa poderia utilizar, de modo que reuni-los no registro civil garante a sua publicidade e segurança para todos que com ele contratarem, bem como ao seu titular que poderá dele se valer para impedir seu uso malicioso por terceiros.

No que se refere ao apelido público notório, busca-se a criação de regramento para facilitar a sua aplicação, a fim de impedir que por meio do mesmo se realize verdadeira modificação do nome registral, gerando insegurança para o ordenamento, para permitir que a mesma seja realizada tão somente por meio de averbação.

E quanto ao nome vocatório, como meio facilitador para a vida social do indivíduo, para se permitir que se atribua força jurídica ao instituto por meio de averbação.

Cabe destacar que a possibilidade de atribuição de eficácia *erga omnes* aos substitutivos do nome por meio de sua averbação no registro civil não inova o rol das hipóteses constantes do artigo 57 a Lei de Registros Públicos, ao contrário, reafirma o princípio da imutabilidade do nome, vez que o nome registral não estaria sofrendo qualquer modificação, mas mera atualização do registro civil, que estaria acompanhando a realidade de seu titular.

Em suma, os substitutivos do nome em que pese não recebam uma adequada regulação legislativa, no meio social há muito vem sendo utilizado, sendo que atrelá-lo ao nome registral, por meio da averbação, lhe permitirá atribuir tutela jurídica para aqueles que deles se utilizam, bem como garantir a atualidade do registro, vez que estará mais coerente com a realidade do indivíduo.

Segue, a partir do ensaio proposto no presente artigo, proposta de criação de provimento:

7. PROPOSTA DE CRIAÇÃO DE PROVIMENTO

Dispõe sobre a averbação de substitutivos do nome no Registro Civil de Pessoas Naturais.

Considerando o Pacto de San José da Costa Rica que prevê que toda a pessoa tem o direito ao nome, devendo a lei assegurar a todos o exercício desse direito, mediante nomes fictícios se for necessário (art. 18);

Considerando a cidadania e a dignidade da pessoa humana como fundamentos da República Federativa do Brasil (art. da CF);

Considerando a previsão constante no Código Civil que toda pessoa tem direito ao nome, nele incluído o prenome e o sobrenome (art. 16 CC);

Considerando a previsão constante no Código Civil que o pseudônimo utilizado para as atividades lícitas goza da mesma proteção conferida ao nome (art. 19 CC);

Considerando a função precípua do Registro Civil das Pessoas Naturais como repositório dos atos e fatos jurídicos que digam respeito às alterações da vida civil;

Considerando a competência do Registro Civil das Pessoas Naturais para averbação das alterações e abreviaturas de nomes (art. 29, § 1º, alínea "f" da Lei 6.015/73);

Considerando a possibilidade de averbação do nome abreviado utilizado como firma comercial (art. 57, § 1º, da Lei 6.015/73);

Considerando a possibilidade de substituição do nome por apelidos públicos notórios (art. 58 da Lei 6.015/73);

Considerando a obrigatoriedade de envio de dados pelo registrador civil ao SIRC – Lei 8.212/91 e

Considerando a obrigatoriedade da atualização de dados da Central de Informações do Registro Civil – CRC (Provimento 46 CNJ)

RESOLVE:

Art. 1º Dispor sobre a averbação de substitutivos do nome junto ao Registro Civil das Pessoas Naturais.

Art. 2º Toda pessoa maior de 18 anos poderá requerer diretamente ao Registro Civil em que se encontra inscrito a averbação do substitutivo do nome, entendendo-se este como: pseudônimo, apelido público notório e nome vocatório.

Art. 3º Para averbação de pseudônimo, necessário que seja utilizado para a prática de atividades lícitas, devendo, portanto, ser indicado atividade na qual será exercido para fins da proteção jurídica. A escolha do pseudônimo será livre, não devendo ser exigido qualificação registral no tocante ao nome eleito.

Art. 4º Para a averbação do apelido público notório, será necessário que o requerente esteja acompanhado ao menos de 02 (duas) testemunhas que atestem a notoriedade do apelido.

§ 1º Admite-se a utilização de outros meios de prova, desde que admitidos pelo direito, para fins de reconhecimento de notoriedade.

§ 2º O apelido adotado não poderá ferir a moral e os bons costumes.

§ 3º O apelido estará sujeito à qualificação registral no que se refere a vedação de nomes sujeitos a constrangimentos ou exposição ao ridículo.

§ 4º Vedada a inclusão do apelido antes do prenome ou entre o prenome o sobrenome, devendo o mesmo ser feitos tão somente por meio de averbação.

Art. 5º Para averbação do nome vocatório, será necessário apresentar certidão do registro civil em que se encontra registrado, bem como a presença de 02 (duas) testemunhas que atestem a informação acerca de como o titular de fato se tornou conhecido.

§ 1º Admite-se a utilização de outros meios de prova, desde que admitidos pelo direito, para fins de reconhecimento de necessidade/ utilidade.

§ 2 O apelido estará sujeito à qualificação registral no que se refere a vedação de nomes sujeitos a constrangimentos ou exposição ao ridículo.

Art. 6º Em se tratando de pessoas já casadas, será obrigatória a comunicação da averbação ao registro civil onde se encontra inscrito o nascimento.

Art. 7º Para toda e qualquer averbação de substitutivo do nome, será indispensável que seja anexado ao procedimento administrativo o resultado da consulta realizada junto à Central de Informações do Registro Civil, devendo ser consignado o código gerado (hash).

Art. 8º Os oficiais de registro civil deverão efetuar carga à Central de Informações do Registro Civil no tocante às averbações de substitutivos do nome no prazo de até 10 (dez) dias.

Art. 9º Os oficiais de registro civil deverão comunicar ao SIRC no prazo de até 01 (um) dia útil no tocante às averbações de substitutivos do nome.

Art. 10. As averbações decorrentes de substitutivos do nome deverão ser realizadas no campo pertinente às observações, informando tratar-se de pseudônimo, apelido público notório ou nome vocatório, além do nome o qual pretende atribuir força jurídica.

Art. 11. Em caso de suspeita de fraude, falsidade ou má-fé, deverá o registrador manifestar a sua recusa e encaminhar o processo para o juiz corregedor permanente.

Art. 12. Este provimento entra em vigor na data de sua publicação.

8. REFERÊNCIAS BIBLIOGRÁFICAS

ARAÚJO, Sthépanie Almeida. *Aspectos Natureza Jurídica do Nome Civil*. Disponível em: https://www.conteudojuridico.com.br/consulta/Artigos/50481/aspectos-e-natureza-juridica-do-nome-civil. Acesso em: 15 out. 2019.

BORGES, Roxana Cardoso Brasileiro. *Direitos da Personalidade e Autonomia Privada*. 2. ed. São Paulo: Saraiva, 2007.

BRANDELLI, Leonardo. *Nome Civil das Pessoas Naturais*. São Paulo: Saraiva, 2012.

CASSETARI, Christiano. *Elementos de Direito Civil*. 6. ed. São Paulo: Saraiva Educação, 2018.

CHAVES, Cristiano. *Sobre o nome*: A confusão entre apelido, hipocorístico, pseudônimo, heterônimo e a sua necessária proteção. Disponível em: https://meusitejuridico.editorajuspodivm.com.br/2018/08/24/sobre-o-nome-confusao-entre-apelido-hipocoristico-pseudonimo-heteronimo-e-sua-necessaria-protecao/. Acesso em: 12 dez. 2019.

FRANÇA, Rubens Limongi. *Do Nome Civil das Pessoas Naturais*. 3. ed. São Paulo: Ed. RT, 1975.

GOMES, Orlando. *Introdução ao Direito Civil*. 18. ed. Rio de Janeiro: Forense, 2001.

KÜMPEL, Vitor Frederico. *Tratado Notarial e Registral*. São Paulo: YK Editora, 2017. v. I.

LOUREIRO, Luiz Guilherme. *Registros Públicos*. Teoria e Prática. 8. ed. Salvador: Jus Podivm, 2017.

PEREIRA, Caio Mário da Silva. *Instituições de Direito Civil*. 19. ed. Rio de Janeiro: Forense, 2000. v. 1.

ROCHA, Rafael da Silva. Autonomia Privada e Direitos da Personalidade. Disponível em: https://www.jfrj.jus.br/revista-sjrj/artigo/autonomia-privada-e-direitos-da-personalidade-personality-rights-and-private. Acesso em: 15 out. 2019.

TARTUCE, Flávio. *Manual de Direito Civil*. 5. ed. São Paulo: Método, 2015.

VELOSO, Zeno Augustos Bastos. *Direito Civil*. Temas. Salvador: Editora Jus Podivm, 2018.

NOMES QUE CAUSAM CONSTRANGIMENTOS: POSSIBILIDADE DE ALTERAÇÃO ADMINISTRATIVA

Mariane Paes Gonçalves de Souza

Mestranda em História do Pensamento Jurídico pela FADIC – DAMAS. Especialista em Direito Civil e Processo Civil pela Faculdade Joaquim Nabuco em parceria com a Escola Superior de Advocacia de Pernambuco (2015). Especialista em Direito Notarial e Registral pela Faculdade Arthur Thomas (2016). Especialista em Direito e Mercado Imobiliário pelo Instituto Luiz Mário Moutinho em parceria com a FIS – Faculdade de Integração do Sertão (2021). Bacharela em Direito pela Universidade Católica de Pernambuco (2011). Oficiala de Registros e Tabeliã do Registro Civil das Pessoas Naturais e Notas do Município de Lagoa do Carro/PE. E-mail: marianepaesg@hotmail.com.

Resumo: O presente trabalho visa propor a tramitação de alteração de nomes constrangedores de forma administrativa, ou seja, através de Procedimento Administrativo diretamente nas Serventias Extrajudiciais de Registro Civil, servindo como sustentação ao crescente movimento de desjudicialização e desburocratização na busca de meios alternativos para solução de conflitos e preponderância da efetivação da dignidade humana.

Sumário: 1. Introdução – 2. Direito ao nome, direito a um nome e direito a pôr um nome; 2.1 Especificidades ao direito ao nome; 2.2 Especificidades ao Direito a pôr um Nome – 3. O princípio da imutabilidade do nome e nomes constrangedores; 3.1 O Princípio da imutabilidade do nome; 3.2 Possibilidades de alteração do nome civil da pessoa natural; 3.3 Enquadramento do nome supostamente constrangedor – 4. Possibilidade de alteração do nome constrangedor; 4.1 Admissibilidade de alteração pela via extrajudicial; 4.2 Procedimento – 5. Referências.

1. INTRODUÇÃO

Evidencia-se que a noção de nomear tudo e todos é bem remota, podendo observar até nas Escrituras Sagradas – Livro de Gênesis, Capítulo 2, versículos 19 e 20 – a necessidade de nomeação de cada ser vivo para que fosse precisa a sua identificação.

Colhe-se, deste modo, que a necessidade de identificação e individualização das pessoas sempre se mostrou imprescindível. Aliás, a palavra "nome" deriva do latim *nomem*, do verbo *noscere* ou *gnoscere* (conhecer ou ser conhecido). Em sentido amplo, significa a denominação ou a designação que é dada a cada coisa ou pessoa, "para que ela seja conhecida e reconhecida"[1].

Assim, é bastante elucidativo o conceito de nome civil apresentado por Nestor Duarte no Código Civil Comentado, sob a coordenação do Ministro Cezar Peluso, quando define o nome civil como principal elemento de identificação do ser humano,

---

1. BRUM, Jander Maurício. *Troca, modificação e retificação de nomes das pessoas naturais*: doutrina e jurisprudência. Rio de Janeiro: AIDE Editora, 2001. p. 19.

ou seja, "a designação pela qual se identificam e distinguem as pessoas naturais, nas relações concernentes ao aspecto civil de sua vida jurídica"[2].

Ainda sobre o tema "conceituação do nome civil", exsurge importante o ensinamento de Tereza Rodrigues Vieira:

> O tema recebeu uma preciosa abordagem por parte de Serpa Lopes, segundo o qual visa o nome ministrar o conjunto de elementos que permitem, de um lado, distinguir socialmente uma pessoa de outra; de outra parte, a sua fixação jurídica, quando necessária. Essa individualização é conseguida por meio do nome, correspondendo a uma necessidade de ordem pública, qual seja, a de impedir que uma pessoa com outra se confunda, e a facilitar a aplicação da lei, o exercício de direitos e o adimplemento de obrigações[3].

O nome, isto posto, é um conjunto de sinais que possui uma função de identificação e individualização do indivíduo em meio à sociedade e à família, desfrutando de uma dupla posição de direito público e privado em virtude da grandeza de seu alcance.

Apenas a título de curiosidade, cita-se um trecho do livro "Nome e Sexo – Mudanças no Registro Civil", cuja autora afirma a tardia regulamentação do nome civil no sistema registral brasileiro[4]. Desta forma, utilizava-se nos registros de nascimento apenas o primeiro nome do registrado, não possuindo, de forma escrita, a adoção do nome completo da criança e dos apelidos de família:

> No Brasil, até o surgimento do Regulamento 18.542, de 24.12.1928, a conceituação do nome possuía aspectos essencialmente doutrinários, por não haver obrigatoriedade de que no assento de nascimento ficasse constatado por inteiro. Antonio Macedo de Campos, valendo-se de seu próprio nome, para melhor elucidar, ensinava: "Escrevia-se apenas aos vinte de maio de mil novecentos e vinte e seis, nasceu o menino Antonio, filho de Antonio Campos e dona Evangelina Macedo de Campos"[5].

Não pode ficar no esquecimento, todavia, de pontuar a importância do nome na individualização e identificação do seu portador, acarretando segurança jurídica para a sociedade que consegue identificar precisamente o sujeito de um ato.

Além do mais, acrescenta-se que Leonardo Brandelli pontuou como funções secundárias do nome "a indicação de filiação, estado, sexo, nacionalidade e relevância na personalidade"[6].

Isto posto, evidencia-se que o nome civil da pessoa física não possui apenas um condão de direito privado, com a individualização do portador em seu seio familiar ou nas relações entre particulares. Existe também um viés público na função do nome,

---

2. PELUSO, Cezar (Coord.). *Código Civil comentado*: doutrina e jurisprudência. Lei n. 10.406, de 10.01.2002. 9. ed. Barueri: Manole, 2015. p. 31.
3. VIEIRA, Tereza Rodrigues. *Nome e Sexo*: Mudanças no Registro Civil. 2. ed. São Paulo: Atlas, 2012. p. 8.
4. VIEIRA, Tereza Rodrigues. *Nome e Sexo*: Mudanças no Registro Civil. 2. ed. São Paulo: Atlas, 2012. p. 7.
5. VIEIRA, Tereza Rodrigues. *Nome e Sexo*: Mudanças no Registro Civil. 2. ed. São Paulo: Atlas, 2012. p. 7.
6. BRANDELLI, Leonardo. *Nome civil da pessoa natural*. São Paulo: Saraiva, 2012. p. 103.

pois permite ao Estado identificar cada administrado e lhe imputar penas, sanções ou até a cobrança de impostos.

R. Limongi França, neste ponto, bem define o viés de direito público e privado do nome, pois é possível encontrar no nome civil a característica da "estabilidade e segurança dos nomes o principal meio de identidade dos seus administrados, o que lhe é indispensável para os fins da tributação, da prestação do serviço militar, da administração da justiça penal etc."[7]; por outro lado, também é possível verificar a importância na proteção do nome no "regular exercício dos direitos particulares e ao cumprimento das respectivas obrigações"[8].

Neste tom, verifica-se que o nome civil das pessoas naturais é de suma importância à família, à sociedade e ao Estado, sendo o conjunto de sinais que possibilitam a identificação e caracterização de cada indivíduo, acarretando e impondo direitos e deveres.

Desta forma, superada a elucidação da conceituação e caracterização das funções do nome civil, passa-se a expor e defender a possibilidade de alteração do nome civil constrangedor da pessoa natural de forma administrativa, fundamentado no princípio da dignidade da pessoa natural.

Discutir tal problemática consiste em consubstanciar e proporcionar o debate do crescente movimento de desjudicialização, crescente nos Tribunais brasileiros, combinado com a opção de assegurar a efetivação do princípio da dignidade da pessoa humana.

O método dedutivo será utilizado nesta pesquisa, apoiando-se em pesquisas bibliográficas na doutrina nacional, no estudo das legislações sobre o tema, bem como na análise comparativa de Provimentos editados pelo CNJ – Conselho Nacional de Justiça.

Para tanto, a exposição será dividida em três partes. Na primeira, será estudada a problemática do direito ao nome, direito a um nome e direito a pôr um nome, bem como algumas particularidades ligadas ao exercício de tais direitos.

Na segunda parte, será exposto o princípio da imutabilidade do nome, focando na possibilidade de alteração do nome civil natural supostamente constrangedor. Por fim, na terceira parte, será exposta a possibilidade de alteração do nome supostamente constrangedor, sugerindo a admissibilidade pela via extrajudicial e os procedimentos cabíveis.

2. DIREITO AO NOME, DIREITO A UM NOME E DIREITO A PÔR UM NOME

Existe uma diferença de cunho conceitual e doutrinário no direito ao nome, direito a um nome e direito a pôr um nome. Tais conceitos foram propostos por

---

7. FRANÇA, Rubens Limongi. *Do Nome Civil das Pessoas Naturais*. 3. ed. rev. São Paulo: Ed. RT, 1975. p. 23.
8. FRANÇA, Rubens Limongi. *Do Nome Civil das Pessoas Naturais*. 3. ed. rev. São Paulo: Ed. RT, 1975. p. 23.

Adriano Cupis, como bem informa Leonardo Brandelli, "sem, contudo, desenvolver com maior fôlego tal distinção"[9]; ocorre que esta discussão se faz necessária para o entendimento de algumas consequências no exercício de tais direitos. Assim, passa-se a expor cada um desses direitos.

O direito ao nome é tratado, no ordenamento pátrio, como direito genérico e fundamental, decorrente do direito da personalidade atribuído ao próprio portador do nome. A conclusão de que se trata de direito da personalidade é a inserção do artigo 16 no Capítulo II, do Código Civil, referente aos direitos da personalidade. Segundo tal dispositivo, "toda pessoa tem direito ao nome, nele compreendidos o prenome e o sobrenome".

Ora, direito ao nome nada mais é do que "o direito que a pessoa tem de identificar-se através do signo chamado nome, cuja formação dar-se-á através das normas consignadas pelo ordenamento jurídico"[10].

Ou seja, trata-se de um direito fundamental, ínsito a todos os homens, pois permite a individualização da pessoa, "permitindo que alguém se refira a outrem de maneira única e inconfundível"[11], atribuindo e impondo deveres e direitos.

Já o direito a um nome é posterior ao direito ao nome e se liga a ideia do direito a um determinado nome que se concretiza, via de regra, através do assento de nascimento no Registro Público competente.

R. Limongi França preconiza que:

Já o direito a um nome é o direito sôbre certo e determinado nome, é o direito sôbre aquêle nome especial, definido através do registro civil, e cujo enunciado é a expressão particular e, em princípio, obrigatória, da personalidade do sujeito[12].

Todavia, há de salientar os casos de aquisição de nome de forma superveniente, para depois da lavratura do assento de nascimento, como, por exemplo, nos casos de casamento, união estável, reconhecimento de paternidade, em que o direito ao uso ao nome existe independentemente do registro no assento das Serventias Extrajudiciais. Entretanto, R. Limongi França defende a necessidade de inscrição do nome no Registro Civil das Pessoas Naturais para que seja factível a imposição de direitos contra terceiros[13].

O direito de pôr o nome, segundo Leonardo Brandelli, é o "direito que tem determinada pessoa de atribuir determinado nome a outra pessoa"[14]. Assim, o direito de pôr o nome é conferido àquelas pessoas que têm o direito/dever de providenciar o assento de nascimento junto ao Registro Público competente e, por consequência,

---

9. BRANDELLI, Leonardo. *Nome civil da pessoa natural*. São Paulo: Saraiva, 2012. p. 33.
10. BRANDELLI, Leonardo. *Nome civil da pessoa natural*. São Paulo: Saraiva, 2012. p. 33.
11. BRANDELLI, Leonardo. *Nome civil da pessoa natural*. São Paulo: Saraiva, 2012. p. 33.
12. FRANÇA, Rubens Limongi. *Do Nome Civil das Pessoas Naturais*. 3. ed. rev. São Paulo: Ed. RT, 1975. p. 177.
13. FRANÇA, Rubens Limongi. *Do Nome Civil das Pessoas Naturais*. 3. ed. rev. São Paulo: Ed. RT, 1975. p. 216.
14. BRANDELLI, Leonardo. *Nome civil da pessoa natural*. São Paulo: Saraiva, 2012. p. 35.

tendo a imputação de informar o nome que será posto no registrando, uma vez que o nome civil constitui elemento essencial de tal assento.

Desta feita, o direito de pôr um nome em determinada pessoa é transferido às pessoas que estão obrigadas a declarar o nascimento e realizar o assento de registro, conforme determina a lista do art. 52 da Lei de Registros Públicos (Lei 6.015/1973) que, em regra, não são os próprios titulares do direito ao nome.

Por fim, o direito de tomar o nome é aquela faculdade de "pôr a si mesmo certo nome, havendo no caso identidade de sujeitos ativo e passivo"[15].

2.1 Especificidades ao direito ao nome

Assinala-se, sem adentrar de forma detalhada no tema das diversas correntes que discorrem sobre a natureza jurídica do nome civil da pessoa natural, a qual diversos autores e doutrinadores já escreveram a seu respeito, que houve uma evolução histórica até que se pudesse concluir que a natureza jurídica do direito ao nome está ligada aos direitos da personalidade, passando pela teoria do direito de propriedade, teoria da propriedade imaterial, teoria negativista e teoria da polícia civil.

Ocorre que, em decorrência do direito ao nome ter a natureza jurídica de direito da personalidade, que compreende aspectos públicos e privados, lhe são atribuídos alguns princípios: inalienabilidade, inacessibilidade, intransmissibilidade a herdeiros, inexpropriabilidade, inestimabilidade pecuniária, irrenunciabilidade, imutabilidade, imprescritibilidade e exclusividade.

A inalienabilidade correlaciona-se com a impossibilidade de transmissão do direito ao nome, seja a título gratuito ou oneroso. Tal característica decorre da própria essência do instituto do nome como direito da personalidade, dada a imposição do art. 11 do Código Civil (Lei 10.406/2002).

Leonardo Brandelli, por seu turno, estabelece uma ligação da inalienabilidade com a própria dignidade humana, afirmando que a permissão da alienação do direito ao nome feriria a identificação e a individualização do sujeito, transformando o nome em um

> elemento instável da personalidade, em flagrante contradição com o objetivo principal de sua instituição. A dignidade humana exige a identificação e individualização da pessoa, como ser exclusivo que é, com respeito as suas crenças e necessidades, com respeito a sua personalidade, a qual é identificada e jungida ao nome[16].

Assim, afirmado a impossibilidade de alienação do direito ao nome, logo poder-se-ia pensar na possibilidade de cessão, o que é igualmente impossível diante da possibilidade de confusão de identidades e insegurança jurídica, surgindo a inacessibilidade do nome.

---

15. BRANDELLI, Leonardo. *Nome civil da pessoa natural*. São Paulo: Saraiva, 2012. p. 36.
16. BRANDELLI, Leonardo. *Nome civil da pessoa natural*. São Paulo: Saraiva, 2012. p. 67.

A inacessibilidade do nome, todavia, não pode ser confundida com a tolerância da utilização do nome geralmente para fins publicitários.

Neste sentido, Brandelli destrincha e diferencia a inacessibilidade da mera tolerância ao uso do nome, a saber:

> Em tal caso, não é signo denominativo da pessoa o objeto do negócio, posto que não foi cedido, nem sequer temporariamente, nem se limitou de alguma forma a plenitude da função individualizadora própria que esse nome cumpre, nem se o transferiu, de modo que não houve um desgaste jurídico da suposta "coisa cedida" – o nome. O negócio se reduz a uma promessa bilateral e geralmente onerosa (embora possa ser gratuita) de tolerar um fato ao qual o interessado poderia opor-se e mover as ações legais de proteção do seu nome, ou de sua personalidade; renuncia, assim, de forma temporária e condicionada, ao exercício de um direito potestativo de acionar a quem lhe cause uma lesão jurídica, já que, diante da autorização para o uso do nome, lesão não há[17].

Sob o mesmo fundamento explanado para apontar e respaldar a inalienabilidade e a inacessibilidade do nome, indica-se a intransmissibilidade a herdeiros ao direito ao nome que dar-se-á por direito próprio do indivíduo, mesmo nos casos decorrentes do direito ao nome de família. Ou seja, ao nascer o ser humano recebe o direito próprio, decorrente da sua própria personalidade de adquirir os nomes de família a qual pertence, "por uma imposição de ordem pública e por uma determinação da personalidade humana, consistente em identificar a qual família pertence o recém-nascido"[18].

De igual forma, por afrontar diretamente a segurança jurídica e a dignidade da pessoa humana, bem como a necessidade de afastar qualquer confusão de identidades, torna-se necessário pontuar a característica da inexpropriabilidade do direito ao nome, a qual "ninguém, nem mesmo o Estado, ainda mesmo por discutíveis razões de interesse público, pode tirar de um indivíduo o nome que lhe diz respeito, o que implicaria em desfigurar-lhe a própria personalidade"[19].

A inestimabilidade pecuniária do direito ao nome é uma característica que decorre do fundamento do nome ser um bem imaterial, insuscetível de quantificação e estimação em dinheiro. Todavia, "a priori o nome não tenha um valor pecuniário, não significa isso que uma afronta a ele não poderá ser indenizada"[20].

Já o respaldo jurídico da irrenunciabilidade do nome decorre por razões de ordem privada e pública. Sob o prisma de direito privado, "não é possível que o indivíduo se dispa da sua identidade assumindo outra"[21]. Já sob o prisma do direito público, "há o interesse estatal na manutenção do signo identificador de seus integrantes, há uma imposição de ordem pública, fruto das necessidades existenciais de identificação"[22].

---

17. BRANDELLI, Leonardo. *Nome civil da pessoa natural*. São Paulo: Saraiva, 2012. p. 69.
18. BRANDELLI, Leonardo. *Nome civil da pessoa natural*. São Paulo: Saraiva, 2012. p. 71.
19. FRANÇA, Rubens Limongi. *Do Nome Civil das Pessoas Naturais*. 3. ed. rev. São Paulo: Ed. RT, 1975. p. 186.
20. BRANDELLI, Leonardo. *Nome civil da pessoa natural*. São Paulo: Saraiva, 2012. p. 73.
21. BRANDELLI, Leonardo. *Nome civil da pessoa natural*. São Paulo: Saraiva, 2012. p. 73.
22. BRANDELLI, Leonardo. *Nome civil da pessoa natural*. São Paulo: Saraiva, 2012. p. 73.

Deste modo, não pode o sujeito renunciar ao direito ao nome. Todavia, devem ser excepcionados os casos de alteração do nome, desde que legalmente fundamentados em virtude da própria lei, como, por exemplo, nos casos de transexual, adoção, nomes constrangedores e outros.

A imprescritibilidade do nome liga-se à característica de que o direito ao nome "não se perde pelo desuso e não se adquire em virtude de posse"[23]; o direito ao nome é um direito inato do sujeito e o direito ao sobrenome advém do indivíduo pertencer à determinada família.

R. Limongi França expõe de forma clara a diferença da imprescritibilidade do prenome e do nome de família:

> A nosso ver, a despeito de algumas decisões dos tribunais franceses, em que se fala de uma prescrição secular, a imprescritibilidade do nome se impõe como decorrência do fato de ser um direito da personalidade da família amplamente considerada. É um marco distintivo de sua identidade, e o indivíduo como parte da respectiva estirpe, tem o direito de reclamá-lo a qualquer tempo, observadas as disposições legais sôbre a mudança de nome; do mesmo modo que não é dado a outrem confundir essa identidade, imiscuindo-se nela sem o direito correspondente. Assim como o nome individual adere a personalidade de cada um, o patronímico se amalgama com a família ou a estirpe, tornando-se imprescritível como a própria identidade que exprime[24].

Já o princípio da exclusividade do nome permite afirmar que o nome identifica de maneira particular cada sujeito, podendo ser exercido e oponível a terceiros. Todavia ressalta-se que "a exclusividade do nome não quer significar que duas pessoas não possam ter nomes iguais, mas, sim, que cada nome identifica de maneira única determinada personalidade. O significante pode ser o mesmo, mas o significado é único"[25].

Em derradeiro, assinala-se que o princípio da imutabilidade do nome civil amarra-se à predominância do caráter público que se dá ao nome e sua influência nas relações da vida social, seja nas relações entre particulares ou com o próprio Estado, o qual disciplina que o nome, compreendido como prenome e/ou sobrenome, é inalterável, salvo os casos previstos em lei.

Tal princípio encontra-se estampado no *caput* do art. 58 da Lei de Registros Públicos (Lei 6.015/1973) e diante da relevância e contraposição ao tema exposto, propicia-se um maior detalhamento adiante.

2.2 Especificidades ao Direito a pôr um Nome

Neste ponto, cabe destacar algumas particularidades quanto ao direito a pôr um nome, seja discorrendo sobre a legitimidade daqueles que são obrigados a realizar o assento, seja quanto às limitações ao exercício deste direito.

---

23. FRANÇA, Rubens Limongi. *Do Nome Civil das Pessoas Naturais*. 3. ed. rev. São Paulo: Ed. RT, 1975. p. 182.
24. FRANÇA, Rubens Limongi. *Do Nome Civil das Pessoas Naturais*. 3. ed. rev. São Paulo: Ed. RT, 1975. p. 182.
25. BRANDELLI, Leonardo. *Nome civil da pessoa natural*. São Paulo: Saraiva, 2012. p. 82.

Em primordial, verifica-se que a titularidade do direito a pôr um nome decorre, por consequência lógica, dos exercícios do pátrio poder familiar, sendo encargo dos pais a escolha do nome dos filhos.

Todavia, R. Limongi França (1975, p. 209) assevera uma observação pertinente quando do exercício da titularidade do direito de pôr o nome que pode ser posto por uma pessoa que não necessariamente detenha em conjunto o pátrio poder. Colaciona-se:

> Como se vê, dêsse modo, não seria difícil que uma criança viesse a ter nome diferente daquele que fôra da vontade dos pais, pois bastaria o impedimento de ambos (§ 3°) para que ao parente mais próximo coubesse o direito de lhe dar o nome, o que não nos parece justo. Mais razoável seria se a lei tivesse estabelecido que o direito de pôr o nome, em princípio, compete ao detentor do pátrio poder, devendo as demais pessoas as quais, no seu impedimento, incumbe fazer o registro, funcionar como meros procuradores. O direito de pôr o nome só passaria a essas pessoas, pela ordem enumerada na lei, no caso em que o detentor do pátrio poder viesse a faltar[26].

Portanto, aquele que não detinha, em primordial, o pátrio poder sobre aquela criança pode exercer o direito a pôr um nome, que só poderá ser desconstituído pela via judicial, ante a falta de previsão para a modificação de nomes de forma administrativa.

Neste mesmo tom, verifica-se a hipótese do art. 55 da Lei de Registros Públicos (Lei 6.015/1973) que impõe aos Oficiais de Registro o encargo de lançar após o prenome escolhido, os apelidos de família dos pais (em conjunto ou isoladamente), desde que não tenha sido apontado o inteiro nome que deseja pôr no registrando. R. Limongi França pontua que "na verdade, aí está reconhecido ao oficial um direito limitado, que, ao mesmo tempo, é uma obrigação de completar o nome do registrando [...]"[27].

Constata-se, na mesma linha de divergência de titularidade do direito a pôr um nome daqueles que inicialmente detinham o pátrio poder, os casos de expostos (art. 61 da Lei de Registros Públicos – Lei 6.015/1973) e menores abandonados (art. 62 da Lei de Registros Públicos – Lei 6.015/1973).

Assim, o assento de registro dos expostos é lavrado de acordo com as declarações que os estabelecimentos de caridade, as autoridades ou os particulares comunicarem ao Oficial de Registro competente, enquanto os casos de menores abandonados são realizados de acordo com os elementos e declarações que dispuser o juiz de menores a quem estiver sujeito.

Já a limitação do próprio direito a pôr um nome ocorre nos casos em que o direito subjetivo daquele que tem legitimidade de atribuir um nome sofre restrição decorrente de dispositivo legal.

Pode-se indicar, inicialmente, a impossibilidade de atribuir o mesmo prenome aos irmãos (gêmeos ou não) ou a necessidade de inscrição com duplo prenome ou

---

26. FRANÇA, Rubens Limongi. *Do Nome Civil das Pessoas Naturais*. 3. ed. rev. São Paulo: Ed. RT, 1975. p. 209.
27. FRANÇA, Rubens Limongi. *Do Nome Civil das Pessoas Naturais*. 3. ed. rev. São Paulo: Ed. RT, 1975. p. 210.

nome completo diverso; esta, senão, é a imposição do art. 63 da Lei de Registros Públicos (Lei 6.015/1973).

Sem embargo do exposto, R. Limongi França destaca um importante efeito decorrente da aplicação do art. 63 da Lei 6.015/1973, que, por seu turno, vai de encontro a alguns princípios e diretrizes da própria função do nome:

> Com efeito, a lei atual, no caso de se preferir, à alteração da duplicidade, a do nome completo diverso, leva a vários inconvenientes. O primeiro é o da possibilidade de existirem dois irmãos com o mesmo nome individual. O segundo, decorrente deste, é o de irmãos terem patronímicos diversos. E, finalmente, terceiro, é o da necessidade em certos casos de se distinguirem os indivíduos, dentro de uma mesma família, pelo patronímico e não pelo nome individual, o que, sem dúvida, atenta contra a própria natureza dos elementos do nome. Quanto à segunda parte, não é ela mais que uma aplicação da primeira, cujas determinações se estendem também a irmãos de idade diversa. Embora a lei não o diga expressamente, é bem de ver, aplicam-se igualmente no caso de morte anterior de um ou mais irmãos com prenome igual. Com isso, apesar dos defeitos da orientação consagrada, se evitarão confusões, cujo inconveniente os autores já têm apontado[28].

Por fim, também considera-se uma limitação ao direito a pôr um nome à disposição da Lei de Registros Públicos (Lei 6.015/1973) no artigo 55, parágrafo único, o qual impõe aos registradores civis a obrigatoriedade de analisar e afastar do assento de nascimento aqueles nomes que, porventura, possam causar qualquer constrangimento ao seu portador, limitação esta que será aprofundada.

3. O PRINCÍPIO DA IMUTABILIDADE DO NOME E NOMES CONSTRANGEDORES

Afirmou-se que um dos princípios basilares do direito ao nome consiste em sua imutabilidade, diante do imperativo caráter público do mesmo. Ocorre que, em algumas situações, o princípio da imutabilidade pode conflitar diretamente com o princípio de proteção da dignidade da pessoa humana e restará reconhecida a necessidade de o princípio da imutabilidade do nome ceder.

Tais situações ocorrem em determinados casos concretos e de forma pontual, não sendo possível admitir a redução de que sempre o princípio da imutabilidade do nome cederá ou qualquer forma de diminuição da característica deste princípio. Ademais, tais casos apenas comportam valoração diante de cada caso concreto para que seja plausível a ponderação de valores em conflito.

Neste tom, adiante serão aclaradas algumas situações para a compreensão do tema proposto: a admissibilidade de procedimentos administrativos de alteração do nome.

---

28. FRANÇA, Rubens Limongi. *Do Nome Civil das Pessoas Naturais*. 3. ed. rev. São Paulo: Ed. RT, 1975. p. 245.

3.1 O Princípio da imutabilidade do nome

O princípio da imutabilidade do nome civil decorre do "caráter público do direito ao nome, o qual consiste no interesse social de ver seus membros identificados e individualizados"[29].

Nesta linha de raciocínio, José Roberto Neves Amorim e Vanda Lúcia Cintra Amorim destrincham que o nome está diretamente ligado à identidade da pessoa e a sua modificação poderia acarretar prejuízos à identificação do próprio indivíduo e "eventuais alterações ou mudanças poderiam acarretar problemas das mais variadas naturezas, desde o reconhecimento pessoal até o social"[30].

Contudo, o direito ao nome também ventila o seu caráter privado que "vê neste um direito da personalidade, norteado pela dignidade humana"[31].

Sintetizando a exposição da colisão de valores ventilados pelas funções do nome, cita-se a lição do Ministro Ruy Rosado de Aguiar mencionada por Brandelli:

> São dois os valores em colisão: de um lado, o interesse público de imutabilidade do nome pelo qual a pessoa se relaciona na vida civil; de outro, o direito da pessoa de portar o nome que não exponha a constrangimentos e corresponda à sua responsabilidade familiar. Para atender a este, que parece prevalente, a doutrina e a jurisprudência têm liberalizado a interpretação do princípio da imutabilidade, já fragilizado pela própria lei, a fim de permitir, mesmo depois do prazo de um ano subsequente à maioridade, a alteração posterior do nome, desde que daí não decorra prejuízo grave ao interesse público, que o princípio da imutabilidade preserva (STJ, 2° Secção, Resp. 220.059, rel. Min. Ruy Rosado de Aguiar, j. 22.11.2000)[32].

Desta feita, é solar a conclusão da relatividade do princípio da imutabilidade do nome civil em atenção à primazia do princípio da dignidade humana, desde que os valores carregados pela utilização do nome entrem em colisão. Sendo possível, por conseguinte, a alteração do nome civil de forma excepcional, de modo justificado e não ao bel-prazer do registrado, "não vedadas pelo interesse público"[33].

Para finalizar o estudo do princípio da imutabilidade do nome civil, remete-se ao trabalho de José Roberto Neves Amorim e Vanda Lúcia Cintra Amorim, citando Serpa Lopes na tarefa de diferenciação dos institutos de retificação, com mudança e alteração do prenome:

> Não se deve confundir a retificação do prenome com a mudança de prenome, nem mesmo com uma alteração propriamente dita. Na mudança, substitui-se, na alteração, modifica-se o que era certo e definitivo, sem qualquer eiva de erro. Na retificação, ao contrário, reajusta-se o prenome ao seu sentido e forma verdadeiros, harmonizando-se com a realidade da qual, por qualquer circunstância, se encontra afastado. Na retificação, cogita-se de corrigir

---

29. BRANDELLI, Leonardo. *Nome civil da pessoa natural*. São Paulo: Saraiva, 2012. p. 153.
30. AMORIM, José Roberto Neves; AMORIM, Vanda Lúcia Cintra. *Direito ao nome da pessoa física*. 2. ed. Rio de Janeiro: Elsevier, 2010. p. 32.
31. BRANDELLI, Leonardo. *Nome civil da pessoa natural*. São Paulo: Saraiva, 2012. p. 153.
32. BRANDELLI, Leonardo. *Nome civil da pessoa natural*. São Paulo: Saraiva, 2012. p. 153.
33. BRANDELLI, Leonardo. *Nome civil da pessoa natural*. São Paulo: Saraiva, 2012. p. 154.

NOMES QUE CAUSAM CONSTRANGIMENTOS: POSSIBILIDADE DE ALTERAÇÃO ADMINISTRATIVA

erros ou reparar omissões, cometidos na redação do ato de nascimento, não se mudando um nome por outro, senão restaurando o nome verdadeiro, com eliminação das alterações ou omissões havidas[34].

A diferenciação dos institutos de retificação, com mudança e alteração do prenome, carrega essencial importância na aplicação dos casos concretos em que a primeira certidão entregue à parte diverge do constante no assento de registro ou nos casos de transgênero ou quando o registrado deseja mudar seu nome na forma do art. 56 da Lei de Registros Públicos (Lei 6.015/1973).

3.2 Possibilidades de alteração do nome civil da pessoa natural

Advém destacar que o princípio da imutabilidade do nome é a regra do ordenamento jurídico brasileiro. Todavia, existem casos em que a alteração do nome se faz necessária para que seja plausível a proteção da dignidade da pessoa natural.

Destrinchando o afirmado, conclui-se que o princípio da imutabilidade do nome não pode ser entendido como de caráter absoluto, não comportando qualquer exceção. Assim, o nome pode ser modificado desde que haja alguma razão jurídica para tanto.

Desta feita, verificando a ocorrência fática de algum evento ensejador da expectativa da alteração do nome, nasce o direito subjetivo da possibilidade de alterar o nome, podendo ser causa de: a) alteração de prenome e nome de família; b) alteração apenas do prenome, mantendo intactos os nomes de família; ou c) alteração do nome de família, seja em casos de supressão ou acréscimo.

São casos de possibilidade de alteração do prenome e do nome de família: nome posto por quem não tinha direito de o fazer; descoberta do verdadeiro nome; confusão de homônimos; uso de nome diverso; adoção; coação ou ameaça decorrente da colaboração na apuração de crime.

São casos de possibilidade de alteração exclusiva do prenome: prenome ridículo (constrangedor); mudança de sexo ou reconhecimento de sexo diverso; tradução de nome estrangeiro; apelido notório.

Por fim, são casos de possibilidade de alteração exclusiva do nome de família: casamento; união estável; divórcio; separação; nulidade ou anulação de casamento; reconhecimento de filho.

O presente trabalho, contudo, não visa esmiuçar todas as possibilidades de alteração do nome civil da pessoa física, haja vista a extensão de casos ensejadores de expectativas de mudança, mas apenas estreitar e delimitar os casos ensejadores de alteração do nome decorrentes de nomes constrangedores.

---

34. AMORIM, José Roberto Neves; AMORIM, Vanda Lúcia Cintra. *Direito ao nome da pessoa física*. 2. ed. Rio de Janeiro: Elsevier, 2010. p. 32.

3.3 Enquadramento do nome supostamente constrangedor

O enquadramento do que seja ou não constrangedor para um indivíduo pode resultar da soma de alguns fatores, como classe social, cultura, crença, entre outros, levando em consideração um sentimento íntimo e subjetivo do próprio sujeito.

Destarte, conclui-se que a palavra "ridículo" é um termo aberto, um conceito que possibilita "várias gradações de cunho axiológico que deverão ser ponderadas"[35], devendo levar em consideração o caráter subjetivo do sujeito.

No entanto, José Roberto Neves Amorim e Vanda Lúcia Cintra Amorim definem o conceito de "ridículo" levando em consideração o entendimento do homem médio, sendo classificado como nome suscetível de expor ao ridículo "aquele que expõe a pessoa ao escárnio, à zombaria, ao vexame, ao riso e ao sarcasmo, trazendo o constrangimento, a vergonha e, até mesmo, o isolamento"[36].

Isto posto, aponta-se que embora exista a limitação legal do direito a pôr um nome aos casos de exercício com prenomes suscetíveis de expor ao ridículo os seus portadores desde a vigência do Decreto 4.857, de 9 de novembro de 1939 (revogado pela Lei 6.015/1973), constata-se, na realidade, o consentimento no registro de prenomes que, claramente, expõem os seus portadores a situações constrangedoras e de encontro aos bons costumes.

Existem diversas pesquisas e estudos que correlacionam listas de nomes estranhos, os quais causam algum constrangimento ou que, pelo menos, possuem potencial para tanto devidamente registrados no Brasil. São nomes que podem ser vexatórios ou apenas impronunciáveis na língua portuguesa, como, por exemplo: Jhaesneanflayquisheideix Alves da Silva, Amazonas Rio do Brasil Pimpão, Benigna Jarra, Bom Filho Persegonha ou Capote Valente e Marimbondo da Trindade[37].

Em tais casos é possível observar a existência do direito a um nome, pois tal signo lhe foi atribuído quando da lavratura do assento de nascimento; todavia, o indivíduo portador do nome não se reconhece como sujeito daquele signo, muitas vezes repudiando o nome.

Em consequência da lavratura do assento de nascimento com nomes que possuem potencial para expor a situações vexatórias, nasce, para o portador do nome, um direito subjetivo de alteração do nome, relativizando o princípio da imutabilidade do nome civil em homenagem ao princípio da dignidade da pessoa humana.

Neste ponto, entretanto, verifica-se que a hipótese de alteração de prenome com fundamento em situações vexatórias ou nomes ridículos não está regulamentada

---

35. VIEIRA, Tereza Rodrigues. *Nome e Sexo*: Mudanças no Registro Civil. 2. ed. São Paulo: Atlas, 2012. p. 80.
36. AMORIM, José Roberto Neves; AMORIM, Vanda Lúcia Cintra. *Direito ao nome da pessoa física*. 2. ed. Rio de Janeiro: Elsevier, 2010. p. 58.
37. DIAS, Luciano. *Nomes Mais Estranhos Registrados nos Cartórios do Brasil*. 2015. Disponível em: https://imirante.com/namira/sao-luis/noticias/2015/05/21/nomes-mais-estranhos-registrados-nos-cartorios-do--brasil.shtml. Acesso em: 15 dez. 2019.

na Lei de Registros Públicos entre os arts. 56, 57 ou 58. O que existe é apenas uma limitação ao direito a pôr um nome suscetível de expor ao ridículo o seu portador (art. 55, parágrafo único, da Lei 6.015/1973).

Ocorre que a possibilidade de alteração do nome com fundamento em situações constrangedoras e vexatórias por seu titular é pacífica na doutrina e na jurisprudência pátrias.

Tereza Rodrigues Vieira, defendendo a relativização do princípio da imutabilidade do nome, dispõe que se o "prenome incomoda a pessoa, ela não deveria ter que suportá-lo pelo resto de sua vida, apenas para agradar os pais"[38], devendo o Judiciário socorrer tais indivíduos, pois "se a pessoa a ele recorre é porque o nome lhe causa razoável desconforto, contribuindo para o ostracismo e baixa autoestima do seu detentor. O tempo e o lugar podem tornar um nome incompatível com os padrões sociais"[39].

Já Leonardo Brandelli pondera que não apenas aqueles nomes que já trazem a conotação de ridículo podem ser abraçados pela possibilidade de alteração do nome, mas também devem ser lembrados aqueles casos em que o nome, em certo momento, adquiriu este *status* por algum motivo[40].

Corroborando com os casos de superveniência de situação constrangedora para o portador do prenome, em que o nome se tornou constrangedor após o ato de lavratura de registro, apresenta-se passagem de R. Limongi França, citando o voto do então Desembargador Seabra Fagundes na apelação 1.068 do Tribunal de Justiça do Rio Grande do Norte:

> Na espécie argui-se a inaplicabilidade dos textos citados, porque o prenome dado a registro não era ridículo em si mesmo, no momento de efetuar-se o ato. O oficial não poderia impugná-lo sob tal motivo, e, consequentemente, o interessado não poderia, alegando que impugnado não fora (pois não o poderia ser), pedir-lhe a substituição. Aqui, porém, interfere a interpretação construtiva, inferindo do princípio da mutabilidade do prenome ridículo, consequências menos restritas que as ensejadas pela exegese literal. De certo, os dispositivos citados, se entendidos a letra, pressupõem que o motivo preexista no registro, mas o seu espírito é permitir a substituição sempre que o nome, em si, possa expor o indivíduo a chacota, a zombarias, enfim, aos vexames do ridículo [...][41].

Por fim, discorre-se sobre a impossibilidade da lavratura de assento de nascimento que contenha nome suscetíveis de causar constrangimento ou situação vexatória, como limitação ao direito a pôr um nome por disposição da Lei de Registros Públicos (Lei 6.015/1973) no artigo 55, parágrafo único, que determina aos registradores civis a obrigatoriedade de analisar e afastar do assento de nascimento aqueles nomes que, porventura, possam causar qualquer constrangimento ao seu portador.

---

38. VIEIRA, Tereza Rodrigues. *Nome e Sexo*: Mudanças no Registro Civil. 2. ed. São Paulo: Atlas, 2012. p. 85.
39. VIEIRA, Tereza Rodrigues. *Nome e Sexo*: Mudanças no Registro Civil. 2. ed. São Paulo: Atlas, 2012. p. 85.
40. BRANDELLI, Leonardo. *Nome civil da pessoa natural*. São Paulo: Saraiva, 2012. p. 162.
41. FRANÇA, Rubens Limongi. *Do Nome Civil das Pessoas Naturais*. 3. ed. rev. São Paulo: Ed. RT, 1975. p. 283.

Todavia, a negativa de registro do assento de nascimento fundamentada na escolha de nome ridículo pode ser afastada por decisão judicial, desde que inconformado com a recusa por parte do Oficial o declarante recorra ao Poder Judiciário. Este é o teor do parágrafo único do artigo 55 da Lei 6.015/1973.

4. POSSIBILIDADE DE ALTERAÇÃO DO NOME CONSTRANGEDOR

4.1 Admissibilidade de alteração pela via extrajudicial

Exposta a possibilidade da alteração de nome constrangedor, seja a alteração do prenome constrangedor ou a alteração da ordem no nome, quando apenas a disposição dos nomes causar constrangimento, analisa-se a viabilidade de tramitação através de Procedimento Administrativo de alteração de nome, realizado diretamente na Serventia Extrajudicial de Registro Civil.

De início, cabe expor que o Poder Judiciário está cada dia mais assoberbado de processos e demandas, o que acarreta uma maior morosidade na prestação jurisdicional e na solução de conflitos.

Ante tal cenário, resta evidente que o movimento de desjudicialização e desburocratização vem crescendo, resultando na busca de outros meios alternativos de soluções de conflitos que possam ocasionar a satisfação de justiça.

Diante disto, observa-se que vêm crescendo as atividades e competências atribuídas às Serventias Extrajudiciais, realocando algumas competências que eram de exclusividade do Poder Judiciário para a competência concorrente com as Serventias Extrajudiciais.

Exemplificando alguns casos de desjudicialização no Brasil, cita-se Norma Jeane Fontenelle Marques:

> Seguem alguns exemplos de desjudicialização no Brasil: a) Lei 8.560/92 que se refere ao reconhecimento de paternidade perante os serviços de registro civil; b) Lei n° 9.514/97, que trata dos procedimentos de notificação do devedor e leilão extrajudicial nos contratos de alienação fiduciária; c) Lei 10.931/2004, que autoriza a retificação administrativa dos registros imobiliários; d) Lei 11.481/2007 que dispõe sobre a regularização fundiária para zonas especiais de interesse social; e propiciaram que o judiciário, nesses casos, ficasse limitado aos conflitos de interesse, às contendas, e que, por seu turno, os cartórios extrajudiciais passassem a atuar de forma a prevenir litígios e homologar acordos, solucionando com agilidade os problemas. Nessa trilha, como importante exemplo da desjudicialização, a Lei n° 11.441/2007 que, sem a necessidade da intervenção judicial, possibilita a lavratura de escritura pública, nos cartórios e tabelionatos, para os casos de inventário, partilha, separação e divórcio, diante da ausência de conflito e de partes menores ou incapazes. A referida escritura torna-se documento hábil para a averbação da mudança do estado civil e para a transferência da propriedade dos bens partilhados[42].

---

42. MARQUES, Norma Jeane Fontenelle. *A desjudicialização como forma de acesso à justiça*. Disponível em: https://ambitojuridico.com.br/cadernos/direito-processual-civil/a-desjudicializacao-como-forma-de-acesso-a-justica/. Acesso em: 16 dez. 2019.

Ademais, em complementação à listagem exposta de atos praticados que visam a desjudicialização, pode-se pontuar o Provimento 73/2018, do Conselho Nacional de Justiça – CNJ, que dispõe sobre a alteração de prenome e do gênero nos assentos de nascimento e casamento de pessoa transgênero no Registro Civil das Pessoas Naturais; e o Provimento 82/2019, do CNJ, dispondo sobre o procedimento de averbação, no registro de nascimento e no de casamento dos filhos, da alteração do nome do genitor e dando outras providências.

Isto posto, observa-se que as Serventias Extrajudiciais estão cada vez mais aperfeiçoadas para recepção de novos procedimentos, garantindo o resultado eficaz em um curto prazo de duração.

Ora, a alteração do prenome ou a alteração da ordem no nome constrangedor se mostra essencial para garantir o princípio de proteção da dignidade da pessoa humana, o direito da personalidade, os direitos e garantias fundamentais, entre outros. Diante da avalanche da desjudicialização e desburocratização do direito brasileiro, outras alternativas para a consecução do resultado final de alteração do nome podem ser propostas, como o Procedimento Administrativo para alteração do nome.

Insta relevar que a tecnologia que as Serventias Extrajudiciais de Registro Civil possuem podem auxiliar na publicidade da alteração do nome frente a outros órgãos, como o Instituto Nacional do Seguro Social – INSS, o Instituto Brasileiro de Geografia e Estatística – IBGE, o Tribunal Regional Eleitoral – TRE, a Receita Federal do Brasil (através do CPF), entre outros.

4.2   Procedimento

Em conclusão da admissibilidade do procedimento de tramitação de alteração do prenome constrangedor ou alteração da ordem no nome, quando apenas a disposição dos nomes causar constrangimento, passa-se a expor possíveis requisitos e fases da tramitação do processo administrativo.

Inicialmente, cabe expor que os legitimados para requererem a abertura do procedimento administrativo são os próprios titulares do respectivo direito, ou seja, o próprio registrado, desde que seja pessoa maior de 18 anos completos habilitada à prática dos atos civis.

Entende-se a necessidade de ser o próprio registrado diante da natureza jurídica do nome: um direito subjetivo da personalidade, ligando e individualizando um determinado sujeito na sociedade.

Além do mais, o sentimento de constrangimento ou vexatório causado pela utilização do nome civil é imputado apenas ao próprio portador, não sendo permitido a sua transmissão a herdeiros ou terceiros.

Ainda a respeito dos legitimados a requererem a mudança de nomes constrangedores, pontua-se que nada obsta o acesso ao Judiciário, corolário estampado no art. 5º, XXXV, da Carta Magna, alcançando o resultado final através de uma demanda judicial. Sucede que as demandas judiciais serão essenciais caso o direito à alteração do nome seja de titularidade de pessoas que não possuam capacidade civil plena para o exercício de direitos.

R. Limongi França, traçando sobre as possibilidades de alteração do nome civil, claramente abarca a possibilidade de alteração do nome por sujeito que não tenha completado a maioridade:

> Na verdade, seria esdrúxulo, por exemplo, admitir a mudança do prenome ridículo ou imoral somente após o interessado haver atingido a maioridade, altura em que o mesmo já teria sofrido boa parte dos prejuízos morais e materiais que tal situação lhe poderia acarretar[43].

Observa-se que, em virtude do princípio da demanda ou instância, faz-se necessário que o titular do direito, o registrado, requeira a abertura do procedimento administrativo de alteração de nome.

Explicita-se sobre o princípio da demanda ou instância nas palavras de Luiz Guilherme Loureiro:

> De acordo com o princípio da demanda ou instância, o registrador não pode realizar atos de ofício: salvo exceções expressamente previstas em lei, os assentos registrais devem ser feitos mediante requerimento da parte interessada. No Registro Civil das Pessoas Naturais, em regra, os pedidos de registro são feitos verbalmente, acompanhados por declarações dos eventos a serem registrados e/ou apresentação de documentos. (...). O registro de emancipação e de interdição, dentre outros, depende de pedido instruído com o título respectivo (v.g. escritura pública, título judicial). O pedido pode ser verbal ou mesmo tácito (mera apresentação ou protocolo do documento)[44].

Isto posto, verifica-se a necessidade de requerimento para alteração do prenome constrangedor ou alteração das ordens no nome quando apenas a disposição dos nomes causar constrangimento, devendo ser salientado que a alteração pretendida não prejudica ou altera as características do nome de família.

O Procedimento Administrativo de alteração do prenome constrangedor ou alteração das ordens no nome deve ser efetivado por meio de averbação a ser realizada diretamente no assento de registro de nascimento, isto é, no Registro Civil onde foi lavrado o assento de nascimento, podendo, entretanto, outro Registro Civil protocolizar o pedido e encaminhar o procedimento para o Registro Civil competente, mediante as expensas do requerente, através da Central de Compartilhamento do Registro Civil – CRC.

Insta salientar que em analogia ao Provimento nº 73/2018, do CNJ, que dispõe sobre a alteração de prenome e do gênero nos assentos de nascimento e casamento de pessoa transgênero no Registro Civil das Pessoas Naturais, combinado com o

---

43. FRANÇA, Rubens Limongi. *Do Nome Civil das Pessoas Naturais*. 3. ed. rev. São Paulo: Ed. RT, 1975. p. 258.
44. LOUREIRO, Luiz Guilherme. *Registros Públicos*: teoria e prática. 9. ed. rev., atual. e ampl. São Paulo: Método, 2018. p. 155.

movimento de desjudicialização e desburocratização, tal procedimento administrativo deverá ser concluído e efetivado independentemente de autorização judicial ou parecer favorável do Ministério Público.

Frisa-se que o requerimento para a abertura do Procedimento Administrativo de alteração do prenome constrangedor ou alteração das ordens no nome deve ser instruído com alguns documentos que visam resguardar os direitos de terceiros e as relações da vida em sociedade, quais sejam: a) documentos pessoais do registrado, tais como identidade, cadastro de pessoa física no Ministério da Fazenda – CPF, título de eleitor, carteira de trabalho, carteira nacional de habilitação – CNH, entre outros; b) certidões de regularidade fiscais federais, estaduais e municipais; c) certidões judiciais dos distribuidores estadual, federal, trabalhista e militar do(s) local(is) em que o registrado tenha residido nos últimos cinco anos; d) certidões das Serventias Extrajudiciais de Protesto do(s) local(is) em que o registrado tenha residido nos últimos cinco anos; e e) termo de responsabilidade civil e criminal da alteração e suas consequências perante terceiros.

A juntada de tais documentos visa resguardar prováveis terceiros interessados ou qualquer prejuízo na real identificação do registrado em procedimentos administrativos ou judiciais.

Ademais, sobreleva que qualquer certidão positiva ou negativa com efeito de positiva, leia-se, na existência de qualquer demanda contra, em desfavor ou que conste o registrado como sujeito em processos ou procedimentos, não pode impedir a efetivação final do Processo Administrativo. Apenas deve-se enfatizar a necessidade de comunicação diretamente ao órgão por meio do qual está tramitando o processo/procedimento.

Ao final do Procedimento Administrativo e em sendo a conclusão pela procedência do requerimento para a alteração do nome, impõe-se ao registrador a necessidade de comunicação da alteração do prenome constrangedor ou alteração das ordens no nome aos diversos órgãos federais, estaduais e municipais.

Frisa-se, por fim, algumas peculiaridades no exercício do direito de alteração do nome fundado em constrangimento: é que no caso proposto, o registrado terá a faculdade de escolher outro prenome ou alterar a ordem de seu nome, restando os poderes e todas as peculiaridades do direito a pôr um nome.

Ou seja, deve-se observar as limitações ao direito a pôr um nome, em especial o impedimento de adoção de prenome ou nome completo idêntico a outro irmão e ressaltar os casos de irmãos gêmeos.

Observa-se que nos casos de procedência do Procedimento Administrativo de alteração de nome no assento de nascimento pode-se enxergar a necessidade da realização de comunicação a alguns outros assentos, como, por exemplo, o assento de casamento – caso o registrado tenha contraído matrimônio –, o assento de filhos do registrado, entre outros.

5. REFERÊNCIAS

AMORIM, José Roberto Neves; AMORIM, Vanda Lúcia Cintra. *Direito ao nome da pessoa física*. 2. ed. Rio de Janeiro: Elsevier, 2010.

BRANDELLI, Leonardo. *Nome civil da pessoa natural*. São Paulo: Saraiva, 2012.

BRUM, Jander Maurício. *Troca, modificação e retificação de nomes das pessoas naturais*: doutrina e jurisprudência. Rio de Janeiro: AIDE Editora, 2001.

DIAS, Luciano. *Nomes Mais Estranhos Registrados nos Cartórios do Brasil*. 2015. Disponível em: https://imirante.com/namira/sao-luis/noticias/2015/05/21/nomes-mais-estranhos-registrados-nos-cartorios-do-brasil.shtml. Acesso em: 15 dez. 2019.

FRANÇA, Rubens Limongi. *Do Nome Civil das Pessoas Naturais*. 3. ed. rev. São Paulo: Revista dos Tribunais, 1975.

LOUREIRO, Luiz Guilherme. *Registros Públicos*: teoria e prática. 9. ed. rev., atual. e ampl. São Paulo: Método, 2018.

MARQUES, Norma Jeane Fontenelle. *A desjudicialização como forma de acesso à justiça*. Disponível em: https://ambitojuridico.com.br/cadernos/direito-processual-civil/a-desjudicializacao-como-forma--de-acesso-a-justica/. Acesso em: 16 dez. 2019.

PELUSO, Cezar (Coord.). *Código Civil comentado*: doutrina e jurisprudência. Lei 10.406, de 10.01.2002. 9. ed. Barueri: Manole, 2015.

VIEIRA, Tereza Rodrigues. *Nome e Sexo*: Mudanças no Registro Civil. 2. ed. São Paulo: Atlas, 2012.

DA DESNECESSIDADE DE APRECIAÇÃO JUDICIAL PARA A ALTERAÇÃO DE NOME NO PRIMEIRO ANO APÓS A MAIORIDADE CIVIL (ARTIGO 56 DA LEI 6.015/1973)

Sand's Loures Oliveira Carvalho

Mestrando em Direito, Governança e Políticas Públicas da Universidade Salvador (Unifacs). Especialista em Direito Notarial e Registral pela Damásio Educacional e em Direito de Família e das Sucessões pela Anhanguera – UNIDERP. Graduado em Direito pela Fundação Universidade Federal de Rondônia – UNIR. Oficial de Registro Civil das Pessoas Naturais de Dias d'Ávila/BA. E-mail: sandsloures18@gmail.com.

Resumo: O presente trabalho aborda os principais aspectos do instituto do nome, seu conceito, composição, natureza jurídica (e a relação desta com o princípio da dignidade da pessoa humana), direito ao nome e seus desdobramentos e funções do nome. Trata do princípio da imutabilidade relativa do nome e sua evolução histórico-legislativa. Por meio da análise histórico-legislativa objetiva-se demonstrar que a hipótese de alteração de nome prevista no artigo 56 da Lei 6.015/73 é direito potestativo do interessado, o qual poderá formular seu pedido diretamente ao Oficial de Registro Civil das Pessoas Naturais competente, a quem incumbirá a respectiva qualificação registral para averiguar se os requisitos normativos foram preenchidos. Para demonstrar o que foi proposto o artigo abarca análise legislativa, doutrinária e jurisprudencial. O direito de tomar o nome é analisado como um direito da personalidade, razão pela qual deve ser dada máxima efetividade à norma que trata do assunto. Propõe-se que verificada a regularidade do procedimento, o Oficial averbará no registro de nascimento a respectiva alteração de nome, independentemente de autorização judicial.

Sumário: Introdução – 1. Do nome; 1.1 Conceito e composição; 1.2 Natureza jurídica; 1.3 Direitos da personalidade e dignidade da pessoa humana; 1.4 Funções; 1.5 Do direito ao nome, a um nome e de pôr e de tomar o nome; 1.5.1 Do direito ao nome; 1.5.2 Do direito a um nome; 1.5.3 Do direito de pôr e de tomar o nome – 2. Do princípio da imutabilidade relativa do nome – 3. Das alterações do nome – 4. Do artigo 56 da lei 6.015/73; 4.1 Histórico legislativo; 4.2 Normativas estaduais; 4.3 Análise doutrinária e jurisprudencial; 4.4 Da minuta de provimento – 5. Conclusão – 6. Referências.

INTRODUÇÃO

Em resposta à crise do Poder Judiciário, alternativas têm sido implementadas para garantir mais efetividade ao acesso à justiça. Dentre as novas vertentes, cresce a atuação das serventias extrajudiciais em procedimentos não litigiosos, as quais funcionam como uma via para a atribuição de juridicidade a atividades nas quais não há lide, mas que devem se revestir de peculiar segurança jurídica.

Acredita-se que a atividade extrajudicial realizada nos Tabelionatos e Ofícios de Registro seja vocacionada ao desenvolvimento de um papel relevante na concretização dos princípios da autonomia da vontade e da dignidade da pessoa humana, assegurando, simultaneamente, a segurança jurídica necessária aos atos e negócios jurídicos submetidos ao delegatário de serventia extrajudicial.

Os notários e registradores são profissionais do direito, aprovados em rigoroso concurso de provas e títulos, os quais têm como função velar pelo exercício de sua atividade, tendo como norte a segurança jurídica. A necessidade da graduação em curso superior de Direito, bem como o rigoroso concurso público a que são submetidos para ingresso na atividade, com diversas fases, são fatores a serem considerados para assegurar a esses profissionais de indiscutível capacidade técnica, a assunção da direção de procedimentos de jurisdição voluntária, dentre eles a alteração de nome prevista no artigo 56 da Lei 6.015/73 (Lei de Registros Públicos), que constitui objeto deste estudo.

Este trabalho é fruto dos debates realizados nos anos de 2019 e 2020, no âmago do Grupo de Pesquisa e Produção Científica sobre Registro Civil das Pessoas Naturais, coordenado pelo Prof. Dr. Christiano Cassettari e promovido pela Escola Nacional de Notários e Registradores – ENNOR.

Suas conclusões foram apresentadas no XI Fórum Internacional de Integração Jurídica: o Avanço Digital da Atividade Notarial e de Registro, realizado de 19 a 23 de outubro de 2020, na modalidade online, transmitido ao vivo pelo youtube por meio do link https://www.youtube.com/watch?v=T3Y20BICWNg&t=5339s, que teve como mediador do painel o Prof. Dr. Christiano Cassettari e como debatedor o Prof. Dr. Leonardo Brandelli.

Nesse sentido, a hipótese discutida pelo presente trabalho é a seguinte: que interpretação deve ser dada à norma contida no artigo 56 da Lei de Registros Públicos, que trata da alteração de nome no primeiro ano após a maioridade civil, sob o prisma dos princípios da autonomia da vontade e da dignidade da pessoa humana?

Para responder essa questão, no primeiro capítulo analisam-se aspectos fundamentais do nome civil, quais sejam: conceito e sua composição; natureza jurídica, abordando as teorias que tratam do assunto; o nome concebido como um direito da personalidade e elemento de concretização da dignidade da pessoa humana; e as funções do nome. Neste capítulo também se examina o instituto do nome sob quatro enfoques: do direito ao nome, a um nome e de pôr e tomar o nome.

No segundo capítulo realiza-se levantamento bibliográfico a respeito do princípio da imutabilidade relativa do nome, o qual resultou de uma nova leitura a respeito da imutabilidade de outrora. Esse novo viés pode ser observado tanto na doutrina e jurisprudência quanto nas alterações legislativas a respeito da temática.

O terceiro capítulo trata das principais hipóteses de alteração de nome previstas no ordenamento jurídico pátrio. Toma-se como pressuposto o fato de que os elementos de individualização são dinâmicos e que essa dinamicidade é uma resposta à realidade atual e uma forma de expressão da individualidade.

No quarto capítulo examina-se a norma contida no artigo 56 da Lei 6.015/73, por meio de um estudo histórico-legislativo que abarca o período de 1850 até os dias atuais, com a finalidade de descobrir quando a legislação brasileira permitiu, pela primeira vez, a alteração de nome no primeiro ano após a maioridade civil e a evolução legislativa do tema. Em tópico posterior faz-se uma pesquisa da regulamentação da questão nas normas estaduais e do Distrito Federal, a fim de investigar se a possibilidade de alteração de nome no primeiro ano após a maioridade foi reproduzida nessas normativas e se elas exigem ou não a apreciação judicial. Para sistematizar o estudo das normativas locais elabora-se uma tabela comparativa. Depois, realiza-se uma pesquisa da doutrina e da jurisprudência a respeito do referido artigo, com o objetivo de se perquirir como a comunidade jurídica interpreta a questão em debate. Por fim, ainda neste capítulo, apresenta-se uma minuta de provimento, com o intuito de dar aplicabilidade prática a este trabalho e de contribuir de forma mais efetiva com a comunidade jurídica, haja vista a necessidade de se uniformizar o tratamento do tema em âmbito nacional.

Ao final, conclui-se qual a interpretação mais coerente com a atual conjuntura do ordenamento jurídico a respeito da norma prevista no artigo 56 da Lei de Registros Públicos, especialmente quanto à necessidade ou não de autorização judicial para a sua aplicação.

1. DO NOME

1.1 Conceito e composição

Antes de adentrar-se no tema relativo às possibilidades de alteração do nome no ordenamento jurídico nacional, dentre elas a hipótese objeto deste estudo, necessárias algumas considerações preliminares e sucintas a respeito do nome em si, como seu conceito, composição, natureza jurídica, funções e direitos agregados (direito ao nome, a um nome e de pôr e de tomar o nome).

Nome, na primeira concepção elencada pelo Dicionário Houaiss da Língua Portuguesa, é a "palavra ou locução com que se designa uma classe de coisas, pessoas, animais, um lugar, um acidente geográfico, um astro etc.; denominação, designativo, designação".[1]

O presente trabalho restringir-se-á a tratar de uma de suas espécies, o antropônimo, que é o nome das pessoas naturais.

Nesse sentido, de acordo com Rubens Limongi França, o nome pode ser conceituado como "a designação pela qual se identificam e distinguem as pessoas naturais, nas relações concernentes ao aspecto civil da sua vida jurídica."[2]

---

1. HOUAISS, Grande Dicionário. 2001. Disponível em: https://houaiss.uol.com.br/corporativo/apps/uol_www/v5-4/html/index.php#2. Acesso em: 10 nov. 2019.
2. FRANÇA, Rubens Limongi. *Do nome civil das pessoas naturais*. 2. ed. rev. São Paulo: Ed. RT, 1964. p. 22.

Outro conceito sempre lembrado é o de Cícero, para quem: *"Nomen est, quod uni cuique personae datur, quo suo quaeque proprio et certo vocabulo appellatur* (nome é o vocábulo que se dá a cada pessoa, e com o qual é chamada, por ser o seu designativo próprio e certo)."[3]

Para Zeno Veloso, o nome é o principal meio de identificação do indivíduo e de sua distinção com relação aos demais. O nome como que fica grudado na personalidade e acaba se confundindo com a mesma.[4]

A respeito de sua composição, Christiano Cassettari ensina que:

O nome é composto pelos seguintes elementos:

I.   Prenome – vem antes do sobrenome. Pode ser simples (José) ou duplo (Maria Antonia). O prenome pode ser livremente escolhido, desde que não exponha o portador ao ridículo, caso em que os oficiais do Registro Público poderão recusar-se a registrá-lo. [...]

II. Sobrenome ou Patronímico – identifica a qual família a pessoa está ligada. [...]

III. Alcunha ou Codinome – é a designação dada a alguém devido a uma particularidade sua, podendo agregar-se de tal modo à personalidade da pessoa que, se não for jocoso, pode ser acrescentado, sob certas condições, ao nome da pessoa. Exemplos: Xuxa, Lula, Tiradentes.

IV. Agnome – destinação dada para pessoas que possuem o mesmo prenome e sobrenome. Exemplo: Júnior, Neto, Segundo, Sobrinho.[5]

Ainda em relação à composição do nome, tem-se a partícula, que segundo Vitor Frederico Kümpel e Carla Modina Ferrari "[…] é uma preposição ou um conectivo e assume as formas 'e, de, d'e, do, das, dos, da' entre outras. Por regra, é uma parte facultativa do nome, porém, pode ser parte obrigatória tanto se derivar de título de nobreza ("von"), quanto se agregar o nome desde a sua origem."[6]

Embora a doutrina divirja em algum aspecto sobre a nomenclatura dos elementos de formação do nome, no presente trabalho utilizar-se-á o termo nome no sentido da junção de prenome, sobrenome e demais elementos (partícula, agnome etc.); prenome como significado de primeiro nome, simples ou composto; e sobrenome como sinônimo de patronímico ou nome de família.

A adoção dessa nomenclatura tem por objetivo facilitar a compreensão do tema e vai ao encontro do que preceitua o Código Civil, em seu artigo 16: "Toda pessoa tem direito ao nome, nele compreendidos o prenome e o sobrenome."[7]

Do exposto nota-se que autores como Rubens Limongi França e Zeno Veloso fizeram menção, em seus conceitos, ao caráter dúplice do nome, pois afirmaram

---

3. BRANDELLI, Leonardo. *Nome civil da pessoa natural*. São Paulo: Saraiva, 2012. p. 23.
4. VELOSO, Zeno. *Direito civil*: temas. Belém: Artes Gráficas Perpétuo Socorro Ltda, 2018. p. 13.
5. CASSETTARI, Christiano. *Elementos de direito civil*. 5. ed. São Paulo: Saraiva, 2017. p. 51-54.
6. KÜMPEL, Vitor Frederico; FERRARI, Carla Modina. *Tratado notarial e registral*. São Paulo: YK Editora, 2017. v. II, p. 248.
7. BRASIL. Lei 10.406, de 10 de janeiro de 2002. Institui o Código Civil. *Diário Oficial da União*, Brasília-DF, 11 de janeiro de 2002. Disponível em: http://www.planalto.gov.br/ccivil_03/leis/2002/l10406compilada. htm. Acesso em: 10 dez. 2019.

que ele se destina não só a identificar uma pessoa, mas também a diferenciá-la das demais. Essas funções do nome (identificação e distinção) serão exploradas com mais detalhes no tópico 1.4 deste trabalho.

Conceituado o nome e determinados os seus elementos formadores, analisar-se-á a natureza jurídica do instituto.

1.2   Natureza jurídica

Previamente à discussão a respeito da natureza jurídica do nome, convém relembrar o que é a natureza jurídica e como ela é definida.

Estabelecer a natureza jurídica de um instituto[8] significa localizá-lo no sistema jurídico[9]. Essa localização é feita por meio do critério de *afinidade de conteúdo*. Utiliza-se um processo de comparação entre institutos, a fim de aproximá-los, estabelecendo suas naturezas jurídicas.[10]

Nesse sentido, Maria Helena Diniz define a natureza jurídica como "a afinidade que um instituto tem em diversos pontos, com uma grande categoria jurídica, podendo nela ser incluído o título de classificação."[11]

Vitor Frederico Kümpel e Giselle de Menezes Viana acrescentam que:

Neste processo de aproximação dois são os paradigmas para verificar a natureza, isto é, a localização de um determinado instituto em relação a outro: a) *Teleológico:* é o bem jurídico resguardado pelo instituto, ou seja, a finalidade e o princípio informador do instituto. b) *Estrutural:* é representado pela técnica, ou seja, pelo modo pelo qual se formula, articula e aplica a norma, correlacionando-se os sujeitos, o objeto e a própria relação jurídica.[12]

No que se refere ao direito ao nome, Leonardo Brandelli lembra que:

[...] inúmeras foram as teorias insculpidas pelos doutrinadores alienígenas e pátrios com o intuito de dirimir a tormentosa questão da natureza jurídica do direito ao nome, pautando-se ora no aspecto público do nome, com vistas à necessidade imperiosa de que todos os entes sociais estejam particularizados e distinguidos dos demais, ora no aspecto privatístico do aludido direito,

---

8.   O sistema implica uma unidade lógica das normas jurídicas, que são agrupadas em institutos jurídicos. Estes configuram tanto a matéria que constitui o objeto de uma disciplina jurídica, por normas agrupadas e coordenadas, quanto a classificação de tais normas. Nas palavras de M. Reale, instituto é "o instrumental lógico e linguístico básico da Ciência do Direito, que exige conceitos ou 'categorias' fundamentais, tais como 'competência', 'tipicidade', 'culpabilidade' etc.". Os institutos, nesse sentido, formam-se pela articulação de normas jurídicas da mesma natureza, em virtude de uma comunhão de fins. (KÜMPEL, Vitor Frederico; VIANA, Giselle de Menezes. *Introdução ao Estudo do Direito*. São Paulo: YK Editora, 2018. p. 53.)

9.   O sistema jurídico engloba, como visto, um conjunto de fontes formais (leis, costumes e princípios gerais), que incidem sobre as situações da vida na busca do justo. Esse sistema é complexo e dinâmico. Complexo, porque é constituído de um conjunto de fontes e dinâmico em virtude da grande mutabilidade que sofre ao longo do tempo. (JUNIOR, Tercio Sampaio Ferraz. *Introdução ao Estudo do Direito*: técnica, decisão, dominação. 6. ed. São Paulo: Atlas, 2012. p. 85, apud KÜMPEL; VIANA, op. cit., p. 53.)

10.   KÜMPEL; VIANA, op. cit., p. 54, grifo do autor.

11.   DINIZ, Maria Helena. *Direito Civil Brasileiro*: Teoria Geral do Direito Civil. São Paulo: Saraiva, 2005. p. 66.

12.   Op. cit., p. 54, grifo do autor.

com a atenção voltada ao direito de cada um em ver-se individualizado e fazer uso exclusivo de seu signo identificador.[13]

Dentre as várias correntes doutrinárias e jurisprudenciais citadas por Brandelli que procuraram determinar a natureza jurídica do nome, podem ser citadas como principais, em razão de sua maior repercussão no mundo jurídico, as seguintes: a) teoria negativista; b) teoria do direito de propriedade; c) teoria da polícia civil; e d) teoria do direito da personalidade.[14]

A teoria negativista, como o próprio nome sugere, defende a não existência de um direito ao nome. O principal defensor dessa corrente foi Clóvis Beviláqua, para quem o nome não consistia num direito, mas em um modo de designar a pessoa, que não podia ter exclusivismo em relação às demais pessoas nem tampouco proteção jurídica.[15]

Para os adeptos da teoria do direito de propriedade, haveria um direito de propriedade sobre o nome, que permitiria ao seu titular usar e fruir de maneira absoluta sobre ele, com exclusão das demais pessoas.[16]

Já para os defensores da teoria da polícia civil, o nome não seria propriamente um direito, mas uma obrigação de ordem pública, imposta aos indivíduos como forma de identificá-los perante o Estado e a coletividade. O nome seria assim, uma instituição de polícia civil.[17]

Por fim, tem-se a teoria do direito da personalidade.

Após discorrer sobre as diversas teorias a respeito da natureza jurídica do nome e de reconhecer que ele é um direito da personalidade, Rubens Limongi França afirma que os direitos da personalidade "são portanto, em princípio, direitos inatos no sentido de que, por natureza, constituem atributos inerentes à condição de pessoa humana."[18]

No mesmo sentido de que os direitos da personalidade são inatos aos indivíduos e elencando o nome como um desses direitos, Maria Berenice Dias ensina que:

> Os direitos de personalidade constituem direitos inatos, cabendo ao Estado apenas reconhecê-los e sancioná-los, dotando-os de proteção própria. São direitos indisponíveis, inalienáveis, vitalícios, intransmissíveis, extrapatrimoniais, irrenunciáveis, imprescritíveis e oponíveis erga omnes. O nome é um dos direitos mais essenciais da personalidade e goza de todas essas prerrogativas. À luz da psicanálise, o nome retrata não só a identidade social, mas, principalmente, a subjetiva, permitindo que a pessoa se reconheça enquanto sujeito e se identifique jurídica e socialmente. Trata-se de um bem jurídico que tutela a intimidade e permite a individualização da pessoa, me-

---

13. Op. cit., p. 37.
14. BRANDELLI, op. cit., p. 37-43.
15. BRANDELLI, op. cit., p. 38.
16. BRANDELLI, op. cit., p. 39.
17. BRANDELLI, op. cit., p. 42.
18. FRANÇA, op. cit., p. 155.

recendo a proteção do ordenamento jurídico de forma ampla. Assim, o nome dispõe de um valor que se insere no conceito de dignidade da pessoa humana (CF 1.º III).[19]

Silvio de Salvo Venosa também reconhece que "o nome é um atributo da personalidade, é um direito que visa proteger a própria identidade da pessoa, com o atributo da não patrimonialidade."[20]

Percebe-se, assim, que a teoria prevalecente na doutrina é a de que o nome possui natureza jurídica de direito da personalidade e que esse direito, por ser atributo inerente à condição de pessoa, atrai para si a aplicação do regime jurídico relacionado ao princípio fundamental da dignidade da pessoa humana.

A jurisprudência corrobora esse entendimento. Em recente julgado a respeito da alteração de nome, a 3ª Turma do Superior Tribunal de Justiça decidiu que:

> Recurso especial. Alteração de registro público. Lei 6.015/1973. Prenome masculino. Alteração. Gênero. Transexualidade. Redesignação de sexo. Cirurgia. Não realização. Desnecessidade. Direitos de personalidade. 1. Recurso especial interposto contra acórdão publicado na vigência do Código de Processo Civil de 2015 (Enunciados Administrativos 2 e 3/STJ). 2. Cinge-se a controvérsia a discutir a possibilidade de transexual alterar o prenome e o designativo de sexo no registro civil independentemente da realização da cirurgia de alteração de sexo. 3. O nome de uma pessoa faz parte da construção de sua própria identidade. Além de denotar um interesse privado, de autorreconhecimento, visto que o nome é um direito de personalidade (art. 16 do Código Civil de 2002), também compreende um interesse público, pois é o modo pelo qual se dá a identificação do indivíduo perante a sociedade. [...] 12. Recurso especial provido.[21]

Por fim, a inserção do direito ao nome no Capítulo II, Título I, da Parte Geral do diploma civilista, que trata dos direitos da personalidade, confirma a adoção da corrente segundo a qual o nome tem natureza jurídica de direito da personalidade, afastando-se desse modo, no ordenamento jurídico pátrio, a aplicação das teorias negativista, do direito de propriedade e da polícia civil.

A fim de compreender a influência que essa teoria exerce sobre o instituto do nome, necessárias algumas digressões a respeito dos direitos da personalidade e a íntima relação deles com o princípio da dignidade da pessoa humana.

1.3   Direitos da personalidade e dignidade da pessoa humana

De início convém esclarecer o conceito de personalidade, para em seguida tratar dos direitos relacionados a ela e o regime jurídico aplicável.

---

19. DIAS, Maria Berenice. *Manual de Direito das Famílias*. 11. ed. São Paulo: Ed. RT, 2016. E-book.
20. VENOSA, Sílvio de Salvo. *Direito civil*: parte geral. 13. ed. São Paulo: Atlas, 2013. p. 198.
21. Brasil. Superior Tribunal de Justiça (3. Turma). Recurso Especial 1860649/SP. Recorrente: C N D A S. Recorrido: Tribunal de Justiça do Estado de São Paulo. Relator: Ministro Ricardo Villas Bôas Cueva. Brasília-DF, 12 de maio de 2020. Diário da Justiça eletrônico, Brasília-DF, 18 de maio de 2020. Disponível em:https://ww2.stj.jus.br/processo/revista/inteiroteor/?num_registro=201803358304&dt_publicacao=18/05/2020. Acesso em: 09 ago. 2020.

Para Leonardo Brandelli, a personalidade pode ser conceituada como "o conjunto de caracteres do próprio indivíduo e consiste na parte intrínseca da pessoa humana, no bem jurídico primeiro pertencente à pessoa."[22]

Importante destacar que, embora a personalidade jurídica da pessoa seja adquirida apenas quando do nascimento com vida, a lei põe a salvo, desde a concepção, os direitos do nascituro.[23] Essa salvaguarda normativa não deixa dúvida de que os direitos da personalidade são reconhecidos à pessoa desde a concepção.

A proteção legal garantida ao nascituro estende-se ao natimorto, que é o feto extraído do ventre materno sem vida, garantindo-se a ele direitos como nome, imagem e sepultura.[24]

A respeito dos direitos da personalidade, Cristiano Chaves de Farias e Nelson Rosenvald discorrem que:

> [...] é possível asseverar serem os *direitos da personalidade* aquelas situações jurídicas reconhecidas à pessoa, tomada em si mesma e em suas necessárias projeções sociais. Isto é, são os direitos essenciais ao desenvolvimento da pessoa humana, em que se convertem as projeções físicas, psíquicas e intelectuais do seu titular, individualizando-o de modo a lhe emprestar segura e avançada tutela jurídica.[25]

Tais direitos possuem um regime jurídico próprio, que tem como principais características as seguintes:

a) absolutos: possuem oponibilidade *erga omnes*, irradiando efeitos em todos os campos e impondo aos outros o dever de respeitá-los;

b) gerais: são outorgados a todas as pessoas, simplesmente pelo fato de existirem;

c) extrapatrimoniais: ausência de um conteúdo patrimonial direto, aferível objetivamente, ainda que sua lesão gere efeitos econômicos;

d) indisponíveis: nem por vontade própria do indivíduo o direito pode mudar de titular;

e) irrenunciabilidade: os direitos personalíssimos não podem ser abdicados;

f) intransmissibilidade: não se admite a cessão do direito de um sujeito para outro;

g) imprescritíveis: inexiste um prazo para seu exercício, não se extinguindo pelo não uso;

---

22. BRANDELLI, op. cit., p. 45.

23. Art. 2º A personalidade civil da pessoa começa do nascimento com vida; mas a lei põe a salvo, desde a concepção, os direitos do nascituro. (BRASIL. Lei 10.406, de 10 de janeiro de 2002. Institui o Código Civil. *Diário Oficial da União*, Brasília-DF, 11 de janeiro de 2002. Disponível em: http://www.planalto.gov.br/ccivil_03/leis/2002/l10406compilada.htm. Acesso em: 10 nov. 2019).

24. Enunciado n. I: Art. 2º: A proteção que o Código defere ao nascituro alcança o natimorto no que concerne aos direitos da personalidade, tais como: nome, imagem e sepultura (BRASIL. Jornadas de direito civil I, III, IV e V: enunciados aprovados/coordenador científico Ministro Ruy Rosado de Aguiar Júnior. Brasília: Conselho da Justiça Federal, Centro de Estudos Judiciários, 2012. p. 17. Disponível em: https://www.cjf.jus.br/cjf/corregedoria-da-justica-federal/centro-de-estudos-judiciarios-1/publicacoes-1/jornadas-cej/EnunciadosAprovados-Jornadas-1345.pdf. Acesso em: 20 nov. 2019).

25. FARIAS, Cristiano Chaves de; ROSENVALD, Nelson. *Curso de direito civil*: parte geral e LINDB. 15. ed. rev., ampl. e atual. Salvador: JusPodivm, 2017. p. 183-184, grifo do autor.

h) impenhoráveis: embora seja consequência lógica da indisponibilidade, vale ressaltar que os créditos de direitos patrimoniais que decorram de direitos da personalidade podem ser penhorados, como os advindos da cessão de uso do direito à imagem;

i) vitalícios: são inatos e permanentes, acompanhando a pessoa desde a primeira manifestação de vida até seu passamento.[26]

Sobre a correlação entre direitos da personalidade e o princípio da dignidade da pessoa humana, o Enunciado 274, aprovado na IV Jornada de Direito Civil, dispõe que:

> Os direitos da personalidade, regulados de maneira não exaustiva pelo Código Civil, são expressões da cláusula geral de tutela da pessoa humana, contida no art. 1°, inc. III, da Constituição (princípio da dignidade da pessoa humana). Em caso de colisão entre eles, como nenhum pode sobrelevar os demais, deve-se aplicar a técnica da ponderação.[27]

Entendidos como expressão do princípio da dignidade da pessoa humana, os direitos da personalidade e, por conseguinte, o nome, estão sujeitos, assim, à influência do movimento de constitucionalização do direito civil, que condiciona a hermenêutica jurídica desse ramo do direito às normas, princípios e valores constitucionais.

Em relação a esse tema, Ángeles Lara Aguado afirma que:

> O direito ao nome é, sem sombra de dúvidas, uma das formas de concreção da dignidade da pessoa humana e ao direito ao livre desenvolvimento da personalidade, e uma negação ao direito ao nome do interessado constitui uma violação da sua dignidade humana.[28]

A respeito da aplicação concreta do princípio constitucional da dignidade da pessoa humana, Luiz Antônio Rizzatto Nunes faz a seguinte observação:

> Está mais do que na hora de o operador do Direito passar a gerir sua atuação social pautado no princípio fundamental estampado no Texto Constitucional. Aliás, é um verdeiro supraprincípio constitucional que ilumina todos os demais princípios e normas constitucionais e infraconstitucionais. E por isso não pode o Princípio da Dignidade da Pessoa Humana ser desconsiderado em *nenhum* ato de interpretação, aplicação ou criação de normas jurídicas.[29]

Assim, sempre que se estiver diante de um caso concreto que demande a aplicação das normas jurídicas que dispõem sobre o instituto do nome, inclusive quanto à possibilidade de alteração dele, deve-se ter como pressuposto a ideia de subordinação dessas normas aos preceitos e valores constitucionais, especialmente aqueles relacionados à dignidade da pessoa humana.

---

26. GAGLIANO, Pablo Stolze; PAMPLONA FILHO, Rodolfo. Novo curso de direito civil: parte geral. 14. ed. rev., atual. e ampl. São Paulo: Saraiva, 2012. v. 1. E-book.

27. BRASIL. Jornadas de direito civil I, III, IV e V: enunciados aprovados/coordenador científico Ministro Ruy Rosado de Aguiar Júnior. Brasília: Conselho da Justiça Federal, Centro de Estudos Judiciários, 2012. p. 48. Disponível em: https://www.cjf.jus.br/cjf/corregedoria-da-justica-federal/centro-de-estudos-judiciarios-1/publicacoes-1/jornadas-cej/EnunciadosAprovados-Jornadas-1345.pdf. Acesso em: 20 de novembro de 2019.

28. AGUADO, Ángeles Lara. *El nombre em derecho internacional privado*. Granada: Editorial Comares, 1998, p. 79, *apud* BRANDELLI, op. cit., p. 150.

29. NUNES, Luiz Antônio Rizzatto. *O princípio constitucional da dignidade da pessoa humana*: doutrina e jurisprudência. São Paulo: Saraiva, 2002. p. 50-51.

1.4   Funções

Como já foi dito no item 1.1 deste trabalho, o nome possui caráter dúplice. Essa duplicidade se refere às principais funções que o nome exerce.

De um lado, atua como um atributo da personalidade, que se incorpora à pessoa e a identifica no seio familiar. De outro, serve ao Estado como elemento de identificação e distinção dos cidadãos.

A primeira função desempenhada pelo nome certamente é a identificação da pessoa no seio da família, pois é com esta que se tem o primeiro contato, desde a mais tenra idade. O nome então acompanhará o indivíduo, agregando-se a ele e à formação de sua personalidade e caráter.

Com o passar do tempo é natural que haja uma expansão do círculo social, momento em que o indivíduo só conseguirá inteirar-se, tanto social quanto profissionalmente, por meio de seu nome, sinal que o identificará não só fisicamente, mas como um reflexo de sua individualidade.

A respeito da individualização da pessoa natural, Vitor Frederico Kümpel e Carla Modina Ferrari relatam que:

> Para que seja possível a imputação de direitos e deveres, é essencial a individualização dos sujeitos jurídicos envolvidos. Partindo do pressuposto de que, atualmente, todos gozam de um rol mínimo de garantias decorrentes da própria personalidade, é imprescindível que todo ser humano seja adequadamente individualizado, não apenas no seio da família, mas perante toda a sociedade. A individualidade, nesse sentido, é um direito decorrente da própria personalidade, e enfeixa as características que tornam a pessoa única, ao mesmo tempo que a distingue dos demais membros da sociedade e da família.[30]

Além de atuar como um reflexo da individualidade, o nome também exerce uma importante função pública, ao permitir que o Estado identifique as pessoas para imputar-lhes direitos e deveres.

Sobre esse tema, Leonardo Brandelli esclarece que:

> Efetivamente, o nome contempla uma conotação de direito público, segundo a qual todas as pessoas têm o dever de adotar um nome, estabelecendo-se a partir dele um sistema de individualização, o qual deriva de uma necessidade social e jurídica de diferenciação dos indivíduos a fim de poder imputar-lhes direitos e deveres. Cada pessoa tem, assim, a obrigação de adotar um nome, bem como de usá-lo e conservá-lo, não podendo arbitrariamente alterá-lo. Todavia, contempla o direito ao nome também uma conotação de direito privado, segundo a qual cada pessoa tem direito ao nome, e, mais adiante, direito a um nome, podendo usá-lo com exclusão dos demais indivíduos, protegendo-o.[31]

Vale ressaltar que essa função do nome, de identificação do indivíduo perante o Estado, começa a ceder espaço para outras formas de controle mais eficientes e menos

---

30. KÜMPEL; FERRARI, op. cit., p. 191.
31. BRANDELLI, op. cit., p. 37.

suscetíveis a erros, tais como: o Cadastro de Pessoas Físicas (CPF), cuja inscrição é feita pelo Oficial de Registro Civil no ato da lavratura do registro de nascimento e informado ao Estado em até 01 (um) dia útil, por exigência da Lei 8.212/91 (artigo 68, § 2º)[32]; e a incorporação de dados biométricos dos eleitores ao cadastro da Justiça Eleitoral, regulamentada pela Resolução 23.440, de 19 de março de 2015, do Tribunal Superior Eleitoral.[33]

Verificadas as funções do nome, analisar-se-á no próximo tópico os conceitos e diferenças a respeito do direito ao nome, a um nome e de pôr e tomar o nome, que serão posteriormente invocados quando do tratamento específico da norma inserida no art. 56 da Lei 6.015/73 (Lei de Registros Públicos), tema principal deste trabalho.

1.5 Do direito ao nome, a um nome e de pôr e de tomar o nome

O direito ao nome, o direito a um nome e o direito de pôr ou tomar o nome se referem a situações distintas e que não podem ser confundidas[34], razão pela qual elas serão tratadas separadamente nos próximos tópicos.

1.5.1 Do direito ao nome

Ao se discorrer a respeito da natureza jurídica do nome mais acima, restou claro que ele é um direito da personalidade. O direito ao nome está ligado a essa condição de direito da personalidade, mais especificamente no que se refere à identificação pessoal.

Nesse sentido, Leonardo Brandelli afirma que o direito ao nome "é o direito que a pessoa tem de identificar-se através do signo chamado nome, cuja formação dar-se-á através das normas consignadas pelo ordenamento jurídico."[35]

---

32. Art. 68. O Titular do Cartório de Registro Civil de Pessoas Naturais remeterá ao INSS, em até 1 (um) dia útil, pelo Sistema Nacional de Informações de Registro Civil (Sirc) ou por outro meio que venha a substituí-lo, a relação dos nascimentos, dos natimortos, dos casamentos, dos óbitos, das averbações, das anotações e das retificações registradas na serventia. § 2º Para os registros de nascimento e de natimorto, constarão das informações, obrigatoriamente, a inscrição no Cadastro de Pessoas Físicas (CPF), o sexo, a data e o local de nascimento do registrado, bem como o nome completo, o sexo, a data e o local de nascimento e a inscrição no CPF da filiação. (BRASIL. Lei 8.212, de 24 de julho de 1991. Dispõe sobre a organização da Seguridade Social, institui Plano de Custeio, e dá outras providências. Diário Oficial da União, Brasília-DF, 25 de julho de 1991. Disponível em: http://www.planalto.gov.br/ccivil_03/leis/l8212cons.htm. Acesso em: 12 nov. 2019).
33. BRASIL. Tribunal Superior Eleitoral. Resolução 23.440, de 19 de março de 2015. Disciplina os procedimentos para a realização da atualização ordinária do cadastro eleitoral, com a implementação de nova sistemática de identificação do eleitor, mediante incorporação de dados biométricos e por meio de revisões de eleitorado de ofício, em municípios previamente selecionados pelos tribunais regionais eleitorais, e dá outras providências. Diário da Justiça Eletrônico do TSE 60. Brasília-DF, 27 de março de 2015. p. 49-51. Disponível em: http://www.tse.jus.br/legislacao-tse/res/2015/RES234402015.htm. Acesso em: 17 nov. 2019.
34. BRANDELLI, op. cit., p. 33.
35. BRANDELLI, op. cit., p. 33.

Esse direito tem previsão normativa expressa no ordenamento jurídico pátrio. Trata-se da norma contida no artigo 16 do Código Civil, já mencionada neste trabalho, a saber: "Art. 16. Toda pessoa tem direito ao nome, nele compreendidos o prenome e o sobrenome".

Ainda a esse respeito, Rubens Limongi França relata que:

> Na verdade, o direito ao nome é um direito genérico, é a manifestação do direito à identidade pessoal, por cuja fôrça os diversos indivíduos, ao nascerem, adquirem a faculdade de serem, em princípio, designados obrigatoriamente por *um vocábulo* ou *um conjunto de vocábulos* que se convencionou chamar *nome*, e que, segundo as legislações ocidentais, deve ser composto, fundamentalmente, de *prenome e nome de família*.[36]

Embora o autor afirme que o direito ao nome é adquirido pelos indivíduos no momento de seu nascimento, vale relembrar o que já foi afirmado neste estudo a respeito do natimorto, o qual embora não tenha nascido com vida, é detentor do direito ao nome.

O direito ao nome do natimorto, fruto de construção doutrinária e jurisprudencial a respeito do tema, não tem previsão em lei em sentido estrito.

Em razão dessa lacuna normativa, diversas Corregedorias dos Tribunais de Justiça das Unidades da Federação inseriram em seus códigos de normas aplicáveis às Serventias Notariais e de Registro, dispositivos sobre a possibilidade de inclusão de nome no registro de óbito do natimorto, que deve ser lavrado no livro C-Auxiliar do Cartório de Registro Civil das Pessoas Naturais competente.[37]

A título de exemplo, o artigo 584 do Código de Normas e Procedimentos dos Serviços Notariais e de Registro do Estado da Bahia, prevê que:

> Art. 584. É garantido o direito ao nome para o natimorto, nele compreendido prenome e sobrenome, já que o mesmo adquiriu personalidade formal quando concebido, e por tal motivo recebeu a proteção dos direitos da personalidade, previstos na Constituição Federal e no Código Civil.[38]

No mesmo sentido o artigo 32 do Capítulo XVII das Normas de Serviço dos Cartórios Extrajudiciais do Estado de São Paulo: "32. Em caso de natimorto, facultado o direito de atribuição de nome, o registro será efetuado no livro "C-Auxiliar", com o índice em nome do pai ou da mãe, dispensando o assento de nascimento."[39]

---

36. FRANÇA, op. cit., p. 177, grifo do autor.
37. Art. 29. Serão registrados no registro civil de pessoas naturais: III – os óbitos; Art. 33 Haverá, em cada cartório, os seguintes livros, todos com 300 (trezentas) folhas cada um: V – "C Auxiliar" – de registro de natimortos. (BRASIL. Lei 6.015, de 31 de dezembro de 1973. Dispõe sobre os registros públicos, e dá outras providências. *Diário Oficial da União*, Brasília-DF, 31 de dezembro de 1973. Disponível em: http://www.planalto.gov.br/ccivil_03/leis/l6015compilada.htm. Acesso em: 16 nov. 2019).
38. Estado da Bahia. Tribunal de Justiça. Corregedoria Geral da Justiça. Provimento Conjunto CGJ/CCI 03/2020. Diário da Justiça Eletrônico 2.553, Salvador-BA, 03 de fevereiro de 2020. p. 229. Disponível em: http://www5.tjba.jus.br/extrajudicial/wp-content/uploads/2020/03/REPUBLICA%C3%87%C3%83O-CORRE-TIVA-PRIVIMENTO-03.2020-C%C3%93DIGO-DE-NORMAS.pdf. Acesso em: 10 ago. 2020.
39. Estado de São Paulo. Tribunal de Justiça. Corregedoria Geral da Justiça. Provimento 58/89. São Paulo-SP, 28 de novembro de 1989. Disponível em:https://api.tjsp.jus.br/Handlers/Handler/FileFetch.ashx?codigo=120003. Acesso em: 10 de julho de 2020.

Em que pese falar-se em direito ao nome, nota-se, pelo que já foi mencionado no tópico 1.4 sobre as funções do nome, que ele é tanto um direito quanto um dever, pois o registro de nascimento é obrigatório para todo nascimento que ocorrer em território nacional e a indicação de prenome e sobrenome que forem postos ao registrado são um dos requisitos obrigatórios desse assento (artigos 50, *caput* e 54, 4º, da Lei de Registros Públicos – Lei 6.015/73).

Garantido o direito ao nome, resta saber como ele será formado e as disposições normativas que devem ser observadas.

As normas que regem a formação do nome no ordenamento pátrio são escassas. Sobre esse tema há previsão no Código Civil, em seu artigo 16 (supramencionado), e na Lei de Registros Públicos (Lei 6.015/73), em seu artigo 54, item 4º, artigo 55, *caput* e parágrafo único e artigo 63, *caput* e parágrafo único.[40]

Referidas normas dispõem basicamente que o nome será formado por prenome e sobrenome; que se este não for indicado pelos pais o Oficial de Registro lançará um de cada genitor (releitura do dispositivo à luz da Constituição Federal); que o prenome não poderá expor o registrado ao ridículo e que no caso de gêmeos ou de irmãos de mesmo prenome, deverá ser adotado duplo prenome ou nome composto diverso.

Cumpre ressaltar que nesses dispositivos a Lei 6.015/73 utiliza o termo "nome" como sinônimo de sobrenome, razão pela qual o intérprete deve estar atento a esse detalhe.

Caberá ao Oficial de Registro, quando da lavratura do registro de nascimento por um dos legitimados previstos no artigo 52 da Lei de Registros Públicos[41], fazer o controle quanto à potencialidade de exposição ao ridículo do prenome escolhido.

---

40. Art. 50. Todo nascimento que ocorrer no território nacional deverá ser dado a registro, no lugar em que tiver ocorrido o parto ou no lugar da residência dos pais, dentro do prazo de quinze dias, que será ampliado em até três meses para os lugares distantes mais de trinta quilômetros da sede do cartório. Art. 54. O assento do nascimento deverá conter: 4º) o nome e o prenome, que forem postos à criança; Art. 55. Quando o declarante não indicar o nome completo, o oficial lançará adiante do prenome escolhido o nome do pai, e na falta, o da mãe, se forem conhecidos e não o impedir a condição de ilegitimidade, salvo reconhecimento no ato. Parágrafo único. Os oficiais do registro civil não registrarão prenomes suscetíveis de expor ao ridículo os seus portadores. Quando os pais não se conformarem com a recusa do oficial, este submeterá por escrito o caso, independente da cobrança de quaisquer emolumentos, à decisão do Juiz competente. Art. 63. No caso de gêmeos, será declarada no assento especial de cada um a ordem de nascimento. Os gêmeos que tiverem o prenome igual deverão ser inscritos com duplo prenome ou nome completo diverso, de modo que possam distinguir-se. Parágrafo único. Também serão obrigados a duplo prenome, ou a nome completo diverso, os irmãos a que se pretender dar o mesmo prenome (BRASIL. Lei 6.015, de 31 de dezembro de 1973. Op. cit.).
41. Art. 52. São obrigados a fazer declaração de nascimento: 1º) o pai ou a mãe, isoladamente ou em conjunto, observado o disposto no § 2o do art. 54; 2º) no caso de falta ou de impedimento de um dos indicados no item 1º, outro indicado, que terá o prazo para declaração prorrogado por 45 (quarenta e cinco) dias; 3º) no impedimento de ambos, o parente mais próximo, sendo maior achando-se presente; 4º) em falta ou impedimento do parente referido no número anterior os administradores de hospitais ou os médicos e parteiras, que tiverem assistido o parto; 5º) pessoa idônea da casa em que ocorrer, sendo fora da residência da mãe; 6º) finalmente, as pessoas (Vetado) encarregadas da guarda do menor (Brasil. Lei 6.015, de 31 de dezembro de 1973. Op. cit.).

Se o declarante não concordar com a recusa do Oficial, este submeterá por escrito o caso, independente da cobrança de quaisquer emolumentos, à decisão do Juiz competente (artigo 55, parágrafo único, Lei 6.015/73).

Via de regra esse Juiz competente é o responsável pela Corregedoria Permanente dos Registros Públicos, como constam nas Normas das Corregedorias dos Tribunais de Justiça dos Estados de Rondônia (artigo 648, *caput*)[42], Paraná (artigo 179)[43] e São Paulo (artigo 33, seção III, capítulo XVII).[44]

1.5.2   Do direito a um nome

Ao declarar o nascimento perante o Oficial de Registro Civil, a fim de reduzir esse fato jurídico a termo, o responsável indicará o nome que se pretende dar à criança, fruto do exercício do direito ao nome desse recém-nascido.

Feita a lavratura do ato, nascerá então para o registrado o direito a certo e determinado nome (direito a um nome), qual seja, aquele inscrito em seu assento de nascimento.

É o direito ao seu próprio nome, definido no Registro Civil das Pessoas Naturais, em exclusão às demais pessoas, cujo enunciado é a expressão particular e, em princípio, obrigatória, da personalidade do sujeito.[45]

Esse direito nasce, geralmente, com o registro de nascimento, pois é por meio dele que se obtém a necessária publicidade e oponibilidade a terceiros do nome civil da pessoa natural.

Há casos, no entanto, em que o direito a um nome nascerá pelo uso contínuo, público e prolongado de determinado nome, que já tenha se incorporado à personalidade da pessoa, e por meio do qual ela seja conhecida no meio social.[46]

1.5.3   Do direito de pôr e de tomar o nome

Como o próprio nome sugere, o direito de pôr o nome é aquele exercido pelo declarante no ato do registro de nascimento, ao indicar o nome completo do registrado ao Oficial de Registro Civil das Pessoas Naturais.

---

42. Estado de Rondônia. Tribunal de Justiça. Corregedoria Geral da Justiça. Provimento Corregedoria 014/2019. Diário da Justiça Eletrônico 211, Porto Velho-RO, 08 de novembro de 2019. Disponível em: https://www.tjro.jus.br/corregedoria/images/diretrizes_extra_judiciais/Diretrizes_Gerais_Extrajudiciais-PROVIMENTO_n._14-2019.pdf. Acesso em: 04 dez. 2019.

43. Estado do Paraná. Tribunal de Justiça. Corregedoria Geral da Justiça. Provimento 249/2013. Curitiba-PR. Disponível em: https://www.tjpr.jus.br/codigo-de-normas-foro-extrajudicial. Acesso em: 04 dez. 2019.

44. Estado de São Paulo. Op. cit.

45. FRANÇA, op. cit., p. 177.

46. Art. 58. O prenome será definitivo, admitindo-se, todavia, a sua substituição por apelidos públicos notórios. (BRASIL. Lei 6.015, de 31 de dezembro de 1973. Op. cit.).

De acordo com Leonardo Brandelli: "O *direito de pôr o nome* é o direito que tem determinada pessoa de atribuir determinado nome a outra pessoa; o *de tomar o nome* é o que tem determinada pessoa de atribuir a si própria determinado prenome ou nome de família".[47]

Via de regra esse direito (de pôr o nome) pertence aos pais da criança que será registrada, os quais detêm o poder familiar sobre ela.[48]

Na impossibilidade de os pais requererem a lavratura do registro de nascimento, o direito de pôr o nome será exercido por um dos demais legitimados a declararem esse fato jurídico (itens 3º a 6º do artigo 52 da Lei 6.015/73). Nessa hipótese, recomenda-se que o Oficial de Registro consigne no assento o motivo do não comparecimento dos pais ao Cartório, já que o exercício desse direito por terceiro ocorre a título de exceção.

O direito de pôr o nome é tema de suma importância, pois o nome aposto no registro de nascimento via de regra acompanhará o indivíduo durante toda a sua trajetória de vida.

Rubens Limongi França, reconhecendo a relevância desse direito, tece crítica a respeito da ordem prevista em lei para se declarar o nascimento e, por consequência, indicar o nome da criança:

> Como se vê, dêsse modo, não seria difícil que uma criança viesse a ter nome diferente daquele que fôra da vontade dos pais, pois bastaria o impedimento de ambos (§3 º) para que ao parente mais próximo coubesse o direito de lhe dar o nome, o que não nos parece justo. Mais razoável seria se a lei tivesse estabelecido que o direito de pôr o nome, em princípio, compete ao detentor do pátrio poder, devendo as demais pessoas às quais, no seu impedimento, incumbe fazer o registro, funcionar como meros procuradores. O direito de pôr o nome só passaria a essas pessoas, pela ordem enumerada na lei, no caso em que o detentor do pátrio poder viesse a faltar.[49]

A ordem dos legitimados prevista no artigo 52 da Lei 6.015/73 seria a regra a respeito daqueles que detêm o direito de pôr o nome. No entanto, o ordenamento jurídico pátrio prevê uma série de exceções a esse respeito, tanto na própria Lei de Registros Públicos quanto em legislação esparsa.

Como exemplos de exceções legais à norma citada no parágrafo anterior, têm-se as seguintes hipóteses, todas contidas na Lei de Registros Públicos: a) direito de pôr o nome exercido pelo Oficial de Registro, ainda que de forma limitada, na hipótese do declarante não indicar o nome completo da criança;[50] b) direito de pôr o nome ao exposto, exercido pelos responsáveis dos estabelecimentos de caridade, pelas

---

47. BRANDELLI, op. cit., p. 35, grifo do autor.
48. Art. 1.630. Os filhos estão sujeitos ao poder familiar, enquanto menores. Art. 1.634. Compete a ambos os pais, qualquer que seja a sua situação conjugal, o pleno exercício do poder familiar [...]. (BRASIL. Lei 10.406, de 10 de janeiro de 2002. Op. cit.)
49. FRANÇA, op. cit., p. 209.
50. Art. 55. Quando o declarante não indicar o nome completo, o oficial lançará adiante do prenome escolhido o nome do pai, e na falta, o da mãe, se forem conhecidos e não o impedir a condição de ilegitimidade, salvo reconhecimento no ato (BRASIL. Lei 6.015, de 31 de dezembro de 1973. Op. cit.).

autoridades ou pelos particulares que comunicarem o ato ao oficial competente;[51] c) direito de pôr o nome ao menor abandonado sob jurisdição do juiz, a quem incumbirá indicar o nome.[52]

Por fim, têm-se o direito de tomar o nome, que segundo Rubens Limongi França "é variante do direito de pôr o nome. Na verdade, é o direito *de se pôr a si mesmo certo nome*, havendo no caso identidade de sujeito."[53]

Percebe-se, assim, que o direito de tomar o nome é aquele garantido ao titular do direito ao nome, de indicar, por si próprio, o nome que deverá constar em seu assento de nascimento. Por óbvio, trata-se de hipótese excepcional, que demanda previsão legal para sua ocorrência.

A título de exemplo, podem ser citadas as seguintes situações de exercício do direito de tomar o nome: a) registro de nascimento tardio solicitado pelo próprio interessado;[54] b) tradução ou adaptação do nome no pedido de naturalização;[55] c) alteração do nome no primeiro ano após a maioridade civil, tema central deste trabalho e que será abordado em capítulo à parte.[56]

Explorados os conceitos e implicações dos direitos ao nome, a um nome e de pôr e tomar o nome, convém que se fale a respeito do princípio da imutabilidade do nome e de suas exceções.

2. DO PRINCÍPIO DA IMUTABILIDADE RELATIVA DO NOME

Assim como a norma objeto do presente trabalho (artigo 56 da Lei 6.015/73), o princípio da imutabilidade do prenome também foi inserido no ordenamento jurí-

---

51. Art. 61. Tratando-se de exposto, o registro será feito de acordo com as declarações que os estabelecimentos de caridade, as autoridades ou os particulares comunicarem ao oficial competente, nos prazos mencionados no artigo 51, a partir do achado ou entrega, sob a pena do artigo 46, apresentando ao oficial, salvo motivo de força maior comprovada, o exposto e os objetos a que se refere o parágrafo único deste artigo (BRASIL. Lei 6.015, de 31 de dezembro de 1973. Op. cit.).

52. Art. 62. O registro do nascimento do menor abandonado, sob jurisdição do Juiz de Menores, poderá fazer-se por iniciativa deste, à vista dos elementos de que dispuser e com observância, no que for aplicável, do que preceitua o artigo anterior (BRASIL. Lei 6.015, de 31 de dezembro de 1973. Op. cit.).

53. FRANÇA, op. cit., p. 178.

54. Art. 50. Todo nascimento que ocorrer no território nacional deverá ser dado a registro, no lugar em que tiver ocorrido o parto ou no lugar da residência dos pais, dentro do prazo de quinze dias, que será ampliado em até três meses para os lugares distantes mais de trinta quilômetros da sede do cartório. § 3º Os menores de vinte e um (21) anos e maiores de dezoito (18) anos poderão, pessoalmente e isentos de multa, requerer o registro de seu nascimento. (BRASIL. Lei 6.015, de 31 de dezembro de 1973. Op. cit.).

55. Art. 71. O pedido de naturalização será apresentado e processado na forma prevista pelo órgão competente do Poder Executivo, sendo cabível recurso em caso de denegação. § 1º No curso do processo de naturalização, o naturalizando poderá requerer a tradução ou a adaptação de seu nome à língua portuguesa. (BRASIL. Lei 13.445, de 24 de maio de 2017. Institui a Lei de Migração. *Diário Oficial da União*, Brasília-DF, 25 de maio de 2017. Disponível em: http://www.planalto.gov.br/ccivil_03/_Ato2015-2018/2017/Lei/L13445.htm#art124. Acesso em: 05 ago. 2020).

56. Art. 56. O interessado, no primeiro ano após ter atingido a maioridade civil, poderá, pessoalmente ou por procurador bastante, alterar o nome, desde que não prejudique os apelidos de família, averbando-se a alteração que será publicada pela imprensa. (BRASIL. Lei 6.015, de 31 de dezembro de 1973. Op. cit.).

dico pátrio pelo Decreto 18.542/28, que em seu artigo 72 dispunha que: "O prenome será imutável".[57] Essa informação foi extraída da mesma análise histórico-legislativa mencionada no início do tópico 4.1 deste estudo.

Com a edição do Decreto 4.857/39, foi acrescido um parágrafo único, a fim de possibilitar a mudança nos casos de erro: "Art. 72. O prenome será imutável. Parágrafo único. Quando, entretanto, for evidente o erro gráfico do prenome e desde que não se altere sua pronúncia, admite-se a retificação."[58]

A imutabilidade, que a princípio parecia absoluta, foi aos poucos sendo relativizada, como se percebe na nova alteração promovida pelo Decreto 5.318/40 ao artigo 72, que acrescentou a possibilidade de mudança do prenome na hipótese de exposição do seu portador ao ridículo:

> Art. 72. O prenome será imutável. Parágrafo único. Quando, entretanto, for evidente o erro gráfico do prenome e desde que não se altere sua pronúncia, admite-se a retificação, bem como a sua mudança, mediante decisão do Juiz, a requerimento do interessado, no caso do parágrafo único do art. 69, se os oficiais não o houverem impugnado.[59]

A Lei 6.015/73, em sua redação original, manteve as hipóteses de alteração por erro gráfico e exposição ao ridículo e dispensou, no primeiro caso, a exigência de idêntica pronúncia do prenome para o deferimento da retificação:

> Art. 59. O prenome será imutável. Parágrafo único. Quando, entretanto, for evidente o erro gráfico do prenome, admite-se a retificação, bem como a sua mudança mediante sentença do Juiz, a requerimento do interessado, no caso do parágrafo único do artigo 56, se o oficial não o houver impugnado.

Seguindo a tendência de relativização do princípio da imutabilidade do prenome, a Lei 9.708/98 alterou a Lei de Registros Públicos para dispor que: "Art. 58. O prenome será definitivo, admitindo-se, todavia, a sua substituição por apelidos públicos notórios. Parágrafo único. Não se admite a adoção de apelidos proibidos em Lei."[60]

Esse parágrafo único foi modificado pela Lei 9.807/99, de modo que a atual redação da Lei 6.015/73 é a seguinte:

---

57. Brasil. Decreto 18.542, de 24 de dezembro de 1928. Aprova o regulamento para execução dos serviços concernentes nos registros públicos estabelecidos pelo Código Civil. Rio de Janeiro-RJ, 24 de dezembro de 1928. Disponível em: http://www.planalto.gov.br/ccivil_03/decreto/1910-1929/D18542.htm. Acesso em: 05 de dezembro de 2019.

58. Brasil. Decreto 4.857, de 9 de novembro de 1939. Dispõe sobre a execução dos serviços concernentes aos registros públicos estabelecidos pelo Código Civil. Diário Oficial da União, Rio de Janeiro-RJ, 23 de novembro de 1939. Disponível em: http://www.planalto.gov.br/ccivil_03/decreto/1930-1949/D4857.htm. Acesso em: 05 de dezembro de 2019.

59. Brasil. Decreto 5.318, de 29 de fevereiro de 1940. Faz alterações de redação no Decreto 4.857, de 9 de novembro de 1939. Diário Oficial da União, Rio de Janeiro-RJ, 2 de março de 1940. Disponível em: http://www.planalto.gov.br/ccivil_03/decreto/1930-1949/D5318.htm. Acesso em: 05 de dezembro de 2019.

60. BRASIL. Lei 9.708, de 18 de novembro de 1998. Altera o art. 58 da Lei no 6.015, de 31 de dezembro de 1973, que dispõe sobre Registros Públicos, para possibilitar a substituição do prenome por apelidos públicos notórios. Diário Oficial da União, Brasília-DF, 19 de novembro de 1998. Disponível em: http://www.planalto.gov.br/ccivil_03/Leis/L9708.htm. Acesso em: 05 dez. 2019.

Art. 58. O prenome será definitivo, admitindo-se, todavia, a sua substituição por apelidos públicos notórios. Parágrafo único. A substituição do prenome será ainda admitida em razão de fundada coação ou ameaça decorrente da colaboração com a apuração de crime, por determinação, em sentença, de juiz competente, ouvido o Ministério Público.[61]

Percebe-se que desde a edição da Lei 9.708/98 não há mais no dispositivo a previsão da possibilidade de alteração do prenome por erro gráfico e por exposição do portador ao ridículo.

Isso decorre do fato de que atualmente o erro gráfico pode ser sanado com base nos artigos 109 (retificação judicial) e 110 (retificação extrajudicial) da Lei 6.015/73, a depender da necessidade ou não de se constituir prova em juízo a respeito desse erro, e a exposição ao ridículo com fundamento no artigo 57 do mesmo diploma legal, que permite a alteração de nome pela via judicial, desde que motivada.[62]

Da análise normativa supracitada nota-se que o ordenamento jurídico se firma no sentido de reconhecer uma definitividade ou imutabilidade relativa do prenome e não mais a imutabilidade absoluta de outrora.

Ao tratar desse tema, o Superior Tribunal de Justiça – STJ alargou a aplicação da norma-regra da imutabilidade do prenome, elevando-a ao patamar de norma-princípio da "imutabilidade do nome" e não só do prenome.

Nesse sentido o seguinte julgado da 3ª Turma, que decidiu a respeito de pedido de supressão de patronímico por abandono afetivo:

> Recurso especial. Direito civil. Registro civil. Nome. Alteração. Supressão do patronímico paterno. Abandono pelo pai na infância. Justo motivo. Retificação do assento de nascimento. Interpretação dos artigos 56 e 57 da lei 6.015/73. Precedentes. 1. O princípio da imutabilidade do nome não é

---

61. Brasil. Lei 9.807, de 13 de julho de 1999. Estabelece normas para a organização e a manutenção de programas especiais de proteção a vítimas e a testemunhas ameaçadas, institui o Programa Federal de Assistência a Vítimas e a Testemunhas Ameaçadas e dispõe sobre a proteção de acusados ou condenados que tenham voluntariamente prestado efetiva colaboração à investigação policial e ao processo criminal. Diário Oficial da União, Brasília-DF, 14 de julho de 1999. Disponível em: http://www.planalto.gov.br/ccivil_03/leis/l9807. htm. Acesso em: 05 dez. 2019.

62. Art. 109. Quem pretender que se restaure, supra ou retifique assentamento no Registro Civil, requererá, em petição fundamentada e instruída com documentos ou com indicação de testemunhas, que o Juiz o ordene, ouvido o órgão do Ministério Público e os interessados, no prazo de cinco dias, que correrá em cartório. Art. 110. O oficial retificará o registro, a averbação ou a anotação, de ofício ou a requerimento do interessado, mediante petição assinada pelo interessado, representante legal ou procurador, independentemente de prévia autorização judicial ou manifestação do Ministério Público, nos casos de: I – erros que não exijam qualquer indagação para a constatação imediata de necessidade de sua correção; II – erro na transposição dos elementos constantes em ordens e mandados judiciais, termos ou requerimentos, bem como outros títulos a serem registrados, averbados ou anotados, e o documento utilizado para a referida averbação e/ou retificação ficará arquivado no registro no cartório; III – inexatidão da ordem cronológica e sucessiva referente à numeração do livro, da folha, da página, do termo, bem como da data do registro; IV – ausência de indicação do Município relativo ao nascimento ou naturalidade do registrado, nas hipóteses em que existir descrição precisa do endereço do local do nascimento; V – elevação de Distrito a Município ou alteração de suas nomenclaturas por força de lei. Art. 57. A alteração posterior de nome, somente por exceção e motivadamente, após audiência do Ministério Público, será permitida por sentença do juiz a que estiver sujeito o registro, arquivando-se o mandado e publicando-se a alteração pela imprensa, ressalvada a hipótese do art. 110 desta Lei. (Brasil. Lei 6.015, de 31 de dezembro de 1973. Op. cit.).

absoluto no sistema jurídico brasileiro. 2. O nome civil, conforme as regras dos artigos 56 e 57 da Lei de Registros Públicos, pode ser alterado no primeiro ano após atingida a maioridade, desde que não prejudique os apelidos de família, ou, ultrapassado esse prazo, por justo motivo, mediante apreciação judicial e após ouvido o Ministério Público. 3. Caso concreto no qual se identifica justo motivo no pleito do recorrente de supressão do patronímico paterno do seu nome, pois, abandonado pelo pai desde tenra idade, foi criado exclusivamente pela mãe e pela avó materna. 4. Precedentes específicos do STJ, inclusive da Corte Especial. 5. Recurso Especial Provido.[63]

Ao apreciar hipótese de pedido de alteração de prenome, a 4ª Turma também invocou a norma-princípio da imutabilidade do nome:

Recurso Especial — Direito Civil – Registros Públicos – Retificação De Registro Civil – Prenome utilizado pela requerente desde criança no meio social em que vive diverso daquele constante do registro de nascimento – Posse prolongada do nome – Conhecimento público e notório – Substituição – Possibilidade – Recurso Provido. Hipótese: Trata-se de ação de retificação de registro civil de nascimento, pela qual a autora pretende a alteração de seu prenome (Raimunda), ao argumento de que é conhecida por Danielle desde criança e a divergência entre o nome pelo qual é tratada daquele que consta do seu registro tem lhe causado constrangimentos. 1. O princípio da imutabilidade do nome não é absoluto no sistema jurídico brasileiro. 2. O nome civil, conforme as regras dos artigos 56 e 57 da Lei de Registros Públicos, pode ser alterado: a) no primeiro ano após atingida a maioridade, desde que não prejudique os apelidos de família; ou b) ultrapassado esse prazo, por justo motivo, mediante apreciação judicial e após ouvido o Ministério Público. 3. Caso concreto no qual se identifica justo motivo no pleito da recorrente de alteração do prenome, pois é conhecida no meio social em que vive, desde criança, por nome diverso daquele constante do registro de nascimento, circunstância que tem lhe causado constrangimentos. 4. Recurso especial conhecido e provido.[64]

Nota-se que, em ambos os julgados, o primeiro fundamento invocado para autorizar a supressão do patronímico e a alteração do prenome, respectivamente, foi o de que o princípio da imutabilidade do nome não é absoluto.

Ao discorrerem sobre essa imutabilidade, Vitor Frederico Kümpel e Carla Modina Ferrari concluem que:

Ideal é que a imutabilidade seja vista como a impossibilidade de múltiplas alterações do nome de uma pessoa ao longo de sua vida, ao mero sabor de sua vontade. Na prática, o que se verifica é o fato do titular querer alterar, até por razões de foro íntimo, seu nome uma única vez, o que não parece desarrazoado. Sendo direito da personalidade, parece desarrazoado que o sujeito tenha

---

63. Brasil. Superior Tribunal de Justiça (3. Turma). Recurso Especial 1.304.718/SP. Recorrente: F S DE C L. Recorrido: Ministério Público do Estado de São Paulo. Relator: Ministro Paulo de Tarso Sanseverino. Brasília-DF, 18 de dezembro de 2014. Diário da Justiça eletrônico, Brasília-DF, 05 de fevereiro de 2015. Disponível em: https://ww2.stj.jus.br/processo/revista/inteiroteor/?num_registro=201103048755&dt_publicacao=05/02/2015. Acesso em: 05 ago. 2020.

64. BRASIL. Superior Tribunal de Justiça (4. Turma). Recurso Especial 1.217.166/MA. Recorrente: Raimunda de Sousa Ribeiro. Recorrido: Ministério Público do Estado do Maranhão. Relator: Ministro Marco Buzzi. Brasília-DF, 14 de fevereiro de 2017. Diário da Justiça eletrônico, Brasília-DF, 24 de março de 2017. Disponível em: https://ww2.stj.jus.br/processo/revista/inteiroteor/?num_registro=201001751731&dt_publicacao=24/03/2017. Acesso em: 05 ago. 2020.

que apresentar fortes razões jurídicas para alterar seu nome. A alteração pode decorrer da simples vontade de mudar, por questões exclusivas de foro íntimo.[65]

Assim, na visão dos autores, que prestigia o princípio da dignidade da pessoa humana e a autonomia da vontade, ao dispor que o prenome é definitivo, a Lei de Registros Públicos não proibiu de forma absoluta a mudança do nome, mas sim múltiplas alterações dele.

Como consequência dessa imutabilidade relativa do nome, há uma série de outras normas, além das mencionadas neste tópico, que permitem a alteração do nome, inclusive diretamente na Serventia de Registro Civil, e que serão abordadas no item seguinte.

3. DAS ALTERAÇÕES DO NOME

O Registro Civil das Pessoas Naturais é a especialidade de Registro Público responsável por escriturar os fatos da vida, tornando cognoscível e oponível a terceiros o nome e o estado das pessoas naturais, garantindo-se a autenticidade, segurança e eficácia dos atos jurídicos.[66]

O nome e o estado das pessoas naturais, bem como o domicílio, são os elementos responsáveis por individualizar, jurídica e civilmente, as pessoas. Esse estado da pessoa natural compreende o estado político (cidadania, nacionalidade e naturalidade), o individual (idade, sexo e capacidade) e o familiar (parentesco/filiação e situação conjugal).[67]

O Cartório de Registro Civil das Pessoas Naturais ou Ofício da Cidadania, como alguns o chamam após a edição da Lei 13.484/2017, é o responsável por dar publicidade ao nome e ao estado das pessoas, pois por meio das certidões de nascimento, casamento e óbito, consegue-se extrair informações como o nome, naturalidade, nacionalidade, idade, sexo, filiação, parentesco e situação conjugal.

Por ser um indivíduo dotado de consciência e vontade, a pessoa natural ou física não só age e reage com a realidade que lhe é exterior, mas também se integra ao mundo e o modifica, a fim de atingir seus objetivos.[68]

Essa capacidade de integração e interação com o mundo, própria do ser humano, faz com que os seus elementos de individualização sejam dinâmicos, e o Registro Civil das Pessoas Naturais, que tem como um de seus nortes o princípio da verdade

---

65. KÜMPEL; FERRARI, op. cit., p. 226.
66. Art. 1º Os serviços concernentes aos Registros Públicos, estabelecidos pela legislação civil para autenticidade, segurança e eficácia dos atos jurídicos, ficam sujeitos ao regime estabelecido nesta Lei (Brasil. Lei 6.015, de 31 de dezembro de 1973. Op. cit.).
67. CAMARGO NETO, Mario de Carvalho; OLIVEIRA, Marcelo Salaroli de. In: CASSETTARI, Christiano (Coord.). *Registro civil das pessoas naturais*: parte geral e registro e nascimento. Coleção cartórios. São Paulo: Saraiva, 2014. v. 1, p. 31.
68. LOUREIRO, Luiz Guilherme. *Registros públicos*: teoria e prática. 5. ed. rev., atual. e ampl. Rio de Janeiro: Forense; São Paulo: Método, 2014. p. 32.

real, deve possibilitar e facilitar o ingresso dessas alterações em seus livros de registros, sem perder de vista a estrita observância da legalidade e a garantia da segurança jurídica, princípio basilar do sistema registral.

Assim entende o Superior Tribunal de Justiça:

> Direito civil registro público. Retificação do nome da genitora por modificação decorrente de divórcio. Legitimidade concorrente. Da genitora. Averbação à margem do assento. De registro de nascimento de seus filhos menores. Possibilidade. Atendimento aos princípios da verdade real e da contemporaneidade. Recurso especial a que se nega provimento. 1. O princípio da verdade real norteia o registro público e tem por finalidade a segurança jurídica. Por isso que necessita espelhar a verdade existente e atual e não apenas aquela que passou. [...][69]

Nesse sentido, com o propósito de se manter os registros públicos atualizados às vicissitudes do cotidiano, em observância ao princípio da verdade real, exsurgem previsões normativas que autorizam a modificação do nome e de outros elementos do estado da pessoa natural.

São exemplos de hipóteses que autorizam a modificação do nome:

a) Alteração imotivada do nome no primeiro ano após a maioridade civil (artigo 56 da Lei 6.015/73), que será tratada em capítulo próprio;

b) Erro de grafia, cuja retificação será feita com fundamento nos artigos 109 e 110 da Lei 6.015/73, já transcritos neste trabalho;

c) Exposição ao ridículo, que seguirá o rito do artigo 57 da Lei 6.015/73, supramencionado;

d) Homonímia, cujo pedido também observará o artigo 57 da Lei de Registros Públicos;

e) Adoção, nos termos do que prevê a norma do artigo 47, §5°, da Lei 8.069/90, que poderá modificar inclusive o prenome do adotado;[70]

f) Proteção à testemunha, que poderá culminar na alteração do nome completo, conforme previsão do artigo 9° da Lei 9.807/99;[71]

---

69. Brasil. Superior Tribunal de Justiça (4ª Turma). Recurso Especial 1123141/PR. Recorrente: Ministério Público do Estado do Paraná. Recorrido: Angela Ninno Leite. Relator: Ministro Luis Felipe Salomão. Brasília-DF, 28 de setembro de 2010. Diário da Justiça eletrônico, Brasília-DF, 07 de outubro de 2010. Disponível em: https:// ww2.stj.jus.br/processo/revista/inteiroteor/?num_registro=200501130558&dt_publicacao=07/10/2010. Acesso em: 05 dez. 2019.

70. Art. 47. O vínculo da adoção constitui-se por sentença judicial, que será inscrita no registro civil mediante mandado do qual não se fornecerá certidão. § 5° A sentença conferirá ao adotado o nome do adotante e, a pedido de qualquer deles, poderá determinar a modificação do prenome. (BRASIL. Lei 8.069, 13 de julho de 1990. Dispõe sobre o Estatuto da Criança e do Adolescente e dá outras providências. Diário Oficial da União, Brasília-DF, 16 de julho de 1990. Disponível em: http://www.planalto.gov.br/ccivil_03/leis/l8069. htm. Acesso em: 05 dez. 2019).

71. Art. 9° Em casos excepcionais e considerando as características e gravidade da coação ou ameaça, poderá o conselho deliberativo encaminhar requerimento da pessoa protegida ao juiz competente para registros públicos objetivando a alteração de nome completo. § 1° A alteração de nome completo poderá estender-se às pessoas mencionadas no §1° do art. 2° desta Lei, inclusive aos filhos menores, e será precedida das providências necessárias ao resguardo de direitos de terceiros. § 2° O requerimento será sempre fundamentado e o juiz ouvirá previamente o Ministério Público, determinando, em seguida, que o procedimento tenha rito sumaríssimo e corra em segredo de justiça. §3° Concedida a alteração pretendida, o juiz determinará na sentença, observando o sigilo indispensável à proteção do interessado: I – a averbação no registro original de nascimento da menção de que houve alteração de nome completo em conformidade com o estabelecido

g) Naturalização, a fim de traduzir ou adaptar o nome do naturalizando à língua portuguesa (artigo 71, § 1º, da Lei 13.445/2017, já reproduzido anteriormente);

h) Casamento, de acordo com o que dispõe o artigo 1.565, § 1º, do Código Civil;[72]

i) Separação e divórcio, ficando a cargo do cônjuge a opção pela manutenção ou não do sobrenome do outro (artigos 1.571, incisos III e IV, § 2º e 1.578, §§ 1º e 2º, do Código Civil), em razão do reconhecimento do nome como direito da personalidade;[73]

j) Casamento nulo ou anulável (artigo 1.561, §§1º e 2º, do Código Civil), que por força da retroatividade da decisão judicial, será tido como se nunca tivesse existido, retornando os cônjuges ao estado anterior, salvo boa-fé de um ou de ambos, caso em que os efeitos civis do casamento poderão ser aproveitados;[74]

k) Reconhecimento de paternidade ou maternidade, tanto biológico quanto socioafetivo, conforme artigo 1.609 do Código Civil e Provimentos 63/2017 e 83/2019 do Conselho Nacional de Justiça – CNJ;

l) Averbação nos registros de nascimento e casamento das alterações de patronímico dos genitores em decorrência de casamento, separação e divórcio, além da possibilidade do retorno ao nome anterior de pessoa viúva e de acréscimo de patronímico de genitor ao nome do filho menor de idade, como autoriza o Provimento 82/2019 do CNJ;

m) Alteração de prenome e gênero, regulamentada pelo CNJ por meio do Provimento 73/2018;

n) Alterações subsidiárias que possam ter curso nos registros, com fundamento nas normas previstas no artigo 29, § 1º, alínea f, combinada com o artigo 97, *caput*, ambos da Lei 6.015/73.[75]

---

nesta Lei, com expressa referência à sentença autorizatória e ao juiz que a exarou e sem a aposição do nome alterado; II – a determinação aos órgãos competentes para o fornecimento dos documentos decorrentes da alteração; III – a remessa da sentença ao órgão nacional competente para o registro único de identificação civil, cujo procedimento obedecerá às necessárias restrições de sigilo. §4º O conselho deliberativo, resguardado o sigilo das informações, manterá controle sobre a localização do protegido cujo nome tenha sido alterado. §5º Cessada a coação ou ameaça que deu causa à alteração, ficará facultado ao protegido solicitar ao juiz competente o retorno à situação anterior, com a alteração para o nome original, em petição que será encaminhada pelo conselho deliberativo e terá manifestação prévia do Ministério Público. (BRASIL. Lei 9.807, de 13 de julho de 1999. Op. cit.).

72. Art. 1.565. Pelo casamento, homem e mulher assumem mutuamente a condição de consortes, companheiros e responsáveis pelos encargos da família. § 1º Qualquer dos nubentes, querendo, poderá acrescer ao seu o sobrenome do outro (Brasil. Lei 10.406, de 10 de janeiro de 2002. Op. cit.).

73. Art. 1.571. A sociedade conjugal termina: III – pela separação judicial; IV – pelo divórcio. §2º Dissolvido o casamento pelo divórcio direto ou por conversão, o cônjuge poderá manter o nome de casado; salvo, no segundo caso, dispondo em contrário a sentença de separação judicial. Art. 1.578. O cônjuge declarado culpado na ação de separação judicial perde o direito de usar o sobrenome do outro, desde que expressamente requerido pelo cônjuge inocente e se a alteração não acarretar: [...] § 1º O cônjuge inocente na ação de separação judicial poderá renunciar, a qualquer momento, ao direito de usar o sobrenome do outro. § 2º Nos demais casos caberá a opção pela conservação do nome de casado (BRASIL. Lei 10.406, de 10 de janeiro de 2002. Op. cit.).

74. Art. 1.561. Embora anulável ou mesmo nulo, se contraído de boa-fé por ambos os cônjuges, o casamento, em relação a estes como aos filhos, produz todos os efeitos até o dia da sentença anulatória. §1º Se um dos cônjuges estava de boa-fé ao celebrar o casamento, os seus efeitos civis só a ele e aos filhos aproveitarão. §2º Se ambos os cônjuges estavam de má-fé ao celebrar o casamento, os seus efeitos civis só aos filhos aproveitarão (BRASIL. Lei 10.406, de 10 de janeiro de 2002. Op. cit.).

75. Art. 29. Serão registrados no registro civil de pessoas naturais: § 1º Serão averbados: f) as alterações ou abreviaturas de nomes. Art. 97. A averbação será feita pelo oficial do cartório em que constar o assento à vista da carta de sentença, de mandado ou de petição acompanhada de certidão ou documento legal e autêntico (BRASIL. Lei 6.015, de 31 de dezembro de 1973. Op. cit.)

Percebe-se que o ordenamento jurídico nacional conta com uma série de preceitos normativos que autorizam, independentemente de autorização judicial, tanto a modificação de prenome quanto a de sobrenome.

Há uma nítida tendência de desjudicialização dos pedidos de alteração de nome em certas circunstâncias, desde que garantida a segurança jurídica inerente aos registros públicos.

Essa tendência reflete-se principalmente nos recentes provimentos a respeito do tema editados pelo Conselho Nacional de Justiça, em especial os Provimentos 73/2018 e 82/2019.

O Provimento 73, de 28 de junho de 2018, dispõe sobre o procedimento e a consequente averbação da alteração de prenome e gênero nos assentos de nascimento e casamento de pessoa transgênero diretamente nos Cartórios de Registro Civil das Pessoas Naturais.

Referido regulamento nasceu como consequência da decisão do Supremo Tribunal Federal nos autos da ADI 4275/DF, que deu interpretação conforme ao artigo 58 da Lei de Registros Públicos, a fim de permitir ao transgênero proceder a alteração de seu prenome e gênero no assento de nascimento e casamento, independentemente de autorização judicial.

Segue ementa do aludido julgado:

> Ação direta de inconstitucionalidade. Direito constitucional e registral. Pessoa transgênero. Alteração do prenome e do sexo no registro civil. Possibilidade. Direito ao nome, ao reconhecimento da personalidade jurídica, à liberdade pessoal, à honra e à dignidade. Inexigibilidade de cirurgia de transgenitalização ou da realização de tratamentos hormonais ou patologizantes. 1. O direito à igualdade sem discriminações abrange a identidade ou expressão de gênero. 2. A identidade de gênero é manifestação da própria personalidade da pessoa humana e, como tal, cabe ao Estado apenas o papel de reconhecê-la, nunca de constituí-la. 3. A pessoa transgênero que comprove sua identidade de gênero dissonante daquela que lhe foi designada ao nascer por autoidentificação firmada em declaração escrita desta sua vontade dispõe do direito fundamental subjetivo à alteração do prenome e da classificação de gênero no registro civil pela via administrativa ou judicial, independentemente de procedimento cirúrgico e laudos de terceiros, por se tratar de tema relativo ao direito fundamental ao livre desenvolvimento da personalidade. 4. Ação direta julgada procedente.[76]

Assim, com o objetivo de se uniformizar o trâmite a ser seguido pelas Serventias Registrais, em especial quanto aos requisitos a serem cumpridos pela parte interessada para proceder à competente alteração de prenome e gênero, o CNJ elaborou a normativa em comento, que em seu artigo 2º dispõe que:

---

76. Brasil. Supremo Tribunal Federal. Ação Declaratória de Inconstitucionalidade 4275/DF. Requerente: Procuradoria-Geral da República. Relator: Ministro Marco Aurélio. Brasília-DF, 01 de março de 2018. Diário da Justiça eletrônico, Brasília-DF, 07 de março de 2019. Disponível em: https://jurisprudencia.stf.jus.br/pages/search/sjur399205/false. Acesso em: 05 ago. 2020.

Art. 2º Toda pessoa maior de 18 anos completos habilitada à prática de todos os atos da vida civil poderá requerer ao ofício do RCPN a alteração e a averbação do prenome e do gênero, a fim de adequá-los à identidade autopercebida. § 1º A alteração referida no caput deste artigo poderá abranger a inclusão ou a exclusão de agnomes indicativos de gênero ou de descendência. § 2º A alteração referida no caput não compreende a alteração dos nomes de família e não pode ensejar a identidade de prenome com outro membro da família.[77]

Tal provimento, além de resguardar a dignidade da pessoa humana do transgênero, privilegia o princípio da autonomia da vontade, na medida em que permite o exercício dos direitos de pôr e de tomar o nome pelo interessado.

Além desse ato normativo, o CNJ editou também o Provimento 82, de 03 de julho de 2019, que teve como objetivo uniformizar o procedimento de averbação no registro de nascimento e no de casamento das alterações de patronímico dos genitores em decorrência de casamento, separação e divórcio.

Vale destacar que estas alterações já poderiam ser feitas pelos Oficiais de Registro Civil, sem autorização judicial ou manifestação do Ministério Público, com fundamento nas normas contidas no artigo 29, § 1º, alínea *f*, combinada com o artigo 97, *caput*, ambos da Lei 6.015/73, previamente citadas neste capítulo.

A grande novidade do Provimento 82/2019 foi autorizar verdadeiras alterações de nome do registrado, a exemplo do viúvo, que por ocasião do óbito do cônjuge, poderá requerer, por meio de averbação, o retorno ao uso do nome de "solteiro".[78]

Seria mais técnico se o provimento tivesse dito "retorno ao nome anterior", pois pode ser que o viúvo adotasse, antes do matrimônio que se extinguiu com a morte de seu consorte, um nome oriundo de casamento pretérito e não necessariamente o nome de solteiro.

Ademais, o referido provimento permite também o acréscimo do patronímico de genitor ao nome do filho menor de idade, nos casos em que houver alteração do nome do genitor em decorrência de separação, divórcio ou viuvez ou se o filho tiver sido registrado apenas com o patronímico do outro genitor.[79]

---

77. Brasil. Conselho Nacional de Justiça. Provimento 73, de 28 de junho de 2018. Dispõe sobre a averbação da alteração do prenome e do gênero nos assentos de nascimento e casamento de pessoa transgênero no Registro Civil das Pessoas Naturais (RCPN). *Diário da Justiça eletrônico*, Brasília-DF, 29 de junho de 2018, p. 8. Disponível em: https://atos.cnj.jus.br/atos/detalhar/2623. Acesso em: 10 ago. 2020.

78. Art. 1º Poderá ser requerida, perante o Oficial de Registro Civil competente, a averbação no registro de nascimento e no de casamento das alterações de patronímico dos genitores em decorrência de casamento, separação e divórcio, mediante a apresentação da certidão respectiva. 3º Por ocasião do óbito do(a) cônjuge, poderá o(a) viúvo(a) requerer averbação para eventual retorno ao nome de solteiro(a). (Brasil. Conselho Nacional de Justiça. Provimento 82, de 03 de julho de 2019. Dispõe sobre o procedimento de averbação, no Registro de nascimento e no de casamento dos filhos, da alteração do nome do genitor e dá outras providências. *Diário da Justiça eletrônico*, Brasília-DF, 03 de setembro de 2019, p. 17. Disponível em: https://atos.cnj.jus.br/atos/detalhar/2973. Acesso em: 10 ago. 2020).

79. Art. 2º. Poderá ser requerido, perante o Oficial de Registro Civil competente, a averbação do acréscimo do patronímico de genitor ao nome do filho menor de idade, quando: I – Houver alteração do nome do genitor em decorrência de separação, divórcio ou viuvez; II – O filho tiver sido registrado apenas com o patronímico do outro genitor (BRASIL. Conselho Nacional de Justiça. Provimento 82, de 03 de julho de 2019. Op. cit.).

Não se pode olvidar que, de acordo com o Supremo Tribunal Federal[80], as normas editadas pelo Conselho Nacional de Justiça têm natureza jurídica de ato normativo primário, pois buscam o seu fundamento de validade diretamente no texto constitucional e, portanto, são de observância obrigatória pelos titulares de serviços notariais e de registro.[81]

Retratados os principais permissivos normativos a respeito da alteração de nome e evidenciada a tendência de desjudicialização desses procedimentos, faz-se necessária a análise, em capítulo apartado, da hipótese de alteração objeto deste estudo, qual seja, a norma disposta no artigo 56 da Lei 6.015/73.

4. DO ARTIGO 56 DA LEI 6.015/73

4.1 Histórico legislativo

Depois de constatar-se que o ordenamento jurídico pátrio já prevê uma série de possibilidades de alteração dos registros, inclusive diretamente na Serventia de Registro Civil das Pessoas Naturais, independentemente de decisão judicial, cumpre dar enfoque à norma contida no artigo 56 da Lei 6.015/73 e à interpretação que lhe é conferida pela doutrina, jurisprudência e pelos Códigos de Normas editados pelas Corregedorias dos Tribunais de Justiça dos Entes da Federação.

Para fins didáticos, segue a atual redação do dispositivo:

> Art. 56. O interessado, no primeiro ano após ter atingido a maioridade civil, poderá, pessoalmente ou por procurador bastante, alterar o nome, desde que não prejudique os apelidos de família, averbando-se a alteração que será publicada pela imprensa.[82]

Após consulta às legislações mencionadas por Vitor Frederico Kümpel e Carla Modina Ferrari Kümpel ao tratarem do panorama histórico do Registro Civil das Pessoas Naturais no Brasil, a saber: Lei 586, de 6 de setembro de 1850; Decreto 798, de 18 de janeiro de 1851; Decreto 1.144, de 11 de setembro de 1861; Decreto 3.069, de 17

---

80. A Resolução 07/05 se dota, ainda, de caráter normativo primário, dado que arranca diretamente do § 4º do art. 103-B da Carta-cidadã e tem como finalidade debulhar os próprios conteúdos lógicos dos princípios constitucionais de centrada regência de toda a atividade administrativa do Estado, especialmente o da impessoalidade, o da eficiência, o da igualdade e o da moralidade. [...] Logo, o Conselho Nacional de Justiça fez adequado uso da competência que lhe conferiu a Carta de Outubro, após a Emenda 45/04. (BRASIL. Supremo Tribunal Federal. Medida Cautelar na Ação Declaratória de Constitucionalidade 12 MC/DF. Requerente: Associação dos Magistrados Brasileiros – AMB. Relator: Ministro Carlos Britto. Brasília-DF, 16 de fevereiro de 2006. Diário da Justiça, Brasília-DF, 01 de setembro de 2006. Disponível em: http://portal. stf.jus.br/processos/detalhe.asp?incidente=2358461. Acesso em: 05 ago. 2020).

81. Art. 30. São deveres dos notários e dos oficiais de registro: XIV – observar as normas técnicas estabelecidas pelo juízo competente. (BRASIL. Lei 8.935, de 18 de novembro de 1994. Regulamenta o art. 236 da Constituição Federal, dispondo sobre serviços notariais e de registro. (Lei dos cartórios). Diário Oficial da União, Brasília-DF, 21 de novembro de 1994. Disponível em: http://www.planalto.gov.br/ccivil_03/leis/l8935.htm. Acesso em: 07 ago. 2020).

82. BRASIL. Lei 6.015, de 31 de dezembro de 1973. Op. cit.

de abril de 1863; Lei 1.829, de 9 de setembro de 1870; Decreto 4.968, de 24 de maio de 1972; Decreto 5.604, de 25 de março de 1874; Decreto 9.886, de 17 de março de 1888; Decreto 181, de 24 de fevereiro de 1890; Lei 3.071, de 1º de janeiro de 1916 (Código Civil de 1916); Decreto 5.053, de 6 de novembro de 1926; Decreto 18.542, de 24 de dezembro de 1928; Decreto 4.857, de 9 de novembro de 1939; e Lei 6.015, de 31 de dezembro de 1973[83], verifica-se que a norma em questão foi reproduzida pela primeira vez no Decreto 18.542/28, já referenciado neste trabalho, cujo texto era o seguinte:

> Art. 70. O interessado, no primeiro anno após ter attingido a maioridade civil, poderá, pessoalmente ou por procurador bastante, alterar o nome, por averbação com as mesmas formalidades e testemunhas, fazendo-se publicação pela imprensa.

Referida norma também constou do artigo 70 do Decreto 4.857/39, cuja redação original replicava o texto do Decreto 18.542/28, mas que posteriormente foi alterada pelo Decreto 5.318 (também já referenciado), de 29 de fevereiro de 1940, passando a prever que:

> Art. 70. O interessado, no primeiro ano após ter atingido a maioridade civil, poderá, pessoalmente ou por procurador bastante, alterar o nome, desde que não prejudique os apelidos de família fazendo-se a averbação com as mesmas formalidades e publicações pela imprensa.

Percebe-se que a norma passou a condicionar a mudança à não prejudicialidade dos apelidos de família do registrado, mas em momento algum, desde a sua primeira reprodução no ordenamento jurídico pátrio, condicionou o requerimento de alteração do nome à decisão judicial, nem mesmo em sede de jurisdição voluntária.

A desnecessidade de submeter o pedido de alteração à apreciação judicial é reforçada pelas palavras usadas pelo legislador ao editar a norma, pois o artigo 56 permite que o interessado requeira pessoalmente ou por procurador a mudança, ao passo que o artigo 57 determina que a alteração depende de sentença do juiz e, portanto, da assistência de advogado.

Vale destacar também que a norma autoriza a alteração de nome, que é formado por prenome e sobrenome, como fora mencionado no item 1.1 deste trabalho. Assim, desde que não haja prejuízo aos nomes de família, a saber, a exclusão total deles, o interessado tem liberdade para alterar tanto seu prenome quanto seus sobrenomes.

Ademais, da leitura atenta dos artigos 55, 56 e 57 da Lei de Registros Públicos, nota-se que há uma sequência lógica que foi utilizada pelo legislador quando da elaboração das normas.

O parágrafo único do artigo 55 dispõe que o Oficial de Registro Civil não deverá registrar prenome suscetível de expor ao ridículo o seu portador. No entanto, caso isso aconteça, o artigo 56 apresenta a solução, ao permitir que o interessado, no primeiro

---

83. KÜMPEL; FERRARI, op. cit., p. 353-359.

ano após a maioridade, modifique seu nome, independentemente de manifestação judicial, desde que não prejudique os apelidos de família.

Ultrapassado o prazo decadencial de 01 (um) ano, caberá ao prejudicado socorrer-se do artigo 57 para lograr êxito na modificação do nome, dessa vez por meio de advogado constituído e regular processo jurisdicional.

4.2 Normativas estaduais

Dando continuidade à análise legislativa, traçar-se-á um panorama das disposições sobre o tema da alteração do nome no primeiro ano após a maioridade civil nos 27 Códigos de Normas dos Entes Federados, a fim de se averiguar como essa questão é abordada e de se demonstrar a necessidade de uniformização normativa.

De início cumpre esclarecer o procedimento adotado na execução da pesquisa, a fim de que o resultado obtido seja o mais fidedigno possível.

Fez-se consulta aos sítios dos Tribunais de Justiça em busca das normativas locais aplicáveis aos Serviços Notariais e de Registro, cujos endereços eletrônicos constam nas correspondentes notas de rodapé deste trabalho.

Localizada cada normativa, procedeu-se à leitura atenta dos capítulos que tratassem do registro de nascimento, do nome, das averbações e das retificações, em busca de dispositivos que fizessem referência à norma do artigo 56 da Lei 6.015/73, ou subsidiariamente, à forma de alteração do nome.

Vale destacar que se partiu do pressuposto de que as Corregedorias locais mantêm os Códigos de Normas atualizados, logo, a pesquisa não abordou provimentos esparsos.

A fim de facilitar a visualização e compreensão dos resultados obtidos, utilizar-se-á uma tabela com o resumo das principais previsões normativas e as redações integrais seguem reproduzidas por ente federativo em ordem alfabética:

ESTADO	Não há menção às formas de alteração do nome	Há menção ao art. 56 e requer autorização judicial de natureza administrativa	Há menção ao art. 56 e requer autorização judicial, sem mencionar a sua natureza	Não há menção ao art. 56 e requer autorização judicial para alteração de nome, sem mencionar a sua natureza	Há menção ao art. 56 e NÃO requer autorização judicial
AC			X		
AL					X
AP	X				
AM			X		
BA			X		
CE				X	
DF	X				
ES				X	
GO				X	
MA			X		

ESTADO	Não há menção às formas de alteração do nome	Há menção ao art. 56 e requer autorização judicial de natureza administrativa	Há menção ao art. 56 e requer autorização judicial, sem mencionar a sua natureza	Não há menção ao art. 56 e requer autorização judicial para alteração de nome, sem mencionar a sua natureza	Há menção ao art. 56 e NÃO requer autorização judicial
MT				X	
MS				X	
MG				X	
PA				X	
PB				X	
PR				X	
PE[1]		X			
PI			X		
RJ				X	
RN	X				
RS					X
RO		X			
RR		X			
SC	X				
SP		X			
SE			X		
TO	X				

1. Em que pese não constar expressamente no Código de Pernambuco a exigência de autorização judicial, em recente consulta (Pedido de Providências 986/2019 – CGJ, publicado na Edição 224/2019, de 02/12/2019, do Diário da Justiça) formulada por Leandro Souto Maior Muniz de Albuquerque, Juiz de Direito de Sanharó/PE, acerca da aplicação do artigo 56 da Lei 6.015/73 e do artigo 626 daquele Código de Normas, o Corregedor-Geral da Justiça aprovou parecer do Juiz Auxiliar do Extrajudicial da Capital no sentido de se exigir a remessa do pedido ao Juiz Corregedor local.

Acre: art. 641. A mudança de nome, após o decurso do prazo de 1 (um) ano da maioridade civil, está sujeita à apreciação judicial, sem que fique vedada sua concessão, desde que ocorra motivo justo.[84]

Alagoas: art. 93 – O interessado, no primeiro ano após ter atingido a maioridade civil, poderá, pessoalmente ou por procurador, alterar o nome, se não prejudicar os apelidos de família, averbando-se e publicando-se a alteração pela imprensa.

Parágrafo único – A publicação far-se-á pelo menos uma vez no Diário Oficial do Estado, podendo sê-lo, a requerimento escrito do interessado, por mais vezes, no mesmo ou em outro jornal.[85]

Amapá: não há menção no Código de Normas.[86]

---

84. Estado do Acre. Tribunal de Justiça. Corregedoria Geral da Justiça. Provimento 10/2016. *Diário da Justiça Eletrônico* 5.600, Rio Branco-AC, 15 de março de 2016. Disponível em: https://www.tjac.jus.br/wp-content/uploads/2016/03/Provimento_COGER_TJAC_10_2016.pdf. Acesso em: 04 de dezembro de 2019.

85. Estado de Alagoas. Tribunal de Justiça. Corregedoria Geral da Justiça. Provimento 16/2019. Maceió-AL, 23 de setembro de 2019. Disponível em: https://cgj.tjal.jus.br/cnnr.pdf. Acesso em: 10 ago. 2020.

86. Estado do Amapá. Tribunal de Justiça. Corregedoria Geral da Justiça. Provimento 310/2016. Macapá-AP, 17 de março de 2016. Disponível em: https://www.tjap.jus.br/portal/images/stories/documentos/corregedoria/Atos_Normativos/provimento_geral_corregedoria_tjap.pdf. Acesso em: 04 dez. 2019.

Amazonas: art. 256. A obrigação de fazer a declaração de nascimento considera-se sucessiva na ordem prevista no art. 52 da Lei dos Registros Públicos.

§ 9º Qualquer alteração posterior do nome somente será feita por ordem judicial, arquivando-se o mandado e publicando-se a alteração pela imprensa.

I – Entende-se como publicação pela imprensa aquela feita da própria sentença, nela devendo ser mencionados o nome constante do registro e aquele que passa a ser adotado por força da decisão.

II – A mudança de nome, após o decurso do prazo de 01 (um) ano da maioridade civil, está sujeita à apreciação judicial, sem que fique vedada sua concessão, desde que ocorra motivo justo.[87]

Bahia: art. 492. O interessado, no primeiro ano após ter atingido a maioridade civil, poderá, pessoalmente ou por procurador bastante, alterar o nome, desde que não prejudique os sobrenomes, averbando-se a alteração que será publicada pela imprensa.

Parágrafo único. O pedido, formulado diretamente na serventia, será encaminhado à apreciação do Juiz competente.[88]

Ceará: art. 78 – O Oficial do Registro Civil não registrará prenome suscetível de expor ao ridículo seu portador.

§ 5º A alteração posterior do nome somente será feita por ordem judicial, devendo o mandado judicial ser arquivado no serviço registral.[89]

Distrito Federal: não há menção no Código de Normas.[90]

Espírito Santo: art. 958. O oficial não registrará prenome suscetível de expor ao ridículo ou que possa suscitar constrangimento ao registrando, e se houver insistência do interessado, o caso deverá ser submetido ao juiz competente, independentemente da cobrança de quaisquer emolumentos.

§ 3° A alteração posterior do nome somente será feita por ordem judicial, devendo o mandado ser arquivado na serventia.[91]

Goiás: art. 47. A restauração dos assentos de nascimento, casamento e óbito pode ser realizada administrativamente, mediante decisão do juízo competente, após pronunciamento do Ministério Público.

§ 11. Apenas os erros de grafia poderão ser retificados sem decisão judicial, devendo o pedido ser firmado pelo próprio interessado e dirigido à serventia onde foi lavrado o registro, isento de taxas.

§ 12. Os procedimentos que forem além deste tipo de correção deverão se processar em juízo.[92]

---

87. Estado do Amazonas. Tribunal de Justiça. Corregedoria Geral da Justiça. Provimento 278/2016. Manaus-AM, janeiro de 2016. Disponível em: https://www.tjam.jus.br/index.php/corregedoria-portal. Acesso em: 04 dez. 2019.

88. Estado DA Bahia. Op. cit.

89. Estado do Ceará. Tribunal de Justiça. Corregedoria Geral da Justiça. Provimento 08/2014. Fortaleza-CE, 10 de novembro de 2014. Disponível em: https://corregedoria.tjce.jus.br/wp-content/uploads/2018/10/CNNR-atual-19.8.19-%C3%BAltima-vers%C3%A3o.pdf. Acesso em: 04 dez. 2019.

90. Distrito Federal. Provimento-Geral da Corregedoria de Justiça do Distrito Federal Aplicado aos Serviços Notariais e de Registro. Brasília-DF, 07 de janeiro de 2014. Disponível em: https://www.tjdft.jus.br/publicacoes/provimentos/provimento-geral-da-corregedoria-aplicado-aos-servicos-notariais-e-de-registro/ProvimentoGeralNotrioseRegistradores.pdf. Acesso em: 04 dez. 2019.

91. Estado do Espírito Santo. Tribunal de Justiça. Corregedoria Geral da Justiça. Provimento n. 029/2009. Vitória-ES, 09 de dezembro de 2009. Disponível em: http://www.tjes.jus.br/corregedoria/wp-content/uploads/2019/11/CN-Atualizado-at%C3%A9-Provimento-38.2019.pdf. Acesso em: 04 dez. 2019.

92. Estado de Goiás. Tribunal de Justiça. Corregedoria Geral da Justiça. Código de Normas e Procedimentos do Foro Extrajudicial. Goiânia-GO, 2015. Disponível em: https://extrajudicial.tjgo.jus.br/C%C3%B3digo%20de%20Normas%20e%20Procedimentos%20do%20Foro%20Extrajudicial.pdf. Acesso em: 04 dez. 2019.

Maranhão: art. 425. Serão registrados no Registro Civil de Pessoas Naturais:

§ 2° Serão averbados no Registro Civil de Pessoas Naturais:

IX – alteração de sobrenome dos cônjuges em virtude de casamento ou de alteração do nome do menor até um ano depois de completada a maioridade.

Art. 453. O oficial não registrará prenome suscetível de expor ao ridículo seu portador.

§ 2° A alteração posterior de nome, somente por exceção e motivadamente, após audiência do Ministério Público, será permitida por sentença do juiz a que estiver sujeito o registro, arquivando-se o mandado na serventia e publicando-se a alteração pela imprensa, ressalvada a hipótese do art. 110 da Lei 6.015, de 31 de dezembro de 1973.[93]

Mato Grosso: art. 672. Qualquer alteração posterior do nome só poderá ser feita por ordem judicial, arquivando-se o mandado e publicando-se a alteração pela imprensa.[94]

Mato Grosso do Sul: art. 633. Qualquer alteração posterior do nome somente será feita por ordem judicial, arquivando-se o mandado e publicando-se a alteração do registro pela imprensa.

Parágrafo único. A publicação de que trata o caput deste artigo diz respeito à própria sentença; nela devem ser mencionados o nome que consta no registro e aquele que passa a ser adotado por força da decisão.[95]

Minas Gerais: art. 553. Efetuado o registro, a alteração do nome somente ocorrerá mediante ordem judicial, devendo o mandado ser arquivado na serventia, ressalvados os casos de:

I – erros evidentes, em que será observado o procedimento previsto no art. 110 da Lei 6.015, de 1973, e demais exceções legais;

II – requerimento de averbação do prenome e do gênero nos assentos de nascimento e de casamento de pessoa transgênero;

III – reconhecimento de paternidade biológica ou socioafetiva, ocasião em que poderá ser acrescido o patronímico de quem reconhece o registrado;

IV – averbação, no registro de nascimento e no de casamento dos filhos, da alteração do nome dos genitores, em decorrência de casamento, separação e divórcio, mediante a apresentação da certidão respectiva.[96]

Paraná: art. 180. Feito o registro, o nome somente poderá ser alterado por ordem judicial, devendo o mandado ser mantido em arquivo próprio da Serventia.[97]

---

93. Estado do Maranhão. Tribunal de Justiça. Corregedoria Geral da Justiça. Provimento 36/2015. São Luis-MA, 01 de junho de 2016. Disponível em: https://novogerenciador.tjma.jus.br/storage/portalweb/codigo_de_normas_da_corregedoria_ma-atualizado_ato_o_prov_36-2015_-_em_1o-06-2016_24112016_1030.doc. Acesso em: 04 dez. 2019.

94. Estado do Mato Grosso. Tribunal de Justiça. Corregedoria Geral da Justiça. Provimento 40/2016. Cuiabá-MT, 19 de dezembro de 2016. Disponível em: http://corregedoria.tjmt.jus.br/arquivo/3e0aed37-9157-4b3a-98f-6-30116681ad5e/cngc-extrajudicial-pdf. Acesso em: 04 dez. 2019.

95. Estado do Mato Grosso do Sul. Tribunal de Justiça. Corregedoria Geral da Justiça. Provimento 1/2003. Campo Grande-MS, 27 de janeiro de 2003. Disponível em: https://www.tjms.jus.br/legislacao/visualizar.php?lei=18509. Acesso em: 10 ago. 2020.

96. Estado de Minas Gerais. Tribunal de Justiça. Corregedoria Geral da Justiça. Provimento Conjunto 93/2020. Belo Horizonte-MG, 22 de junho de 2020. Disponível em: http://www8.tjmg.jus.br/institucional/at/pdf/vc00932020.pdf. Acesso em: 13 ago. 2020.

97. Estado do Paraná. Tribunal de Justiça. Corregedoria Geral da Justiça. Provimento Conjunto 249/2013. Curitiba-PR, 30 de setembro de 2013. Disponível em: https://www.tjpr.jus.br/documents/13302/29328945/C%-C3%B3digo+de+Normas+do+Foro+Extrajudicial+-+Texto+Compilado.pdf/42dff2ca-1039-1d26-5147-fe-e52ce82b2d. Acesso em: 05 de agosto de 2020.

Paraíba: art. 550. Efetuado o registro, a alteração do nome somente ocorrerá mediante ordem judicial, devendo o mandado ser arquivado na serventia, ressalvados os casos de erros evidentes, em que será observado o procedimento previsto no art. 110, da Lei dos Registros Públicos.[98]

Pará: art. 599 Efetuado o registro, a alteração do nome somente ocorrerá mediante ordem judicial, devendo o mandado ser arquivado na serventia, ressalvados os casos de erros evidentes, em que será observado o procedimento previsto no art. 110 da Lei dos Registros Públicos e, nos requerimentos relativos à averbação de alteração do prenome e do gênero nos assentos de nascimento e de casamento de pessoa transgênero, onde será observado o procedimento contido nos artigos seguintes e no Provimento da Corregedoria Nacional de Justiça 73, de 28 de junho de 2018.[99]

Pernambuco: art. 626. O registrado, no primeiro ano após ter atingido a maioridade civil, poderá pessoalmente ou por procurador alterar o nome, se não prejudicar os apelidos de família.[100]

Piauí: art. 450. O interessado, no primeiro ano após ter atingido a maioridade civil, poderá, pessoalmente ou por procurador bastante, alterar o nome, desde que não prejudique os sobrenomes, averbando-se a alteração que será publicada pela imprensa.
Parágrafo único. O pedido, formulado diretamente na serventia, será encaminhado à apreciação do Juiz competente.[101]

Rio Grande do Norte: não há menção no Código de Normas.[102]

Rio Grande do Sul: art. 109 – O interessado, no primeiro ano após ter atingido a maioridade civil, poderá, pessoalmente ou por procurador, alterar o nome, se não prejudicar os apelidos de família, averbando-se e publicando-se a alteração pela imprensa.
Parágrafo único – A publicação far-se-á pelo menos uma vez no Diário Oficial do Estado, podendo sê-lo, a requerimento escrito do interessado, por mais vezes, no mesmo ou em outro jornal.[103]

Rio de Janeiro: art. 738. O Oficial do Registro Civil não registrará prenome suscetível de expor ao ridículo seu portador.
§ 4°. Qualquer alteração posterior do nome somente ocorrerá, mediante determinação judicial, devendo o mandado ser arquivado no Serviço.[104]

---

98. Estado da Paraíba. Tribunal de Justiça. Corregedoria Geral da Justiça. Provimento n. 03/2015. João Pessoa-PB, 26 de janeiro de 2015. Disponível em: https://corregedoria.tjpb.jus.br/legislacao/codigo-de-normas-extra-judicial/#TITULO3%20-CAPVSe%C3%A7%C3%A3o%20X. Acesso em: 04 dez. 2019.

99. Estado do Pará. Tribunal de Justiça. Corregedoria Geral da Justiça. Código de Normas dos Serviços Notariais e de Registro do Estado do Pará. Belém-PA, 31 de janeiro de 2019. Disponível em: http://www.tjpa.jus.br//CMSPortal/VisualizarArquivo?idArquivo=824163. Acesso em: 04 de dezembro de 2019.

100. Estado do Pernambuco. Tribunal de Justiça. Corregedoria Geral da Justiça. Provimento 20/2009. Recife-PE, 20 de novembro de 2009. Disponível em: https://www.tjpe.jus.br/documents/29010/1101020/Codigo+-de+Normas+atualizado+at%C3%A9+Prov+16-2019+-+Dje+24.10.2019.pdf/becad42a-aa49-2e16-59f-4-7d284a33c335. Acesso em: 04 dez. 2019.

101. Estado do Piauí. Tribunal de Justiça. Corregedoria Geral da Justiça. Provimento 017/2013. Teresina-PI, 27 de agosto de 2013. Disponível em: http://www.tjpi.jus.br/portaltjpi/wp-content/uploads/2018/05/Codigo_De_Normas_Servicos_Notariais_E_Registro_PIAUI_abril_20151.pdf. Acesso em: 04 dez. 2019.

102. Estado do Rio Grande Do Norte. Tribunal de Justiça. Corregedoria Geral da Justiça. Provimento 156/2016. Natal-RN, 18 de outubro de 2016. Disponível em: https://corregedoria.tjrn.jus.br/index.php/normas/codigos/codigo-de-normas-extrajudicial/10481--1103/file. Acesso em: 04 dez. 2019.

103. Estado do Rio Grande Do Sul. Tribunal de Justiça. Corregedoria Geral da Justiça. Provimento 32/2006. Porto Alegre-RS, 16 de novembro de 2006. Disponível em: https://www.tjrs.jus.br/export/legislacao/estadual/doc/2019/CNNR_CGJ_Julho_2019_Provimento_021_2019.pdf. Acesso em: 04 dez. 2019.

104. Estado do Rio De Janeiro. Tribunal de Justiça. Corregedoria Geral da Justiça. Consolidação Normativa da Corregedoria Geral da Justiça do Estado do Rio de Janeiro: Parte Extrajudicial. Rio de Janeiro-RJ, 28 de julho de 2020. Disponível em: http://www1.tjrj.jus.br/gedcacheweb/default.aspx?GEDID=00038F49138D2A-951732394F2DA8142EA3EF11C407183528. Acesso em: 04 dez. 2019.

Rondônia: art. 650. A mudança de nome, após o decurso do prazo de 1 (um) ano da maioridade civil, está sujeita à apreciação judicial, sem que fique vedada sua concessão, desde que ocorra motivo justo.

Parágrafo único. O pedido a que se refere o Art. 57, Lei 6.015/73 tem natureza administrativa e poderá ser deduzido diretamente no Registro Civil das Pessoas Naturais, que o remeterá à apreciação do Juiz Corregedor Permanente.[105]

Roraima: art. 532. A mudança de nome, após o decurso do prazo de 1 (um) ano da maioridade civil, está sujeita à apreciação judicial, sem que fique vedada sua concessão, desde que ocorra motivo justo.

Parágrafo único. O pedido a que se refere o art. 56 da Lei 6.015/73 tem natureza administrativa e poderá ser deduzido diretamente no Registro Civil das Pessoas Naturais, que o remeterá à apreciação do Juiz Corregedor.[106]

Santa Catarina: não há menção no Código de Normas.[107]

Sergipe: art. 356. A mudança de nome, após o decurso do prazo de 1(um) ano da maioridade civil, está sujeita à apreciação judicial, sem que fique vedada sua concessão, desde que ocorra motivo justo.[108]

São Paulo: 35. A mudança de nome, após o decurso do prazo de 1 (um) ano da maioridade civil, está sujeita à apreciação judicial, sem que fique vedada sua concessão, desde que ocorra motivo justo.

35.1. O pedido a que se refere o art. 56 da Lei 6.015/73 tem natureza administrativa e poderá ser deduzido diretamente no Registro Civil das Pessoas Naturais, que o remeterá à apreciação do Juiz Corregedor Permanente.[109]

Tocantins: não há menção no Código de Normas.[110]

Da análise acima e após esclarecimento quanto à situação do Estado de Pernambuco, conclui-se que somente nos Estados do Rio Grande do Sul e de Alagoas é permitida a alteração de nome no primeiro ano após a maioridade diretamente na Serventia de Registro Civil das Pessoas Naturais, independentemente de autorização judicial.

Nota-se também que não há uma uniformidade em relação aos requisitos a serem cumpridos pelo interessado e ao procedimento a ser adotado.

---

105. Estado de Rondônia. Op. cit.
106. Estado de Roraima. Tribunal de Justiça. Corregedoria Geral da Justiça. Provimento/CGJ n. 01/2017. Boa Vista-RR, 02 de fevereiro de 2017. Disponível em: http://www.tjrr.jus.br/legislacao/phocadownload/Provimentos/Corregedoria/2017/001comp.pdf. Acesso em: 04 dez. 2019.
107. Estado de Santa Catarina. Tribunal de Justiça. Corregedoria Geral da Justiça. Provimento 10/2013. Florianópolis-SC, 08 de novembro de 2013. Disponível em: https://www.tjsc.jus.br/documents/728949/1312406/C%C3%B3digo+de+Normas+Compilado/f5537f74-44fe-42af-be31-611e69cae637. Acesso em: 04 dez. 2019.
108. Estado de Sergipe. Tribunal de Justiça. Corregedoria Geral da Justiça. Provimento 23/2008. Aracaju-SE, 01 de dezembro de 2008. Disponível em: https://www.tjse.jus.br/corregedoria/arquivos/documentos/extrajudicial/consolidacao-normativa-extrajudicial-atualizada-ate-prov14-2018.pdf. Acesso em: 04 dez. 2019.
109. Estado de São Paulo. Op. cit.
110. Estado do Tocantins. Tribunal de Justiça. Corregedoria Geral da Justiça. Manual de Normas de Serviço Notarial e Registral. Palmas-TO. Disponível em: http://corregedoria.tjto.jus.br/index.php/legislacao-e-normas/documentos-diversos/send/13-manuais/30-manual-notorial-registral. Acesso em: 04 dez. 2019.

A título de exemplo, os Estados do Acre, Amazonas, Rondônia, Roraima, Sergipe e São Paulo, além de exigirem apreciação judicial (assim como outros entes), condicionam a alteração de nome à comprovação de justo motivo pelo interessado.

Essa necessidade de comprovar justo motivo não possui amparo doutrinário e tampouco jurisprudencial, como se verá no tópico 4.3, haja vista que a alteração de nome do artigo 56 da Lei de Registros Públicos é imotivada e retrata verdadeira hipótese de exercício dos direitos de pôr e de tomar o nome, em reverência à autonomia da vontade do titular do direito ao nome e ao princípio da dignidade da pessoa humana.

Não se pode olvidar que os Códigos de Normas editados pelas Corregedorias de Justiça dos Entes da Federação têm natureza jurídica de ato administrativo normativo, criados para dar execução à lei e, portanto, não podem inovar no ordenamento jurídico.

Nesse sentido, Vitor Frederico Kümpel e Carla Modina Ferrari advertem que:

> É bom lembrar que, por serem normas administrativas, as normas de serviço formuladas pelas CGJs não possuem eficácia perante terceiros, mas são de extrema importância na orientação e padronização da atividade registral e vinculam exclusivamente o registrador.[111]

A respeito da natureza jurídica dos atos administrativos normativos e de sua necessária subordinação à lei, Matheus Carvalho ensina que:

> Nesse sentido, somente a lei é capaz de inovar no ordenamento jurídico, criando ou extinguindo direitos e obrigações a todos os cidadãos. A lei é a fonte primária do Direito Administrativo e somente ela estabelece regras, em caráter inicial que obrigam toda a atuação do administrador público. É indiscutível, nesse ínterim, a supremacia da lei em face dos atos administrativos normativos que não podem alterá-la ou desrespeitar os seus termos. Sendo assim, o ato administrativo normativo é fonte primária e inferior. Tal situação tem base no texto constitucional, haja vista o fato de que a Constituição Federal estipula, em seu art. 5º, II que *"ninguém será obrigado a fazer ou deixar de fazer alguma coisa senão em virtude de lei"*. Também decorre do fato de que as leis emanam de um processo de elaboração complexo, definido no próprio texto constitucional que lhes garante maior confiabilidade, uma vez que expedidas pelos representantes diretos do povo, titular maior do interesse público.[112]

Por todo o exposto, conclui-se que não há uniformidade no tratamento da matéria no âmbito das normativas locais e que a exigência de justo motivo e/ou apreciação judicial extrapola o poder regulamentar das Corregedorias de Justiça, haja vista a ausência de previsão desses requisitos em lei em sentido estrito.

4.3 Análise doutrinária e jurisprudencial

Do exame apurado da norma contida no artigo 56 da Lei de Registros Públicos depreende-se que ela revela a aplicação prática e concomitante dos direitos de pôr e

---

111. KÜMPEL; FERRARI, op. cit., p. 393.
112. CARVALHO, Matheus. *Manual* de direito administrativo. 4. ed. rev. ampl. e atual. Salvador: Juspodivm, 2017. p. 125, grifo do autor.

de tomar o nome, já examinados no item 1.5.3, na medida em que confere ao registrado (titular do direito ao nome) a prerrogativa de pôr a si próprio nome diverso do escolhido por seus pais no ato de lavratura do registro de nascimento.

A esse respeito, Marcelo Salaroli e Mario de Carvalho Camargo Neto aduzem que:

> Com efeito, ao escolher o nome por ocasião do registro de nascimento, os pais o fazem como representantes do menor, este sim o verdadeiro titular do direito ao nome. Logo, justo que o titular do direito, quando adquire capacidade civil para realizar escolhas, possa exercer esse direito ligado à sua personalidade.[113]

Esse direito de alteração do nome no primeiro ano após a maioridade civil configura-se em verdadeiro direito potestativo. Para Paulo Nader: "Os direitos potestativos, que se praticam com a simples declaração de vontade, não são violáveis, mas suscetíveis de decadência."[114]

Há convergência nas doutrinas pesquisadas a respeito da natureza de direito potestativo dessa norma e da desnecessidade de motivação para se proceder à alteração do nome.

Nesse sentido, Zeno Veloso afirma que: "O prazo de um ano mencionado no art. 56 é de decadência, e neste caso a alteração é imotivada, basta a simples vontade do interessado, tratando-se do exercício de um direito potestativo. Mas a decisão é do juiz".[115]

De acordo com Pablo Stolze Gagliano e Rodolfo Pamplona Filho: "Para o exercício desse direito potestativo, não exige realmente a lei uma motivação peculiar para a pretensão deduzida em juízo".[116]

Cristiano Chaves de Farias e Nelson Rosenvald também reconhecem que a mudança é imotivada e que se trata de direito potestativo:

> Comprovando, de uma vez por todas, se tratar de um direito da personalidade, o nome indicado pelos pais, quando da lavratura do registro de nascimento, pode ser mantido, ou não, pelo titular ao adquirir a plena capacidade – aos dezoito anos de idade ou pela emancipação. A partir desse momento (aquisição da plena capacidade), inicia-se o prazo decadencial de um ano para o titular requerer uma mudança imotivada do seu próprio nome ao juiz, exercendo um direito potestativo, que é escolher a própria identificação. Nesse caso, o titular não precisa motivar o requerimento de alteração do nome, apenas indicando tratar-se de escolha própria da sua identificação – que lhe é atributo personalíssimo. A alteração imotivada pode alcançar o prenome e o sobrenome, dês que sem prejuízo à identificação da origem ancestral dos pais. Nota-se, pois, que a indicação feita pelos pais, quando do registro de nascimento, pode ter caráter temporário.[117]

---

113. CAMARGO NETO, Mario de Carvalho; OLIVEIRA, Marcelo Salaroli de. In: CASSETTARI, Christiano (Coord.). *Registro Civil das Pessoas Naturais*. Coleção cartórios, 2. ed. Indaiatuba: Foco, 2020. p. 224.
114. NADER, Paulo. *Curso de direito civil*: parte geral. 10. ed. rev. e atual. Rio de Janeiro: Forense, 2016. v. 1. E-book.
115. ZENO, op. cit. p. 37.
116. GAGLIANO; PAMPLONA FILHO, op. cit.
117. FARIAS; ROSENVALD, op. cit., p. 297.

Com a devida vênia, discorda-se destes autores no que se refere ao início do prazo decadencial no caso de emancipação, pois a lei foi clara ao falar em maioridade e não em capacidade, logo, o prazo decadencial não se inicia antes de completados 18 (dezoito) anos.

A respeito dessa polêmica, Vitor Frederico Kümpel e Carla Modina Ferrari Kümpel entendem que:

> Desta feita, o termo "maioridade civil" deve ser interpretado como sendo 18 anos de idade e não é confundido com capacidade civil. Logo, se o titular de direitos completou dezesseis anos e foi emancipado voluntariamente ou se casou e foi emancipado legalmente, ainda assim o prazo decadencial somente iniciar-se-á a partir do dia em que o mesmo complete dezoito anos tendo por seu termo final o primeiro minuto do dia em que venha a completar dezenove anos. Não parece razoável a interpretação em sentido contrário, aplicando-se a regra para o caso de emancipação, por ser regra prejudicial ao emancipado.[118]

Além das considerações da doutrina a respeito do tema, imperiosa também a averiguação do entendimento dos tribunais superiores.

O Superior Tribunal de Justiça, na qualidade de corte responsável por uniformizar a interpretação da lei federal em todo o Brasil, ao dispor sobre pedidos de alteração de nome, decidiu, conforme ementas dos Recursos Especiais números 1.304.718/SP e 1.217.166/MA (já referenciados neste trabalho), julgados pela 3ª e 4ª Turmas, respectivamente, que:

> Recurso Especial 1.304.718/SP: O nome civil, conforme as regras dos artigos 56 e 57 da Lei de Registros Públicos, pode ser alterado no primeiro ano após atingida a maioridade, desde que não prejudique os apelidos de família, ou, ultrapassado esse prazo, por justo motivo, mediante apreciação judicial e após ouvido o Ministério Público.

> Recurso Especial 1.217.166/MA: O nome civil, conforme as regras dos artigos 56 e 57 da Lei de Registros Públicos, pode ser alterado: a) no primeiro ano após atingida a maioridade, desde que não prejudique os apelidos de família; ou b) ultrapassado esse prazo, por justo motivo, mediante apreciação judicial e após ouvido o Ministério Público.

Já o Supremo Tribunal Federal, no julgamento da ADI 4275/DF, ao apreciar tema afeto ao direito constitucional e registral, deu interpretação conforme do artigo 58 da Lei 6.015/73, a fim de permitir que o transgênero formule pedido de alteração de prenome e gênero de seu registro de nascimento e casamento diretamente na Serventia de Registro Civil das Pessoas Naturais, independentemente de decisão judicial.

A esse respeito segue trecho da ementa do aludido julgado:

> A pessoa transgênero que comprove sua identidade de gênero dissonante daquela que lhe foi designada ao nascer por autoidentificação firmada em declaração escrita desta sua vontade dispõe do direito fundamental subjetivo à alteração do prenome e da classificação de gênero no registro civil pela via administrativa ou judicial, independentemente de procedimento cirúrgico e laudos

---

118. KÜMPEL; FERRARI, op. cit., p. 260.

de terceiros, por se tratar de tema relativo ao direito fundamental ao livre desenvolvimento da personalidade.[119]

Dos posicionamentos acima citados, percebe-se que há consenso na doutrina no sentido de que: a) a norma inserida no artigo 56 da Lei 6.015/73 é direito potestativo do titular do direito ao nome; b) a alteração pretendida independe de motivação; c) o pedido deverá ser submetido à apreciação do juiz.

Em relação à jurisprudência, o Superior Tribunal de Justiça entende que a norma em referência se trata de direito potestativo, pois ao mencioná-la nas ementas dos julgados supracitados, não exigiu justo motivo para a alteração, ao contrário da norma inscrita no artigo 57 da Lei de Registros Públicos, para a qual fez exigência expressa.

Além de considerá-la direito potestativo, o STJ exige como único requisito para a alteração a não prejudicialidade aos nomes de família. Essa ausência de prejudicialidade deve ser entendida como a proibição de supressão total dos patronímicos, permitindo-se ao interessado a exclusão (desde que parcial), inclusão ou alteração de sobrenomes.

Vale frisar que não há nos julgados exigência expressa de autorização judicial, ainda que em sede de jurisdição voluntária.

O Supremo Tribunal Federal, como já mencionado, enfrentou a matéria de alteração de prenome e gênero sob o enfoque constitucional e findou por dar interpretação conforme ao artigo 58 da Lei 6.015/73 para permitir a alteração do assento de nascimento e/ou casamento do transgênero diretamente na Serventia de Registro Civil das Pessoas Naturais, independentemente de autorização judicial.

Essa decisão do Supremo, além de dar eficácia concreta ao princípio da dignidade da pessoa humana e de privilegiar a autonomia da vontade, por possibilitar ao transgênero a adequação de seu prenome e gênero de acordo com a sua identidade autopercebida, também reconheceu o relevante papel dos Oficiais de Registro Civil das Pessoas Naturais, profissionais do direito, dotados de fé pública, ao confiar a eles a autuação, processamento e decisão dos pedidos de mudança de prenome e gênero.

A apresentação, pelo interessado, dos documentos exigidos pelo Provimento 73/2018 e a qualificação registral feita pelo Oficial de Registro, garantem a indispensável segurança jurídica que uma alteração dessa natureza exige e o resguardo aos direitos de terceiros, na medida em que caberá ao Oficial fazer a comunicação da mudança aos juízos e órgãos competentes.

Do exposto, conclui-se que não subsiste mais o argumento de que o pedido de alteração de nome no primeiro ano após a maioridade deva ser submetido à apreciação judicial para garantia da segurança jurídica ou resguardo dos direitos de terceiros.

Se já é permitida a alteração de prenome para o transgênero de qualquer idade, idêntico raciocínio deve ser aplicado àquele que deseja mudar seu nome com fun-

---

119. Brasil. Supremo tribunal federal. Ação Declaratória de Inconstitucionalidade 4275/DF. Op. cit.

damento na norma do artigo 56 da Lei de Registros Públicos, especialmente porque neste caso a alteração só pode ser requerida no primeiro ano após a maioridade, período em que, via de regra, a pessoa praticou pouquíssimos atos jurídicos que envolvam terceiros, mitigando-se, assim, de forma significativa, eventual risco de prejuízo a outrem.

Ademais, a qualificação registral a cargo do Oficial de Registro garantirá a observância da indispensável segurança jurídica.

Em recente trabalho doutrinário, Marcelo Salaroli e Mario de Carvalho Camargo Neto efetuaram uma leitura do artigo 56 da Lei 6.015/73 à luz da decisão do Supremo Tribunal Federal que permitiu a alteração de prenome e gênero diretamente nas serventias extrajudiciais, independente de manifestação judicial. Entendem, de forma inovadora, que o Provimento 73 do CNJ pode ser aplicado por analogia à hipótese do artigo 56, sob o argumento de que os casos tratam de hipóteses semelhantes, haja vista que ambos dizem respeito à alteração de prenome com base na manifestação de vontade das partes, em razão do direito da personalidade.[120]

Apesar de se reconhecer o mérito da abordagem contemporânea dos autores no que se refere à matéria, indo ao encontro do que se propõe neste trabalho em relação à dispensa de apreciação judicial para a alteração de nome no primeiro ano após a maioridade civil, discorda-se do que fora afirmado no sentido de que a hipótese do artigo 56 da Lei 6.015/73 só permite a alteração de prenome.

Conforme já relatado neste estudo, defende-se que a norma em questão (artigo 56 da Lei 6.015/73) autoriza tanto a alteração de prenome quanto a inclusão, alteração da ordem ou exclusão de sobrenomes, desde que a mudança não cause prejuízo à identificação da origem familiar do interessado.

Assim, inviável, portanto, a aplicação analógica do Provimento 73, na medida em que a hipótese do artigo 56 da Lei 6.015/73 permite uma alteração mais abrangente dos elementos formadores do nome. Por conseguinte, necessária a edição de norma própria, cuja sugestão de redação consta do próximo tópico deste trabalho.

4.4   Da minuta de provimento

Diante da constatação de que não existe uniformidade de tratamento na interpretação dada ao artigo 56 da Lei de Registros Públicos pelos tribunais estaduais e Distrito Federal, o presente trabalho propõe minuta de provimento.

Pela análise dos artigos do Código de Normas, verifica-se que algumas normativas exigem justo motivo para alteração de nome, enquanto outras não. Igualmente, em alguns entes federativos entende-se que o procedimento necessita de autorização judicial, enquanto outros a dispensam.

---

120. CAMARGO NETO; OLIVEIRA, op. cit.

Acredita-se que a uniformização do entendimento por meio da publicação de um provimento pelo Conselho Nacional de Justiça seria de grande valia para os cidadãos. Isso porque, além de trazer uma maior segurança jurídica na aplicação da norma, a medida também permitiria que o requerimento para a alteração de nome fosse feito em qualquer unidade federativa, independentemente de onde foi registrado o nascimento do interessado.

Explica-se. Por meio da Central de Informações do Registro Civil – CRC, o Cartório de Registro Civil de determinada unidade da federação pode recepcionar requerimentos relacionados à alteração de registro e enviá-los a qualquer Serventia de Registro Civil do País que eventualmente detenha o assento que se pretenda modificar.

Assim, uma pessoa que foi registrada em determinada unidade da federação e eventualmente se mude para outro local, poderia comparecer ao Cartório de Registro Civil das Pessoas Naturais mais próximo da sua residência e ali formular o requerimento de alteração de nome com base no artigo 56 da Lei 6.015/73, sem ter que se deslocar até o Cartório detentor do assento.

No entanto, no atual estágio normativo, essa integração fica prejudicada, pois como mencionado anteriormente, cada Ente da Federação adota requisitos e procedimentos próprios, fato que culmina em prejuízo aos usuários do serviço e que reclama uma uniformidade no tratamento da matéria.

Nesse sentido, a fim de viabilizar essa integração e de dar aplicabilidade prática a este artigo, segue proposta de provimento (inspirada no Provimento 73 do CNJ), a qual se espera que possa servir de contribuição à comunidade jurídica.

PROVIMENTO Nº ..., DE (DIA) DE (MÊS) DE (ANO).

Dispõe sobre a alteração de nome no primeiro ano após a maioridade civil, prevista na norma contida no art. 56 da Lei 6.015/73 (Lei de Registros Públicos).

O CORREGEDOR NACIONAL DE JUSTIÇA, usando de suas atribuições, legais e regimentais e

CONSIDERANDO o poder de fiscalização e de normatização do Poder Judiciário dos atos praticados por seus órgãos (art. 103-B, § 4º, I, II e III, da Constituição Federal de 1988);

CONSIDERANDO a competência do Poder Judiciário de fiscalizar os serviços notariais e de registro (arts. 103-B, § 4º, I e III, e 236, § 1º, da Constituição Federal);

CONSIDERANDO a competência da Corregedoria Nacional de Justiça de expedir provimentos e outros atos normativos destinados ao aperfeiçoamento das atividades dos serviços notariais e de registro (art. 8º, X, do Regimento Interno do Conselho Nacional de Justiça);

CONSIDERANDO a obrigação dos Oficiais de Registro Civil das Pessoas Naturais de cumprir as normas técnicas estabelecidas pelo Poder Judiciário (art. 30, XIV, da Lei 8.935, de 18 de novembro de 1994);

CONSIDERANDO a divergência normativa nos Entes Federados e a necessidade de regulamentação e uniformização do procedimento de alteração de nome no primeiro ano após a maioridade civil (art. 56 da Lei 6.015/73);

CONSIDERANDO a maior celeridade, redução de custos e de demandas no Poder Judiciário mediante a desjudicialização de procedimentos;

CONSIDERANDO que a norma em questão (art. 56 da Lei 6.015/73) refere-se a direito potestativo do interessado de escolher a própria identificação, por meio do regular exercício do *direito de pôr e de tomar o nome*;

CONSIDERANDO que pela interpretação sistemática dos arts. 55, 56 e 57 da Lei 6.015/73, conclui-se que a hipótese do artigo 56 independe de manifestação judicial, tanto em sede administrativa quanto jurisdicional;

CONSIDERANDO que a única condição imposta pela lei à alteração do nome na presente hipótese é a não prejudicialidade do(s) sobrenome(s) (ou apelidos de família) do interessado, cujo controle pode ser feito pelos próprios Oficiais de Registro, como já o fazem nos demais atos, tanto de registros quanto de averbações,

RESOLVE:

Art. 1º Estabelecer diretrizes para o procedimento de alteração de nome no primeiro ano após a maioridade civil, com fundamento na norma contida no art. 56 da Lei 6.015/73.

Art. 2º O interessado, ao completar 18 (dezoito) anos, poderá requerer ao Oficial de Registro Civil das Pessoas Naturais competente a alteração de seu nome, desde que não prejudique seu(s) sobrenome(s) (ou apelidos de família).

§ 1º A competência para recebimento e processamento do pedido será do Oficial de Registro Civil detentor do registro de nascimento do interessado.

§ 2º A alteração referida no *caput* poderá abranger a modificação do prenome, a alteração da ordem, inclusão ou exclusão de sobrenome(s) (desde que se mantenha no mínimo um sobrenome de cada linha paterna e materna) ou ambos, a saber, alteração de prenome e sobrenome (respeitada a regra de manutenção de no mínimo um sobrenome de cada linha paterna e materna).

§ 3º A alteração referida no *caput* poderá abranger a inclusão ou a exclusão de agnomes indicativos de descendência.

§ 4º Não se admitirá nova alteração diretamente na Serventia de Registro Civil, com base na norma do art. 1º, ainda que requerida antes dos 19 (dezenove) anos, de forma que a alteração referida no *caput* só poderá ser desconstituída na via judicial, conforme previsão do art. 57 da Lei 6.015/73.

§ 5º O direito previsto no *caput* deverá ser exercitado até o último dia do período em que o interessado ainda contar com 18 (dezoito) anos de idade, sob pena de decadência.

§ 6º A emancipação, por qualquer de suas modalidades, não tem o condão de dar início ao prazo decadencial para exercício do direito previsto no *caput*.

Art. 3º O pedido poderá ser formulado perante Oficial de Registro Civil diverso do que lavrou o assento; nesse caso, deverá o registrador encaminhar o procedimento ao oficial competente para averbação, por meio da Central de Informações do Registro Civil (CRC), às expensas da pessoa requerente.

Art. 4º O registrador fará a identificação e colherá a qualificação completa da pessoa requerente, lavrando-se termo próprio, conforme modelo anexo a este provimento.

§ 1º O requerimento deverá ser assinado na presença do Oficial de Registro Civil, de preposto autorizado ou ser apresentado com a assinatura do interessado reconhecida por veracidade ou autenticidade.

§ 2º O pedido poderá ser formulado por procurador com poderes específicos para o ato, cuja procuração deverá ser pública ou contar com a assinatura do outorgante reconhecida por veracidade ou autenticidade, caso seja particular.

§ 3º A pessoa requerente deverá declarar a inexistência de processo judicial que tenha por objeto a alteração pretendida.

§ 4º A opção pela via administrativa, na hipótese de tramitação anterior de processo judicial, cujo objeto tenha sido a alteração pretendida, será condicionada à comprovação de extinção e arquivamento do feito judicial.

§ 5º A pessoa requerente deverá apresentar ao Oficial de Registro Civil, no ato do requerimento, os seguintes documentos:

I – certidão de nascimento atualizada;

II – certidão de casamento atualizada, se for o caso;

III – cópia do registro geral de identidade (RG);

IV – cópia da identificação civil nacional (ICN), se for o caso;

V – cópia do passaporte brasileiro, se for o caso;

VI – cópia do cadastro de pessoa física (CPF) no Ministério da Fazenda;

VII – cópia do título de eleitor;

VIII – comprovante de endereço;

IX – certidão do distribuidor cível do local de residência dos últimos cinco anos (estadual/federal);

X – certidão do distribuidor criminal do local de residência dos últimos cinco anos (estadual/federal);

XI – certidão de execução criminal do local de residência dos últimos cinco anos (estadual/federal);

XII – certidão dos tabelionatos de protestos do local de residência dos últimos cinco anos;

XIII – certidão da Justiça Eleitoral do local de residência dos últimos cinco anos;

XIV – certidão da Justiça do Trabalho do local de residência dos últimos cinco anos;

XV – certidão da Justiça Militar, se for o caso.

XVI – certidões das polícias civil e federal do local de residência dos últimos cinco anos.

§ 6º A falta de documento listado no § 5º impede a alteração pretendida pelo interessado no requerimento apresentado ao Oficial de Registro Civil.

§ 7º Ações ou investigações em andamento ou débitos pendentes, nas hipóteses dos incisos IX, X, XI, XII, XIII, XIV, XV e XVI do § 5º, não impedem a averbação da alteração pretendida, que deverá ser comunicada aos juízos e órgãos competentes pelo Oficial de Registro Civil que realizar a averbação.

Art. 5º A alteração de que trata o presente provimento será lançada no corpo da certidão, conforme dispõe o art. 21 da Lei 6.015/73, devendo dela constar a observação do parágrafo único desse dispositivo, no sentido de que "a presente certidão envolve elementos de averbação à margem do termo".

Parágrafo único. Essa alteração não tem natureza sigilosa, de forma que qualquer pessoa poderá requerer certidão do registro, inclusive em inteiro teor, salvo se nele constarem informações sensíveis que exijam o requerimento do registrado ou ordem judicial.

Art. 6º Suspeitando de fraude, falsidade, má-fé, vício de vontade ou simulação quanto ao desejo real da pessoa requerente, o Oficial de Registro Civil fundamentará a recusa e encaminhará o pedido ao juiz corregedor permanente.

Art. 7º Todos os documentos referidos no art. 4º deste provimento deverão ser arquivados, de forma física ou eletrônica, pelo Oficial de Registro Civil detentor do registro.

Parágrafo único. O Oficial de Registro Civil deverá manter índice em papel e/ou eletrônico que permita a localização do registro tanto pelo nome original quanto pelo nome alterado.

Art. 8º Realizada a averbação no respectivo assento, o Oficial de Registro Civil fará a publicação da referida alteração, no prazo de até 05 (cinco) dias úteis, no mesmo instrumento de divulgação utilizado para a publicação dos editais de proclamas.

§ 1º O Oficial de Registro Civil, às expensas da pessoa requerente, comunicará o ato oficialmente aos órgãos expedidores do RG, ICN, CPF, passaporte, ao Tribunal Regional Eleitoral (TRE) e eventualmente aos juízos e órgãos competentes referidos no art. 4º, § 7º, deste provimento.

§ 2º A pessoa requerente deverá providenciar a alteração nos demais registros que digam respeito, direta ou indiretamente, à sua identificação, bem como nos documentos pessoais.

§ 3º A subsequente averbação da alteração do nome no registro de nascimento dos descendentes da pessoa requerente não dependerá da anuência do outro(s) genitor(es).

§ 4º A subsequente averbação da alteração do nome no registro de casamento não dependerá da anuência do cônjuge.

Art. 9º Enquanto não editadas, no âmbito dos Estados e do Distrito Federal, normas específicas relativas aos emolumentos, aplicar-se-á à alteração prevista neste provimento o valor correspondente nas referidas tabelas à autuação, processamento, diligência, averbação, certidão e arquivamento de atos do Registro Civil das Pessoas Naturais.

Art. 10. Este provimento entra em vigor na data de sua publicação.

Ministro (Corregedor Nacional do Conselho Nacional de Justiça)

5. CONCLUSÃO

Concluiu-se que a interpretação que melhor reflete a livre expressão da personalidade e individualidade, a respeito do artigo 56 da Lei 6.015/73, sob a ótica da autonomia da vontade e da dignidade da pessoa humana, é aquela que viabiliza a alteração do nome no primeiro ano após a maioridade civil independente de autorização judicial.

A respeito do estudo da norma contida no artigo 56 da Lei 6.015/73, o artigo indicou que se trata de direito potestativo do titular do direito ao nome, a ser exercido no primeiro ano da maioridade civil e que a alteração pretendida independe de motivação.

Com relação ao instituto do nome, demonstrou-se que prevalece na doutrina o entendimento de que ele possui natureza jurídica de direito da personalidade e que por jungir-se à individualização da pessoa e às suas projeções sociais, dispõe de valores que se inserem no conceito de dignidade da pessoa humana.

Nessa linha de pensamento, sempre que se estiver diante de um caso concreto que demande a aplicação das normas jurídicas que dispõem sobre o instituto do nome, inclusive no que se refere a sua escolha pelo titular, deve-se ter como pressuposto a ideia de subordinação dessas normas aos preceitos e valores constitucionais, especialmente aqueles relacionados à dignidade da pessoa humana.

O estudo demonstrou, igualmente, que no momento da lavratura do registro de nascimento, os pais exercem o direito de pôr o nome na qualidade de representantes do menor, o qual é o verdadeiro titular do direito ao nome. A atual redação do artigo 56 da Lei 6.015/73 revela que o legislador quis permitir ao titular do direito ao nome a oportunidade de exercer a prerrogativa de indicar, por si próprio, a forma como quer ser individualizado na sociedade, mediante a escolha do nome que deve constar em seu assento de nascimento.

Pela análise histórico-legislativa concluiu-se que, em momento algum, desde a sua primeira reprodução no ordenamento jurídico pátrio, a norma que prevê a alteração do nome no primeiro ano da maioridade civil condicionou o requerimento à decisão judicial, nem mesmo em sede de jurisdição voluntária.

Sob o argumento da segurança jurídica, no entanto, as normativas locais preveem, em sua maioria, a necessidade de pronunciamento judicial, mesmo que em sede administrativa. Demonstrou-se que essa previsão não só cria um dever sem respaldo na legislação federal como também está em dissonância com a jurisprudência dos tribunais superiores, notadamente com a do Supremo Tribunal Federal que permite a alteração de gênero e prenome diretamente nas Serventias de Registro Civil das Pessoas Naturais.

Constatou-se também que a falta de uniformização da matéria nas unidades federativas causa prejuízo à segurança jurídica e ao usuário, pois cria requisitos e procedimentos diversos para a mesma situação jurídica, inviabilizando-se, assim, a integração dos Cartórios de Registro Civil por intermédio da CRC.

Por fim, foi sugerida proposta de provimento que reflete a conclusão a que se chegou por meio da pesquisa bibliográfica e jurisprudencial efetuada, qual seja, a desnecessidade de apreciação judicial para alteração de nome no primeiro ano após a maioridade civil.

6. REFERÊNCIAS

BRANDELLI, Leonardo. *Nome civil da pessoa natural*. São Paulo: Saraiva, 2012.

BRASIL. Conselho Nacional de Justiça. Provimento 73, de 28 de junho de 2018. Dispõe sobre a averbação da alteração do prenome e do gênero nos assentos de nascimento e casamento de pessoa transgênero no Registro Civil das Pessoas Naturais (RCPN). Diário da Justiça eletrônico, Brasília-DF, 29 de junho de 2018, p. 8.

BRASIL. Conselho Nacional de Justiça. Provimento 82, de 03 de julho de 2019. Dispõe sobre o procedimento de averbação, no registro de nascimento e no de casamento dos filhos, da alteração do nome do genitor e dá outras providências. Diário da Justiça eletrônico, Brasília-DF, 03 de setembro de 2019, p. 17. Disponível em: https://atos.cnj.jus.br/atos/detalhar/2973. Acesso em: 10 ago. 2020.

BRASIL. Decreto 18.542, de 24 de dezembro de 1928. Approva (sic) o regulamento para execução dos serviços concernentes nos registros públicos estabelecidos pelo Código Civil. Rio de Janeiro, 24 de dezembro de 1928. Disponível em: http://www.planalto.gov.br/ccivil_03/decreto/1910-1929/D18542.htm. Acesso em: 05 dez. 2019.

BRASIL. Decreto 5.318, de 29 de fevereiro de 1940. Faz alterações de redação no Decreto 4.857, de 9 de novembro de 1939. Rio de Janeiro, Diário Oficial da União, 2 de março de 1940. Disponível em: http://www.planalto.gov.br/ccivil_03/decreto/1930-1949/D5318.htm. Acesso em: 05 dez. 2019.

BRASIL. Jornadas de direito civil I, III, IV e V: enunciados aprovados/coordenador científico Ministro Ruy Rosado de Aguiar Júnior. Brasília: Conselho da Justiça Federal, Centro de Estudos Judiciários, 2012. Disponível em: https://www.cjf.jus.br/cjf/corregedoria-da-justica-federal/centro-de-estudos-judiciarios-1/publicacoes-1/jornadas-cej/EnunciadosAprovados-Jornadas-1345.pdf. Acesso em: 20 nov. 2019.

BRASIL. Lei 6.015, de 31 de dezembro de 1973. Dispõe sobre os registros públicos, e dá outras providências. Diário Oficial da União, Brasília-DF, 31 de dezembro de 1973. Disponível em: http://www.planalto.gov.br/ccivil_03/leis/l6015compilada.htm. Acesso em: 16 nov. 2019.

BRASIL. Lei 8.935, de 18 de novembro de 1994. Regulamenta o art. 236 da Constituição Federal, dispondo sobre serviços notariais e de registro. (Lei dos cartórios). Diário Oficial da União, Brasília-DF, 21 de novembro de 1994. Disponível em: http://www.planalto.gov.br/ccivil_03/leis/l8935.htm. Acesso em: 07 ago. 2020.

BRASIL. Lei 9.708, de 18 de novembro de 1998. Altera o art. 58 da Lei 6.015, de 31 de dezembro de 1973, que dispõe sobre Registros Públicos, para possibilitar a substituição do prenome por apelidos públicos notórios. Diário Oficial da União, Brasília-DF, 19 de novembro de 1998. Disponível em: http://www.planalto.gov.br/ccivil_03/Leis/L9708.htm. Acesso em: 05 dez. 2019.

BRASIL. Lei 9.807, de 13 de julho de 1999. Estabelece normas para a organização e a manutenção de programas especiais de proteção a vítimas e a testemunhas ameaçadas, institui o Programa Federal de Assistência a Vítimas e a Testemunhas Ameaçadas e dispõe sobre a proteção de acusados ou condenados que tenham voluntariamente prestado efetiva colaboração à investigação policial e ao processo criminal. Diário Oficial da União, Brasília-DF, 14 de julho de 1999. Disponível em: http://www.planalto.gov.br/ccivil_03/leis/l9807.htm. Acesso em: 05 dez. 2019.

BRASIL. Lei 10.406, de 10 de janeiro de 2002. Institui o Código Civil. Diário Oficial da União, Brasília-DF, 11 de janeiro de 2002. Disponível em: http://www.planalto.gov.br/ccivil_03/leis/2002/l10406compilada.htm. Acesso em: 10 nov. 2019.

BRASIL. Lei 13.445, de 24 de maio de 2017. Institui a Lei de Migração. Diário Oficial da União, Brasília-DF, 25 de maio de 2017. Disponível em: http://www.planalto.gov.br/ccivil_03/_Ato2015-2018/2017/Lei/L13445.htm#art124.

BRASIL. Lei 8.212, de 24 de julho de 1991. Dispõe sobre a organização da Seguridade Social, institui Plano de Custeio, e dá outras providências. Diário Oficial da União, Brasília-DF, 25 de julho de 1991. Disponível em: http://www.planalto.gov.br/ccivil_03/leis/l8212cons.htm. Acesso em: 12 nov. 2019.

BRASIL. Superior Tribunal de Justiça (3. Turma). Recurso Especial 1304718/SP. Recorrente: F S DE C L. Recorrido: Ministério Público do Estado de São Paulo. Relator: Ministro Paulo de Tarso Sanseverino. Brasília-DF, 18 de dezembro de 2014. Diário da Justiça eletrônico, Brasília-DF, 05 de fevereiro de 2015. Disponível em: https://ww2.stj.jus.br/processo/revista/inteiroteor/?num_registro=201103048755&-dt_publicacao=05/02/2015. Acesso em: 05 ago. 2020.

BRASIL. Superior Tribunal de Justiça (3. Turma). Recurso Especial 1860649/SP. Recorrente: C N DA S. Recorrido: Tribunal de Justiça do Estado de São Paulo. Relator: Ministro Ricardo Villas Bôas Cueva. Brasília-DF, 12 de maio de 2020. Diário da Justiça eletrônico, Brasília-DF, 18 de maio de 2020. Disponível em: https://ww2.stj.jus.br/processo/revista/inteiroteor/?num_registro=201803358304&-dt_publicacao=18/05/2020. Acesso em: 09 ago. 2020.

BRASIL. Superior Tribunal de Justiça (4. Turma). Recurso Especial 1217166/MA. Recorrente: Raimunda de Sousa Ribeiro. Recorrido: Ministério Público do Estado do Maranhão. Relator: Ministro Marco Buzzi. Brasília-DF, 14 de fevereiro de 2017. Diário da Justiça eletrônico, Brasília-DF, 24 de março de 2017. Disponível em: https://ww2.stj.jus.br/processo/revista/inteiroteor/?num_registro=201001751731&-dt_publicacao=24/03/2017. Acesso em: 05 ago. 2020.

BRASIL. Superior Tribunal de Justiça (4. Turma). Recurso Especial 1123141/PR. Recorrente: Ministério Público do Estado do Paraná. Recorrido: Angela Ninno Leite. Relator: Ministro Luis Felipe Salomão. Brasília-DF, 28 de setembro de 2010. Diário da Justiça eletrônico, Brasília-DF, 07 de outubro de 2010. Disponível em: https://ww2.stj.jus.br/processo/revista/inteiroteor/?num_registro=200501130558&-dt_publicacao=07/10/2010. Acesso em: 05 dez. 2019.

BRASIL. Supremo Tribunal Federal. Ação Declaratória de Inconstitucionalidade 4275/DF. Requerente: Procuradoria-Geral da República. Relator: Ministro Marco Aurélio. Brasília-DF, 01 de março de 2018. Diário da Justiça eletrônico, Brasília-DF, 07 de março de 2019. Disponível em: https://jurisprudencia.stf.jus.br/pages/search/sjur399205/false. Acesso em: 05 ago. 2020.

BRASIL. Supremo Tribunal Federal. Medida Cautelar na Ação Declaratória de Constitucionalidade 12 MC/DF. Requerente: Associação dos Magistrados Brasileiros – AMB. Relator: Ministro Carlos Britto. Brasília-DF, 16 de fevereiro de 2006. Diário da Justiça, Brasília-DF, 01 de setembro de 2006. Disponível em: http://portal.stf.jus.br/processos/detalhe.asp?incidente=2358461. Acesso em: 05 ago. 2020.

BRASIL. Tribunal Superior Eleitoral. Resolução 23.440, de 19 de março de 2015. Disciplina os procedimentos para a realização da atualização ordinária do cadastro eleitoral, com a implementação de nova sistemática de identificação do eleitor, mediante incorporação de dados biométricos e por meio de revisões de eleitorado de ofício, em municípios previamente selecionados pelos tribunais regionais eleitorais, e dá outras providências. Diário da Justiça Eletrônico do TSE 60. Brasília-DF, 27 de março de 2015. p. 49-51. Disponível em: http://www.tse.jus.br/legislacao-tse/res/2015/RES234402015.htm. Acesso em: 17 nov. 2019.

CAMARGO NETO, Mario de Carvalho; OLIVEIRA, Marcelo Salaroli de. In: CASSETTARI, Christiano (Coord.). *Registro civil das pessoas naturais:* parte geral e registro e nascimento. Coleção cartórios. São Paulo: Saraiva, 2014. v. 1

CAMARGO NETO, Mario de Carvalho; OLIVEIRA, Marcelo Salaroli de. In: CASSETTARI, Christiano (Coord.). *Registro Civil das Pessoas Naturais*. Coleção cartórios, 2. ed. Indaiatuba: Foco, 2020.

CARVALHO, Matheus. *Manual de direito administrativo*. 4. ed. rev. ampl. e atual. Salvador: Juspodivm, 2017.

CASSETTARI, Christiano. *Elementos de direito civil*. 5. ed. São Paulo: Saraiva, 2017.

DIAS, Maria Berenice. *Manual de Direito das Famílias*. 11. ed. São Paulo: Ed. RT, 2016. E-book.

DINIZ, Maria Helena. *Direito Civil Brasileiro:* Teoria Geral do Direito Civil. São Paulo: Saraiva, 2005.

DISTRITO FEDERAL. Provimento-Geral da Corregedoria de Justiça do Distrito Federal Aplicado aos Serviços Notariais e de Registro. Brasília-DF, 07 de janeiro de 2014. Disponível em: https://www.tjdft.jus.br/publicacoes/provimentos/provimento-geral-da-corregedoria-aplicado-aos-servicos-notariais-e-de-registro/ProvimentoGeralNotrioseRegistradores.pdf. Acesso em: 04 dez. 2019.

ESTADO DA BAHIA. Tribunal de Justiça. Corregedoria Geral da Justiça. Provimento Conjunto CGJ/CCI 03/2020. Diário da Justiça Eletrônico 2.553, Salvador-BA, 03 de fevereiro de 2020. p. 229. Disponível em: http://www5.tjba.jus.br/extrajudicial/wp-content/uploads/2020/03/REPUBLICA%C3%87%C3%83O-CORRETIVA-PRIVIMENTO-03.2020-C%C3%93DIGO-DE-NORMAS.pdf. Acesso em: 10 ago. 2020.

ESTADO DA PARAÍBA. Tribunal de Justiça. Corregedoria Geral da Justiça. Provimento n. 03/2015. João Pessoa-PB, 26 de janeiro de 2015. Disponível em: https://corregedoria.tjpb.jus.br/legislacao/codigo-de-normas-extrajudicial/#TITULO3%20-CAPVSe%C3%A7%C3%A3o%20X. Acesso em: 04 dez. 2019.

ESTADO DE ALAGOAS. Tribunal de Justiça. Corregedoria Geral da Justiça. Provimento 16/2019. Maceió--AL, 23 de setembro de 2019. Disponível em: https://cgj.tjal.jus.br/cnnr.pdf. Acesso em: 10 ago. 2020.

ESTADO DE GOIÁS. Tribunal de Justiça. Corregedoria Geral da Justiça. Código de Normas e Procedimentos do Foro Extrajudicial. Goiânia-GO, 2015. Disponível em: https://extrajudicial.tjgo.jus. br/C%C3%B3digo%20de%20Normas%20e%20Procedimentos%20do%20Foro%20Extrajudicial. pdf. Acesso em: 04 dez. 2019.

ESTADO DE MINAS GERAIS. Tribunal de Justiça. Corregedoria Geral da Justiça. Provimento Conjunto 93/2020. Belo Horizonte-MG, 22 de junho de 2020. Disponível em: http://www8.tjmg.jus.br/institucional/at/pdf/vc00932020.pdf. Acesso em: 13 ago. 2020.

ESTADO DE RONDÔNIA. Tribunal de Justiça. Corregedoria Geral da Justiça. Provimento Corregedoria n. 014/2019. Diário da Justiça Eletrônico 211, Porto Velho-RO, 08 de novembro de 2019. Disponível em: https://www.tjro.jus.br/corregedoria/images/diretrizes_extra_judiciais/Diretrizes_Gerais_Extrajudiciais-PROVIMENTO_n._14-2019.pdf. Acesso em: 04 dez. 2019.

ESTADO DE RORAIMA. Tribunal de Justiça. Corregedoria Geral da Justiça. Provimento/CGJ n. 01/2017. Boa Vista-RR, 02 de fevereiro de 2017. Disponível em: http://www.tjrr.jus.br/legislacao/phocadownload/Provimentos/Corregedoria/2017/001comp.pdf. Acesso em: 04 dez. 2019.

ESTADO DE SANTA CATARINA. Tribunal de Justiça. Corregedoria Geral da Justiça. Provimento 10/2013. Florianópolis-SC, 08 de novembro de 2013. Disponível em: https://www.tjsc.jus.br/documents/728949/1312406/C%C3%B3digo+de+Normas+Compilado/f5537f74-44fe-42af-be-31-611e69cae637. Acesso em: 04 dez. 2019.

ESTADO DE SÃO PAULO. Tribunal de Justiça. Corregedoria Geral da Justiça. Provimento 58/89. São Paulo-SP, 28 de novembro de 1989. Disponível em: https://api.tjsp.jus.br/Handlers/Handler/FileFetch.ashx?codigo=120003. Acesso em: 10 jul. 2020.

ESTADO DE SERGIPE. Tribunal de Justiça. Corregedoria Geral da Justiça. Provimento 23/2008. Aracaju-SE, 01 de dezembro de 2008. Disponível em: https://www.tjse.jus.br/corregedoria/arquivos/documentos/extrajudicial/consolidacao-normativa-extrajudicial-atualizada-ate-prov14-2018.pdf. Acesso em: 04 dez. 2019.

ESTADO DO ACRE. Tribunal de Justiça. Corregedoria Geral da Justiça. Provimento 10/2016. Diário da Justiça Eletrônico 5.600, Rio Branco-AC, 15 de março de 2016. Disponível em: https://www.tjac.jus.br/wp-content/uploads/2016/03/Provimento_COGER_TJAC_10_2016.pdf. Acesso em: 04 dez. 2019.

ESTADO DO AMAPÁ. Tribunal de Justiça. Corregedoria Geral da Justiça. Provimento 310/2016. Macapá--AP, 17 de março de 2016. Disponível em: https://www.tjap.jus.br/portal/images/stories/documentos/corregedoria/Atos_Normativos/provimento_geral_corregedoria_tjap.pdf. Acesso em: 04 dez. 2019.

ESTADO DO AMAZONAS. Tribunal de Justiça. Corregedoria Geral da Justiça. Provimento 278/2016. Manaus-AM, janeiro de 2016. Disponível em: https://www.tjam.jus.br/index.php/corregedoria--portal. Acesso em: 04 dez. 2019.

ESTADO DO CEARÁ. Tribunal de Justiça. Corregedoria Geral da Justiça. Provimento 08/2014. Fortaleza-CE, 10 de novembro de 2014. Disponível em: https://corregedoria.tjce.jus.br/wp-content/uploads/2018/10/CNNR-atual-19.8.19-%C3%BAltima-vers%C3%A3o.pdf. Acesso em: 04 dez. 2019.

ESTADO DO ESPÍRITO SANTO. Tribunal de Justiça. Corregedoria Geral da Justiça. Provimento n. 029/2009. Vitória-ES, 09 de dezembro de 2009. Disponível em: http://www.tjes.jus.br/corregedoria/wp-content/uploads/2019/11/CN-Atualizado-at%C3%A9-Provimento-38.2019.pdf. Acesso em: 04 dez. 2019.

ESTADO DO MARANHÃO. Tribunal de Justiça. Corregedoria Geral da Justiça. Provimento 36/2015. São Luis-MA, 01 de junho de 2016. Disponível em: https://novogerenciador.tjma.jus.br/storage/portalweb/codigo_de_normas_da_corregedoria_ma-atualizado_ato_o_prov_36-2015_-_em_1o-06-2016_24112016_1030.doc. Acesso em: 04 dez. 2019.

ESTADO DO MATO GROSSO DO SUL. Tribunal de Justiça. Corregedoria Geral da Justiça. Provimento 1/2003. Campo Grande-MS, 27 de janeiro de 2003. Disponível em: https://www.tjms.jus.br/legislacao/visualizar.php?lei=18509. Acesso em: 10 ago. 2020.

ESTADO DO MATO GROSSO. Tribunal de Justiça. Corregedoria Geral da Justiça. Provimento 40/2016. Cuiabá-MT, 19 de dezembro de 2016. Disponível em: http://corregedoria.tjmt.jus.br/arquivo/3e0a-ed37-9157-4b3a-98f6-30116681ad5e/cngc-extrajudicial-pdf. Acesso em: 04 dez. 2019.

ESTADO DO PARÁ. Tribunal de Justiça. Corregedoria Geral da Justiça. Código de Normas dos Serviços Notariais e de Registro do Estado do Pará. Belém-PA, 31 de janeiro de 2019. Disponível em: http://www.tjpa.jus.br//CMSPortal/VisualizarArquivo?idArquivo=824163. Acesso em: 04 dez. 2019.

ESTADO DO PARANÁ. Tribunal de Justiça. Corregedoria Geral da Justiça. Provimento Conjunto 249/2013. Curitiba-PR, 30 de setembro de 2013. Disponível em: https://www.tjpr.jus.br/documents/13302/29328945/C%C3%B3digo+de+Normas+do+Foro+Extrajudicial+-+Texto+Compilado.pdf/42dff2ca-1039-1d26-5147-fee52ce82b2d. Acesso em: 05 ago. 2020.

ESTADO DO PERNAMBUCO. Tribunal de Justiça. Corregedoria Geral da Justiça. Provimento 20/2009. Recife-PE, 20 de novembro de 2009. Disponível em: https://www.tjpe.jus.br/documents/29010/1101020/Codigo+de+Normas+atualizado+at%C3%A9+Prov+16-2019+-+Dje+24.10.2019.pdf/becad42a-aa-49-2e16-59f4-7d284a33c335. Acesso em: 04 dez. 2019.

ESTADO DO PIAUÍ. Tribunal de Justiça. Corregedoria Geral da Justiça. Provimento 017/2013. Teresina-PI, 27 de agosto de 2013. Disponível em: http://www.tjpi.jus.br/portaltjpi/wp-content/uploads/2018/05/Codigo_De_Normas_Servicos_Notariais_E_Registro_PIAUI_abril_20151.pdf. Acesso em: 04 dez. 2019.

ESTADO DO RIO DE JANEIRO. Tribunal de Justiça. Corregedoria Geral da Justiça. Consolidação Normativa da Corregedoria Geral da Justiça do Estado do Rio de Janeiro: Parte Extrajudicial. Rio de Janeiro-RJ, 28 de julho de 2020. Disponível em: http://www1.tjrj.jus.br/gedcacheweb/default.aspx?GEDID=00038F49138D2A951732394F2DA8142EA3EF11C407183528. Acesso em: 04 dez. 2019.

ESTADO DO RIO GRANDE DO NORTE. Tribunal de Justiça. Corregedoria Geral da Justiça. Provimento 156/2016. Natal-RN, 18 de outubro de 2016. Disponível em: https://corregedoria.tjrn.jus.br/index.php/normas/codigos/codigo-de-normas-extrajudicial/10481--1103/file. Acesso em: 04 dez. 2019.

ESTADO DO RIO GRANDE DO SUL. Tribunal de Justiça. Corregedoria Geral da Justiça. Provimento 32/2006. Porto Alegre-RS, 16 de novembro de 2006. Disponível em: https://www.tjrs.jus.br/export/legislacao/estadual/doc/2019/CNNR_CGJ_Julho_2019_Provimento_021_2019.pdf. Acesso em: 04 dez. 2019.

ESTADO DO TOCANTINS. Tribunal de Justiça. Corregedoria Geral da Justiça. Manual de Normas de Serviço Notarial e Registral. Palmas-TO. Disponível em: http://corregedoria.tjto.jus.br/index.php/legislacao-e-normas/documentos-diversos/send/13-manuais/30-manual-notorial-registral. Acesso em: 04 dez. 2019.

FARIAS, Cristiano Chaves de; ROSENVALD, Nelson. *Curso de direito civil*: parte geral e LINDB. 15. ed. rev., ampl. e atual. Salvador: JusPodivm, 2017.

FRANÇA, Rubens Limongi. *Do nome civil das pessoas naturais*. 2. ed. rev. São Paulo: Ed. RT, 1964.

GAGLIANO, Pablo Stolze; PAMPLONA FILHO, Rodolfo. *Novo curso de direito civil*: parte geral 14. ed. rev., atual. e ampl. São Paulo: Saraiva, 2012. v. 1. E-book.

HOUAISS, Grande Dicionário. *Dicionário houaiss*, 2001. Disponível em: https://houaiss.uol.com.br/corporativo/apps/uol_www/v5-4/html/index.php#2. Acesso em: 10 nov. 2019.

KÜMPEL, Vitor Frederico; FERRARI, Carla Modina. *Tratado notarial e registral*. São Paulo: YK Editora, 2017. v. II.

KÜMPEL, Vitor Frederico; VIANA, Giselle de Menezes. *Introdução ao Estudo do Direito*. São Paulo: YK Editora, 2018.

LOUREIRO, Luiz Guilherme. *Registros públicos:* teoria e prática. 5. ed. rev., atual. e ampl. Rio de Janeiro: Forense; São Paulo: Método, 2014.

NADER, Paulo. *Curso de direito civil:* parte geral. 10. ed. rev. e atual. Rio de Janeiro: Forense, 2016. v. 1. E-book.

NUNES, Luiz Antônio Rizzatto. *O princípio constitucional da dignidade da pessoa humana:* doutrina e jurisprudência. São Paulo: Saraiva, 2002.

VELOSO, Zeno. *Direito civil:* temas. Belém: Artes Gráficas Perpétuo Socorro Ltda, 2018.

VENOSA, Sílvio de Salvo. *Direito civil:* parte geral. 13. ed. São Paulo: Atlas, 2013.

Parte II
TABELIONATO DE PROTESTO:
Dr. Reinaldo Velloso

LINHA DE PESQUISA:
"MEDIDAS DE INCENTIVO À QUITAÇÃO E
RENEGOCIAÇÃO DE DÍVIDAS PROTESTADAS"

MEDIDAS DE INCENTIVO À QUITAÇÃO E À RENEGOCIAÇÃO DE DÉBITOS PROTESTADOS NO ÂMBITO DA FAZENDA PÚBLICA COMO MEIO DE GARANTIA DOS DIREITOS FUNDAMENTAIS DOS CIDADÃOS

Camila Costa Xavier

Mestra em Direito pela Universidade FUMEC, Especialista em Direito de Família e em Direito Administrativo pela Universidade Cândido Mendes e Graduada em Direito pela Universidade Federal de Minas Gerais. Mestranda em Direito nas Relações Econômicas e Sociais pela Faculdade Milton Campos, onde desenvolve pesquisas na área de Direito Empresarial. Tabeliã de protesto no estado de Minas Gerais. Publicou artigos em periódicos da área jurídica e é autora do livro *Taxatividade, tipicidade e autonomia privada: o direito real de multipropriedade* (2021).

Resumo: O objetivo deste trabalho é examinar, de acordo com a legislação e com a jurisprudência dos Tribunais Superiores, a viabilidade de aplicação do Provimento 72, de 27 de junho de 2018, do CNJ, que prevê medidas de incentivo à quitação e à renegociação de dívidas protestadas nos tabelionatos de protesto do Brasil, à Fazenda Pública. A abordagem terá início com o estudo da atividade financeira do Estado Social e Democrático de Direito, indispensável à manutenção da estrutura estatal e à garantia dos direitos fundamentais. Constatada a importância das receitas públicas – notadamente as de caráter tributário –, para a consecução dos fins a que o Estado se destina, discutir-se-á a questão da cobrança da dívida ativa, comparando sob a perspectiva do custo, do tempo e dos resultados, a tradicional via da execução fiscal ao protesto de CDA's. Ato seguido, será realizado breve estudo do crédito tributário e a aplicação do ato normativo em questão. Conclui-se, a partir da experiência positiva com o protesto das CDA's, que a adoção das medidas previstas no Provimento 72 do CNJ são salutares à gestão fiscal eficiente.

Sumário: 1. Introdução – 2. Tributação como instrumento da sociedade na efetivação dos direitos fundamentais – 3. Administração tributária: gestão financeira responsável – 4. O protesto de certidões de dívida ativa e as vantagens obtidas em prol dos direitos fundamentais; 4.1 Medidas de incentivo à quitação e à renegociação de dívidas protestadas no âmbito da fazenda pública – 5. Conclusão – 6. Referências.

1. INTRODUÇÃO

A Constituição da República Federativa do Brasil de 1988 (CR88) declara ser o Estado brasileiro Democrático de Direito. O Brasil adotou, portanto, a República como forma de governo, a federação como forma de Estado e a democracia como regime político. Tais acepções permeiam o desenvolvimento e a conclusão deste trabalho.

Diante de premissa de que a CR88 atribui ao Brasil a posição de Estado democrático, conclui-se que os direitos fundamentais dos cidadãos guardam importância na atividade estatal, obrigando o ente a garantir que tais direitos serão concretizados. Há de se mencionar, inclusive, que suas previsões constitucionais ganham *statuts* de cláusulas pétreas.

Não obstante, o funcionamento da máquina estatal demanda custos e, democraticamente, estes devem ser suportados por todos que se beneficiam de seus serviços, de maneira igual. A arrecadação e distribuição destes recursos deve ser feita de maneira responsável pelo Poder Público, o qual utiliza-se de atividade tributária para alcançar os seus objetivos.

Atualmente, as demandas judiciais envolvendo pleitos de cidadãos em face de órgãos do Poder Público, visando a satisfação de seus direitos, ocupam os *rankings* dos relatórios dos tribunais pátrios, demonstrando uma ineficiência e sugerindo uma má-gestão, principalmente envolvendo a seara financeira.

Ao cidadão é disponibilizado o Poder Judiciário para conseguir exercer os seus direitos mitigados. Entretanto, a cultura de judicialização que se formou nos últimos acabou por obstinar a máquina judiciária com uma gama de processos em trâmite em tribunais deficitários.

Na contramão destes obstáculos, os direitos fundamentais dos cidadãos ficam à mercê de uma solução financeira por parte da administração pública, que deve agir sem medir esforços para garantir a concretização dos direitos.

Nesse ponto, ressalta-se a importância da evolução legislativa, tendo vista que as leis devem acompanhar os anseios da sociedade e dar uma resposta efetiva aos clamores sociais. E a judicialização, neste ponto, passa a figurar com última opção para os cidadãos.

Surge, então, o presente estudo, que visa demonstrar o resultado satisfatório das leis que regulamentam o Direito Tributário e Financeiro do Estado, em comunhão com o custeio dos direitos fundamentais e com uma gestão administrativa eficiente.

Sendo o cidadão detentor de direitos e o Estado obrigado a consolidá-los, a busca do custeio deve ser feita com responsabilidade e competência, de maneira célere e válida. Para isso, é necessário verificar se as medidas de incentivo à quitação e renegociação de débitos oriundos da Fazenda Pública, dentro dos cartórios extrajudiciais, configuram um aliado na confirmação dos direitos fundamentais.

Assim, o estudo se dividiu em três momentos: o primeiro dado à compreensão da tributação como instrumento da sociedade na efetivação dos direitos fundamentais; o segundo, voltado à demonstração da necessidade de uma gestão financeira responsável no âmbito da administração tributária e, por fim; o terceiro capítulo se dedicou a avaliar a possibilidade do protesto notarial no âmbito dos créditos tributários e suas vantagens em prol dos direitos fundamentais. Em consequência, foi verificada a normatização no âmbito do Poder Judiciário sobre as medidas alternativas de solução de conflito e os incentivos para adoção de tais técnicas também nos cartórios extrajudiciais.

Para isso, foi necessária uma ampla pesquisa doutrinária e uma análise jurisprudencial, visando avaliar a pertinência do entendimento jurisprudencial adotado pelo no ordenamento jurídico brasileiro como forma ratificar o entendimento esposado no presente ensaio.

Foi possível concluir com o presente estudo que os legisladores fizeram bem ao permitir o registro de protestos de dívidas no âmbito da Fazenda Pública, possibilitando aos entes formas mais céleres e menos custosas na arrecadação de receita para custeio dos direitos dos cidadãos. A escolha do administrador, neste momento, pode demonstrar a eficiência (ou não) de sua gestão, estando adstrito aos ditames da Lei de Responsabilidade Fiscal.

A desjudicialização é tendência no ordenamento jurídico e, cada vez mais celebrando o Estado Democrático de Direito, a resolução consensual de conflitos se afigura como meio mais próximo de realização de vontade das partes.

Portanto, ao regulamentar a possibilidade de se adotar tais técnicas no âmbito extrajudicial, com o incentivo à negociação dos débitos, o legislador alinhou o interesse público ao interesse privado, garantindo uma maior possibilidade de se alcançar o objetivo fim do Estado.

2. TRIBUTAÇÃO COMO INSTRUMENTO DA SOCIEDADE NA EFETIVAÇÃO DOS DIREITOS FUNDAMENTAIS

O Estado, instituição indispensável à existência de uma sociedade organizada, necessita de recursos para custear a sua estrutura e realizar seus fins. A atividade financeira deste ente é de extrema importância, visto que é ela que custeia a realização dos direitos fundamentais dos cidadãos.

A seriedade do assunto se destaca diante da necessária arrecadação de recursos para cumprir seus deveres e objetivos sociais. Essa instrumentalidade da atividade financeira é destacada por autores, a exemplo de Alexy (2014)[1].

Em uma postura preocupada, o doutrinador da obra "Teoria dos Direitos Fundamentais" denuncia que os direitos fundamentais possuem um custo elevado para os cofres públicos, e afirma que é através da tributação que se pode arrecadar os recursos que irão sustentar os deveres do ente para com seus cidadãos[2].

---

1. Todos os direitos fundamentais sociais são extremamente custosos. Para a realização dos direitos fundamentais sociais o Estado pode apenas distribuir aquilo que recebe de outros, por exemplo na forma de impostos e taxas. Mas isso significa que os frequentemente suscitados limites da capacidade de realização do Estado não decorrem apenas dos bens distribuíveis existentes, mas sobretudo daquilo que o Estado, para fins distributivos, pode tomar dos proprietários desses bens sem violar seus direitos fundamentais. (ALEXY, 2014, p. 510).
2. Na mesma linha de raciocínio, destacamos a fala de Carneiro (2020): Uma característica importantíssima da atividade financeira é a de ser puramente instrumental, já que obter recursos e realizar gastos não é um fim

Deflui-se deste pensamento que a atividade tributária do Estado não visa a satisfação de seus próprios interesses. Ao contrário, é interesse do Estado a satisfação do dever com seus cidadãos. Ou seja, a intenção final é cumprir as obrigações com o indivíduo, sendo a arrecadação o meio pelo qual se alcançará o seu objetivo.

Essa arrecadação de recursos deve ser feita com cautela, observando os ditames constitucionais e dentro da legalidade e da normatividade. Diz-se, pois, que a manutenção dos direitos dos cidadãos, a qual deve ser exercida pelo Estado, é custeada pela atividade tributária.

Paulsen (2020) se posiciona em relação ao preceito da necessidade de se tributar para manter ativa a atividade financeira do Estado e, assim, haver a efetivação do dever de subsidiar aos cidadãos o bem-estar social[3].

Sendo o Estado o precursor das garantias fundamentais dos cidadãos, e estando em um país onde a democracia é sistema político que vigora, o exercício financeiro do ente deve ser suportado pelos indivíduos que gozam dos direitos previstos[4].

Assim, pode-se afirmar que a tributação é inerente ao Estado. Não obstante, ao longo da história, esteve associada a episódios de excessos e arbitrariedades que despertaram movimentos pela preservação da liberdade e da propriedade, cujo legado são mecanismos de limitação do poder fiscal.

Como consequência de tais episódios de opressão de direitos, cunhou-se uma visão do ordenamento tributário voltada exclusivamente para a proteção do contribuinte. Contudo, é necessário um novo olhar, pois a tributação justa, com respeito às garantias individuais e em patamar adequado, é condição inafastável para a efetivação dos direitos e garantias fundamentais.

Nesse sentido, Paulsen (2020) afirma que a tributação é instrumento da sociedade para a consecução dos seus próprios objetivos, ressaltando a impossibilidade de o Estado assegurar o amplo rol de direitos previstos na Constituição sem a arrecadação tributária[5].

---

em si mesmo. O Estado não tem o objetivo de enriquecer ou aumentar o seu patrimônio, e sim o de arrecadar para atingir certos objetivos de índole pública, econômica ou administrativa, por exercer atividade-meio e não atividade-fim. (CARNEIRO, 2020, p. 41).

3. Contribuir para as despesas públicas constitui obrigação de tal modo necessária no âmbito de um Estado de direito democrático, em que as receitas tributárias são a fonte primordial de custeio das atividades públicas, que se revela na Constituição enquanto dever fundamental de todos os integrantes da sociedade. Somos, efetivamente, responsáveis diretos por viabilizar a existência e o funcionamento das instituições públicas em consonância com os desígnios constitucionais. (PAULSEN, 2020, p. 29).

4. (...) para auferir o dinheiro necessário à despesa pública, os governos, pelo tempo afora, socorrem-se de uns poucos meios universais", quais sejam, "a) realizam extorsões sobre outros povos ou deles recebem doações voluntárias; b) recolhem as rendas produzidas pelos bens e empresas do Estado; c) exigem coativamente tributos ou penalidades; d) tomam ou forçam empréstimos; e) fabricam dinheiro metálico ou de papel. Todos os processos de financiamento do Estado se enquadram nestes cinco meios conhecidos há séculos. (BALEEIRO, 1990, p. 115).

5. Aliás, resta clara a concepção da tributação como instrumento da sociedade quando são elencados os direitos fundamentais e sociais e estruturado o Estado para que mantenha instituições capazes de proclamar, promover e assegurar tais direitos. Não há mesmo como conceber a liberdade de expressão, a inviolabili-

Dessa maneira, o autor afirma que os cidadãos possuem o dever fundamental de pagar tributos para viabilizar o funcionamento das instituições públicas. Tal dever é a contrapartida do caráter democrático e social do Estado que assegura aos cidadãos os direitos fundamentais.

Sobre a ligação existente entre o Direito Tributário e o dever do Estado em custear os direitos dos cidadãos, o Ministro do Superior Tribunal de Justiça (STJ), Humberto Martins, em voto como relator nos autos de Recurso Especial 1.233.721, de origem do Tribunal de Justiça do Paraná (REsp 1.233.721 – PR), doutrinou ao afirmar que a disciplina é "um dos ramos do Direito Público, tem por finalidade precípua o interesse público, segundo o qual ao Estado é dado o direito-dever de arrecadar tributos, com o objetivo de obter receitas para garantia do bem-estar social" (STJ, 2011). Tal posicionamento do STJ se amolda aos ensinamentos de Galdino (2005)[6].

Conclui-se, até aqui, que a efetivação dos direitos fundamentais dos cidadãos, obrigação constitucional imposta ao Estado, gera custos ao ente. Entretanto, o custeio destes direitos é alto e deve ser suportado pelos próprios indivíduos que gozam de seus benefícios através da atividade tributária. Muito além de ser um dever individual, a contribuição tributária é um dever com a coletividade.

Esse meio de arrecadação deve ser feito através de políticas que estejam previstas em leis, respeitando a capacidade contributiva de cada cidadão. Silva (2014) instrui que esse sistema de observância à capacidade do contribuinte deflui de princípios.

Um deles seria o princípio do benefício, que "significada que a carga dos impostos deve ser distribuída entre os indivíduos de acordo com os benefícios que desfrutam da atividade governamental". O outro princípio seria o do sacrifício ou do custo, ou seja, "sempre que o governo incorre em custos em favor de indivíduos particulares, estes custos devem ser suportados por eles" (SILVA, 2014, p. 223).

Não obstante a importância da atividade tributária para o alcance dos direitos dos cidadãos, bem como a preocupação legislativa em se exercer a tributação de maneira justa e equânime, a inadimplência existe.

Pagliusi e Santos (2019, p. 53) mencionam que um dos maiores litigantes judiciais do Brasil é o poder público. Ainda, atribuem ao contribuinte a responsabilidade desta alta demanda, afirmando que a prioridade é o "pagamento de instituições financeiras, cujos juros e encargos são altíssimos, de serviços essenciais, já que não é possível viver dignamente sem tais prestações, relegando o pagamento de tributos para a última classe de dívidas a serem soldadas".

---

dade da intimidade e da vida privada, o exercício do direito de propriedade, a garantia de igualdade, a livre iniciativa, a liberdade de manifestação do pensamento, a livre locomoção e, sobretudo, a ampla gama de direitos sociais, senão no bojo de um Estado democrático de direito, social e tributário (PAULSEN, 2020, p. 28).

6. Na medida em que o Estado é indispensável ao reconhecimento e efetivação dos direitos, e considerando que o Estado somente funciona em razão das contingências de recursos econômico-financeiros captadas junto aos indivíduos singularmente considerados, chega-se à conclusão de que os direitos só existem onde há fluxo orçamentário que o permita (GALDINO, 2005, p. 204).

Inobstante existirem débitos que são substancialmente passíveis de quitação por seus contribuintes, alguns deles não chegam sequer ao conhecimento do devedor por desídia do próprio credor. Importante, nesse momento, demonstrar os meios que o poder público dispõe para que esses recursos sejam corretamente destinados à administração.

3. ADMINISTRAÇÃO TRIBUTÁRIA: GESTÃO FINANCEIRA RESPONSÁVEL

O sistema de arrecadação financeira do Estado não pode ser desenvolvido sem uma política transparente. Existem leis que regulamentam como deve ser o sistema tributário e como o dinheiro público é utilizado.

Uma das principais normas que regulamentam a atividade financeira do Estado é a Lei de Responsabilidade Fiscal (LRF), instituída pela Lei Complementar 101, de 4 de maio de 2000. Ela prevê em seu artigo 11 que constituem "requisitos essenciais da responsabilidade na gestão fiscal a instituição, previsão e efetiva arrecadação de todos os tributos da competência constitucional do ente da Federação" (BRASIL, 2000).

O que se buscou, através da promulgação da LRF, foi fazer com que os cidadãos tenham consciência e meio de incentivos ao pagamento dos tributos, em verdadeiro respeito ao Estado Democrático de Direito, com a maior transparência sobre a distribuição e destinação das verbas públicas. Conforme ensina Barros (2019), transparência e responsabilidade são os pilares básicos do diploma, obrigando o Estado a não gastar mais do que se arrecada.

Aplicar a legislação tributária e exigir de modo eficiente os tributos é uma obrigação, sendo certo que constitui não apenas requisito de responsabilidade fiscal, mas também de igualdade. A isonomia, diga-se, não se restringe à igualdade formal, na lei, estendendo-se à igualdade na aplicação da lei e, portanto, na efetividade da tributação.

A LRF também dita regras sobre a gestão orçamentária dos órgãos públicos, determinando que se estabeleçam limites e metas para a destinação de receitas. Ocorre que, como dito, o cenário do Brasil demonstra uma dicotomia entre uma diversidade tributária e constante ausência de recursos para o custeio dos direitos fundamentais do cidadão. E isso justifica, em tese, a grande judicialização em face de órgãos públicos em busca da satisfação das garantias do homem.

A Fazenda Pública tem o maior número de processos em curso no Poder Judiciário com baixíssimos índices de êxito, conforme o relatório Justiça em Números 2020, divulgado pelo Conselho Nacional de Justiça (CNJ). A demanda que mais aparece é em relação à saúde, com a busca do mínimo existencial pelo cidadão e a defesa dos entes baseada na reserva do possível. Sobre o mínimo existencial, é mister destacar a lição mencionada por Barroso (2018).[7]

---

7. Para serem livres, iguais e capazes de exercer uma cidadania responsável, os indivíduos precisam estar além de limiares mínimos de bem-estar, sob pena de a autonomia se tornar uma mera ficção. Isso exige o acesso a algumas prestações essenciais – como educação básica e serviços de saúde –, assim como a satisfação de

Extrai-se dos ensinamentos do jurista que o mínimo existencial decorre da autonomia dos indivíduos e sua necessidade de acesso a serviços essenciais, como forma de verdadeiro respeito a direitos fundamentais.

Por outro lado, em relação ao princípio da reserva do possível, frequentemente utilizado pelo poder público a fim de se justificar a impossibilidade administrativa em custear certos serviços, para Sarlet, Marinoni e Mitidiero (2017) o seu uso soa como polêmica dentro da matéria dos direitos sociais[8].

O que se busca demonstrar com isso é que, se o Estado é sujeito de obrigações e está vinculado à Lei de Responsabilidade Fiscal, a grande demanda judicial de cidadãos que requerem uma prestação de serviços essenciais revela uma má gestão dos recursos públicos pelos entes.

A não observância, pelo Estado, na obrigatória feitura do planejamento financeiro destinado ao cumprimento dos deveres constitucionais de promoção dos direitos dos cidadãos pode levar o ente a responder por crime de responsabilidade por descumprimento dos ditames legais, na busca do bem-estar social.

Por outro lado, a alta da inadimplência dos contribuintes também explica a falha na administração em estar desprovido da reserva do possível. A escassez de bens e recursos pode levar o administrador a realizar escolhas trágicas no que tange à efetivação de direitos fundamentais. Isso reforça o dever de arrecadar de forma eficaz os tributos, pois o interesse público é indisponível.

A título de exemplo, pode ser imputado crime de improbidade administrativa ao ente que, à margem da lei, conceda benefícios relativos ao crédito tributário devido por um contribuinte, ou que renuncie ao crédito sem que demonstre o impacto orçamento-financeiro não prejudicial. Essa é a inteligência do artigo 97 do Código Tributário Nacional (CTN) e do artigo 14 da LRF.

A preocupação do legislador é justamente poupar os cofres públicos de baixas em seu montante, garantindo a reserva do possível para o atendimento dos direitos sociais e outras garantias fundamentais dos cidadãos.

---

algumas necessidades elementares, como alimentação, água, vestuário e abrigo. O mínimo existencial, portanto, está no núcleo essencial dos direitos sociais e econômicos, cuja existência como direitos realmente fundamentais – e não como meras pretensões dependentes do processo político – é bastante controvertida em alguns países. (BARROSO, 2018, p. 71).

8. O ponto possivelmente mais polêmico em termos de exigibilidade dos direitos sociais como direitos subjetivos e fundamento para o controle jurisdicional de políticas públicas (ambas as situações, apesar de seus pontos de contato, não se confundem) diz respeito à assim chamada "reserva do possível", ou seja, com a dimensão economicamente relevante dos direitos sociais (embora já se reconheça que tal relevância econômica não é apenas dos direitos sociais) na condição de direitos a prestações estatais, de modo especial, naquilo que guardam relação com a destinação, criação e (re)distribuição de recursos materiais e humanos, com destaque para os aspectos econômicos, financeiros e tributários que dizem respeito à efetividade dos direito sociais. (SARLET; MARINONI; MITIDIERO, 2017, p. 652).

Há de se ressaltar, no entanto, quanto aos débitos fiscais existentes, que a forma de cobranças dos créditos tributários pode não estar sendo eficiente diante do quadro financeiro crítico da administração pública.

Atualmente, o crédito tributário, quando regularmente lançado, deve ser pago pelo contribuinte[9]. Na ausência de pagamento, deverá o ente notificar o devedor para efetuá-lo, sob pena de inscrição na dívida ativa[10], aqui focada somente nas oriundas de créditos tributários.

Devidamente inscrita a dívida ativa, a administração poderá emitir a Certidão de Dívida Ativa (CDA) que é, pois, título executivo extrajudicial, instrumento hábil para o início da cobrança judicial ou extrajudicial[11].

A execução fiscal das dívidas ativas, por meio judicial, é normatizada pela Lei 6.830 (Lei de Execução Fiscal), de 22 de setembro de 1980. Já a possibilidade de protesto das CDA's é regulamentada pela Lei 9.492, de 10 de setembro de 1997 (Lei de Protestos). Para o presente estudo, importará o protesto das CDA's como meio de cobrança dos créditos tributários.

Conforme dispõe o artigo 1º da Lei de Protestos, este instrumento é um "ato formal e solene pelo qual se prova a inadimplência e o descumprimento de obrigação originada em títulos e outros documentos de dívida" (BRASIL, 1997).

O protesto das CDA's somente foi regulado no Brasil a partir da Lei 12.767, de 2012, a qual acrescentou ao artigo 1º da Lei de Protestos o parágrafo único, que inclui entre os títulos sujeitos a protesto as referidas certidões emitidas pelos entes federativos respectivas autarquias e fundações.

A possibilidade de se levar o título emitido pela administração ao protesto configura importante avanço ao ordenamento, e grande aliado na arrecadação de receitas na busca da efetivação dos direitos fundamentais dos cidadãos.

Não se pode negar que o judiciário atualmente encontra-se com defasagem de pessoal e estrutural, e a notória onda renovatória de universalização do acesso à justiça[12], ocorrida com a necessária abertura da justiça a todos os cidadãos, de maneira

---

9. Art. 142. Compete privativamente à autoridade administrativa constituir o crédito tributário pelo lançamento, assim entendido o procedimento administrativo tendente a verificar a ocorrência do fato gerador da obrigação correspondente, determinar a matéria tributável, calcular o montante do tributo devido, identificar o sujeito passivo e, sendo caso, propor a aplicação da penalidade cabível (BRASIL, 1966).

10. Art. 201. Constitui dívida ativa tributária a proveniente de crédito dessa natureza, regularmente inscrita na repartição administrativa competente, depois de esgotado o prazo fixado, para pagamento, pela lei ou por decisão final proferida em processo regular (BRASIL, 1966).

11. Art. 204. A dívida regularmente inscrita goza da presunção de certeza e liquidez e tem o efeito de prova pré-constituída (BRASIL, 1966).

12. Sobre as ondas tratadas neste trabalho, adotou-se o entendimento de Tartuce (2018) acerca das fases de acesso dos cidadãos ao judiciário, pedindo-se licença para transcrever: "A primeira onda renovatória de universalização do acesso focou a necessidade de propiciar acesso aos marcados pela vulnerabilidade econômica. Já a segunda buscou reformar os sistemas jurídicos para dotá-los de meios atinentes à representação jurídica dos interesses 'difusos', atuando especialmente sobre conceitos processuais clássicos para adaptá-los à adequada concepção de processo coletivo. A terceira onda, por seu turno, preconizou uma

isonômica, resulta em morosidade processual e alta nos custos decorrentes deste fenômeno.

Nessa vertente, o protesto se afigura como alternativa eficiente, posto que possui índices de êxito muito superiores e é gratuito para os credores. Além disso, em uma análise lógica, enquanto o processo judicial não obsta para os contribuintes devedores a obtenção de créditos perante o mercado, o protesto notarial possui efeitos diferentes. A inscrição do CPF ou CNPJ de um contribuinte devedor perante o cartório de protestos e, automaticamente, nos cadastros privados de créditos, gera a impossibilidade de dos referidos créditos no setor privado, levando grande número de devedores a buscar a solução da dívida.

Sobre o papel assumido pelo protesto como eficaz na cobrança de dívidas, o STJ, em julgamento do REsp 1.011.040, originário do Estado da Paraíba, de relatoria do Ministro Luis Felipe Salomão, destacou que "protesto é também meio lícito e legítimo de compelir o devedor a satisfazer a obrigação assumida ou, ao menos, buscar sua renegociação" (STJ, 2012).

Entretanto, a possibilidade de protesto das CDA's, embora exista sua previsão legal, não é pacificada. Mazza (2019, p. 893) defende que a previsão legal contida na Lei de Protestos ofende o princípio do devido processo legal, justificando que "o rito para cobrança de tributos é um procedimento público e a lei em questão é de direito privado, faltando-lhe legitimidade sistêmica para modificar o devido processo legal para cobrança de tributos no Brasil". Sobre tal posicionamento Carneiro (2020) também se posiciona contrariamente, valendo transcrever o seu entendimento[13].

Não obstante, o STJ firmou entendimento quanto ao interesse da Fazenda Pública em efetivar o protesto de CDA, em julgamento do Recurso Especial Repetitivo 1.686.659-SP, cujo teor é: "A Fazenda Pública possui interesse e pode efetivar o protesto da CDA, documento de dívida, na forma do art. 1°, parágrafo único, da Lei 9.492/1997, com a redação dada pela Lei 12.767/2012". (BRASIL, 2019)

Em mesmo sentido decidiu o STF no julgamento da ADI 5135: "o protesto das Certidões de Dívida Ativa constitui mecanismo constitucional e legítimo, por não restringir de forma desproporcional quaisquer direitos fundamentais garantidos aos contribuintes e, assim, não constituir sanção política."[14]

---

concepção mais ampla de acesso à justiça, com a inclusão da advocacia, e uma especial atenção ao conjunto geral de instituições e mecanismos, pessoas e procedimentos utilizados para processar e prevenir disputas nas sociedades modernas (TARTUCE, 2018, p. 97).

13. O protesto da certidão de dívida ativa pela Fazenda Pública fere o princípio da legalidade e desvirtua a função do Poder Público, pois considerando que a CDA já possui, por força de lei, presunção de certeza e liquidez e que a finalidade legal do protesto seria a mesma, não há interesse jurídico da Administração Fazendária em levar a CDA a protesto (CARNEIRO, 2020, p. 850).

14. BRASIL. Supremo Tribunal Federal. Ação direta de inconstitucionalidade. Lei 9.492/1997, art. 1°, parágrafo único. Inclusão das certidões de dívida ativa no rol de títulos sujeitos a protesto. Constitucionalidade. Relator(a): Min. Roberto Barroso, 09 de novembro de 2016. Disponível em: https://jurisprudencia.stf.jus.br/pages/search/sjur380061/false. Acesso em: 13 out. 2021.

Dessa maneira, deve o agente tributário se organizar e fiscalizar as finanças da administração, posto que a sua responsabilidade é obrigatória. Ademais, como exaustivamente demonstrado, as verbas oriundas da tributação possuem o importante condão de custear os direitos fundamentais do cidadão. Assim, é interesse público que o ente exerce o seu direito de cobrança, escolhendo o meio mais eficaz para o recebimento do crédito.

Ainda mais relevante para o presente ensaio se faz a menção ao Provimento 72, de 27 de junho de 2018 do Conselho Nacional de Justiça que prevê medidas de incentivo à quitação e à renegociação de dívidas protestadas nos tabelionatos de protesto do Brasil.

Citado documento traz orientações quanto ao incentivo de negociações dos protestos, atuando o extrajudicial como braço do Poder Executivo no recebimento de receitas para custear os direitos fundamentais. Assim, um breve estudo sobre o provimento e suas vantagens será o assunto do próximo tópico.

4. O PROTESTO DE CERTIDÕES DE DÍVIDA ATIVA E AS VANTAGENS OBTIDAS EM PROL DOS DIREITOS FUNDAMENTAIS

Conforme explanado nos tópicos anteriores, o Estado assume responsabilidade na gestão dos recursos públicos, estando adstrito aos ditames da LRF. É também do ente o dever pela busca de arrecadação de receita para custear os direitos dos cidadãos.

Neste diapasão, é importante frisar que a obtenção de receita é, basicamente, feita através da atividade tributária do Estado. O Brasil possui um extenso rol de tributos e um número de contribuintes inadimplentes também considerável. Uma boa gestão, então, inclui a procura de meios eficazes para o recebimento de tais créditos tributários.

A cultura da judicialização veio perdendo as forças ante as ondas renovatórias de acesso à justiça[15].

O legislador, em busca métodos que visem a pacificação social, vem oferecendo aos possíveis interessados métodos extrajudiciais, eficazes e seguros para solução de seus impasses. Neste passo, a escolha do administrador, em caso de dívidas tributárias, deve observar as alternativas que satisfaçam os interesses públicos e coletivos, sem que isso afete também o direito individual do cidadão.

Siqueira e Mendonça (2019), nesse sentido, apresentam estudo que demonstra que o cidadão ainda tem dificuldades de acesso à justiça. A falta de um tratamento

---

15. Reconhecida a complexidade do problema, revelava-se necessária a adoção de uma nova visão, global e sistematizada, capaz de pensar em uma variedade de mudanças significativas. Para tanto, buscou-se implementar diversas reformas para simplificar procedimentos, mudar instâncias julgadoras, modificar o direito material (no sentido de prevenir conflitos), utilizar pessoas paraprofissionais e criar vias alternativas de solução de controvérsias, considerando a necessária correlação entre processo civil e o tipo de litígio (TARTUCE, 2018, p. 97)

isonômico coloca em situação de vulnerabilidade aqueles que são hipossuficientes cultural, tecnológica e economicamente. No tocante ao acesso à justiça, quando o tema é tributação, os autores asseveram que a reestruturação do sistema tributário tende a promover justiça social[16].

O acesso à justiça, portanto, ainda que deva ser feito de maneira ampla, se esbarra em obstáculos, como a alta demanda que acomete os tribunais de morosidade e ineficiência. Assim, importante asseverar que medidas alternativas de solução de conflitos têm sido corretamente estimuladas na legislação brasileira. Sobre o protesto extrajudicial de CDA's e acesso à justiça, destaque-se a lição de Fernandes (2020)[17].

Veja-se: a vantagem em se levar a protesto notarial vai além de tornar-se uma alternativa célere e eficaz na obtenção de receita pública. A ausência de custos para a lavratura do protesto se afigura, ainda, uma economia aos cofres dos entes, ao contrário do que ocorre quando se busca uma medida judicial.

Os métodos alternativos de solução de conflitos também interessaram ao legislador federal. É de se mencionar o Código de Processo Civil (CPC), o qual previu expressamente em seu artigo 3º, parágrafo 3º, que a conciliação, mediação e outros métodos de solução consensual de conflitos, a exemplo da arbitragem, deverão ser estimulados pelos atores do judiciário.

A atividade consensual perante o judiciário, incluindo atividades notariais e registrais, é regulada pelo Provimento 125 do CNJ, de 29 de novembro de 2010. O documento dispõe sobre a Política Judiciária Nacional de tratamento adequado dos conflitos de interesses no âmbito do Poder Judiciário e dá outras providências.

É imperioso mencionar que estes métodos não são recentes, embora ainda com tímida utilização nos últimos anos em virtude da cultura de judicialização que se assentou no ordenamento. Ao revés, as técnicas, tais como a arbitragem, já se apresentavam na Idade Média, quando o comércio começou a expandir-se com a navegação.

A utilização das alternativas de resolução consensual de conflitos celebra princípios basilares do Estado Democrático de Direito, principalmente porque a vontade das partes é enaltecida para a celebração de acordos e para o alcance da verdadeira pacificação social[18].

---

16. Devido à complexidade do tema Justiça, principalmente no tocante ao acesso, tanto mais quanto ao acesso à justiça fiscal ou tributária, há que se esclarecer que não é o único caminho a ser trilhado, nem tampouco o de maior importância, mas, é um dos caminhos, com certeza, a reestruturação do sistema tributário brasileiro no tocante ao intuito de promover os mandamentos constitucionais de igualdade, solidariedade e justiça. Não menos importante é o fomento à consciência tributária, necessária ao acesso integral à justiça quanto às receitas e despesas do governo (SIQUEIRA; MENDONÇA, 2019, p. 213).

17. O procedimento de protesto possibilita a efetivação do direito de crédito, pois de livre e igual a acesso a todos, podendo ser solicitado presencial ou eletronicamente, sem o pagamento de quaisquer valores pelo apresentante do título. Qualquer credor de uma dívida, independentemente de sua situação financeira, de ser um pequeno empresário ou uma multinacional, poderá dirigir-se ao Tabelionato de Protesto e solicitar o início do procedimento extrajudicial (FERNANDES, 2020, p. 10).

18. Dessa forma, cabe ao Estado estabelecer regras e fórmulas para que a desigualdade não seja um problema para o acesso à justiça, em um tempo razoável e com mecanismos efetivos, de forma que o fato de uma das

Pagliusi e Santos (2019) ressaltam as funções do protesto extrajudicial de CDA's e sua relação com a pacificação social. Destacam, ainda que a publicidade advinda da lavratura de protesto assegura o conhecimento de terceiros também sobre a ausência do pagamento de tributos. Os efeitos no mercado financeiro, conforme salientam, refletem no interesse de toda a coletividade. Por fim, os autores concluem que no Estado brasileiro, com a ampliação do objeto protesto, houve considerável aumento no resgate de dívidas[19].

Ainda sobre a economia, ressalta-se que a capilaridade dos cartórios facilita o acesso do contribuinte a uma unidade de atendimento, reduzindo a demanda por serviços diretamente na Fazenda, o que permite a redução do número de servidores empenhados nessa tarefa, resultando em economia para os cofres públicos.

Nesta senda, mister se concluir que a possibilidade de se protestar as CDA's é mais um passo dado na desjudicialização de conflitos, com finalidade de se alcançar uma solução rápida e eficaz e garantir o custeio dos direitos fundamentais. A constitucionalidade, a legalidade e a vantajosidade do protesto de certidões de dívida ativa como mecanismo extrajudicial de cobrança a ser utilizado pela Fazenda Pública é inegável. O sistema legislativo e constitucional não poderia posicionar-se diferente senão ratificando a sua validade.

4.1 Medidas de incentivo à quitação e à renegociação de dívidas protestadas no âmbito da fazenda pública

Constatado o sucesso do protesto de CDA´s é necessário dar um passo adiante. A Fazenda Pública pode se beneficiar com o estabelecimento de convênio com os tabelionatos de protestos a fim de fomentar a arrecadação fiscal e solucionar conflitos. Nesse sentido, o CNJ regulamentou o tema através dos Provimentos 67 e 72, com fulcro também na citada Resolução 125.

Como dito, a resolução 125 do CNJ regulamenta o exercício dos métodos alternativos de solução consensual de conflitos no âmbito do Poder Judiciário. Em seu texto, a norma dispõe sobre o funcionamento dos centros de mediação e conciliação, estrutura, formação dos profissionais, dentre outras atribuições.

A atividade registral e notarial já vinha desempenhando importante papel no oferecimento de outros serviços extrajudiciais que, sem afastar a importância do Poder Judiciário (o que é indiscutível), afasta dos tribunais a existência de demandas que podem ser solucionadas sem atrapalhar o andamento de outras pretensões mais complexas.

---

partes não ter recursos financeiros não seja um aspecto impeditivo de alcançar soluções razoavelmente justas (SIQUEIRA; MENDONÇA, 2019, p. 209).

19. No Brasil, com o alargamento do rol dos títulos suscetíveis a serem protestados, considerando que se aplica a mesma sistemática antes restrita a títulos de crédito típicos a quaisquer outros documentos de dívida, o resgate de dívidas, e portanto, a resolução de demandas em potencial foi sensivelmente aumentada (PAGLIUSI; SANTOS, 2019, p. 51).

Não se aparta a imprescindibilidade do Poder Judiciário, reprise-se, nem se menospreza o valor que as demandas traduzem aos seus interessados. Não obstante, processos judiciais como divórcio e inventário, já podem ser feitos extrajudicialmente, com a mesma segurança e efetividade, caso preenchidos os requisitos legais.

Do mesmo modo, verifica-se que na arbitragem as cartas de sentenças judiciais também refletem a segurança jurídica necessária, constituindo-se, inclusive, título executivo extrajudicial. Aliás, são documentos hábeis para serem levados aos tabelionatos e registros.

Consagrando, então, os serviços notariais e registrais como corolários da justiça, o CNJ emitiu o Provimento 67, dispondo sobre a mediação e a conciliação nos cartórios extrajudiciais, regulamentando a sistemática a ser seguida.

Ainda mais, editou o Provimento 72, abarcando também os métodos de solução consensual de conflitos no que tange aos protestos das CDA's, buscando a pacificação social nos assuntos de interesse público.

Conforme se extrai do referido texto legal, o credor poderá, quando do registro do protesto, informar sobre a possibilidade de pagamento da dívida "mediante condições especiais, como abatimento parcial do valor ou parcelamento". Assim, observado o preenchimento dos requisitos para o ato, o tabelião poderá expedir uma comunicação ao devedor, informando-o sobre a possibilidade de negociação de seu débito.

Trata-se de novidade facilmente compreendida à luz da nova dimensão conferida ao protesto, compreendido não só como instrumento para constituir em mora e comprovar a inadimplência do devedor, mas também como meio alternativo para cumprimento de obrigações pecuniárias consubstanciadas em títulos e outros documentos de dívida.

Nos termos dos artigos 11 e 12, o Provimento 72 do CNJ abrange, também, créditos de natureza pública. Para tanto, é necessário convênio entre os tabelionatos de protesto e o ente federativo titular da competência tributária, devidamente homologado pela Corregedoria Nacional de Justiça ou dos Estados.

Infere-se que, mais que um instrumento na busca da desjudicialização de conflitos e de sua resolução consensual, as medidas de incentivo à quitação e renegociação de dívidas configuram respeitável aliado à consagração dos direitos fundamentais. Isso porque, como dito nos tópicos anteriores, o custeio dos direitos dos cidadãos se dá, basicamente, através da receita oriunda da atividade tributária do Estado.

Essas transformações legislativas traduzem os anseios da sociedade, em um modelo de celebração ao Estado Democrático de Direito, em que a participação social e a valoração da vontade dos cidadãos são importantes aliados na busca da justiça. Pagliusi e Santos (2019) lecionam[20].

---

20. Nesse sentido, todas as medidas que vem sendo incorporadas ao ordenamento jurídico nacional por meio do próprio Código de Processo Civil vigente e demais regulamentações do CNJ que regulamentam a atu-

A conclusão da autora corrobora com o estudo até aqui elaborado. Percebe-se a evolução da sociedade e seus clamores anda *pari passu* com as inovações no acesso à justiça. Em uma coletividade em que a democracia constitui o pilar fundamental de suas políticas, só resta ao Poder Legislativo atender, dentro da possibilidade e da razoabilidade, a vontade dos cidadãos.

5. CONCLUSÃO

O tributo é um instrumento da sociedade para a consecução dos próprios fins. Os contribuintes possuem o dever fundamental de pagar tributos para custear a estrutura e a realização dos objetivos do Estado como uma contrapartida aos direitos fundamentais por ele assegurados.

Os direitos fundamentais têm custos. Os custos não são um fator externo (ou um óbice) à concretização dos direitos, mas um pressuposto. A disponibilidade orçamentária é um elemento interno.

Considerando-se a limitação de recursos para fazer face ao amplo rol de direitos assegurado pela CR88, o administrador, com frequência, tem que fazer escolhas significativas, o que reforça o dever do Estado de cobrar os tributos de modo eficaz, posto que o interesse público é indisponível.

Embora a execução fiscal seja a forma tradicional de cobrança de créditos tributários, os tribunais superiores já reconheceram a constitucionalidade, a legalidade e principalmente a vantajosidade do protesto da certidão de dívida ativa que alcançou resultados surpreendentes.

Diante da experiência positiva com o protesto de CDA's, o CNJ editou o Provimento 72, o qual dispõe sobre medidas de incentivo à quitação e à renegociação de débitos protestados que contempla a Fazenda Pública.

Tais medidas trazem aos interessados respostas ainda mais rápidas e satisfatórias às suas demandas. A uma, tendo em vista a celeridade com que os atos extrajudiciais podem se concretizar. A duas, diante da celebração à vontade das partes, observando o regime político democrático que rege o Brasil. Na mesma esteira, cumpre o Estado o dever de uma gestão eficiente, dentro dos ditames previstos na LRF e outras leis que dispõem sobre as receitas públicas.

Diante disso, a conclusão a que se chega é que o serviço notarial representa importante mecanismo para a concretização do bem-estar social pois alia o interesse público, através de eficiência na gestão administrativa, e o interesse particular, no respeito à vontade do indivíduo, na consecução dos direitos e obrigações constitucionalmente previstos através de inovações legislativas válidas, eficazes e seguras.

---

ação de conciliadores e mediadores extrajudiciais são apenas o retrato dos anseios da sociedade que está exigindo mais celeridade na resolução de conflitos e controvérsias. E a atuação dos Cartórios de Protesto na intermediação no recebimento de dívidas atuando como elo entre devedor e credor é apenas um desses reflexos (PAGLIUSI; SANTOS, 2019, p. 54).

6. REFERÊNCIAS

ALEXY, Robert. *Teoria dos direitos fundamentais*. 2. ed. São Paulo: Malheiros, 2014.

BALEEIRO, Aliomar. *Uma introdução à ciência das finanças*. 14. ed. rev. e atual. por Flávio Bauer Novelli. Rio de Janeiro: Forense, 1990.

BARROS, Elisiaria Santos de. Saúde *versus* reserva do possível: má gestão dos recursos públicos ou respeito à Lei de Responsabilidade Fiscal. *Conteúdo Jurídico*, nov. 2019. Disponível em: https://conteudojuridico.com.br/consulta/Artigos/53725/sade-versus-reserva-do-possvel-m-gesto-dos--recursos-pblicos-ou-respeito-lei-de-responsabilidade-fiscal. Acesso em: 18 out 2020.

BARROSO, Luís Roberto. *Curso de direito constitucional contemporâneo*: os conceitos fundamentais e a construção do novo modelo. 7. ed. São Paulo: Saraiva Educação, 2018.

BRASIL. *Código de Processo Civil (CPC)*. Lei 13.105, de 16 de março de 2015. Disponível em: http://www.planalto.gov.br/ccivil_03/_ato2015-2018/2015/lei/l13105.htm. Acesso em :19 out. 2020.

BRASIL. Código Tributário Nacional (CTN). Lei 5.172, de 25 de outubro de 1966. Dispõe sobre o Sistema Tributário Nacional e institui normas gerais de direito tributário aplicáveis à União, Estados e Municípios. Disponível em: http://www.planalto.gov.br/ccivil_03/leis/l5172compilado.htm. Acesso em: 18 out 2020.

BRASIL. Lei de Responsabilidade Fiscal. Lei Complementar 101, de 4 de maio de 2000. Estabelece normas de finanças públicas voltadas para a responsabilidade na gestão fiscal e dá outras providências. Disponível em: http://www.planalto.gov.br/ccivil_03/leis/lcp/lcp101.htm. Acesso em: 08 out. 2020.

BRASIL. Lei de Execução Fiscal. Lei 6.830, de 22 de setembro de 1980. Dispõe sobre a cobrança judicial da Dívida Ativa da Fazenda Pública, e dá outras providências. Disponível em: http://www.planalto.gov.br/ccivil_03/leis/l6830.htm. Acesso em: 18 out 2020.

BRASIL. *Lei de Protestos*. Lei 9.492, de 10 de setembro de 1997. Define competência, regulamenta os serviços concernentes ao protesto de títulos e outros documentos de dívida e dá outras providências. Disponível em: http://www.planalto.gov.br/ccivil_03/leis/l9492.htm. Acesso em: 18 out 2020.

BRASIL. Superior Tribunal de Justiça (STJ). 2ª Turma. Recurso Especial 1.233.721-PR. Ministro Relator Humberto Martins. Publicado no DJe em 15 mar. 2011. Disponível em: https://processo.stj.jus.br/processo/revista/documento/mediado/?componente=ITA&sequencial=1041218&num_registro=201100214607&data=20110315&formato=PDF. Acesso em: 08 out. 2020.

BRASIL. Superior Tribunal de Justiça (STJ). 4ª Turma. Recurso Especial 1.011.040-PB. Ministro Relator Luis Felipe Salomão. Publicado no DJe em 10 abr. 2012. Disponível em: https://processo.stj.jus.br/processo/revista/documento/mediado/?componente=ITA&sequencial=1133621&num_registro=200702846842&data=20120410&formato=PDF. Acesso em: 18 out. 2020.

BRASIL. Superior Tribunal de Justiça (STJ). 1ª Seção. Recurso Especial Repetitivo 1.011.040-PB. Tema Repetitivo 777. Ministro Relator Herman Benjamin. Publicado no DJe em 11 mar. 2019. Disponível em: http://www.stj.jus.br/repetitivos/temas_repetitivos/pesquisa.jsp?novaConsulta=true&tipo_pesquisa=T&sg_classe=REsp&num_processo_classe=1686659. Acesso em: 18 out. 2020.

CARNEIRO, Claudio. *Curso de Direito Tributário e Financeiro*. 9. ed. São Paulo: Saraiva Educação, 2020.

CONSELHO NACIONAL DE JUSTIÇA (CNJ). Justiça em números 2020. Disponível em: https://www.cnj.jus.br/pesquisas-judiciarias/justica-em-numeros/. Acesso em: 09 out. 2020.

CONSELHO NACIONAL DE JUSTIÇA (CNJ). Provimento 67, de 26 de março de 2019. Dispõe sobre os procedimentos de conciliação e de mediação nos serviços notariais e de registro do Brasil. Disponível em: https://atos.cnj.jus.br/atos/detalhar/2532. Acesso em: 18 out. 2020.

CONSELHO NACIONAL DE JUSTIÇA (CNJ). Provimento 72, de 27 de junho de 2018. Dispõe sobre medidas de incentivo à quitação ou à renegociação de dívidas protestadas nos tabelionatos de protesto do Brasil. Disponível em: https://atos.cnj.jus.br/atos/detalhar/2621. Acesso em: 18 out. 2020.

CONSELHO NACIONAL DE JUSTIÇA (CNJ). Resolução 125, de 29 de novembro de 2010. Dispõe sobre a Política Judiciária Nacional de tratamento adequado dos conflitos de interesses no âmbito do Poder Judiciário e dá outras providências. Disponível em: https://atos.cnj.jus.br/atos/detalhar/156. Acesso em: 19 out. 2020.

FERNANDES, Rodrigo Pacheco. Protesto notarial em tempos de pandemia: uma análise sob a ótica do acesso à justiça. *Revista Pensamento Jurídico*. Edição Especial "Covid-19". v. 14, n. 2, São Paulo, 2020. Disponível em: https://fadisp.com.br/revista/ojs/index.php/pensamentojuridico/article/view/224. Acesso em: 19 out. 2020.

MAZZA, *Alexandre*. Manual de direito tributário. 5. ed. São Paulo: Saraiva Educação, 2019.

PAGLIUSI, Ivy Helene Lima. SANTOS, Kátia Borges dos. O instituto do protesto no direito luso-brasileiro e sua importância como sistema de pacificação social. *Revista Brasileira de Direito Empresarial*. v. 5, n. 1, p. 38-56, Goiânia, jan./jun. 2019. Disponível em: https://indexlaw.org/index.php/direitoempresarial/article/view/5551/pdf. Acesso em: 08 out. 2020.

PAULSEN, Leandro *Curso de direito tributário completo*. 11. ed. São Paulo: Saraiva Educação, 2020.

SARLET, Ingo Wolfgang. MARINONI, Luiz Guilherme. MITIDIERO, Daniel. *Curso de direito constitucional*. 6. ed. São Paulo: Saraiva, 2017.

SILVA, José Afonso da. *Curso de direito constitucional positivo*. 37. ed. São Paulo: Malheiros, 2014.

SIQUEIRA, Dirceu Pereira. MENDONÇA, Sandra Maria de Menezes. A tributação da renda como forma de justiça social. *Revista Argumentum*. v. 20, n. 1, p. 203-221, São Paulo, jan./abr. 2019. Disponível em: http://ojs.unimar.br/index.php/revistaargumentum/article/view/955. Acesso em: 18 out. 2020.

TARTUCE, Fernanda. *Mediação nos conflitos civis*. 4. ed. Rio de Janeiro: Forense; São Paulo: Método: 2018.

OS MEIOS CONSENSUAIS DE COMPOSIÇÃO DE CONFLITOS NOS SERVIÇOS NOTARIAIS E DE REGISTRO SOB A ÓTICA DA ADESÃO FACULTATIVA DOS TABELIÃES DE PROTESTO NO ÂMBITO DA LEI GERAL DE PROTEÇÃO DE DADOS

Cintia Maria Scheid

Pós-doutoranda pela Universidad de Salamanca, Espanha (USAL). Doutora, Mestre e Especialista em Direito. Tabeliã do 4º Tabelionato de Protesto de Títulos e Outros Documentos de Dívida de Curitiba, Paraná.

Resumo: Os meios consensuais de composição de conflitos alcançam, atualmente, lugar de destaque quando o assunto é o seu encaminhamento pela via adequada no âmbito extrajudicial. Nesse contexto, os serviços notariais e de registro são considerados opções idôneas, e os Tabelionatos de Protesto de forma ainda mais específica. Com efeito, o Provimento 72, de 27 de junho de 2018, prevê o procedimento de medidas de incentivo à quitação e à renegociação de dívidas protestadas, de competência exclusiva dos tabeliães de protesto. Contudo, a efetivação plena desse meio consensual pode levar a alguns questionamentos, principalmente sob a perspectiva da Lei Geral de Proteção de Dados - LGPD. A problemática é abordada no presente trabalho a partir da análise do quadro normativo atual, considerando-se o direito do usuário ao serviço e a adesão facultativa dos tabeliães à realização dos procedimentos de conciliação, mediação e de medidas de incentivo à quitação e renegociação de dívidas protestadas; e a obrigatoriedade de se assegurar o manuseio correto dos dados das pessoas naturais, consoante a Lei 13.709, de 14 de agosto de 2018 – LGPD, de forma simultânea à garantia da autenticidade, segurança, publicidade e eficácia dos atos jurídicos no âmbito das serventias de protesto. A solução apontada ao questionamento proposto abarca a análise de todos esses aspectos, permitindo concluir pela possibilidade da prestação do serviço de forma completa e segura.

Sumário: 1. Introdução – 2. Conciliação e mediação no ordenamento jurídico brasileiro: breve histórico – 3. Aspectos gerais dos meios consensuais de composição dos conflitos: negociação, conciliação e mediação – 4. Conciliação e mediação nos serviços notariais e de registro e as medidas de incentivo à quitação ou à renegociação de dívidas protestadas – 5. Algumas considerações acerca da lei geral de proteção de dados e os serviços notariais e de registro – 6. A ausência de adesão de tabeliães de protesto aos meios consensuais de composição de conflitos e a realização das medidas de incentivo à quitação e à renegociação de dívidas via cenprot no âmbito da lei geral de proteção de dados – 7. Considerações finais – 8. Referências.

1. INTRODUÇÃO

As atividades notariais e de registro acompanham a vida civil do ser humano desde o começo de sua organização em sociedade, evoluindo com as suas necessidades de forma a desempenhar papel fundamental na prevenção de litígios, configurando-se em importante instrumento de estabilização social.

É da natureza dos serviços notariais e de registro evoluir conforme as necessidades sociais e econômicas desde os primórdios. É nesse ambiente que as serventias extrajudiciais vêm assumindo mais atribuições, passando a abarcar, também, os meios consensuais de composição de conflitos, no âmbito de suas competências.

Com o advento da Constituição Federal de 1988, e, por conseguinte, das Leis 8.935, de 18 de novembro de 1994, e 9.492, de 10 de setembro de 1997, o protesto extrajudicial dinamizou-se, de modo a permitir a aplicação de sua função social de forma abrangente, em benefício de toda a coletividade. De fato, não mais limita-se às relações de índole comercial, transpondo-se para abarcar as relações de cunho civil e, também, as de natureza pública.

Caracteriza-se como um serviço ágil e idôneo, dotado de procedimento célere e imparcial que proporciona, de forma segura e a um custo condizente, o atendimento da necessidade do usuário, com a irradiação dos devidos efeitos amparados pela segurança jurídica decorrente da fé pública outorgada ao tabelião que o executa. Contribui, assim, de forma significativa para a recuperação do crédito e à retomada da circulação de valores, com impacto profilático e pedagógico para a estabilidade das relações sociais.

Nesse contexto, os Tabelionatos de Protesto ampliam as suas funções, em homenagem à função social que desempenham enquanto meio para a atividade satisfativa do crédito, e os tabeliães de protesto passam a ter a possibilidade de atuarem como agentes dos meios consensuais para composição de conflitos, seja por meio da realização das medidas de incentivo à quitação e à renegociação de dívidas, seja pela possibilidade de realizar procedimentos de conciliação ou de mediação.

Todavia, novas oportunidades trazem consigo desafios a serem superados, e não foi diferente com a edição dos Provimentos 67, de 23 de março de 2018, e 72, de 27 de junho de 2018, pelo Conselho Nacional de Justiça, que preveem, respectivamente, a conciliação e a mediação nas serventias extrajudiciais, e as medidas de incentivo à quitação e à renegociação de dívidas protestadas nos Tabelionatos de Protesto.

Dentre as peculiaridades a serem analisadas está a facultatividade de adesão dos tabeliães de protesto como agentes dos meios consensuais de composição de conflito, de um lado, e, de outro, o direito do cidadão, credor ou devedor, de ter oportunizado algum desses meios consensuais de composição de conflito, independentemente da adesão ou não do tabelião responsável pelo registro da dívida.

Assim, a análise de alternativas a essa situação, considerando-se que os dados em questão, necessariamente, têm que circular, impõe um estudo sob a égide da Lei

Geral de Proteção de Dados, a fim de conciliar todos os interesses e assegurar que os serviços notariais e de registro, notadamente o de protesto, sigam atuando de forma garantir a publicidade, autenticidade, segurança e eficácia dos atos jurídicos que realiza.

A partir de pesquisa bibliográfica, legislativa e jurisprudencial, aborda-se a evolução dos meios consensuais no ordenamento jurídico nacional, passando pela formatação básica dos meios consensuais de composição, e da leitura de aspectos inerentes à Lei Geral de Proteção de Dados, para, então, ser analisada a possibilidade e os efeitos da facultatividade da adesão dos tabeliães de protesto aos meios alternativos e consensuais de composição, frente à necessária circulação de dados pessoais protegidos pela Lei Geral Proteção de Dados.

2. CONCILIAÇÃO E MEDIAÇÃO NO ORDENAMENTO JURÍDICO BRASILEIRO: BREVE HISTÓRICO

Os meios consensuais de composição de conflitos representam, atualmente, alternativas essenciais para a consecução do direito fundamental de acesso à justiça, previsto no artigo 5º, XXXV, da Constituição Federal de 1988, diante da impossibilidade de o Poder Judiciário suprir, a contento, a carga processual que lhe é imposta. O novo enfoque de acesso à justiça, portanto, centra sua atenção no conjunto geral de instituições e mecanismos, pessoas e procedimentos utilizados para processar e mesmo prevenir disputas nas sociedades modernas.[1]

Conforme Ada Pellegrini Grinover, 'a justiça estatal não é mais a única forma pela qual se podem solucionar conflitos', pois outros métodos adequados de composição de conflitos podem ser utilizados para esse fim, atualizando-se, assim, 'a leitura que hoje se faz do princípio constitucional do acesso à Justiça ('A lei não retirará da apreciação do Poder Judiciário violação ou ameaça a direito', inciso XXXV do art. 5º da Constituição)'.[2]

> A percepção de uma tutela adequada a cada tipo de conflito modificou a maneira de ver a arbitragem, a mediação e a conciliação que, de meios sucedâneos, equivalentes ou meramente alternativas à jurisdição estatal, ascenderam à estatura de instrumentos mais adequados de solução de certos conflitos.[3]

No entanto, a previsão legal de medidas consensuais para compor conflitos não é matéria nova no ordenamento jurídico brasileiro, notadamente a conciliação. Com efeito, é possível identificar, nas Ordenações Manuelinas, no Livro III, Título XV – Da ordem do Juízo, item 1, disposição no sentido de que o juiz deveria, de

---

1. CAPPELLETTI, Mauro; GARTH, Bryant. *Acesso à justiça*. Porto Alegre: Fabris, 1988. p. 67-68.
2. GRINOVER, Ada Pellegrini. Solução de conflitos e tutela jurisdicional adequada. *Revista Diálogos sobre Justiça*, n. 2, maio-ago/2014. Brasília: Centro de Estudos sobre o Sistema de Justiça, 2014. p. 30.
3. Idem, ibidem.

início, alertar as partes à concórdia, pois o resultado da causa é sempre duvidoso[4]. Igualmente dispunham as Ordenações Filipinas, em seu Livro III, Título XX – Da ordem do Juízo nos feitos cíveis, item 1: 'E no começo da demanda dirá o juiz á ambas as partes, que antes que façam despesas, e se sigam entre eles os odios e dissensões, se devem concordar, e não gastar suas fazendas por seguirem suas vontades, porque o vencimento da causa sempre he duvidoso. E isto que dissemos de reduzirem as partes á concordia não he de necessidade, mas sómente de honestidade nos casos em que o bem poderem fazer'[5].

Na Constituição Imperial de 1824, em seu artigo 161, foi estabelecida a tentativa obrigatória de conciliação prévia, nos seguintes termos: 'Sem se fazer constar que se tem intentado o meio da reconciliação, não se começará processo algum'. Nesse mesmo sentido, o artigo 23, do Regulamento 737/1850, que disciplinava o processo comercial, estabelecia: 'Nenhuma causa comercial será proposta em juízo contencioso, sem que previamente se tenha tentado o meio da conciliação, ou por ato judicial, ou por comparecimento voluntário das partes'.

Na República, estabeleceu-se a conciliação prévia facultativa, nos termos do artigo 1º, do Decreto 359/1890[6], que revogou as leis que exigiam a tentativa da conciliação preliminar ou posterior como formalidade essencial nas causas cíveis e comerciais.

Sob a influência do liberalismo, o referido Decreto justificava, nas razões de sua promulgação, que a instituição do juízo obrigatório de conciliação importa uma tutela do Estado sobre direitos e interesses privados de pessoas. Dessa forma, concluía que se as pessoas encontram-se na livre administração de seus bens e na posse da faculdade legal, podem fazer, por meio particular, 'qualquer composição nos mesmos casos em que é permitido a conciliação, naquelle juizo, e de tornal-a effectiva por meio de escriptura publica, ou por termo nos autos e ainda em juizo arbitral de sua escolha'.[7]

O Decreto 359/1890 sustentava, ainda, a revogação da obrigatoriedade da conciliação prévia, pelo fato de que 'as despezas resultantes dessa tentativa forçada, as difficuldades e procrastinação que della emergem para a propositura da acção, e mais ainda as nullidades procedentes da falta, defeito ou irregularidade de um acto essencialmente voluntario e amigavel, acarretadas até ao gráo de revista dos processos contenciosos, além da coacção moral em que são postos os cidadãos pela autoridade publica encarregada de induzil-os a transigir sobre os seus direitos para evitar que

---

4. Disponível em: http://www1.ci.uc.pt/ihti/proj/manuelinas/l3p48.htm. Acesso em: 05 nov. 2019.
5. Disponível em: http://www1.ci.uc.pt/ihti/proj/filipinas/ordenacoes.htm. Acesso em: 05 nov. 2019.
6. 'Art. 1º E' abolida a conciliação como formalidade preliminar ou essencial para serem intentadas ou proseguirem as acções, civeis e commerciaes, salva ás partes que estiverem na livre administração dos seus bens, e aos seus procuradores legalmente autorizados, a faculdade de porem termo á causa, em qualquer estado e instancia, por desistencia, confissão ou transacção, nos casos em que for admissivel e mediante escriptura publica, ternos nos autos, ou compromisso que sujeite os pontos controvertidos a juizo arbitral'.
7. Disponível em: https://www2.camara.leg.br/legin/fed/decret/1824-1899/decreto-359-26-abril--1890-506287-publicacaooriginal-1-pe.html. Acesso em: 05 nov. 2019.

soffram mais com a demora e incerteza da justiça constituida, que tem obrigação legal de dar promptamente a cada um o que é seu, são outros tantos objectos de clamor publico e confirmam a impugnação de muitos jurisconsultos'. [8]

Assim foi decretada, nos termos do artigo 1º, a abolição da conciliação como formalidade preliminar ou essencial para serem intentadas ou prosseguirem as ações, cíveis e comerciais. Ressalvou-se aos que estivessem na livre administração dos seus bens, e aos seus procuradores legalmente autorizados, a faculdade de porem termo à causa, em qualquer estado e instância, por desistência, confissão ou transação, nos casos em que fosse admissível e mediante escritura pública, termos nos autos, ou compromisso que sujeitasse os pontos controvertidos a juízo arbitral.

Nessa toada seguiram-se outras disposições legais, prevendo a conciliação como alternativa anterior ou posterior ao início do processo, perpassando diversas áreas do Direito, tal como a redação original do artigo 847, da Consolidação das Leis do Trabalho[9], de que terminada a defesa, o juiz ou presidente proporá a conciliação[10]; ou do artigo 1º, da Lei 968, de 10 de dezembro de 1949, que estabeleceu a fase preliminar de conciliação ou acordo nas causas do então desquite litigioso ou de alimentos, inclusive os provisionais[11].

No âmbito processual, o Código de Processo Civil de 1973 previa, no artigo 448, que o juiz tentaria conciliar as partes, antes de iniciar a instrução, e, no artigo 447, parágrafo único, estabelecia que também nas causas relativas à família teria lugar a conciliação, nos casos e para os fins em que a lei consente a transação.

Mudanças legislativas posteriores também contemplaram hipóteses de conciliação, como a Lei 8.952, de 13 de dezembro de 1994, que alterou dispositivos sobre o processo de conhecimento e o processo cautelar, e estabeleceu como poder-dever do juiz a tentativa de conciliação das partes a qualquer tempo (artigo 125, IV, do CPC de 1973), e a Lei 9.245, de 26 de dezembro de 1995, que alterou o procedimento sumaríssimo, e dispôs sobre a audiência de conciliação (artigo 277 do CPC de 1973).

---

8. Disponível em: https://www2.camara.leg.br/legin/fed/decret/1824-1899/decreto-359-26-abril--1890-506287-publicacaooriginal-1-pe.html. Acesso em: 05 nov. 2019.

9. O Art. 625-D da CLT prevê que 'qualquer demanda de natureza trabalhista será submetida à Comissão de Conciliação Prévia se, na localidade da prestação de serviços, houver sido instituída a Comissão no âmbito da empresa ou do sindicato da categoria'. Todavia, o STF, nas Ações Diretas de Inconstitucionalidade 2.139/DF e 2.160/DF, decidiu pela 'interpretação conforme a Constituição ao art. 625-D, §§ 1º a 4º, da Consolidação das Leis do Trabalho, assentando que a Comissão de Conciliação Prévia constitui meio legítimo, mas não obrigatório, de solução de conflitos, permanecendo o acesso à Justiça resguardado para todos os que venham a ajuizar demanda diretamente ao órgão judiciário competente'. BRASIL. Supremo Tribunal Federal. ADI 2.139/DF. Rel. Min. Cármen Lúcia. Tribunal do Pleno. j. 01.08.2008. DJE 19.02.2019, Brasília, DF. ADI 2160/DF Rel. Min. Cármen Lúcia. Tribunal do Pleno. j. 01.08.2018. DJE 22.03.2019. Brasília, DF.

10. Redação atual: Art. 847. Não havendo acordo, o reclamado terá vinte minutos para aduzir sua defesa, após a leitura da reclamação, quando esta não for dispensada por ambas as partes.

11. 'Nas causas de desquite litigioso e de alimentos, inclusive os provisionais, o juiz, antes de despachar a petição inicial, logo que esta lhe seja apresentada, promoverá todos os meios para que as partes se reconciliem, ou transijam, nos casos e segundo a forma em que a lei permite a transação'.

Com o advento da Lei das Pequenas Causas, Lei 7.244, de 07 de novembro de 1984, ficou estabelecido, entre os critérios informadores, o objetivo de se buscar, sempre que possível, a conciliação das partes.

Exatamente no mesmo sentido, a Lei 9.099, de 26 de setembro de 1995, que dispõe sobre os Juizados Especiais Cíveis e Criminais, em atenção ao artigo 98, I, da Constituição Federal de 1988[12], estabeleceu, no artigo 2º, que 'o processo orientar-se-á pelos critérios da oralidade, simplicidade, informalidade, economia processual e celeridade, buscando, sempre que possível, a conciliação ou a transação'. A Lei 10.259, de 12 de julho de 2001, que instituiu os Juizados Especiais Cíveis e Criminais no âmbito da Justiça Federal, prevê a competência expressa do Juizado Especial Federal Cível para, além de processar, julgar e executar, também conciliar as causas de competência da Justiça Federal até o valor de sessenta salários mínimos.

Em 2006, o Conselho Nacional de Justiça institucionalizou o 'Movimento pela Conciliação', cuja missão é 'contribuir para a efetiva pacificação de conflitos, bem como para a modernização, rapidez e eficiência da Justiça Brasileira'[13]. Os trabalhos são realizados por um Comitê Executivo que funciona no âmbito da Comissão de Acesso à Justiça, Juizados Especiais e Conciliação do CNJ.

Com a Resolução 125, de 2010, o Conselho Nacional de Justiça instituiu a Política Judiciária Nacional de tratamento dos conflitos de interesses, tendente a assegurar a todos o direito à solução dos conflitos por meios adequados à sua natureza e peculiaridade. Ademais, incumbiu aos órgãos judiciários, antes da solução adjudicada mediante sentença, oferecer outros mecanismos de soluções de controvérsias, em especial os chamados meios consensuais, como a mediação e a conciliação.

A partir da referida Resolução, a mediação passa a ser expressamente prevista no ordenamento jurídico brasileiro como meio para compor conflitos, o que veio a ser corroborado com o artigo 3º, do Código de Processo Civil, de 2015, cuja previsão ratifica o direito fundamental de acesso à justiça, estabelecendo, ainda, que o Estado promoverá, sempre que possível, a solução consensual dos conflitos. A conciliação, a mediação e outros métodos de solução consensual de conflitos deverão ser estimulados por juízes, advogados, defensores públicos e membros do Ministério Público, inclusive no curso do processo judicial, nos termos do referido dispositivo legal.

A partir da publicação da Lei 13.140, de 26 de junho de 2015, a mediação passa a ter previsão expressa em diploma legal próprio, como meio de solução de controvérsias entre particulares e sobre a autocomposição de conflitos no âmbito da

---

12. Art. 98. A União, no Distrito Federal e nos Territórios, e os Estados criarão: I – juizados especiais, providos por juízes togados, ou togados e leigos, competentes para a conciliação, o julgamento e a execução de causas cíveis de menor complexidade e infrações penais de menor potencial ofensivo, mediante os procedimentos oral e sumaríssimo, permitidos, nas hipóteses previstas em lei, a transação e o julgamento de recursos por turmas de juízes de primeiro grau.

13. https://www.cnj.jus.br/programas-e-acoes/conciliacao-e-mediacao/movimento-pela-conciliacao/.

administração pública. Inovou ao prever a sua aplicação nas serventias extrajudiciais, desde que no âmbito de suas competências.

Até mesmo na esfera das infrações e sanções administrativas ao meio ambiente há a determinação de que a conciliação deve ser estimulada pela administração pública federal ambiental, nos termos do Decreto 9.760, de 11 de abril de 2019, que alterou o Decreto 6.514, de 22 de julho de 2008[14].

Por fim, cumpre mencionar a Proposta de Emenda à Constituição – PEC 108/2015[15], cujo objetivo foi acrescentar o inciso LXXIX ao artigo 5° da Constituição Federal, para estabelecer o emprego de meios extrajudiciais de solução de conflitos como um direito fundamental: LXXIX – O Estado estimulará a adoção de métodos extrajudiciais de solução de conflitos.

Constata-se, do breve histórico, a evolução e a expansão dos meios consensuais de composição de conflitos no ordenamento jurídico brasileiro, nas mais diversas áreas do Direito, na tentativa de ampliar as formas de acesso à justiça.

Nesse contexto, o Conselho Nacional de Justiça publicou o Provimento 67, de 26 de março de 2018, que dispõe sobre a mediação e a conciliação nas serventias extrajudiciais, e o Provimento 72, de 27 de junho de 2018, com previsão acerca das medidas de incentivo à quitação e renegociação de dívidas protestadas, e que serão abordados no decorrer do presente trabalho.

3. ASPECTOS GERAIS DOS MEIOS CONSENSUAIS DE COMPOSIÇÃO DOS CONFLITOS: NEGOCIAÇÃO, CONCILIAÇÃO E MEDIAÇÃO

No âmbito dos serviços notariais e de registro, é possível elencar três meios consensuais de composição de conflitos: a negociação, a conciliação e a mediação, regidas por um microssistema legal formado pela Resolução 125/2010 CNJ, o Código de Processo Civil de 2015, a Lei 13.140/2015, os Provimentos 67/2018 e 72/2018 CNJ, e os Provimentos das Corregedorias Estaduais que normatizam o tema no âmbito das respectivas Serventias Extrajudiciais.

O termo 'composição', conforme esclarece Fernanda Tartuce, é abrangente, e diz respeito às formas de encaminhamento e tratamento das controvérsias, enquanto os vocábulos 'solução/resolução' referem-se ao ato ou efeito de solver, de dar fim a um problema/conflito, encontrar uma resposta. Nesse sentido, apresenta-se como mais apropriado o termo 'composição', pois

> Em vez de uma finalização 'artificialmente criada', resolvendo (pretensamente) a controvérsia com a imposição de desfecho por um ato isolado, a expressão indica a reorganização e a estru-

---

14. Art. 95-A: 'A conciliação deve ser estimulada pela administração pública federal ambiental, de acordo com o rito estabelecido neste Decreto, com vistas a encerrar os processos administrativos federais relativos à apuração de infrações administrativas por condutas e atividades lesivas ao meio ambiente'.

15. Arquivada em dezembro de 2018, ao final da legislatura, nos termos do caput do art. 332 do Regimento Interno do Senado Federal.

turação da situação em uma nova disposição. O vocábulo composição retrata melhor a resposta de cuja formulação participam concretamente todos os envolvidos na situação controvertida; a contribuição de todos, aliás, tende a colaborar para o encontro de saídas mais proveitosas e com maiores chances de aderência.[16]

A composição, de maneira geral, pode ser desenvolvida sob duas formas: pela heterocomposição, regida pela intervenção de terceiro, sendo a mais comum a jurisdição estatal, onde há a aplicação direta da lei ao caso concreto em questão (legalidade estrita); ou pela autocomposição, regida pela vontade das partes, mediante estabelecimento de normatização para a situação em questão, o que não ocorre, necessariamente, pela aplicação direta da lei àquele caso concreto, inexistindo a participação de um terceiro para definir o impasse.[17]

A autocomposição pode ocorrer no plano pré-processual ou durante o processo. Será unilateral quando depender de ato a ser praticado exclusivamente por uma das partes em sua seara de disponibilidade (renúncia, desistência, reconhecimento jurídico do pedido); ou bilateral, na hipótese em que as partes envolvidas na situação controvertida atuam para a sua composição (negociação, mediação, conciliação).[18]

Na autocomposição bilateral por negociação, as partes envolvidas encaminham a composição por si mesmas, estabelecendo as tratativas diretamente, sem a intervenção de um terceiro. Em contrapartida, na autocomposição bilateral facilitada, as partes interessadas não conseguem ou não querem entabular diretamente uma negociação, podendo haver a participação de um terceiro imparcial para o encaminhamento da composição, mediante técnicas de conciliação ou de mediação.[19]

Na conciliação, um profissional imparcial intervém para, mediante escuta e investigação, conduzir as partes a um acordo, expondo vantagens e desvantagens, se necessário, e propondo alternativas para resolver a controvérsia.[20] De acordo com o artigo 165, § 2º, do Código de Processo Civil, 'o conciliador, que atuará preferencialmente nos casos em que não houver vínculo anterior entre as partes, poderá sugerir soluções para o litígio, sendo vedada a utilização de qualquer tipo de constrangimento ou intimidação para que as partes concilem'.

Já a mediação, nos termos do artigo 1º da Lei 13.140/2015, caracteriza-se como uma atividade técnica exercida por terceiro imparcial sem poder decisório, que, escolhido ou aceito pelas partes, as auxilia e estimula a identificar ou desenvolver soluções consensuais para a controvérsia.

Ambas as técnicas são métodos consensuais de autocomposição bilateral facilitada de conflitos, onde não há poder de decisão do conciliador/mediador, caracterizando-se como um procedimento informal, de escolha facultativa dos interessados

---

16. TARTUCE, Fernanda. *Mediação nos conflitos civis*. São Paulo: Método, 2018. p. 19.
17. Ibidem, p. 26-27.
18. Ibidem, p. 36.
19. Ibidem, p. 43; 47.
20. Ibidem, p. 49.

OS MEIOS CONSENSUAIS DE COMPOSIÇÃO DE CONFLITOS NOS SERVIÇOS NOTARIAIS E DE REGISTRO

e que conta com a atuação de um terceiro imparcial. De acordo com o Código de Processo Civil, essas técnicas são norteadas pelos princípios da independência, da imparcialidade, da autonomia da vontade, da confidencialidade, da oralidade, da informalidade e da decisão informada, conforme a livre autonomia dos interessados, inclusive no que diz respeito à definição das regras procedimentais[21].

Todavia, na conciliação pode haver orientação e condução dos envolvidos a uma solução consensual do conflito, tendo como objetivo imediato a realização de um acordo para dar fim àquele conflito específico. Caracteriza-se, portanto, por ser um procedimento de alcance mais restrito, enquanto método de resolução para relações pontuais, como, por exemplo, eventual indenização decorrente de acidente de trânsito.

Na mediação, a orientação dos sujeitos é para descobrirem as causas do conflito e, assim, tentar removê-las. O objetivo principal, consequentemente, é trabalhar o conflito de forma que as partes alcancem suas próprias soluções para a controvérsia. Seu espectro de atuação é mais amplo, buscando a pacificação social e o empoderamento dos envolvidos para solucionar seus conflitos por meio do diálogo. Funciona, dessa forma, como método de resolução e também de prevenção de conflitos, sendo mais apropriado às relações contínuas, como são as questões de cunho familiar.

Nesse sentido, o artigo 165, § 3º, do Código de Processo Civil, define a figura do mediador: 'O mediador, que atuará preferencialmente nos casos em que houver vínculo anterior entre as partes, auxiliará aos interessados a compreender as questões e os interesses em conflito, de modo que eles possam, pelo restabelecimento da comunicação, identificar, por si próprios, soluções consensuais que gerem benefícios mútuos'.

Os conciliadores e os mediadores 'atuam aplicando técnica própria, a partir da tipologia do conflito e buscando uma transformação da comunicação, como terceiro neutro e imparcial'.[22]

4. CONCILIAÇÃO E MEDIAÇÃO NOS SERVIÇOS NOTARIAIS E DE REGISTRO E AS MEDIDAS DE INCENTIVO À QUITAÇÃO OU À RENEGOCIAÇÃO DE DÍVIDAS PROTESTADAS

A Lei 13.140/2015, que dispõe sobre a mediação entre particulares como meio de solução de controvérsias, e sobre a autocomposição de conflitos na esfera da ad-

---

21. Art. 166. A conciliação e a mediação são informadas pelos princípios da independência, da imparcialidade, da autonomia da vontade, da confidencialidade, da oralidade, da informalidade e da decisão informada. § 1º A confidencialidade estende-se a todas as informações produzidas no curso do procedimento, cujo teor não poderá ser utilizado para fim diverso daquele previsto por expressa deliberação das partes. § 2º Em razão do dever de sigilo, inerente às suas funções, o conciliador e o mediador, assim como os membros de suas equipes, não poderão divulgar ou depor acerca de fatos ou elementos oriundos da conciliação ou da mediação. § 3º Admite-se a aplicação de técnicas negociais, com o objetivo de proporcionar ambiente favorável à autocomposição. § 4º A mediação e a conciliação serão regidas conforme a livre autonomia dos interessados, inclusive no que diz respeito à definição das regras procedimentais.

22. SILVA, ERICA BARBOSA E. *Conciliação e mediação nas serventias extrajudiciais*. Disponível em: http://www. arpensp.org.br/?pG=X19leGliZV9ub3RpY2lhcw==&in=NjU4MjE=.

ministração pública, abriu a possibilidade da realização da mediação pelos notários e registradores, no âmbito de suas respectivas competências.[23]

Diante da publicação dessa lei, das disposições do Código de Processo Civil de 2015, de que o Estado deve promover, sempre que possível, a solução consensual dos conflitos[24], e da incumbência do Conselho Nacional de Justiça de consolidar uma política pública permanente de incentivo e aperfeiçoamento dos mecanismos consensuais de solução de litígios[25], foi publicado o Provimento 67/2018, regulamentando os procedimentos de conciliação e de mediação nos serviços notariais e de registro.[26]

Esse Provimento faculta aos notários e registradores a realização dos procedimentos de mediação e conciliação, que têm por objeto direitos disponíveis e os indisponíveis que admitam transação[27]. Todavia, somente poderão atuar como conciliadores ou mediadores aqueles que forem formados em curso específico para o desempenho dessas funções, a ser promovido por entidade integrante do Poder Judiciário e custeado pelos notários e registradores. Os procedimentos de conciliação e de mediação serão fiscalizados pelas Corregedorias Gerais de Justiça e pelo juiz coordenador do Centro Judiciário de Solução de Conflitos e Cidadania (CEJUSC) da jurisdição a que estejam vinculados os serviços notariais e de registro.

O referido Provimento estabeleceu, ainda, com base no artigo 169, parágrafo 2º, do Código de Processo Civil, que as serventias extrajudiciais realizarão sessões não remuneradas de conciliação e de mediação para atender demandas de gratuidade, como contrapartida da autorização para prestar o serviço. Para tanto, os tribunais determinarão o percentual de audiências não remuneradas, que não poderá ser inferior a 10% da média semestral das sessões realizadas pelo serviço extrajudicial,

---

23. Art. 42. Aplica-se esta Lei, no que couber, às outras formas consensuais de resolução de conflitos, tais como mediações comunitárias e escolares, e àquelas levadas a efeito nas serventias extrajudiciais, desde que no âmbito de suas competências.

24. Art. 3º Não se excluirá da apreciação jurisdicional ameaça ou lesão a direito. § 2º O Estado promoverá, sempre que possível, a solução consensual dos conflitos. § 3º A conciliação, a mediação e outros métodos de solução consensual de conflitos deverão ser estimulados por juízes, advogados, defensores públicos e membros do Ministério Público, inclusive no curso do processo judicial. (BRASIL. Lei 13.105, de 16 de março de 2015. Planalto. Disponível em: http://www.planalto.gov.br/ccivil_03/_ato2015-2018/2015/lei/l13105.htm. Acesso em: 08 out. 2018).

25. Instituída pelo CNJ com a Resolução 125, de 29 de novembro de 2010, a fim de assegurar a todos o direito à solução dos conflitos por meios adequados à sua natureza e peculiaridade, conforme artigo 1º, com a redação dada pela Emenda 1, de 31.01.2013.

26. Destaca-se que, antes dessa lei, o estado de São Paulo já havia expedido o Provimento 17/2013, da Corregedoria-Geral da Justiça, autorizando que notários e registradores realizassem a mediação e a conciliação sobre direitos patrimoniais disponíveis, mas sua vigência foi prorrogada, nos termos do Comunicado 652/2013, para adequação ao disposto na Resolução 125 do CNJ. Posteriormente foi revogado (Provimento CGJ/SP 31/2016), diante do Pedido de Providências (Procedimento 0003397-43.2013.2.00.0000) instaurado perante o CNJ, por solicitação do Conselho Federal da OAB/SP, da Associação dos Advogados de São Paulo (AASP) e do Instituto dos Advogados de São Paulo (IASP).

27. Neste caso, deverão ser homologadas em juízo, na forma do art. 725, VIII, do CPC, e do art. 3º, § 2º, da Lei 13.140/2015, competindo à serventia extrajudicial encaminhar ao juízo competente o termo de conciliação ou de mediação e os documentos que instruíram o procedimento e, posteriormente, em caso de homologação, entregar o termo homologado diretamente às partes, nos termos do artigo 12 e parágrafos do Provimento.

OS MEIOS CONSENSUAIS DE COMPOSIÇÃO DE CONFLITOS NOS SERVIÇOS NOTARIAIS E DE REGISTRO

nem inferior ao percentual fixado para as câmaras privadas. Proporciona-se, assim, à população carente um serviço de qualidade para a realização de seus direitos.

O requerimento de conciliação ou de mediação poderá ser dirigido a qualquer serviço notarial ou de registro de acordo com as respectivas competências.

O Conselho Nacional de Justiça publicou, ainda, o Provimento 72/2018, estabelecendo, além da mediação e conciliação, a possibilidade de realização de medidas de incentivo à quitação ou à renegociação de dívidas protestadas nos Tabelionatos de Protesto.

A ideia é que essas medidas sejam realizadas antes dos procedimentos de conciliação e mediação propriamente ditos, desde que requeridas pelos interessados, de forma a proporcionar ao usuário um procedimento completo e cabal em relação aos títulos que tenham acessado o serviço de protesto. Esses títulos devem estar em vigor, ou seja, não podem estar cancelados ou com seus efeitos suspensos.

Dessa forma, abrem-se possibilidades para a atividade satisfativa do crédito no âmbito do Protesto Extrajudicial no que diz respeito à resolução de conflitos capitaneada pelas partes envolvidas. Com essa inovação normativa é possível, portanto, que o título que tenha sido protestado seja objeto de negociação entre as partes antes mesmo da mediação ou da conciliação.

O Provimento 72/2018 prevê que as medidas de incentivo à quitação ou à renegociação de dívidas protestadas nos Tabelionatos de Protesto serão prévias e facultativas aos procedimentos de conciliação e mediação, sendo consideradas, uma vez escolhidas, como fase antecedente à possível instauração de procedimento de conciliação ou de mediação, nos termos dos artigos 2º e 4º do Provimento.

Os interessados podem optar pelas medidas de incentivo à quitação ou negociação das dívidas protestadas, ou pela conciliação/mediação. Se optarem pelas medidas de incentivo à quitação ou negociação de dívidas, elas deverão ocorrer, necessariamente, antes dos procedimentos de mediação e conciliação. Todavia, não são etapas necessárias à mediação e à conciliação, que podem ser realizadas diretamente, mediante requerimento dos interessados.

Para tanto, deverá haver requerimento do credor ou do devedor nesse sentido, de forma pessoal, perante o tabelionato onde foi lavrado o protesto, observado o disposto nos artigos 5º e 6º quanto aos requisitos a serem preenchidos para tanto[28]. O

---

28. Art. 5º O procedimento de incentivo à quitação ou à renegociação de dívidas protestadas terá início mediante requerimento do credor ou do devedor, pessoalmente no tabelionato onde foi lavrado o protesto; por meio eletrônico; ou por intermédio da central eletrônica mantida pelas entidades representativas de classe. Parágrafo único. O procedimento não poderá ser adotado se o protesto tiver sido sustado ou cancelado. Art. 6º São requisitos mínimos para requerer medidas de incentivo à quitação ou à renegociação de dívidas protestadas e procedimentos de conciliação e de mediação: I – qualificação do requerente, em especial, o nome ou denominação social, endereço, telefone e *e-mail* de contato, número da carteira de identidade e do cadastro de pessoas físicas (CPF) ou do cadastro nacional de pessoa jurídica (CNPJ) na Secretaria da Receita Federal, conforme o caso; II – dados suficientes da outra parte para que seja possível sua identificação e convite; III – a indicação de meio idôneo de notificação da outra parte; IV – a proposta

procedimento da medida de incentivo à negociação ou quitação da dívida protestada poderá, ainda, ocorrer por meio eletrônico, ou por intermédio da central eletrônica mantida pelas entidades representativas de classe.

Poderá o tabelião de protesto, mediante autorização do credor, com prazo de vigência especificado, expedir aviso ao devedor sobre a existência do protesto e a possibilidade de quitação da dívida diretamente no tabelionato, indicando o valor atualizado do débito, eventuais condições especiais de pagamento e o prazo estipulado; receber o valor do título ou documento de dívida protestado, atualizado monetariamente e acrescido de encargos moratórios, emolumentos, despesas do protesto e encargos administrativos. Também lhe pode ser autorizado receber o pagamento, mediante condições especiais, como abatimento parcial do valor ou parcelamento, conforme as instruções contidas na autorização do credor.

O devedor, por sua vez, poderá, a qualquer tempo, formular proposta de pagamento, hipótese em que será expedido aviso ao credor acerca das condições da proposta, arcando o interessado com a despesa respectiva.

A autorização do credor poderá contemplar, ainda, a possibilidade de o tabelião dar quitação ao devedor e promover o cancelamento do protesto, sendo que se for ajustado o parcelamento da dívida, o protesto poderá ser cancelado após o pagamento da primeira parcela, salvo existência de estipulação em contrário no termo de renegociação da dívida. É responsabilidade do credor atualizar os dados cadastrais fornecidos, especialmente os bancários, sendo que o valor recebido será creditado na conta bancária indicada pelo credor ou será colocado a sua disposição no primeiro dia útil subsequente ao do recebimento.

Por fim, ao credor ou ao devedor é permitido requerer a designação de sessão de conciliação ou de mediação, aplicando-se, neste caso, as disposições previstas no Provimento 67/2018 do Conselho Nacional de Justiça. Todavia, é vedado aos Serviços Notariais e de Registro o estabelecimento de cláusula compromissória de conciliação ou de mediação extrajudicial em documentos por eles expedidos.

Merece destaque, ainda, a previsão dos artigos 11 e seguintes, pelos quais é possível aos Tabelionatos de Protesto o estabelecimento de convênio com a União, Estados, Distrito Federal e Municípios para adoção das medidas de incentivo à quitação ou à renegociação de dívidas protestadas, sendo que o convênio com abrangência nacional dependerá da homologação da Corregedoria Nacional de Justiça, e os de âmbito estadual, do Distrito Federal e municipal ficam sujeitos à homologação das Corregedorias estaduais.

---

de renegociação; V – outras informações relevantes, a critério do requerente. Art. 7° Após o recebimento e protocolo do requerimento, se, em exame formal, for considerado não preenchido algum dos requisitos previstos no artigo anterior, o requerente será notificado, preferencialmente por meio eletrônico, para sanar o vício no prazo de 10 (dez) dias. 1° Se persistir o não cumprimento de qualquer dos requisitos, o pedido será rejeitado. 2° A inércia do requerente acarretará o arquivamento do pedido por ausência de interesse.

Do exposto, percebe-se que a conciliação e a mediação a serem desenvolvidas no âmbito das Serventias Notariais e de Registro são meios consensuais de autocomposição bilateral facilitada, previstas no Provimento 67/2018, do Conselho Nacional de Justiça, e na legislação em vigor. Já as medidas de incentivo à quitação e à renegociação de dívidas protestadas, albergadas pelo Provimento 72/2018, do Conselho Nacional de Justiça, aproximam-se do meio consensual de autocomposição bilateral chamado de negociação, pois, muito embora haja a figura do tabelião intermediando as propostas, a sua atuação limita-se a operacionalizar essa negociação entre as partes interessadas, de acordo com as propostas já definidas pelo credor e/ou pelo devedor.

Ainda que essas medidas de incentivo à quitação e à renegociação de dívidas protestadas não sejam referidas de forma expressa na legislação, elas estão contempladas na previsão do artigo 2º, § 3º, do Código de Processo Civil, que prevê, ao lado da mediação e da conciliação, 'outros métodos de solução consensual de conflitos'[29]. De fato, 'como o processo judicial não mais vem sendo considerado via adequada para compor todos os conflitos, deve o Estado oferecer meios diversos para garantir o acesso à justiça'[30].

Nessa conjuntura, a utilização da própria estrutura do protesto extrajudicial para ampliar os meios extrajudiciais para a resolução de dívidas, sem qualquer ônus ao Estado e a um custo e agilidade muito mais condizentes ao cidadão, vem ao encontro dos anseios sociais e econômicos atuais, tanto no sentido de agilidade na recuperação dos créditos para o credor, quanto no quesito de perspectivas de negociação da dívida para o devedor. É, portanto, mais uma opção à disposição da sociedade e do Poder Público para a satisfação do crédito.

5. ALGUMAS CONSIDERAÇÕES ACERCA DA LEI GERAL DE PROTEÇÃO DE DADOS E OS SERVIÇOS NOTARIAIS E DE REGISTRO

A Lei 13.709, publicada em 14 de agosto de 2018 – Lei Geral de Proteção de Dados (LGPD), com entrada em vigor em agosto de 2020, instituiu o marco regulatório acerca da proteção dos dados das pessoas físicas no ordenamento jurídico brasileiro.

Com o objetivo de proteger os direitos fundamentais de liberdade e de privacidade e o livre desenvolvimento da personalidade da pessoa natural, a LGPD estabelece normas sobre o tratamento de dados pessoais e sensíveis, inclusive nos meios digitais, realizado por pessoa natural ou por pessoa jurídica de direito público ou privado, sendo de observação obrigatória pela União, Estados, Distrito Federal e Municípios.

---

29. Art. 3º Não se excluirá da apreciação jurisdicional ameaça ou lesão a direito. § 1º É permitida a arbitragem, na forma da lei. § 2º O Estado promoverá, sempre que possível, a solução consensual dos conflitos. § 3º A conciliação, a mediação e outros métodos de solução consensual de conflitos deverão ser estimulados por juízes, advogados, defensores públicos e membros do Ministério Público, inclusive no curso do processo judicial.
30. TARTUCE, 2018, p.12.

O vocábulo 'tratamento', para os fins a que se destina a LGPD, significa 'toda operação realizada com dados pessoais, como as que se referem a coleta, produção, recepção, classificação, utilização, acesso, reprodução, transmissão, distribuição, processamento, arquivamento, armazenamento, eliminação, avaliação ou controle da informação, modificação, comunicação, transferência, difusão ou extração'[31].

A lei diferencia, ainda, dados pessoais (compostos pela informação relacionada a pessoa natural identificada ou identificável) de dados sensíveis (relativos a dado pessoal sobre origem racial ou étnica, convicção religiosa, opinião política, filiação a sindicato ou a organização de caráter religioso, filosófico ou político, dado referente à saúde ou à vida sexual, dado genético ou biométrico, quando vinculado a uma pessoa natural)[32].

É da natureza das serventias notariais e de registro o tratamento de dados de pessoas físicas em todas as suas especialidades, diferenciando-se, conforme a atribuição, o tratamento eminentemente de dados pessoais, a exemplo do que ocorre no Tabelionato de Protesto de Títulos, ou de dados pessoais e sensíveis, tal como sucede no Registro Civil de Pessoas Naturais. Há, portanto, estreita ligação entre os dados sob a proteção da LGPD e a atuação das serventias extrajudiciais.

Dessa forma, é necessário analisar a atividade dos Serviços Notariais e de Registro sob a ótica da Lei Geral de Proteção de Dados, a fim de preservar as finalidades da atividade, nos termos do artigo 1º da Lei 8.934, de 18 de novembro de 1994[33], e, simultaneamente, garantir ao cidadão o tratamento adequado às informações extraídas de seus dados, sejam eles pessoais ou sensíveis.

Inclui-se, nesse contexto, a necessária transparência na informação sobre a finalidade do tratamento dos dados em questão, sempre pautado na boa-fé, com acesso facilitado às informações sobre o tratamento dos dados, que deverão ser disponibilizadas ao titular de forma clara, adequada e ostensiva[34].

A finalidade é um dos princípios regentes do tratamento de dados previsto na lei. Consubstancia-se na 'realização do tratamento para propósitos legítimos, específicos, explícitos e informados ao titular, sem possibilidade de tratamento posterior de forma incompatível com essas finalidades', de acordo com o artigo 6º, I, da LGPD[35].

---

31. Artigo 5º, X, da LGPD.
32. Artigo 5º, I e II, da LGPD.
33. Art. 1º Serviços notariais e de registro são os de organização técnica e administrativa destinados a garantir a publicidade, autenticidade, segurança e eficácia dos atos jurídicos.
34. Deve conter, pelo menos, nos termos do artigo 18 da lei, os seguintes aspectos: I – finalidade específica do tratamento; II – forma e duração do tratamento, observados os segredos comercial e industrial; III – identificação do controlador; IV – informações de contato do controlador; V – informações acerca do uso compartilhado de dados pelo controlador e a finalidade; VI – responsabilidades dos agentes que realizarão o tratamento; e VII – direitos do titular, com menção explícita aos direitos contidos no art. 18 da Lei.
35. O artigo 6º da LGPD estipula que as atividades de tratamento de dados pessoais deverão observar a boa-fé e os princípios da finalidade; da adequação; da necessidade; da limitação do tratamento ao mínimo necessário para a realização de suas finalidades; do livre acesso aos titulares, de consulta facilitada e gratuita sobre a forma e a duração do tratamento, bem como sobre a integralidade de seus dados pessoais; da qualidade dos dados; da transparência; da segurança; da prevenção; da não discriminação: da responsabilização e prestação de contas.

O tratamento de dados precisa ter uma finalidade, ou seja, um resultado único, específico e legítimo que deve ser alcançado com tal tratamento. O princípio serve não apenas para delimitar o objetivo final do tratamento, mas para tornar previsível o que dele se espera, inviabilizando tratamento posterior desvinculado com a finalidade original[36].

O tratamento posterior dos dados pessoais, segundo preconiza a LGPD, poderá ser realizado para novas finalidades, desde que observados os propósitos legítimos e específicos para o novo tratamento e a preservação dos direitos do titular, assim como os fundamentos e os princípios nela previstos. Já o uso compartilhado de dados tem como definição legal a 'comunicação, difusão, transferência internacional, interconexão de dados pessoais ou tratamento compartilhado de bancos de dados pessoais por órgãos e entidades públicos no cumprimento de suas competências legais, ou entre esses e entes privados, reciprocamente, com autorização específica, para uma ou mais modalidades de tratamento permitidas por esses entes públicos, ou entre entes privados'[37].

Esses conceitos possuem relação direta com as atividades dos notários e registradores, pois, no exercício dessa função pública, ocorre o trânsito, a circulação e o uso compartilhado de dados, que podem, ainda, ser objeto de tratamento posterior.

Veja-se, por exemplo, no caso dos Tabelionatos de Protesto, que os dados inicialmente fornecidos para a apresentação de uma dívida a protesto deverão ser informados a uma central nacional de protesto (compartilhamento), caso ocorra efetivamente o seu protesto, ao mesmo tempo em que também poderão sofrer tratamento posterior, caso tenha sido solicitada pelo credor a atuação do tabelião de protesto para realizar medidas de incentivo à quitação ou renegociação dessa dívida. Assim, aqueles dados inicialmente fornecidos para a finalidade de apresentação da dívida a protesto, serão compartilhados e poderão sofrer tratamento posterior, caso haja requerimento nesse sentido pelo interessado para buscar a quitação ou renegociação da dívida por meio do Tabelionato de Protesto.

Nesse contexto, importa verificar em quais hipóteses poderá ser realizado o tratamento de dados pessoais. Dentre as situações elencadas pelo artigo 7º, da LGPD, cumpre mencionar, tendo em vista o objetivo do presente trabalho, as previstas nos seguintes incisos: I – mediante o fornecimento de consentimento pelo titular (pessoa natural a quem se referem os dados pessoais que são objeto de tratamento), enquanto manifestação livre, informada e inequívoca pela qual o titular concorda com o tratamento de seus dados pessoais para uma finalidade determinada; II – para o cumprimento de obrigação legal ou regulatória pelo controlador, que é a pessoa natural ou jurídica, de direito público ou privado, a quem competem as decisões referentes ao tratamento de dados pessoais; III – pela administração pública, para o tratamento e uso compartilhado de dados necessários à execução de políticas públicas previstas em leis e regulamentos ou respaldadas em contratos, convênios ou instrumentos congêneres, observadas as disposições da lei sobre o tratamento de dados

---

36. COTS, Márcio; OLIVEIRA, Ricardo. *Lei geral de proteção de dados pessoais comentada*. São Paulo: Ed. RT, 2018. p. 100.
37. Art. 5º, XVI, da LGPD.

pessoais pelo poder público; VI – para o exercício regular de direitos em processo judicial, administrativo ou arbitral; X – para a proteção do crédito, inclusive quanto ao disposto na legislação pertinente.

A LGPD estabelece, ainda, que se considerará terminado o tratamento de dados quando se verificar que a finalidade foi alcançada ou que os dados deixaram de ser necessários ou pertinentes ao alcance da finalidade específica almejada; quando houver finalizado o período de tratamento; no caso de haver comunicação do titular, inclusive no exercício de seu direito de revogação do consentimento, resguardado o interesse público; ou na hipótese de determinação da autoridade nacional em caso de violação ao disposto na lei.[38]

Como regra, a LGPD prevê, no artigo 15, que os dados pessoais serão eliminados[39] após o término de seu tratamento, no âmbito e nos limites técnicos das atividades. Contudo, autoriza-se a conservação para o cumprimento de obrigação legal ou regulatória pelo controlador; quando houver estudo por órgão de pesquisa, garantida, sempre que possível, a anonimização[40] dos dados pessoais; para transferência a terceiro, desde que respeitados os requisitos de tratamento de dados dispostos na lei; ou para uso exclusivo do controlador, vedado seu acesso por terceiro, e desde que sejam anonimizados os dados.

Os responsáveis pelas serventias extrajudiciais são considerados controladores[41], ou seja, os que detêm a responsabilidade pela tomada de decisões relativas ao tratamento dos dados pessoais.[42] O controlador e o operador[43] têm a obrigação de manter registro das operações de tratamento de dados pessoais que realizarem, e devem, ainda, indicar o encarregado[44] pelo tratamento de dados pessoais.

Ressalva importante feita na lei diz respeito à obrigação dos agentes de tratamento[45], ou qualquer outra pessoa que intervenha em uma de suas fases, de garantir a segurança da informação prevista na LGPD em relação aos dados pessoais mesmo após o seu término.

---

38. Art. 15 da LGPD.
39. Eliminação é a exclusão de dado ou de conjunto de dados armazenados em banco de dados (conjunto estruturado de dados pessoais, estabelecido em um ou em vários locais, em suporte eletrônico ou físico), independentemente do procedimento empregado.
40. Utilização de meios técnicos razoáveis e disponíveis no momento do tratamento, por meio dos quais um dado perde a possibilidade de associação, direta ou indireta, a um indivíduo.
41. Artigo 5º, VI, da Lei 13.709/2018: 'pessoa natural ou jurídica, de direito público ou privado, a quem competem as decisões referentes ao tratamento de dados pessoais'.
42. Nesse sentido, item 129, das Normas de Serviço da Corregedoria Geral da Justiça de São Paulo – Tomo II, e artigo 3º do Provimento 28/2021, da Corregedoria-Geral da Justiça do Rio Grande do Sul.
43. Artigo 5º, VII, da Lei 13.709/2018: 'pessoa natural ou jurídica, de direito público ou privado, que realiza o tratamento de dados pessoais em nome do controlador'.
44. Artigo 5º, VIII, da Lei 13.709/2018: 'pessoa indicada pelo controlador e operador para atuar como canal de comunicação entre o controlador, os titulares dos dados e a Autoridade Nacional de Proteção de Dados (ANPD)'.
45. Artigo 5º, IX, da Lei 13.709/2018: 'o controlador e o operador'.

Os Serviços Notariais e de Registro, para os fins da Lei de Proteção Geral de Dados, são expressamente equiparados às pessoas jurídicas de direito público referidas no parágrafo único do artigo 1º da Lei 12.527, de 18 de novembro de 2011 (Lei de Acesso à Informação): os órgãos públicos integrantes da administração direta dos Poderes Executivo, Legislativo, incluindo as Cortes de Contas, e Judiciário e do Ministério Público; as autarquias, as fundações públicas, as empresas públicas, as sociedades de economia mista e demais entidades controladas direta ou indiretamente pela União, Estados, Distrito Federal e Municípios.

O tratamento de dados das pessoas naturais pelos serviços notariais e de registro deverá, portanto, ser realizado para o atendimento de sua finalidade pública, na persecução do interesse público, com o objetivo de executar as competências legais ou cumprir as atribuições legais do serviço público, e deve fornecer acesso aos dados por meio eletrônico para a administração pública.

As serventias extrajudiciais, a exemplo das demais pessoas jurídicas de direito público mencionadas na lei, devem informar as hipóteses em que, no exercício de suas competências, realizam o tratamento de dados pessoais, fornecendo informações claras e atualizadas sobre a previsão legal, a finalidade, os procedimentos e as práticas utilizadas para a execução dessas atividades, em veículos de fácil acesso, preferencialmente em seus sítios eletrônicos; e indicar um encarregado quando realizarem operações de tratamento de dados pessoais.

Por fim, há determinação na lei para que os dados sejam mantidos em formato interoperável e estruturado para o uso compartilhado, com vistas à execução de políticas públicas, à prestação de serviços públicos, à descentralização da atividade pública e à disseminação e ao acesso das informações pelo público em geral.

Na hipótese de cometimento de infração às normas da LGPD, os notários e registradores ficam sujeitos às sanções administrativas aplicáveis pela autoridade nacional, tais como advertência, com indicação de prazo para adoção de medidas corretivas; publicização da infração uma vez apurada e confirmada a sua ocorrência; bloqueio[46] dos dados pessoais que foram alvos da infração, até que haja a devida regularização; eliminação dos dados pessoais objeto da infração. COMPLETAR

6. A AUSÊNCIA DE ADESÃO DE TABELIÃES DE PROTESTO AOS MEIOS CONSENSUAIS DE COMPOSIÇÃO DE CONFLITOS E A REALIZAÇÃO DAS MEDIDAS DE INCENTIVO À QUITAÇÃO E À RENEGOCIAÇÃO DE DÍVIDAS VIA CENPROT NO ÂMBITO DA LEI GERAL DE PROTEÇÃO DE DADOS

O artigo 2º, do Provimento 67/2018, do Conselho Nacional de Justiça, prevê que os procedimentos de conciliação e de mediação nos serviços notariais e de registro serão facultativos aos notários e registradores, de forma que o requerimento

---

46. Suspensão temporária de qualquer operação de tratamento, mediante guarda do dado pessoal ou do banco de dados.

de conciliação ou de mediação poderá ser dirigido a qualquer serviço notarial ou de registro de acordo com as respectivas competências, nos termos do artigo 13 do referido Provimento.

Já o requerimento para o procedimento de incentivo à quitação ou à renegociação de dívidas protestadas terá início, conforme dispõe o artigo 5º do Provimento 72, do Conselho Nacional de Justiça, com o requerimento do credor ou do devedor, pessoalmente no tabelionato onde foi lavrado o protesto; por meio eletrônico; ou por intermédio da central eletrônica mantida pelas entidades representativas de classe.

Assim, diante do disposto nos Provimentos 67/2018 e 72/2018, do Conselho Nacional de Justiça, os procedimentos de mediação e conciliação são facultativos aos tabeliães de protesto, e podem ser requeridos pelas partes interessadas em qualquer Tabelionato de Protesto. As medidas de incentivo à quitação/renegociação de dívida, por seu turno, serão requeridas pelas partes interessadas no Tabelionato de Protesto onde encontra-se lavrado o protesto, pessoalmente, por meio eletrônico ou pela central eletrônica.

Considerando-se, portanto, a hipótese de determinado tabelião de protesto não ter aderido ao serviço de mediação e conciliação, e tendo em vista que o requerimento para a realização de medidas prévias de incentivo deve ser apresentado no Tabelionato de Protesto onde está lavrado o respectivo protesto (pessoalmente, de forma eletrônica ou por meio da central eletrônica), impõe-se verificar como é possível atender ao direito do usuário do serviço de protesto interessado no procedimento de incentivo às medidas prévias de incentivo à quitação/renegociação de dívidas protestadas, nessa situação.

A Lei 13.775, de 20 de dezembro de 2018, que estabeleceu a emissão de duplicata sob a forma escritural, também alterou a Lei 9.492, de 10 de setembro de 1997, para inserir o artigo 41-A, instituindo uma central nacional de serviços eletrônicos compartilhados em âmbito nacional, a ser mantida pelos tabeliães de protesto, cuja adesão foi imposta de forma imediata e obrigatória. Referida lei estabeleceu, ainda, de modo exemplificativo, os serviços a serem prestados por essa central[47], cuja implantação foi regulamentada pelo Provimento 87, de 11 de setembro de 2019.

Ficou determinada, no artigo 15 do Provimento, a instituição da Central Nacional de Serviços Eletrônicos dos Tabeliães de Protesto de Títulos – CENPROT, pelos tabeliães de protesto de títulos de todo território nacional. Essa central é operada,

---

47. Art. 41-A. Os tabeliães de protesto manterão, em âmbito nacional, uma central nacional de serviços eletrônicos compartilhados que prestará, ao menos, os seguintes serviços: I – escrituração e emissão de duplicata sob a forma escritural, observado o disposto na legislação específica, inclusive quanto ao requisito de autorização prévia para o exercício da atividade de escrituração pelo órgão supervisor e aos demais requisitos previstos na regulamentação por ele editada; II – recepção e distribuição de títulos e documentos de dívida para protesto, desde que escriturais; III – consulta gratuita quanto a devedores inadimplentes e aos protestos realizados, aos dados desses protestos e dos tabelionatos aos quais foram distribuídos, ainda que os respectivos títulos e documentos de dívida não sejam escriturais; IV – confirmação da autenticidade dos instrumentos de protesto em meio eletrônico; e V – anuência eletrônica para o cancelamento de protestos.

mantida e administrada pela entidade nacional representativa da categoria, IEPTB – Instituto de Estudos de Protesto de Títulos do Brasil, conforme autorizado pelo artigo 16, do Provimento 87/2019, podendo ser instituídas, ainda, CENPROT seccionais, a serem operadas, mantidas e administradas pelas entidades representativas da categoria em âmbito estadual.

Essa central, além de ser um banco de dados nacional, em face do recebimento de informações sobre protestos existentes em todo o país, também é o meio pelo qual são oferecidos diversos serviços. Podem ser citados, a título exemplificativo, o fornecimento de informação complementar acerca da existência de protesto e sobre dados ou elementos do registro, quando o interessado dispensar a certidão; fornecimento de instrumentos de protesto em meio eletrônico; recepção de declaração eletrônica de anuência para fins de cancelamento de protesto; recepção de requerimento eletrônico de cancelamento de protesto; recepção de títulos e documentos de dívida, em meio eletrônico, para fins de protesto, encaminhados por órgãos do Poder Judiciário, procuradorias, advogados e apresentantes cadastrados.

Nesse sentido, e tendo em vista que a CENPROT pode oferecer outros serviços além daqueles elencados no artigo 41-A, da Lei 9.492/97, e no artigo 17 do Provimento 87/2019, seria possível cogitar a utilização da plataforma dessa central para operacionalizar o procedimento de medidas de incentivo à quitação/renegociação de dívidas protestadas quando o tabelião responsável por determinada dívida protestada não tiver aderido ao Provimento 67/2018 e, por conseguinte, ao Provimento 72/2018.

Assim, o procedimento de incentivo à quitação ou à renegociação de dívidas protestadas terá início mediante requerimento do credor ou do devedor, pessoalmente no tabelionato onde foi lavrado o protesto; por meio eletrônico; ou por intermédio da central eletrônica, mesmo na hipótese de o tabelião de protesto não ter aderido ao serviço de mediação e conciliação.

O pedido apresentado perante o Tabelião não aderente deverá ser enviado por ele à CENPROT, que encaminhará o pedido a outro tabelião da comarca, na hipótese de haver mais de um, ou da comarca mais próxima, se houver somente um tabelião. O mesmo procedimento será adotado se o requerimento para as medidas de incentivo à quitação/renegociação de dívidas teve início por intermédio da central. Assim verificando a CENPROT que o tabelião da serventia onde está protestada a dívida não aderiu aos meios consensuais de composição de conflito, encaminhará o pedido a outro tabelião da comarca, na hipótese de haver mais de um, ou da comarca mais próxima, se houver somente um tabelião, e cientificará o tabelião de origem acerca do pedido e do encaminhamento.

O tabelião para o qual foi encaminhado o pedido realizará o procedimento referente às medidas de incentivo à quitação/renegociação de dívidas protestadas e, se for o caso, dará seguimento ao procedimento de conciliação ou mediação, com a cobrança dos emolumentos devidos inclusive ao tabelião originário.

Em caso de êxito em qualquer dos meios consensuais acima mencionados, a CENPROT será comunicada, sendo-lhe repassado o valor dos emolumentos devidos ao tabelião de origem, a quem se dará ciência acerca do cancelamento, com o respectivo repasse dos valores referentes ao protesto, cancelamento e demais encargos, cobrados pelo tabelião que realizou o procedimento dos meios consensuais.

Todavia, o IEPTB – Instituto de Estudos de Protesto de Títulos do Brasil, tem natureza jurídica de associação, pessoa jurídica de direito privado, nos termos do artigo 44, I, do Código Civil. Nesse sentido, a análise acerca da natureza jurídica da CENPROT e de quem a administra é relevante a fim de verificar como é possível da prestação do serviço de medidas de incentivo à quitação/renegociação de dívidas protestadas na hipótese de não adesão do tabelião de protesto aos serviços de mediação e conciliação e, consequentemente, ao procedimento das medidas de incentivo à quitação/renegociação de dívidas protestadas, diante das regras da Lei Geral de Proteção de Dados, especialmente àquelas referentes ao compartilhamento dos dados pessoais a entidades de direito privado, tal como o IETPB.

O artigo 26 da LGPD estabelece que 'o uso compartilhado de dados pessoais pelo poder público deve atender a finalidades específicas de execução de políticas públicas e atribuição legal pelos órgãos e pelas entidades públicas, respeitados os princípios de proteção de dados pessoais elencados no art. 6º desta Lei'. Os serviços notariais e de Registro, como já analisado, equiparam-se, nos termos do artigo 23, § 4º, da LGPD, às pessoas jurídicas de direito público.

O parágrafo 1º do artigo 26 determina, como regra, a vedação ao Poder Público de transferir a entidades privadas dados pessoais constantes de bases de dados a que tenha acesso. Todavia, a lei excetua e permite essa transferência nos casos em que os dados forem acessíveis publicamente, observadas as disposições da LGPD, e quando houver previsão legal ou a transferência for respaldada em contratos, convênios ou instrumentos congêneres.

No caso da solução acima delineada como alternativa para solucionar o impasse quando não houver adesão de determinado tabelião de protesto aos meios consensuais previstos nos Provimentos 67/2018 e 72/2018, é possível concluir, no âmbito das regras da LGPD, que não haveria vedação à sua adoção. Com efeito, o compartilhamento dos dados relativos aos protestos realizados tem previsão na legislação, artigo 41-A, III, da Lei 9.492/97, ao estabelecer, como um dos serviços a serem prestados pela CENPROT, a consulta gratuita quanto a devedores inadimplentes e aos protestos realizados, aos dados desses protestos e dos tabelionatos aos quais foram distribuídos, ainda que os respectivos títulos e documentos de dívida não sejam escriturais. Há, portanto, previsão legal acerca do compartilhamento e da publicidade dessas informações, afastando a incidência da vedação da LGPD à solução apresentada.

Em face do disposto na LGPD, que equipara os serviços notariais e de registro às pessoas jurídicas de direito público, e sendo objetivo desses serviços o de 'executar as competências legais ou cumprir as atribuições legais' (artigo 23, caput, da lei), e, ainda, o disposto no artigo 26 do referido diploma legal, que estabelece que o uso compartilhado de dados pessoais deve atender a atribuição legal, entende-se viável o compartilhamento de dados pessoais de determinada pessoa natural que não seja o requerente do serviço, sem necessidade de seu consentimento.

Cumpre destacar, ainda, que a hipótese apresentada atende ao disposto no artigo 7º, parágrafo 7º, da LGPD, no sentido de que o tratamento posterior de dados pessoais, cujo acesso é público, poderá ser realizado para novas finalidades, desde que observados os propósitos legítimos e específicos para o novo tratamento. No caso, o requerimento manifestado pelos interessados (credor e/ou devedor) para a adoção de medidas de incentivo à quitação e à renegociação de dívidas protestadas justifica a finalidade, a boa-fé e o interesse público da disponibilização desses dados para esse fim. Ademais, caracteriza-se cumprimento de obrigação legal ou regulatória por parte do tabelião de protestos, apenas operacionalizado via CENPROT.

7.   CONSIDERAÇÕES FINAIS

Na trilha de sua evolução, os serviços de protesto têm a possibilidade de atuar sobre a dívida protestada para além do seu registro. A oportunidade de auxiliar na composição consensual do conflito entre as partes, credor e devedor, mediante a adoção de medidas de incentivo à quitação ou à renegociação de dívidas protestadas, facilita a circulação da riqueza, melhora o crédito e auxilia para descongestionamento do Poder Judiciário.

Diante da análise realizada neste trabalho, a conclusão é de que a facultatividade da adesão do tabelião aos meios de composição consensual de conflito não apresenta obstáculo à oferta desse recurso aos interessados em uma dívida de um título protestado.

A CENPROT possui os meios tecnológicos que permitem, de forma instantânea, que as informações da dívida sejam transferidas a outro tabelião que venha prestar esse importante serviço. Não se vislumbra, nesse tratamento posterior de dados, eventuais restrições que advenham da Lei Geral de Proteção de Dados. Sua legalidade repousa no atendimento à vontade das partes e na necessidade da circulação dessas informações para a consecução da atribuição legalmente conferida ao tabelião.

Por fim, não restam dúvidas que a CENPROT é o meio legal idôneo para o recebimento, transferência e prestação de informações públicas relacionadas a tais dados.

Os paradigmas de atuação do protesto de títulos se ampliam, mais uma vez, para acompanhar a evolução da sociedade e contribuir, de forma efetiva, com as necessidades sociais.

8. REFERÊNCIAS

BRASIL. Supremo Tribunal Federal. ADI 2.139/DF. Rel. Min. Cármen Lúcia. Tribunal do Pleno. j. 01/08/2008. DJE 19.02.2019, Brasília, DF.

BRASIL. Supremo Tribunal Federal. ADI 2160/DF Rel. Min. Cármen Lúcia. Tribunal do Pleno. j. 01/08/2018. DJE 22/03/2019. Brasília, DF.

CAPPELLETTI, Mauro; GARTH, Bryant. Acesso à justiça. Porto Alegre: Fabris, 1988.

COTS, Márcio; OLIVEIRA, Ricardo. Lei geral *de proteção de dados pessoais comentada*. São Paulo: Ed. RT, 2018.

GRINOVER, Ada Pellegrini. Solução de conflitos e tutela jurisdicional adequada. Revista Diálogos sobre Justiça, n. 2, maio-ago/2014. Brasília: Centro de Estudos sobre o Sistema de Justiça, 2014.

http://www1.ci.uc.pt/ihti/proj/filipinas/ordenacoes.htm. Acesso em: 05 nov. 2019.

http://www1.ci.uc.pt/ihti/proj/manuelinas/l3p48.htm. Acesso em: 05 nov. 2019.

https://www.cnj.jus.br/programas-e-acoes/conciliacao-e-mediacao/movimento-pela-conciliacao/.

SILVA, ERICA BARBOSA E. Conciliação e mediação nas serventias extrajudiciais. Disponível em: http://www.arpensp.org.br/?pG=X19leGliZV9ub3RpY2lhcw==&in=NjU4MjE=. Acessado em: 04 out. 2019.

TARTUCE, Fernanda. *Mediação nos conflitos civis*. São Paulo: Método, 2018.

AS MEDIDAS DE INCENTIVO À QUITAÇÃO E RENEGOCIAÇÃO DE DÍVIDAS À LUZ DA FUNÇÃO NOTARIAL DO TABELIONATO DE PROTESTO

Rafael Gil Cimino

Mestre em Direito, pós-graduado em Direito Notarial e Registral e graduado pela Universidade de São Paulo -USP. Terceiro Tabelião de Notas e Protesto de São Vicente/SP.

Resumo: O presente artigo tem como objeto o estudo do provimento 72 do Conselho Nacional de Justiça, que trata do uso das medidas de incentivo à quitação e à renegociação de dívidas protestadas, prévias à utilização de mediação e conciliação. Para tanto, foi feito estudo acerca do fenômeno da extrajudicialização, da função notarial do tabelião de protesto, apresentando-se, ao final, considerações sobre a natureza jurídica de negociação das medidas de incentivo e sua característica instrumental para alcançar os fins últimos da atividade notarial, quais sejam, a certeza e segurança jurídica *a priori* e a pacificação social.

Sumário: Introdução – Parte I: Extrajudicialização e a função notarial do tabelionato de protesto – 1. Administração pública de direitos privados, jurisdição voluntária e extrajudicialização; 1.1 Administração pública de direitos privados; 1.2 Jurisdição voluntária; 1.3 Extrajudicialização – 2. A função notarial do tabelião de protesto; 2.1 Primeiras considerações; 2.2 O notário enquanto jurista; 2.3 Teorias e topografia da função notarial; 2.3.1 Teorias da função notarial; 2.3.2 Topografia da função notarial no âmbito das funções públicas – a natureza jurídica da função notarial; 2.3.2.1 Aproximação com uma função administrativa; 2.3.2.2 Aproximação com o poder judicial; 2.3.2.3 Como relação jurídica notarial; 2.3.2.4 Função sui generis; 2.4 A função notarial no Direito Brasileiro – conceito, fundamentos, princípios, conteúdo, finalidade; 2.4.1 Conceito de função notarial; 2.4.2 Fundamentos da função notarial; 2.4.3 Princípios da função notarial; 2.4.3.1 Princípio da juridicidade; 2.4.3.2 Princípio da cautelaridade; 2.4.3.3 Princípio da imparcialidade; 2.4.3.4 Princípio da publicidade; 2.4.3.5 Princípio da rogação; 2.4.3.6 Princípio da tecnicidade da função notarial; 2.4.4 Conteúdo da função notarial; 2.4.5 Finalidade da função notarial; 2.5 O protesto como atividade notarial; 2.5.1 Breve origem histórica do protesto; 2.5.2 Natureza notarial do protesto; 2.5.3 Natureza jurídica do ato de protesto e do procedimento de protesto e suas finalidades; 2.5.4 Fontes do protesto – Parte II: Meios extrajudiciais alternativos de solução de conflitos e as medidas de incentivo à quitação e à renegociação de dívidas protestadas – 1. Conceito de conflito – 2. Meios adequados de solução de conflitos – MASCs; 2.1 Breves considerações sobre alguns dos meios autocompositivos – mediação, conciliação e negociação; 2.1.1 Mediação; 2.1.2 Conciliação; 2.1.3 Negociação; 3. As medidas de incentivo à quitação e renegociação de dívidas nos tabelionatos de protesto – análise do provimento 72 do Conselho Nacional de Justiça (CNJ) e das normas de serviço da Corregedoria Geral de Justiça do Estado de São Paulo (NSCGJSP); 3.1 O procedimento para facilitar a quitação e a renegociação de dívidas nos tabelionatos de protesto; 3.1.1 Competência funcional e territorial; 3.1.2 Autorização para a adoção das medidas de incentivo; 3.1.3 Possibilidade de celebração de convênios com a União, Estado e Município (artigo 11 do provimento 72); 3.1.4 Requerimento; 3.1.5 Procedimento; 3.1.6 Emolumentos – Parte III – Considerações finais – a compatibilidade da função notarial do protesto com o procedimento de incentivo à quitação e renegociação de dívidas – Referências.

INTRODUÇÃO

O artigo trata das medidas de incentivo à quitação e renegociação de dívidas no âmbito dos Tabelionatos de Protestos, tal como regulamentado pelo provimento 72 do Conselho Nacional de Justiça – CNJ, como meio alternativo de solução de controvérsias, à luz do fenômeno da extrajudicialização. Para tanto, o trabalho foi separado em três partes.

Na primeira parte serão abordados os conceitos de jurisdição voluntária, extra-judicialização, administração pública de interesses privados, além de suas diferenças terminológicas e pontos de encontro, para que se possa, em uma segunda oportu-nidade, realizar uma análise da função notarial em si e sua relação com a atividade exercida pelo tabelião de protestos, que será igualmente tratada nesta parte do traba-lho. A finalidade é mostrar o nexo de compatibilidade e essencialidade entre a função notarial realizada pelo tabelião de protesto e o fenômeno da extrajudicialização de procedimentos, mais especificamente, as medidas de incentivo à quitação e renego-ciação de dívidas, com o escopo natural para a resolução extrajudicial de conflitos.

Na segunda parte do trabalho, iniciaremos com uma breve introdução acerca dos meios alternativos extrajudiciais de solução de controvérsias, com o argumento de que as medidas de incentivo à quitação e renegociação de dívidas protestadas tem natureza jurídica de negociação, prévia à realização de eventual mediação e conciliação. Em seguida, traremos uma análise do procedimento a ser seguido pelos tabelionatos de protesto quando da aplicação das medidas de incentivo à quitação ou renegociação de dívidas protestadas, valendo-se como objetos de estudo o provimento 72 do Conselho Nacional de Justiça – CNJ e as regras do Capítulo XV – Tabelionato de Protesto das Normas de Serviço da Corregedoria Geral de Justiça de São Paulo – Tomo II – NSCGJ-SP;

Na Terceira e última parte, serão feitas as considerações finais, com argumento acerca da compatibilidade do uso das medidas de incentivo em relação à função nota-rial do tabelião de protesto, mencionando-se as vantagens que podem ser conquistadas ao final do procedimento. Serão propostas algumas questões de ordem prática, sem o condão de esgotar o assunto ou impor respostas de maneira categórica, mas com o fim de fomento dos debates acerca de possíveis problemas que podem surgir no dia a dia do tabelião de protestos quando da aplicação de referidas medidas de incentivo à quitação e renegociação de dívidas protestadas.

PARTE I – EXTRAJUDICIALIZAÇÃO E A FUNÇÃO NOTARIAL DO TABELIONATO DE PROTESTO

> "A justiça atrasada não é justiça, senão injustiça qualificada e manifesta. Porque a dilação legal nas mãos do julgador contraria o direito escrito das partes, e assim, as lesa no patrimônio, honra e liberdade." (Rui Barbosa, *Elogios acadêmicos e orações de paraninfo*. São Paulo. Ed. da Revista da Língua Portuguesa, 1924, p. 381).

1. ADMINISTRAÇÃO PÚBLICA DE DIREITOS PRIVADOS, JURISDIÇÃO VOLUNTÁRIA E EXTRAJUDICIALIZAÇÃO

Não é incomum que se encontre no meio acadêmico certa confusão entre os conceitos de jurisdição voluntária, tutela pública de direitos privados e extrajudicialização, além de uma ligação inadequada muitas vezes entre estes institutos e a função notarial. Deve-se compreender adequadamente tais conceitos para um melhor estudo das medidas de incentivo à quitação e renegociação de dívidas e como estas são compatíveis com os contornos e limites da função notarial exercida pelos tabeliães de protesto. Portanto, necessária uma breve análise e conceituação de cada instituto.

1.1 Administração pública de direitos privados

A administração pública de direitos privados é apontada pela doutrina como gênero, do qual é espécie a jurisdição voluntária. De acordo com José Frederico Marques, a administração pública de direitos privados consiste essencialmente em uma limitação aos princípios da autonomia e da liberdade no âmbito privado, que encontra razão de ser no interesse social de certos atos na vida privada.[1] Logo, compreende qualquer determinação legal de sujeição à chancela ou homologação públicas de atos praticados no âmbito privado, para existência, validade e/ou eficácia dos mesmos, com restrição da liberdade privada, em prol do interesse público ou social. Tem relação direta com o princípio fundamental de Direito Administrativo da supremacia do interesse público sobre o interesse privado. Sua natureza jurídica é a de função administrativa.

No que se refere ao sujeito que realiza essa função administrativa podemos citar diversas autoridades públicas, tais como: a) órgãos jurisdicionais; b) notários e registradores; c) órgãos da Administração Pública.[2]

No âmbito da atividade notarial e registral, podemos citar como exemplos de atos de administração pública de direitos privados realizados por notários e registradores: a) a lavratura e o registro de protesto; b) o casamento, processado e celebrado perante o registrador civil de pessoas naturais; c) o registro de títulos translativos pelo registrador de imóveis.

1.2 Jurisdição voluntária

A jurisdição voluntária é identificada como uma espécie de administração pública de direitos privados. A distinção entre os institutos se dá em razão da autoridade que a executa, que no caso da jurisdição voluntária é atribuída aos órgãos do Poder Judiciário.

---

1. MARQUES, José Frederico. *Ensaio sobre a jurisdição voluntária.* rev., atual. e complementada por Ovídio Rocha Barros Sandoval. Campinas, Millennium, 2000, p. 122.
2. CINTRA, Antonio Carlos de Araújo; DINAMARCO, Cândido Rangel; GRINOVER, Ada Pellegrini. *Teoria geral do processo.* 28 ed. São Paulo: Malheiros, 2012, p. 180.

A palavra "Jurisdição" deriva do latim *iuris dictio*, que significa "pronúncia do direito". Na Idade Média a jurisdição voluntária compreendia os atos que os órgãos jurisdicionais realizavam de acordo com os interessados. Sua origem remonta ao século XII, época em que a Europa passava pelo regime do feudalismo, caracterizado pela carência de um poder político centralizado. Por causa disso, a principal fonte do direito neste período era o costume, que por sua vez era utilizado como o principal instrumento para a resolução de controvérsias pelos magistrados.

Paolo Grossi explica que a construção do direito na Idade Média se dava, principalmente, pela atuação conjunta de magistrados e notários. A jurisdição, nesse período, resumia-se em aplicar o direito ao caso concreto, e por isso era essencialmente ligada à função exercida pelos notários medievais.[3] Os atos de jurisdição voluntária eram praticados pelos magistrados em conjunto com os notários e, com o passar do tempo, estes absorveram grande parte dessas atribuições. Por isso, se for considerado aquele momento, faz sentido afirmar que o notário exercia a jurisdição voluntária, ou seja, pronunciava o direito.

Compreende a jurisdição voluntária como a judicialização da administração pública de interesses privados. É função administrativa exercida pelos órgãos do Poder Judiciário e, por isso, não se pode mais afirmar que a função notarial seja ou tenha por objeto o exercício da jurisdição voluntária, embora alguns procedimentos de jurisdição voluntária possam ser realizados por meio dos serviços notariais, como o inventário e partilha extrajudiciais.

A própria nomenclatura de "jurisdição voluntária" mostra-se de certa forma inadequada. Não poderia ser "voluntária" vez que é obrigatória a intervenção do Poder Judiciário para a validade de certos atos privados. Não corresponderia ao conceito de jurisdição, vez que não há lide e o magistrado atua com o fim de que os atos jurídicos sejam realizados em conformidade com o ordenamento jurídico.

No Código de Processo Civil, os procedimentos de jurisdição voluntária têm previsão expressa do artigo 719 até o artigo 770. Porém, nem todo ato de jurisdição voluntária, embora de competência exclusiva do juiz, é praticado no âmbito de um processo. Por essa razão que os autores Cintra, Dinamarco e Grinover, dividem a jurisdição voluntária em três categorias: a) receptícia (consistindo numa atuação passiva do magistrado como, por exemplo, a publicação de um testamento particular, conforme o artigo 1.877 do Código Civil); b) certificante (como a legalização de livros comerciais); c) em forma de pronunciamentos judiciais (interdição e separação amigável, por exemplo).[4] Somente esta última categoria tem previsão expressa no Código de Processo Civil e é desenvolvida no âmbito de um processo.

---

3. GROSSI, Paolo. *A ordem jurídica medieval*. Trad. Denise Rossato Agostinetti. São Paulo: Martins Fontes, 2014, p. 47.
4. CINTRA, Antonio Carlos de Araújo; DINAMARCO, Cândido Rangel; GRINOVER, Ada Pellegrini. *Teoria geral do processo*. 28 ed. São Paulo: Malheiros, 2012, p. 180.

AS MEDIDAS DE INCENTIVO À QUITAÇÃO E RENEGOCIAÇÃO DE DÍVIDAS

Suas principais características, que a diferenciam da jurisdição contenciosa, são: a) tratar-se de função administrativa judicial e não jurisdicional, pois não incide sobre uma situação litigiosa, ou seja, não recai sobre uma pretensão; b) tem sempre natureza constitutiva, ou seja, a finalidade é a constituição de situações jurídicas novas; c) não tem o caráter da substitutividade, próprio da jurisdição contenciosa, visto que o juiz aqui atua como um interveniente do negócio ou ato jurídico, sem retirar as partes.

1.3 Extrajudicialização

A extrajudicialização é fenômeno político e social de aumento e surgimento de novas possibilidades e vias alternativas ao Poder Judiciário e à Administração Pública para o acesso à justiça, resolução e prevenção de conflitos e pacificação social.

A finalidade da extrajudicialização é essencialmente pacificar e promover o acesso à Justiça, seja por obra do Estado ou por qualquer outro meio, desde que idôneo e suficiente.

De acordo com Alfredo de Araújo Lopes da Costa, citado por Reinaldo Velloso dos Santos, o critério de distribuição de atribuições e instâncias de prevenção e resolução de conflitos é mais político do que propriamente jurídico. Em alguns casos, a extrajudicialização dependerá da relevância da matéria tratada e do preparo jurídico adequado do órgão ou pessoa responsável pela condução do procedimento.[5]

É comum que se use o termo "desjudicialização" para se referir a alguns procedimentos alternativos ao Poder Judiciário. A nosso ver, esta terminologia é por demais restrita, vez que implicaria na interpretação de que há retirada do âmbito judicial de uma atribuição que era, de forma originária, de sua competência.

Preferimos, por isso, a utilização do termo "extrajudicialização", mais amplo que o anterior, não no sentido de retirada ou suprimento de atribuições do Poder Judiciário, para serem exercidas por outro ente ou órgão, mas no sentido de conferir uma faculdade ao particular de escolher entre o meio judicial e o meio extrajudicial, após atendidos certos requisitos legais.

O fenômeno da extrajudicialização, no âmbito notarial e dos registros públicos, tem se dilatado e se intensificado, com a possibilidade de realização de convênios, entre o Poder Público e os tabelionatos. O convênio, enquanto modalidade de cooperação entre entidades públicas e particulares, tem como fim a realização de objetivos de interesse comum e, por isso, ostenta natureza jurídica de acordo e não de contrato administrativo, que por sua vez pressupõe a existência de partes com interesses convergentes.

Permite-se, dessa forma, a realização de funções atípicas autorizadas por Lei ou ato normativo como, por exemplo, no caso do artigo 11 do Provimento 72/18 do Conselho Nacional de Justiça, que trata das medidas de incentivo à renegociação e

---

5. SANTOS, Reinaldo Velloso dos. *Apontamentos sobre o protesto notarial*. Dissertação de Mestado em Direito Comercial na Universidade de São Paulo – USP. São Paulo, 2012, p. 160.

quitação de dívidas protestadas, objeto do presente estudo, e o artigo 29, parágrafos terceiro e quarto, da Lei 6.015/73, que elevou os Registros Civis das Pessoas Naturais à condição de Ofícios da Cidadania, com a possibilidade de emissão de documentos de identidade, mediante a celebração de convênio com os órgãos públicos.

Como exemplos de extrajudicialização de procedimentos, podemos citar: a) a Lei 11.441/07, que prevê a possibilidade de realização de inventário e partilha, divórcio e separação perante o tabelionato de notas, por meio de escritura pública; b) O Código de Procedesse Civil de 2015 com previsão de: i) procedimento extrajudicial de usucapião; ii) procedimento de homologação do penhor legal por escritura pública; iii) protesto de sentenças e decisões, após o prazo para pagamento voluntário; c) A Lei 13.484/17 que alterou e facilitou as regras de retificação de assentos no Registro Civil das Pessoas Naturais; d) Lei 11.101/05 – Lei de Falência e Recuperação Judicial, que permite hoje a possibilidade de recuperação extrajudicial, considerada pela norma anterior como ato de falência, vez que vedada a possibilidade de negociações diretas entre a devedora e os credores; e) Decreto 8.660/2016 que promulgou a Convenção de Haia sobre a dispensa de legalização de documentos públicos estrangeiros; f) Lei 10.931/2004 que alterou e facilitou os procedimentos de retificação no registro de imóveis.

Como requisitos necessários para a atribuição de atividades aos serviços notariais, por meio da extrajudicialização, relacionamos: a) ausência de conflito de interesses; b) direitos disponíveis.

Em relação ao primeiro requisito, o consenso dos interessados deve se dar em relação ao procedimento a ser adotado. Por isso, basta que eventual conflito existente seja resolvido antes da finalização do ato notarial. A mera existência de um conflito entre as partes não obsta, por si só, a possibilidade de resolução do mesmo pelos notários. A função notarial, como veremos adianta, não tem como fim único e exclusivo a prevenção de conflitos, mas a prevenção da perpetuação dos conflitos já existentes. Isso justifica a possibilidade de realização de mediação e conciliação pelos tabelionatos, conforme o provimento 67 do CNJ, assim como a própria função notarial exercida pelo tabelião de protesto, que tem como pressuposto de atuação justamente um conflito, que se traduz no inadimplemento de uma obrigação pecuniária. No caso de persistência do conflito, a solução deverá ser buscada ou no Poder Judiciário ou, se for o caso, por meio da arbitragem.

Direitos disponíveis, por sua vez, são os direitos em sentido subjetivo, enquanto *facultas agendi*, com ampla liberdade de renúncia ou abdicação, geralmente de conteúdo patrimonial. Direitos indisponíveis, por outro lado, são aqueles em que, por envolverem matéria de ordem pública, há limitação na liberdade do sujeito em renunciá-los.

Com base nesses critérios não seria possível, por exemplo, a extrajudicialização do procedimento de interdição, vez que envolve direitos indisponíveis e a obrigatória intervenção do Ministério Público (artigo 747 e ss. do CPC). Por outro lado, seria possível a extrajudicialização do procedimento de alteração de regime de bens do casamento (artigo 734 do CPC), por envolver direitos disponíveis e desde que ausente conflito de interesses quanto ao procedimento a ser adotado.

2. A FUNÇÃO NOTARIAL DO TABELIÃO DE PROTESTO

2.1 Primeiras considerações

Serão feitas considerações acerca do notário enquanto jurista e profissional do direito, a função notarial em si, suas teorias e natureza jurídica, a sua correspondência em relação à atividade desenvolvida pelo tabelionato de protesto e sua perfeita compatibilidade com as tendências de extrajudicialização.

2.2 O notário enquanto jurista

De acordo com Natalio Etchegaray, jurista ou operador do direito é o profissional que atua com a técnica jurídica. Esta consiste em saber aplicar na prática o conhecimento jurídico.[6] Referido autor explica que o notário ou tabelião, que em tese tem uma função residual, mas não menos importante.

Aos notários estes é atribuída a função essencial de dar efetividade à Lei mediante a interpretação da vontade das partes, mediante a formalização jurídica. Atua completando a norma objetiva abstrata com um direito subjetivo concreto, converte o pacto econômico em pacto jurídico.

2.3 Teorias e topografia da função notarial

Delimitados os campos de atuação dos operadores do direito, no tocante às suas funções, passaremos agora ao estudo da função notarial em si, suas teorias e um estudo acerca de sua natureza jurídica, levando-se em conta uma topografia das funções públicas.

2.3.1 Teorias da função notarial

De acordo com Gomá Salcedo, duas são as principais teorias que explicam a função notarial no tocante à sua finalidade:[7]

> a) A Teoria da Fé Pública, segundo a qual o notário ou tabelião atuam no sentido único de dar fé e fazer prova pré-constituída de determinados atos. Tal teoria justifica e encontra suporte nas atas notariais, reconhecimento de firmas e autenticação de cópias realizados pelos tabeliães de notas, mas não justifica a competência destes profissionais para a lavratura de escrituras públicas;
>
> b) A Teoria Instrumentalista, que busca a função notarial no resultado, no produto do trabalho do tabelião, que é a redação de um documento público. Aqui, a atividade notarial compreende

---

6. ETCHEGARAY, Natalio Pedro. *Escrituras y actas notariales*: examen exegético de uns escritura tipo. 5. ed. Buenos Aires: Astrea, 2010, p. 6-7.
7. SALCEDO, José Enrique Gomá. *Derecho Notarial*. Barcelona: Bosch, 2011, p. 27-31.

RAFAEL GIL CIMINO

um complexo de atos, passando pela redação do instrumento, sua autorização, conservação em livro próprio e expedição de certidões do teor dos livros de notas.

Percebe-se que ambas as teorias não são excludentes, mas cumulativas. Embora num primeiro momento da história os notários se limitassem a autenticar documentos e fazer prova pré-constituída (teoria da fé pública), sem qualquer juízo de valor sobre a manifestação de vontade que formalizavam, hoje, além destas funções, têm os deveres de assessoramento jurídico, zelo pela correta manifestação de vontade das partes e atuação com fins de prevenção de litígios (cautelaridade), ou seja, a atuação se dá de forma muito mais ativa, como verdadeiros intervenientes nos negócios a que as partes queiram ou devam dar forma pública.

2.3.2 Topografia da função notarial no âmbito das funções públicas – a natureza jurídica da função notarial

A natureza jurídica da função notarial ainda é objeto de controvérsia na doutrina. Para que se possa defender a compatibilidade com o fenômeno da extrajudicialização e a sua correspondência com a atividade do tabelião de protesto, serão analisadas em seguida algumas teorias que tentam explicar e determinar a natureza jurídica da função notarial. Perceber-se-á, mesmo com a multiplicidade de teorias, que a função notarial se aproxima muito da jurisdição voluntária, embora com esta não se confunda.

Usamos como base a relação trazida pelo notário espanhol Gomá Salcedo, que classifica a função notarial, no tocante à sua natureza jurídica, em quatro critérios: a) aproximada de uma função administrativa; b) aproximação com o poder judicial; c) como uma relação jurídica notarial; d) como uma função *sui generis*.[8]

2.3.2.1 Aproximação com uma função administrativa

De acordo com esta corrente de pensamento, a natureza jurídica da função notarial se divide em:

a) atividade administrativa, com os atos notariais consistindo essencialmente em atos administrativos, com todos os seus atributos e elementos;

b) administração pública de direitos privados, que caminha ao lado da atividade não propriamente jurisdicional dos juízes (jurisdição voluntária).

2.3.2.2 Aproximação com o poder judicial

Em relação à sua proximidade com o poder judicial, a função notarial pode ser entendida como: a) jurisdição voluntária, idêntica ou similar à desempenhada por juízes, vez que as partes (ou solicitantes do ato, já que, como regra, não há oposição

---

8. SALCEDO, José Enrique Gomá. *Derecho Notarial*. Barcelona, Bosch, 2011, p. 27-31.

de interesses), procuram a instrumentalização de um instrumento público (sentença ou escritura pública). Porém, como dito anteriormente, tal entendimento encontra alguns problemas como o excesso de generalização e características próprias da função notarial em relação à judicial (como o dever de assessoramento, por exemplo, que não se impõe ao juiz, somente ao notário); b) Como uma *iuris additio*, ou seja, um meio termo entre a jurisdição contenciosa e a atividade administrativa.

2.3.2.3 Como relação jurídica notarial

Nesta vertente, a função notarial consiste em uma relação jurídica, análoga à relação jurídica processual. O notário atua com a fixação dos fatos, qualificação da vontade dos particulares e proclamação da validade e da eficácia do ato ou negócio jurídico, ao final com a emissão de um juízo de valor. Tal atividade vai muito além da mera autenticação, identificando-se com um ato jurisdicional. Para os adeptos desta teoria, haveria uma verdadeira "jurisdição notarial", distinta e paralela com a jurisdição do Poder Judiciário.

2.3.2.4 Função sui generis

O que marca essa teoria é a distinção da função notarial com qualquer outra. Pode ser entendida como:

a) Um poder legitimador, ou seja, uma função pela qual o poder público assegura a legalidade, autenticidade, publicidade e eficácia dos fatos, atos e negócios jurídicos, aos lados dos três poderes (Legislativo, Executivo e Judiciário);

b) Órgão social a serviço da segurança jurídica, dentro de um Sistema geral de segurança jurídica, com atuação conformadora do Direito e autenticadora;

c) Como uma tutela cautelar ou preventiva, consistindo num conjunto de medidas que asseguram a realização espontânea do Direito. Relaciona-se à Justiça Comutativa, diferente da atividade administrativa que tem por fim a Justiça Distributiva. Desta forma não é função administrativa, embora seja pública, pois somente interfere diretamente nas relações particulares.

Muito próxima da tese que compreende a função notarial como uma tutela cautelar e preventiva é a proposta por Caleb Miranda que compreende a função notarial como espécie dos denominados serviços fideijurídicos.[9] Dessa forma, a função notarial consiste na realização de uma análise de conformidade de certo objeto com o ordenamento jurídico (qualificação notarial), com a finalidade de atender interesse social e revestida de fé pública.

---

9. MIRANDA, Caleb Matheus Ribeiro de. CIMINO, Rafael Gil. KÜMPEL, Vitor Frederico. MARANHÃO. Juliano S.A. RIBEIRO, Luis Paulo Aliende. In: PEDROSO, Alberto Gentil de Almeida (Coord.). *Direito Administrativo* – Extrajudicial. São Paulo: Ed. RT, 2021, v. 2, p. 51.

2.4 A função notarial no Direito Brasileiro – conceito, fundamentos, princípios, conteúdo, finalidade

2.4.1 Conceito de função notarial

O conceito de função notarial corresponde às funções típicas que o tabelião ou notário exerce de forma exclusiva, na consecução dos atos notariais. A tipicidade, neste caso, significa que tal atividade é prevista em Lei (no caso, a Lei Federal número 8.935 de 1.994), bem como na normatização administrativa dos Tribunais de Justiça Estaduais. Logo, afasta-se qualquer atividade privada praticada pelo tabelião, que não tenha como fim a elaboração de um ato notarial (como, por exemplo, a atividade de gerência administrativa e financeira do tabelionato).

Além disso, uma atividade realizada pelo tabelião, mas que não seja privativa, de igual forma não está no âmbito da função notarial (como exemplo, a realização de uma diligência acessória, como uma busca por uma certidão imobiliária para que se possa lavrar a escritura pública translativa).

A importância prática do que está ou não abrangido pela função notarial se observa no teor do artigo 9 da Lei 8.935/94, que dispõe sobre a territorialidade no âmbito dos tabelionatos, que deve ser observada, não obstante a livre escolha do notário baseada na confiança. Se um ato não está compreendido na função notarial (típico e exclusivo do tabelião de notas), também não está sujeito ao mesmo regime jurídico e restrições a que os atos notariais típicos se sujeitam.

2.4.2 Fundamentos da função notarial

O fundamento da função notarial, de modo sucinto, ainda de acordo com Leonardo Brandelli[10], é justamente a produção de instrumentos jurídicos adequados, com carga eficacial plena, a que tende os negócios, atos ou fatos jurídicos que neles se consubstanciam. Tal fundamento tem amparo no artigo 6, inciso I, da Lei 8.935/94.

2.4.3 Princípios da função notarial

No tocante à função notarial, os princípios têm como fim informar e conduzir a correta atuação do tabelião, na realização de suas atividades[11]. Fazem parte do conteúdo do direito positivo, ao lado das regras, sendo entendidos como espécies de normas, com forte carga axiológica. De acordo com Claus-Wilhelm Canaris, citado por Leonardo Brandelli, os princípios ocupam um local intermediário entre o valor e o conceito – excedem o primeiro, por serem mais determinados, com indicação de consequências jurídicas; por outro lado, ultrapassa o conceito, por não ser suficientemente determinado para esconder a carga valorativa.

Os princípios da função notarial exercem duas funções:

---

10. BRANDELLI, Leonardo. *Teoria Geral do Direito Notarial*. 3 ed. São Paulo: Saraiva, 2009, p. 144.
11. BRANDELLI, Leonardo. *Teoria Geral do Direito Notarial*. 3 ed. São Paulo: Saraiva, 2009, p. 145-146.

AS MEDIDAS DE INCENTIVO À QUITAÇÃO E RENEGOCIAÇÃO DE DÍVIDAS **225**

a) Uma integrativa, para suprir lacunas legislativas;

b) E uma hermenêutica, vez que dão o rumo à função notarial e informam o porquê da existência de tais normas;

A seguir, trataremos sucintamente dos princípios que regem a função notarial.

2.4.3.1 Princípio da juridicidade

Divide-se em dois momentos:

a) Polícia jurídica notarial, que consiste na análise feita pelo notário da legalidade e conformidade com o direito dos atos que formaliza;

b) Zelo pela correta manifestação da vontade das partes, que deverá ser sempre livre de vícios do consentimento.

2.4.3.2 Princípio da cautelaridade

A atuação notarial deve se dar na esfera da realização espontânea do direito. Atua com fins de prevenir litígios e conflitos e de não perpetuar os mesmos. O ato notarial deve conferir segurança jurídica e certeza *a priori*.

2.4.3.3 Princípio da imparcialidade

O notário atua como advogado do ato ou negócio jurídico, não das partes. Deve manter posição equidistante das mesmas. Deve garantir, além da isonomia formal (perante a Lei), a isonomia material, zelando pelo interesse da parte hipossuficiente.

2.4.3.4 Princípio da publicidade

A função notarial é pública, pois atende ao interesse da coletividade, embora tenha como foco atos particulares. Afirma a soberania do Direito, quando garante a legalidade e dá fé pública aos atos notariais instrumentalizados.

2.4.3.5 Princípio da rogação

O notário não age de ofício, necessita de um requerimento das partes.

2.4.3.6 Princípio da tecnicidade da função notarial

O notário deve ser profundo conhecedor dos meios de realização prática do direito. Usa da arte de materializar institutos jurídicos mediante a instrumentalização notarial.

2.4.4 Conteúdo da função notarial

De acordo com Leonardo Brandelli, a função notarial encerra um conteúdo definido que consiste em prestar direção jurídica aos particulares no plano da realização espontânea do direito.[12] Consiste, numa atividade complexa: a) consultoria jurídica das partes pelo notário; b) o tabelião preside os atos jurídicos, realizando um controle de conformidade com o ordenamento (polícia jurídica); c) ao final, reveste tais atos da forma instrumental adequada.

2.4.5 Finalidade da função notarial

A finalidade da função notarial é dar certeza jurídica e preventiva às relações e situações subjetivas concretas. Tal fixação preventiva dos fatos se dá por meio da fé pública e da autenticidade que dela deriva.[13] A intervenção notarial tem o fim de tornar o documento autêntico, com carga de veracidade o que o notário declarar que ocorreu em sua presença, dotada de presunção *iuris tantum*.

2.5 O protesto como atividade notarial

Após estas breves considerações acerca da função notarial, passaremos a estudar o instituto do protesto e como a atividade desenvolvida pelo tabelião do protesto encontra correspondência como típica atividade notarial.

2.5.1 Breve origem histórica do protesto

Protesto deriva do latim *pro testibus* ou *pro testimonio*; ligava-se à ideia de fazer uma prova, que consistia na *contestatio*, ou seja, testificava a inadimplência da letra de câmbio.

O protesto tem sua origem intimamente ligada à letra de câmbio. Era utilizado para fazer prova da diligência do portador em apresentá-la para aceite ao sacado. Na Idade Média o protesto era um procedimento formado por três atos: a) *praesentatio literarum* (que era a apresentação da letra de câmbio ao notário); b) *requisicio* (o requerimento ao notário para que protestasse); c) *protestatio* (o protesto em si, que fazer prova da diligência da apresentação da letra de câmbio ao sacado);

2.5.2 Natureza notarial do protesto

Percebe-se que, historicamente, o protesto consistia em uma atividade autenticadora dos notários na Idade Média, com correspondência direta em relação às características da função notarial. Vale lembrar que, ainda hoje, em alguns países, como a Espanha, o protesto é ato realizado por um tabelião de notas. Adota-se, portanto, para o protesto, a Teoria da Fé Pública, tratada acima, em analogia à confecção das atas notariais pelo tabelião de notas.

O tabelião de protesto, com fulcro no artigo 6 da Lei 8.935/94, realiza a formalização jurídica da vontade do credor e eventualmente do devedor, por meio de

---

12. BRANDELLI, Leonardo. *Teoria Geral do Direito Notarial*. 3 ed. São Paulo: Saraiva, 2009, p. 158.
13. BRANDELLI, Leonardo. *Teoria Geral do Direito Notarial*. 3 ed. São Paulo: Saraiva, 2009, p. 227-228.

todos os atos que compõe o procedimento de protesto, produzindo documento com autenticidade, derivada de sua fé pública.

Algumas teorias incluem a atividade do protesto como notarial (ou seja, dentro da função notarial exclusivamente) e outras a incluem como uma atividade mista (tanto notarial quanto registral).

Para os adeptos da primeira vertente (protesto como um ato notarial), temos Reinaldo Velloso dos Santos, Cláudio Martins, Rubem Garcia e Miriam Woffenbuttel. De acordo com estes, o tabelião de protestos se presta a formalizar juridicamente a vontade do apresentante do título, conforme suas declarações e o título apresentado, consistindo o eventual registro do protesto em ato secundário. Para a segunda vertente, que entende o protesto como um ato misto, notarial e registral, temos Mauro Grinberg e Vicente de Abreu Amadei (todos citados por Reinaldo Velloso dos Santos).[14] Neste caso, o protesto seria ato notarial, enquanto formalização da vontade do apresentante, e registral, uma vez que registrado em livro próprio.

Concordamos com a primeira vertente, pelos seguintes argumentos:

a) o tabelião formaliza a manifestação de vontade do credor ou apresentante, com a criação de uma prova, o instrumento de protesto, tal como ocorre com o tabelião de notas ao lavrar uma escritura;

b) Pela própria nomenclatura e topografia da Lei Federal 8.935/94 (Lei dos notários e registradores), os tabeliães de protesto são incluídos na categoria de notários e não de registradores;

c) Quanto ao interesse, prevalece como regra o interesse do credor, principalmente, e não um interesse coletivo, que é secundário;

d) O ato de registrar o protesto tem caráter secundário, em analogia ao que ocorre com o registro das escrituras públicas no tabelionato de notas;

e) Há ainda o entendimento predominante de que o ato de protesto é ato do credor, enquanto que o processo do protesto tem seguimento por impulso do tabelião. Destarte, cabe ao tabelião de protesto a qualificação da vontade do credor e sua eventual formalização jurídica. Neste sentido, Fábio Konder Comparato.[15]

Dessa forma, como ato notarial que é, se submete a todos os preceitos e princípios já expostos da função notarial.

2.5.3 *Natureza jurídica do ato de protesto e do procedimento de protesto e suas finalidades*

A definição legal de protesto, enquanto ato, é dada pelo artigo 1 da Lei 9.492 de 1.997, como ato formal e solene pelo qual se prova a inadimplência e o descumprimento de obrigação originada em títulos e outros documentos de dívida.

---

14. SANTOS, Reinaldo Velloso dos. *Apontamentos sobre o protesto notarial*. Dissertação de Mestado em Direito Comercial na Universidade de São Paulo – USP. São Paulo, 2012, p. 18-20.

15. COMPARATO, Fábio Konder. A regulamentação judiciário – Administrativa do protesto cambial. *Revista de Direito Mercantil, Industrial, Econômico e Financeiro*, n. 83, p. 79, São Paulo: Ed. RT, jul./set. 1991.

Sérgio Luiz Bueno, com base neste conceito, nos dá a natureza jurídica do protesto como ato jurídico, público, extrajudicial, formal e unitário.[16] Faremos abaixo uma correlação de cada característica do ato com os princípios da função notarial:

a) É ato jurídico em sentido estrito, na medida em que seus efeitos decorrem da Lei de forma independente;

b) Público, pois é oficial; (princípio da publicidade)

c) Extrajudicial, realizado por um notário/tabelião, profissional do direito, conhecedor da técnica jurídica ;(princípio da tecnicidade)

d) Formal, com um procedimento solene, com as formalidades elencadas em Lei, semelhante aos procedimentos para lavratura de atos notariais pelo tabelião de notas;

e) Unitário, realizado em um só ato e momento, assim como ocorre na audiência notarial do tabelião de notas;

Já de acordo com Fábio Konder Comparato, consiste o protesto em ato jurídico *stricto sensu*, vez que seus efeitos decorrem da lei, sem possibilidade de serem alterados pela vontade das partes.[17] Tem natureza jurídica de direito potestativo ou de ônus do credor. É ato da parte, que é formalizado juridicamente pelo tabelião de protesto, tal como ocorre com lavratura do ato notarial.

Diferentes do ato, são o processo e o procedimento de protesto. O processo de protesto consiste em relação jurídica entre o protestante (credor) e o tabelião de protesto. Este, de acordo com o princípio da rogação notarial, só pode atuar com o requerimento do credor e, a partir desse momento, cumpre a vontade da lei, por iniciativa da parte. O procedimento de protesto, por sua vez, consiste na forma específica na qual o processo de protesto se desenvolve. Trata-se da maneira pela qual os atos do tabelião são concatenados e caminham para um desfecho (a lavratura ou não do ato de protesto).

A distinção tem relevância no tocante aos fins que o ato e procedimento buscam. O protesto lavrado (ato jurídico, formalmente materializado pelo tabelião de protesto) tem como fim a conservação de direitos (direito de regresso, quando requisito necessário), constituição de prova formal da inadimplência (nos casos dos chamados protestos facultativos) e a obtenção de um instrumento de protesto para eventual pedido de falência do devedor (protesto especial). Já o procedimento do protesto possui uma finalidade mais ampla, qual seja, o efetivo adimplemento da obrigação, com a consequente recuperação de crédito, de forma célere e econômica.

Aqui se observa a importância instrumental do provimento 72 do CNJ, que amplia os atos procedimentais desenvolvidos, de forma secundária (sem criar novas atribuições materiais aos tabelionatos de protesto), e serve de mola propulsora para

---

16. BUENO, Sérgio Luiz José. *O protesto de títulos e outros documentos de dívida* – aspectos práticos. Porto Alegre, Sérgio Antonio Fabris editor, 2011, p. 20-21.

17. COMPARATO, Fábio Konder. A regulamentação judiciário – administrativa do protesto cambial. *Revista de Direito Mercantil, Industrial, Econômico e Financeiro*, n. 83, p. 79-81, São Paulo: Ed. RT, jul./set. 1991.

AS MEDIDAS DE INCENTIVO À QUITAÇÃO E RENEGOCIAÇÃO DE DÍVIDAS

facilitar ao credor a recuperação de seu crédito e ao devedor condições e oportunidades maiores para quitar sua dívida.

2.5.4   Fontes do protesto

Como fontes imediatas do protesto podemos citar: a) o artigo 236 da Constituição Federal, que regula a delegação do notários e registradores em geral; b) A lei 8935/94 que estabelece as normas gerais das atividades notarial e registral; c) a lei 9492/97 que dispõe sobre as normas específicas do tabelionato de protesto; d) o decreto 2044/1908 e a Lei Uniforme de Genebra (Decreto 57.663/66), com dispositivos acerca da letra de câmbio e da nota promissória; e) a Lei 5474/68 – Lei das Duplicatas; f) o próprio Código Civil; g) diversos regulamentos administrativos.

Como fontes mediatas temos precedentes judiciais e administrativos, que vinculam a atuação do tabelião de protesto. Além de regulamentação administrativa do Conselho Nacional de Justiça e das Corregedorias Gerais de Justiça dos Estados.

A Corregedoria Geral de Justiça, de acordo com Luis Paulo Aliende Ribeiro[18], é órgão superior existente em todos os Tribunais que detém competência para o desempenho das etapas essenciais do processo de regulação – aprovação, implementação e fiscalização de normas pertinentes ao serviço notarial e registral – conforme outorga da Constituição Federal (artigo 236) ao Poder Judiciário.

O tabelião de protesto, em sua atuação, deve observar tais normas administrativas emanadas do Conselho Nacional de Justiça e das Corregedorias Gerais dos Estados. Para Ricardo Dip, existe uma necessidade específica natural que justifica o cumprimento e existência de tais normas administrativas externas, no âmbito notarial e registral, vez que a atividade de qualificação (o juízo de legalidade do notário e do registrador) não se esgota com o emprego das fontes diretas (ou imediatas), mesmo que tal atividade seja exercida por meio de gestão profissional.[19] Isso justifica o fato de que a qualificação notarial realizada pelo tabelião de protesto, antes meramente formal, abarca cada vez mais aspectos materiais dos títulos ou documentos de dívidas apresentados.

PARTE II – MEIOS EXTRAJUDICIAIS ALTERNATIVOS DE SOLUÇÃO DE CONFLITOS E AS MEDIDAS DE INCENTIVO À QUITAÇÃO E À RENEGOCIAÇÃO DE DÍVIDAS PROTESTADAS

> "A oposição dos contrários é condição da transformação das coisas e, ao mesmo tempo, princípio e lei. O estado de estabilidade, de concordância e de paz é apenas uma confusão das coisas no abrasamento geral... O que é contrário é útil, e é daquilo que está em luta que nasce a mais bela harmonia; tudo se faz pela discórdia... O combate é o pai e o rei de todas as coisas; de alguns, ele fez deuses, de uns escravos, de outros homens livres" (Heráclito de Éfeso, século V a.C.)

---

18. RIBEIRO, Luis Paulo Aliende. *Regulação da função pública notarial e registral*. São Paulo: Saraiva, 2010, p. 168.
19. DIP, Ricardo Henry Marques. *A natureza e os limites das normas judiciárias do serviço extrajudicial*. São Paulo: Quartier Latin, 2013, p. 36.

1. CONCEITO DE CONFLITO

Em linhas gerais, o conflito consiste em uma situação de divergência de interesses ou de fé das partes de suas aspirações serem satisfeitas conjunta ou simultaneamente[20].

É natural a existência de conflitos em qualquer sociedade, vez que os interesses e os pensamentos das pessoas não são idênticos, no máximo semelhantes. Negar a naturalidade da existência de conflitos é negar a própria essência das coisas.

2. MEIOS ADEQUADOS DE SOLUÇÃO DE CONFLITOS – MASCs

Colocada esta premissa, para que se possa lograr a sobrevivência da raça humana e a paz social as pessoas devem se valer de diversos métodos para a solução de tais conflitos. Esses métodos são classificados pela doutrina em autocompositivos e heterocompositivos.

A autocomposição consiste em meio de solução de conflito promovido pelas próprias partes que o vivenciam, sem a intromissão ou atuação de um terceiro. Tal método se dá por intermédio dos próprios envolvidos, que chegam em um desfecho por eles mesmos. No tocante à sua natureza jurídica, entende-se que é um negócio jurídico bilateral, que pode resultar em uma transação, contrato típico previsto no artigo 840 do Código Civil. Como exemplos de meios autocompositivos: a mediação, a conciliação e a negociação, que serão tratadas mais adiante em tópico específico.

Já na heterocomposição o problema é resolvido por uma terceira pessoa, alheia ao conflito original. Ou seja, ao invés dos próprios envolvidos chegarem a um acordo por si mesmos, delegam esta decisão a um terceiro. Como exemplos de heterocomposição temos a jurisdição comum exercida pelo juiz de direito e a arbitragem.

2.1 Breves considerações sobre alguns dos meios autocompositivos – mediação, conciliação e negociação

2.1.1 Mediação

De acordo com Juan Carlos Vezzulla, a mediação consiste em uma técnica privada de solução de conflitos interpessoais em que as próprias partes encontram as soluções. O mediador apenas as ajuda a encontrá-las, com introdução dos critérios e argumentos para um entendimento melhor.[21]

Encontra seu regime jurídico na Lei 13.140 de 2015. Entre seus princípios orientadores, destaca-se a confidencialidade (artigo 2, inciso VII da referida Lei).

---

20. GUILHERME, Luiz Fernando do Vale de Almeida. *Manual de Arbitragem e Mediação*. 4 ed. São Paulo: Saraiva, 2018, p. 36.
21. VEZZULA, Juan Carlos. *Teoria e prática da mediação*. Paraná: Instituto de Mediação e Arbitragem do Brasil, 1998, p. 15-16.

AS MEDIDAS DE INCENTIVO À QUITAÇÃO E RENEGOCIAÇÃO DE DÍVIDAS

Pela confidencialidade, aquilo que for debatido "intramuros" ficará nessa seara. Cria-se, com isso, um ambiente extremamente vantajoso para os envolvidos vez que, por exemplo, grandes expoentes de determinado segmento da economia preferirão, certamente, que os pormenores das tratativas não fiquem abertos a todos.

O sigilo é um importante ativo, tanto na mediação, como em outros meios extrajudiciais de solução de conflitos, inclusive quando comparado à justiça pública, que prevê limitado e excepcional rol de casos em que se impõe o segredo de justiça, vez que nesta prevalece o princípio da publicidade dos atos processuais.

2.1.2   Conciliação

A conciliação, por sua vez, consiste no meio autocompositivo de solução alternativa de controvérsias em que os envolvidos empreendem esforços para a solução de litígios, valendo-se da intervenção de um terceiro, o conciliador, que, de modo imparcial, oferece opções de acordo. Aí reside a principal diferença para a mediação. Na conciliação há a intervenção do conciliador na proposição de alternativas e propostas para se atingir um acordo. Na mediação, por sua vez, os envolvidos são os únicos responsáveis na determinação de soluções.

2.1.3   Negociação

A negociação é um procedimento pelo qual as partes, por si mesmas, tentam chegar a um acordo, um consenso. Difere-se dos meios anteriormente expostos pois não apresenta a figura de um terceiro alheio ao conflito que atue de modo a melhor posicionar os envolvidos. Aqui, as próprias partes se valem de um conjunto de técnicas com o fim de superar o conflito de interesses e lograr a melhor solução para o caso.

Na negociação os envolvidos lançam mão de aparatos multidisciplinares, como os utilizados por profissionais da psicologia, da administração, da economia, entre outros.

Enquanto procedimento involuntário (as pessoas são negociadoras naturalmente) e informal (não existe forma/revestimento específico para negociar) que é, algumas barreiras podem surgir e dificultar o objetivo final, que é o acordo:[22]

a) Dificuldade em descobrir os interesses compartilhados (comuns a ambos) para uma melhora dos resultados;

b) Em muitos litígios, não são os próprios titulares dos interesses que negociam por si mesmos. Valem-se de terceiros, com incentivos e motivações diferentes dos titulares;

c) Por fim, um entrave de caráter psicológico: o modo como a mente humana processa as informações, no que se refere às incertezas, riscos; Inferências sobre a intenção, os motivos e a boa-fé da parte contrária;

---

22.   GUILHERME, Luiz Fernando do Vale de Almeida. *Manual de Arbitragem e Mediação*. 4 ed. São Paulo: Saraiva, 2018, p. 50.

Para superar tais obstáculos, necessária uma análise interdisciplinar do porquê das negociações falhares. Luiz Fernando do Vale de Almeida Guilherme aponta os principais passos que uma negociação deve seguir para que se obtenha, ao final, um acordo, que seja justo para ambas as partes: [23]

a) Criação de uma atmosfera afetiva: o devedor pode se encontrar intimidado, em posição desconfortável que o permita negociar com o credor. Por sua vez, o credor pode portar emoções negativas como medo, desconfiança, hostilidade. Uma parte deve ajudar a outra a reestabelecer o equilíbrio mental, para que seja possível uma negociação baseada na razão, não nas emoções. O ambiente negocial, nesse sentido, pode ser um excelente antídoto para que as partes negociem racionalmente, com construção de um poder positivo e compartilhado;

b) Com o ambiente favorável estabelecido, o negociador deve fazer com que o outro litigante pare de procurar posições e foque em interesses compartilhados por ambos, com geração de opções e estabelecimentos de acordos mútuos;

c) O resultado final almejado deve ser uma conquista mútua, não uma vitória individual. A conquista deve ser dar para ambos os lados, além do vácuo que existe entre os interesses particulares de ambos;

3. AS MEDIDAS DE INCENTIVO À QUITAÇÃO E RENEGOCIAÇÃO DE DÍVIDAS NOS TABELIONATOS DE PROTESTO – ANÁLISE DO PROVIMENTO 72 DO CONSELHO NACIONAL DE JUSTIÇA (CNJ) E DAS NORMAS DE SERVIÇO DA CORREGEDORIA GERAL DE JUSTIÇA DO ESTADO DE SÃO PAULO (NSCGJSP)

O provimento 72 do CNJ tem como bases legais o artigo 103-B, parágrafo quarto, incisos I a III, da Constituição Federal (poder de normatização e fiscalização do Poder Judiciário sobre os serviços notariais e de registro) e a Lei 13.140/15 (Lei da mediação e conciliação) – que em seu artigo 42 dispõe sobre a possibilidade dos serviços de notas e registros, dentro do âmbito de suas competências, realizar mediação e conciliação.

Estabelece, assim, o procedimento a ser adotado, pelos tabeliães de protesto, ao realizar as chamadas medidas de incentivo à quitação e renegociação de dívidas. Tais medidas, dentro do âmbito dos meios extrajudiciais de resolução de controvérsias, têm natureza jurídica de negociação, vez que não há intervenção de um terceiro nas tratativas levadas adiante entre o credor e o devedor. Pelo artigo 4 do provimento 72, tais medidas consistem em fase antecedente à mediação e à conciliação, não se confundindo com estas.

3.1 O procedimento para facilitar a quitação e a renegociação de dívidas nos tabelionatos de protesto

3.1.1 Competência funcional e territorial

A competência funcional e territorial para dar início ao procedimento será do tabelionato onde foi lavrado o protesto. Percebe-se que as medidas de incentivo só

---

23. GUILHERME, Luiz Fernando do Vale de Almeida. *Manual de Arbitragem e Mediação*. 4 ed. São Paulo: Saraiva, 2018, p. 50-51.

AS MEDIDAS DE INCENTIVO À QUITAÇÃO E RENEGOCIAÇÃO DE DÍVIDAS

podem ser iniciadas com a lavratura regular do protesto e antes de eventual mediação e conciliação.

3.1.2 Autorização para a adoção das medidas de incentivo

Deve haver, por parte do tabelião de protesto, prévia autorização da Corregedoria Geral de Justiça, a ser concedida mediante manifestação favorável do Núcleo Permanente de Métodos Consensuais de Solução de Conflitos (NUPEMEC) e de capacitação dos conciliadores e mediadores.

Pelas NSCGJSP, capítulo XV, item 140.4, para os procedimentos de incentivo à quitação e à renegociação de dívidas realizados exclusivamente por meio eletrônico, ou por intermédio da Central Eletrônica mantida pelo Instituto de Estudos de Protesto de Títulos do Brasil – São Paulo (IEPTB-SP), bastará a autorização da Corregedoria Geral da Justiça. Tal disposição facilita a adoção do procedimento pelos tabelionatos de protesto, vez que aptos a criação, em módulo eletrônico e seguro, de um ambiente favorável de negociação para os credores e devedores, sem vinculação posterior com eventual mediação ou conciliação, vez que estas têm natureza jurídica e funções diversas da negociação em si.

3.1.3 Possibilidade de celebração de convênios com a União, Estado e Município (artigo 11 do provimento 72)

O artigo 11 do provimento 72 do CNJ dispõe sobre a faculdade e os requisitos para a celebração de convênios entre os tabelionatos de protestos e os órgãos públicos. Em âmbito nacional, o convênio deverá contar com a homologação da Corregedoria Geral de Justiça/CNJ (artigo 12, provimento 72/CNJ).

Em âmbito local, com homologação das Corregedorias Gerais de Justiça dos Tribunais Estaduais, mediante apresentação de: a) estudo prévio acerca da viabilidade jurídica, técnica e financeira; b) envio à CGJ/CNJ de cópia do termo celebrado, para disseminar as boas práticas;

Pertinente mencionar o convênio realizado entre o Instituto de Estudos de Protesto de Títulos do Brasil – seção São Paulo (IEPTB-SP) com a Procuradoria Geral do Município de São Paulo/SP, objeto da Portaria número 126/2019-PGM.G. Pelo artigo primeiro da referida portaria, os tabelionatos de protesto da Capital do Estado de São Paulo ficam autorizados a receber o valor dos débitos referentes às Certidões de Dívida Ativa do Município de São Paulo protestadas. O devedor poderá, por meio da Central de Serviços Eletrônicos Compartilhados dos Tabeliães de Protesto do Estado de São Paulo (CENPROT), efetuar o pagamento, que corresponderá ao valor da dívida protestada acrescido dos emolumentos e demais encargos do interessado, relativos ao protesto e ao seu cancelamento. No primeiro dia útil ao recebimento dos valores, o valor da dívida será repassado, dos tabelionatos ao Município. O pagamento feito pelo devedor já valerá como anuência, que autoriza o tabelionato de protesto a promover o cancelamento no primeiro dia útil seguinte.

As vantagens são evidentes, tanto para o Município quanto para o devedor. O primeiro, receberá seu crédito de forma mais efetiva e célere, por meio do envio direto dos valores pelos tabelionatos de protesto. O segundo, terá a sua disposição uma plataforma eletrônica de fácil manuseio e operabilidade, com a possibilidade de consultar seus débitos e pagá-los diretamente no tabelionato, que dará a quitação em seguida, sem necessidade de buscar eventual carta de anuência com o credor.

3.1.4 Requerimento

O requerimento poderá ser apresentado, tanto pelo devedor quanto pelo credor, das seguintes formas:

a) Meio eletrônico (ambiente seguro disponibilizado pelo tabelionato);

b) Pessoalmente;

c) Mediante uso da CENPROT;

Com o protesto sustado ou cancelado, não é cabível dar início ao procedimento. (Parágrafo único do artigo 5 do provimento 72 do CNJ). O requerimento deve conter: (artigo 6 do provimento 72/CNJ):

a) Qualificação do requerente (inclusive e-mail);

b) Dados de identificação da outra parte;

c) Proposta de renegociação;

d) Outras informações relevantes, a critério do requerente;

e) Ainda, de acordo com o Item 143, inciso III, do Capítulo XV das NSSP = a indicação de meio idôneo de notificação;

3.1.5 Procedimento

Feito o protocolo do requerimento, o tabelião realizará exame formal do mesmo, em dois dias úteis (item 145 das NSCGJSP). Na falta de algum requisito, será aberto ao requerente prazo de 10 dias para regularizar o pedido. Poderá o credor, em seu requerimento, autorizar o tabelião de protesto a (artigo 8, provimento 72 do CNJ):

I – expedir aviso ao devedor sobre a existência do protesto e a possibilidade de quitação da dívida diretamente no tabelionato (com condições de pagamentos);

II – receber o valor do título ou documento protestado, com emolumentos e demais encargos;

III – receber o pagamento em condições especiais (abatimento do valor, parcelamento, por exemplo) = caso haja parcelamento, o protesto pode ser cancelado com o pagamento da primeira parcela (item 147.3 das NSCGJSP), salvo disposição em contrário na renegociação;

III – dar quitação e promover o cancelamento do protesto;

Por sua vez, poderá o devedor a qualquer momento, formular e encaminhar proposta de pagamento ao credor, por sua própria conta (artigo 8 do provimento 72 do CNJ).

Tanto o credor quanto o devedor poderão, a qualquer tempo, requerer a designação de sessão de conciliação e mediação, conforme as regras do provimento 67 do CNJ.

AS MEDIDAS DE INCENTIVO À QUITAÇÃO E RENEGOCIAÇÃO DE DÍVIDAS

3.1.6 Emolumentos

O valor dos emolumentos pelo uso do procedimento, até a edição de regulação estadual específica, corresponderá ao menor valor de uma certidão individual de protesto. Além disso, a faculdade de uso das medidas de incentivo não dispensa o pagamento dos emolumentos devidos por ocasião do cancelamento do protesto.

Se for feita notificação por *e-mail*, haverá isenção de despesas. O mesmo caso ocorre em relação à prestação de informações ao credor (item NSCGJSP).

Veda-se: i) a exigência de outros valores, exceto os emolumentos e despesas de intimação; ii) a expedição de documentos, pelo tabelião de protesto, com cláusula compromissória de mediação ou conciliação extrajudicial (artigo 15, Provimento 72 CNJ).

PARTE III – CONSIDERAÇÕES FINAIS – A COMPATIBILIDADE DA FUNÇÃO NOTARIAL DO PROTESTO COM O PROCEDIMENTO DE INCENTIVO À QUITAÇÃO E RENEGOCIAÇÃO DE DÍVIDAS

De tudo que foi dito, mostrou-se a perfeita compatibilidade entre o procedimento levado a cabo pelo tabelião de protesto, nas medidas de incentivo à quitação e à renegociação de dívidas protestadas, com os princípios e finalidades da função notarial.

A adoção das medidas, que têm natureza jurídica de negociação, enquanto instrumentais e secundárias, para o atingimento do fim maior da função notarial, qual seja, a criação de certeza jurídica *a priori*, com a formalização jurídica da vontade da parte (ato de protesto) e a pacificação social (prevenção de litígios e da perpetuação dos conflitos). A utilização destes instrumentos poderá contribuir de maneira satisfatória para a recuperação de créditos e quitação das dívidas, uma vez que valorizam a autonomia privada, tanto do credor quanto do devedor, inclusive com a possibilidade de restrição da publicidade das tratativas, em respeito ao princípio da conficidencialidade dos meios extrajudiciais de solução de controvérsias. Por esse princípio poderão, tanto o devedor quanto o credor, dar andamento às tratativas de forma mais racional, suprimindo eventuais incertezas e inseguranças de um em relação ao outro. Lograr-se-á o fim imediato do procedimento de protesto, qual seja, a recuperação do crédito e o adimplemento da obrigação.

Para facilitar ainda mais as negociações entre devedor e credor, pode-se utilizar o artigo 41-A da Lei 9.492/97, que dispõe sobre a criação de uma central nacional de serviços eletrônicos compartilhados, com um rol de alguns serviços que deverão obrigatoriamente ser prestados. Percebe-se, pela redação desse artigo, que os serviços ali mencionados constituem lista não exaustiva – "...prestará, ao menos, os seguintes serviços" – abrindo-se a oportunidade de uso da central eletrônica para a realização das medidas de incentivo do provimento 72 do CNJ. Vale lembrar que a central eletrônica é local virtual, seguro e monitorado, mantida pelos tabeliães de protesto, profissionais de direito, com acesso dos envolvidos mediante uso de certificado digital, que apresenta, como principal vantagem, a criação de um ambiente favorável à realização de negociações, revelando-se como um antídoto aos problemas que as emperram, listados no item 2.1.3 da parte II deste trabalho. Ao usar a central para levar adiante as negociações, as partes se valerão de ambiente sigiloso onde poderão negociar diretamente os próprios interesses, sem o entrave de caráter psicológico, afastando-se as emoções e interferências externas, mantendo-se um foco racional na solução do conflito.

Além disso, outras faculdades concedidas às partes, previstas no provimento 72 do CNJ, podem contribuir para a maior efetividade dos fins notariais do protesto. Como exemplo, a possibilidade do credor, no requerimento, autorizar o tabelião de protesto a receber a quantia devida pelo título protestado e entregar quitação ao devedor (artigo 8, incisos I e II do provimento 72), tal como ocorre com o convênio firmado com o Município de São Paulo/SP, por meio da Portaria número 126/2019 PGM.G.

Algumas outras questões de ordem prática podem surgir como, por exemplo, a obrigatoriedade de se obter autorização do Núcleo Permanente de Métodos Consensuais de Solução de Conflitos (NUPEMEC) e de capacitação dos conciliadores e mediadores que, a nosso ver, poderia ser dispensada caso o tabelionato não opte pela realização de mediação e conciliação, vez que estas modalidade de solução de controvérsias não se confundem com a negociação levada à prática pelos meios de incentivo do provimento 72 do CNJ.

De todo o exposto, inegável a as contribuições que os mecanismos de inventivo à quitação e renegociação de dívidas trazem, no âmbito do fenômeno social de extra-judicialização, ao privilegiar a autonomia privada das partes, para que estas cheguem, por si mesmas e pelos meios mais adequados, a um acordo num ambiente favorável de negociações. A consequência será a obtenção efetiva da segurança jurídica *a priori*, prevenindo a perpetuação de litígios e conflitos, fins últimos da função notarial.

REFERÊNCIAS

BRANDELLI, Leonardo. *Teoria Geral do Direito Notarial.* 3 ed. São Paulo, Saraiva, 2009.

BUENO, Sérgio Luiz José. *O protesto de títulos e outros documentos de dívida* – aspectos práticos. Porto Alegre, Sérgio Antonio Fabris editor, 2011.

CINTRA, Antonio Carlos de Araújo; DINAMARCO, Cândido Rangel; GRINOVER, Ada Pellegrini. *Teoria geral do processo.* 28. ed. São Paulo: Malheiros, 2012.

COMPARATO, Fábio Konder. A regulamentação judiciária – administrativa do protesto cambial. *Revista de Direito Mercantil, Industrial, Econômico e Financeiro.* n. 83, p. 79-83. São Paulo: Ed. RT, jul.-set. 1991.

DIP, Ricardo Henry Marques. *A natureza e os limites das normas judiciárias do serviço extrajudicial.* São Paulo: Quartier Latin.

ETCHEGARAY, Natalio Pedro. *Escrituras y actas notariales:* exame exegético de uns escritura tipo. 5 ed. Buenos Aires: Astrea, 2010.

GROSSI, Paolo. *A ordem jurídica medieval.* Trad. Denise Rossato Agostinetti. São Paulo: Martins Fontes, 2014.

GUILHERME, Luiz Fernando do Vale de Almeida. *Manual de Arbitragem e Mediação.* 4 ed. São Paulo, Saraiva, 2018.

MARQUES, José Frederico. *Ensaio sobre a jurisdição voluntária*. rev., atual. e complementada por Ovídio Rocha Barros Sandoval. Campinas, Millennium, 2000.

MIRANDA, Caleb Matheus Ribeiro de. CIMINO, Rafael Gil. KÜMPEL, Vitor Frederico. MARANHÃO, Juliano Souza Albuquerque. RIBEIRO, Luis Paulo Aliende. In: PEDROSO, Alberto Gentil de Almeida (Coord.). *Direito Administrativo – Extrajudicial*. São Paulo: Ed. RT, 2021. v. 2.

RIBEIRO, Luis Paulo Aliende. *Regulação da função pública: notarial e de registro*. São Paulo: Saraiva, 2009.

SALCEDO, José Enrique Gomá. *Derecho Notarial*. Barcelona, Bosch, 2011.

SANTOS, Reinaldo Velloso dos. *Apontamentos sobre o protesto notarial*. Dissertação de Mestrado em Direito Comercial na Universidade de São Paulo – USP. São Paulo, 2012.

SANTOS, Reinaldo Velloso dos. O princípio da publicidade e sua mitigação no serviço de protesto. In: SOUZA NETO, João Baptista de Mello e (Coord.). *Manual do protesto de letras e títulos*. São Paulo: Quartier Latin, 2017.

VEZZULA, Juan Carlos. *Teoria e prática da mediação*. Paraná, Instituto de Mediação e Arbitragem do Brasil, 1998.

PARTE III
TABELIONATO DE NOTAS
DR. CARLOS BRASIL

A FUNÇÃO NOTARIAL COMO FONTE DE JUSTIÇA. ATUAÇÃO DE CARÁTER ARBITRAL E GRACIOSA

Carlos Henrique Oliveira Camargo

Especialista em Direito Notarial e Registral pela IBEST/PR. Especialista em Gestão Contábil e Direito Tributário pelo Uni-MB/GO. Bacharel em Direito pelo Uni-Anhaguera. Conciliador e Mediador habilitado pelo TJ/GO. Tabelião do Tabelionato de Notas e Protesto de Títulos de Fazenda Nova-GO.

Resumo: Trata-se de artigo científico que traz uma abordagem enunciativa acerca da atividade notarial, explorando e destacando sua importância, na solução de conflitos e busca de justiça, tanto no âmbito extrajudicial como no judicial. Faz-se uma análise da função notarial, que vem se destacando como forte instrumento de regulação das relações jurídicas e preservação dos atos jurídicos elaborados, essencialmente pela fé pública que goza o notário, terceiro que atua sem interesses pessoais nos atos por ele praticados e dotado de ampla capacidade jurídica.

Sumário: 1. Introdução – 2. Contexto histórico da atividade notarial – 3. Princípios da atividade notarial; 3.1 Preparação profissional; 3.2 Função notarial; 3.3 Fé pública; 3.4 Forma; 3.5 Autenticação; 3.6 Imparcialidade e independência; 3.7 Segurança; 3.8 Economia – 4. Atividade notarial, justiça e métodos alternativos de soluções de conflitos – 5. A arbitragem extrajudicial e a atividade notarial – 6. Perspectivas futuras da atividade notarial – 7. Considerações finais – 8. Referências.

1. INTRODUÇÃO

A função notarial, ao longo dos tempos, vem se transformando em um forte instrumento de regulação das relações jurídicas, sendo um forte alicerce na concretização de negócios jurídicos, essencialmente pela fé pública que goza o notário, pelo terceiro que atua sem interesses pessoais nos atos por ele praticados e por ser dotado de ampla capacidade jurídica, trazendo maior segurança às relações sociais.

A importância da atividade notarial é tamanha que a Constituição Federal dedica seu artigo 236 ao tema, dispondo que "Os serviços notariais e de registro são exercidos em caráter privado, por delegação do Poder Público".

Esses profissionais possuem o encargo de conferir maior transparência e confiança às situações da vida comum, atendendo aos interesses da sociedade, traduzidos pela necessidade de garantir a legalidade e a prova dotada de fé pública sobre os atos e fatos que são erigidos das relações privadas.

A função notarial se mostra bastante complexa, haja vista que tem importante atuação preventiva, com foco em evitar a formação de litígios, dando moldura jurídica segura aos atos e negócios celebrados entre as partes.

No que tange ao objeto da função notarial, não se pode ignorar que o notário, no exercício de sua função, possui como fim a certeza da relação jurídica, ou seja, a prevenção da instauração dos litígios, o que de fato pode auxiliar na atuação do Poder Judiciário, como será tratado adiante.

Neste ponto, importante mencionar a lição de Schmoller e Franzoi:

> Atualmente o mundo jurídico é composto de entendimentos por vezes distintos, ao passo que as serventias extrajudiciais têm ao seu alcance a possibilidade de prever litígios, concretizar os atos e negócios, evitando com que as partes necessitem recorrer ao judiciário, e por vezes aguardar muito tempo por uma resposta a seu caso concreto. É notável como os serviços notariais e registrais são essenciais à vida dos cidadãos, formalizam vontades, e buscam promover acima de tudo a segurança jurídica ao ato.

Tem-se, pois, que, em sistemas democráticos, existe a necessidade de se buscar soluções consensuais através de métodos extrajudiciais, campo em que tem se destacado a arbitragem extrajudicial. Aqui reside a questão reflexiva deste tema, no qual explanaremos amplamente o fato de que o notário se mostra, neste contexto, como capacitado para atuar como árbitro, seja por sua imparcialidade, fé pública ou capacidade intelectual jurídica.

2. CONTEXTO HISTÓRICO DA ATIVIDADE NOTARIAL

A figura do agente notário foi criada a partir dos anseios sociais. Nas palavras de Leonardo Brandelli, "o embrião da atividade notarial, ou seja, o embrião do tabelião, nasceu do clamor social, para que, num mundo massivamente iletrado, houvesse um agente confiável que pudesse instrumentalizar, redigir o que fosse manifestado pelas partes contratantes, a fim de perpetuar o negócio jurídico, tornando menos penosa a sua prova, uma vez que as palavras voam ao vento".

A atividade do notário existe desde a antiguidade, tendo com um de seus ancestrais históricos os antigos escribas do antigo Egito, que redigiam atos jurídicos e anotações de todas as atividades privadas. Figura semelhante ao notário também era encontrada no povo hebreu que era dotado de ancestrais do tabelião, de forma que se podia encontrar a figura do escriba do povo.

Outros povos ao redor do mundo buscavam instrumentalizar as suas relações sociais através de atividades semelhantes às do notário, como são os casos dos *mnemons* da Grécia antiga que eram oficiais públicos que lavravam contratos e atos privados e os *tabelliones* da cidade-estado de Roma que eram encarregados de lavrar, a pedido das partes, os contratos, testamentos e convênios entre particulares.

Contudo, o maior crescimento científico da atividade notarial só surgiu no século XVIII no pós-idade média com a ascensão do comércio e a necessidade de se instrumentalizar as relações sociais que surgiam em decorrência dele. Foi na Escola de Bolonha que, segundo Brandelli "ocorreu o período de maior crescimento científico do notariado, sendo responsável pelo movimento europeu de resgate da atuação notarial, e o berço de estudos científicos que redundaram em importante produção legislativa, e em muito contribuíram para a conotação do atual notariado[1]".

Com a evolução pela qual passou a atividade notarial no período acima descrito, sua necessidade em países europeus foi sendo cada vez mais acentuada e, em consequência disso a atividade notarial de países colonizados sofreu grande influência europeia, como é o caso da atividade notarial brasileira que em seu início, sofreu em muito, influência lusitana.

A função notarial no Brasil foi regulada pelas tradições herdadas dos tempos de colônia de Portugal, sendo que a investidura no cargo era feita por concessão, de caráter vitalício, transferida por sucessão *causa mortis* ou por compra e venda.

A atividade notarial no Brasil, a princípio, pouco acompanhou a evolução a que passava a Administração Pública, sendo empregada muitas vezes de forma atrasada e pouco eficiente, o que passou a mudar após o tratamento Constitucional com a Carta Magna de 1988, alçando a atividade notarial à um novo patamar no Estado Brasileiro, em seguida o novo código civil pincela ainda mais a importância dessa atividade. A atividade notarial passa por uma nova evolução no final do século XX e início do século XXI.

A atividade notarial deve caminhar em sintonia com o mundo atual e suas necessidades, sendo uma de suas missões a de marchar a largos passos juntamente com a tecnologia, de modo a antecipar soluções e ações em relações aos fatos que estão por ocorrer. Considerando que nosso atual sistema notarial data de alguns séculos, criado num contexto diferente do que vivemos no século XXI, há que se ajustar e realinhar nossas ações e procedimentos a fim de que estejam em completa harmonia com as necessidades hodiernas.

Para o alcance de tal intento, não obstante sejam fundamentais os princípios da fé pública e segurança jurídica, estes por si só não são suficientes em um contexto de uma sociedade complexa, que tem as relações humanas constantemente reestruturadas.

Hoje, não basta ao notário possuir conhecimento em Direito, há a necessidade de estar inteirado acerca de informática, conhecer e utilizar-se das tecnologias existentes. É necessário, ainda, que esteja pronto para readaptar-se, bem como para a adoção de postura vanguardista e proativa, trazendo aos cidadãos a oferta de soluções eficientes.

3. PRINCÍPIOS DA ATIVIDADE NOTARIAL

Por princípios entende-se, nas palavras de Reale, as "enunciações normativas de valor genérico, que condicionam e orientam a compreensão do ordenamento jurídico, quer para sua aplicação e integração, quer para a elaboração, quer para a elaboração de novas normas"[2].

---

1. BRANDELLI, op. cit., p. 35.
2. REALE, p. 300.

Especificamente quanto aos princípios que funcionam como alicerce para o exercício da função notarial de modo seguro e eficiente, destacaremos aqui os que entendemos mais relevantes para o presente manifesto, não excluindo a importância dos demais, sejam eles doutrinários ou legais.

3.1 Preparação profissional

Decorre do fato de que o notário deve se preparar adequadamente para o exercício, com competência em suas atividades.

Carlos Fernando Brasil Chaves nos ensina em sua obra que "o notário deve estar sempre atualizado em sua preparação profissional, aplicando-se pessoalmente e participando das iniciativas de seus órgãos profissionais".[3]

A fé pública do notário não tem sustentabilidade quando dissociada de competência e, a única forma de se manter competente é se preparando profissionalmente, com atualizações constantes, notadamente levando em conta as constantes reformulações das relações jurídicas e sociais.

3.2 Função notarial

Ainda nas palavras de Carlos Fernando Brasil Chaves, "o notário deve preparar na circunscrição territorial onde está autorizado a exercer sua delegação uma estrutura capaz de assegurar, graças à utilização de tecnologias adequadas, um funcionamento regular e eficiente de seu tabelionato".[4]

A preparação estrutural, de equipamentos e tecnologias, caminha ao lado da preparação e atualização intelectual, e não pode ser tratada como menos importante, uma vez que, no exercício de sua função, o notário deve atuar com a eficiência e presteza dele esperadas, sendo a única garantia de atuação neste sentido, a manutenção de uma estrutura física e de equipamentos adequados e atualizados.

3.3 Fé pública

A fé pública notarial corresponde "a especial confiança atribuída por lei ao que o delegado declare ou faça, no exercício da função, com presunção de verdade; afirma a eficácia de negócio jurídico ajustado com base no declarado ou praticado pelo registrador e pelo notário[5]".

A lei atribui aos Notários e Registradores a fé pública, mas por outro lado impõe um regime severo de responsabilidades civis, administrativas e criminais, apurados mediante fiscalização do Judiciário.

Frise-se que a fé pública é inerente à função notarial, dela sendo indissociável.

---

3. CHAVES e REZENDE, 2013, p. 24.
4. CHAVES e REZENDE, 2013, p. 24.
5. CENEVIVA, p. 30.

3.4 Forma

A forma pública dos atos notariais é essencial a sua formalização, estando revestida de juridicidade, ou seja, adequada às normas de direito.

Para Walter Ceneviva os atos notariais devem ser praticados por profissionais habilitados, em livros próprios, sempre de modo a preservar a intenção e a verdade da manifestação neles contida.

A inobservância do requisito formal dos atos notariais pode gerar a nulidade, em casos como a lavratura de testamento público, do pacto antenupcial, e a anulabilidade conforme o caso.

3.5 Autenticação

O princípio da autenticação, também para Walter Ceneviva, "significa a confirmação, pela autoridade da qual o notário é investido, da existência e das circunstâncias que caracterizam o fato, enquanto acontecimento juridicamente relevante".[6]

Este se mostra um dos princípios fundamentais da atividade notarial, vez que, a confirmação da existência e das circunstâncias dos atos jurídicos a ele submetidos, são a principal razão de existir dos notários.

3.6 Imparcialidade e independência

Na lição de Carlos Fernando Brasil Chaves, "o notário deve comportar-se com imparcialidade e independência no exercício de sua profissão, evitando toda influência de tipo pessoal sobre a atividade e toda forma de discriminação em relação a seus clientes"[7].

Da leitura do trecho acima transcrito sobressai que esse é mais um dos princípios intrinsicamente ligados à credibilidade do serviço notarial, uma vez que, as partes só confiam aos notários o poder de dar autenticidade a seus atos porque acreditam em sua imparcialidade.

3.7 Segurança

Por último citamos o princípio da segurança. Quanto a este assevera Carlos Fernando Brasil Chaves que "aparece na esfera extrajudicial como um princípio fundamental e inerente não só aos atos praticados pelo delegado de serviço público, mas a todo arcabouço do direito notarial. A segurança não é apenas um princípio, mas um verdadeiro alicerce da atividade notarial e de registro, pois esta se desenvolve sob sua égide, buscando incessantemente sua realização".[8]

---

6. CENEVIVA, p. 46.
7. CHAVES e REZENDE, 2013 p. 26.
8. CHAVES e REZENDE, p. 28.

Este princípio se mostra tão relevante que deve ser analisado por dois aspectos. Do ponto de vista dos notários a segurança é o elemento que o serviço notarial busca atribuir a todas as relações aos atos dela decorrentes, sejam elas negociais, familiares ou quaisquer outras e, por outro lado, do ponto de vista dos usuários, que buscam a atividade notarial com o fim de garantir segurança a seus atos e negócios.

3.8   Economia

O notário deve cuidar de escolher o melhor ato a ser realizado, confirmando-o às necessidades e às condições das partes, seja quanto à vontade das mesmas, seja quanto aos aspectos tributários, dentre ainda outros, buscando o menor custo possível, sempre respeitando de forma integral a tabela de custas de cada Estado.[9]

O Princípio da Economia está previsto expressamente na lei federal sobre emolumentos. O parágrafo único do artigo 1º da Lei 10.169/2000, deixa assentado que o valor recolhido deverá corresponder ao efetivo custo e à adequada e suficiente remuneração dos serviços prestado. Trata-se de uma taxa híbrida em que o usuário paga tanto pelo poder de polícia quanto pelos serviços prestados.[10]

O notário deve usar todos os recursos legais, a fim de adequar a vontade das partes ao menor custo dos serviços. Assim nasceu a venda bipartida que na teoria seria uma compra e superveniente doação com reserva de usufruto. Por envolver mais de um negócio jurídico, com dois tributos e vários recolhimentos notariais e registrais, instituiu-se uma alienação com aquisição de nua propriedade por uma das partes e de usufruto pela outra, diminuindo impostos e emolumento notariais e registrais (taxa).[11]

Arrematando, cabe ainda mencionar que o princípio da economicidade de limite na natureza e essência dos atos a serem praticados. Não é possível ao tabelião desvirtuar algum instituto jurídico, quer seja para gerar economia para o usuário, quer seja ainda por algum outro aspecto formal. Tal ocorre com o famoso instituto da promessa da dação em pagamento. A dação em pagamento é o negócio jurídico no qual as partes se comprometem em modificar o negócio originário para cumprimento imediato de um novo negócio e na sua essência não admite promessa, na medida em que prometer dar em pagamento é novar.[12]

4.   ATIVIDADE NOTARIAL, JUSTIÇA E MÉTODOS ALTERNATIVOS DE SOLUÇÕES DE CONFLITOS

A atividade notarial tem como característica central o propósito de orientar os usuários, em especial os menos informados, por meio de linguagem simplificada,

---

9.   KÜMPEL e FERRARI, p. 203.
10. KÜMPEL e FERRARI, p. 204.
11. KÜMPEL e FERRARI, p. 204.
12. KÜMPEL e FERRARI, p. 204.

indicando as diferenças da atuação do Poder Judiciário e os benefícios advindos dos mecanismos da mediação e arbitragem.

Os agentes notários são profissionais jurídicos, indispensáveis à administração da justiça, com atribuições destinadas a auxiliar os usuários do serviço de notas no gerenciamento dos conflitos, com vistas à pacificação, conhecendo as peculiaridades de cada instituto extrajudicial, seus princípios, conceitos, abrangências e operacionalização, a atividade tem verdadeira função social de extrema relevância na transmissão de métodos extrajudiciais de solução de conflitos.

Segundo o Desembargador Marcelo Rodrigues:

> A contribuição dos notários e registradores, neste campo, pode e deve ser feita na jurisdição voluntária. Essa, por sinal, não é voluntária, nem jurisdicional, dado que possui cunho tipicamente administrativo, que se identifica pela integração do Estado em negócios e situações jurídicas dos particulares, sempre tendo por escopo a defesa do interesse público, ali reservado.[13]-[14]

O notário inevitavelmente já exerce, diuturnamente, função preventiva de litígio que possui muitos pontos em comum com o papel do mediador já que aplica métodos alternativos de resolução de conflitos em suas atividades para buscar soluções administrativas para uma série incalculável de relações humanas que lhe são postas diariamente no exercício de suas atividades.

Alguns serviços já dispensam a atividade judicial, como é o caso do usucapião e de mediações, "cabendo a sociedade reformular conceitos, prestigiando os notários e registradores, buscando seus serviços, visando a tão almejada segurança jurídica, transformando aqueles procedimentos vagarosos do Poder Judiciário, em procedimentos mais céleres diante de demandas administrativas".[15]

A atuação notarial, no campo da solução extrajudicial de conflitos, sem quaisquer dúvidas garantiria inúmeros benefícios, haja vista que desafogaria o número de ações judiciais pelos tribunais, daria maior celeridade a solução de conflitos entre particulares, solucionaria a prestação jurisdicional de forma mais dinâmica e não acarretaria custos ao Estado, pois seria remunerada na forma de emolumentos pagos pelos usuários, já que há custos para o tabelião de notas.

Os tabeliães de notas teriam competência para arbitrar sobre títulos e conflitos na seara cível (dentro de assuntos de direito privado de conteúdo disponível), agindo na instrumentalização da decisão por documento público. A homologação de acordos ou decisões não necessitaria passar pelo crivo do Judiciário, democratizando o

---

13. RODRIGUES, p. 423.
14. Citação retirada do artigo "acesso à justiça e o protagonismo do serviço público notarial e registral – Por Franklin Maia". Disponível em: http://www.cnbsp.org.br/index.php?pG=X19leGliZV9ub 3RpY2lh-cw==&in=MTI4NDI=. Acesso em: 28 set. 2019.
15. Citação retirada do artigo "acesso à justiça e o protagonismo do serviço público notarial e registral – Por Franklin Maia". Disponível em: http://www.cnbsp.org.br/index.php?pG=X19leGliZV9ub3RpY2lhcw==&in=MTI4NDI=. Acesso em: 28 set. 2019.

acesso à solução do litígio de forma célere, econômica e tornando mais democrático a busca pela solução de litígios.

Ana Carolina Bergamaschi Arouca afirma que:

> O exercício da mediação e arbitragem pelos notários, que são os profissionais do Direito mais próximos e acessíveis da população, em especial a mais carente, assegura a efetividade do princípio constitucional da dignidade da pessoa humana, uma vez que todos têm direito à justiça social.[16]

A importância dos institutos da mediação e arbitragem em toda a sociedade e principalmente em comunidades de baixa renda é indiscutível e o seu uso na solução de litígios é valioso instrumento de pacificação social.

A sociedade necessita de um ambiente saudável onde haja a solução amigável de seus litígios, quanto maior for à descentralização dos locais de resolução amigável de litígios maior será a sua eficácia em solucioná-los. Esse papel, inegavelmente pode ser desenvolvido dentro da atividade notarial que é a mais próxima prestação de atividade jurídico-administrativa que qualquer indivíduo tem e busca do Estado.

Além de facilitar a vida do cidadão brasileiro, nós diminuímos sensivelmente o chamado custo Brasil", explica o ministro e ex-presidente do STF e do CNJ, Ricardo Lewandowski. "O sistema cartorial tem uma capilaridade gigantesca, está presente em praticamente todo o território nacional" e isso permite que o processo de arbitragem seja facilitado ao extremo, com o objetivo de, mais uma vez desafogar o poder judiciário e promover justiça de qualidade e eficiência.

Reconhecidos recentemente, entre os cidadãos brasileiros, como uma das entidades mais confiáveis do Brasil, a rede de Tabelião é também uma das instituições brasileiras com maior capilaridade no País. Em toda cidade brasileira, por mais afastada e pequena que seja, sempre tem um cartório prestando serviços eficazes à população.

Falando em capilaridade, 13.627 é o número de Cartórios distribuídos pelos 5.570 municípios brasileiros, que obrigatoriamente, conforme determina a Lei 6.015/1973, devem ter ao menos uma unidade de Registro Civil das Pessoas Naturais com atribuições de Notas instalada para a execução dos atos extrajudiciais.

5. A ARBITRAGEM EXTRAJUDICIAL E A ATIVIDADE NOTARIAL

A arbitragem pode ser conceituada como meio alternativo de solução de controvérsias através da intervenção de uma ou de mais pessoas que recebem seus poderes de uma convenção privada decorrente do princípio da autonomia das partes para exercer sua função, decidindo com base em tal convenção, sem intervenção estatal, tendo a decisão idêntica eficácia de sentença proferida pelo Poder Judiciário. Deve ser objeto do litígio direito patrimonial disponível.

---

16. Texto disponível para download em:http://www.seer.ufu.br/index.php/revistafadir/article/view/30426/18385. Acesso em: 28 set. 2019.

A FUNÇÃO NOTARIAL COMO FONTE DE JUSTIÇA. ATUAÇÃO DE CARÁTER ARBITRAL E GRACIOSA

O árbitro, portanto, utiliza-se de todo o seu saber, conhecimento e experiência, para dirimir o litígio, buscando proporcionar sempre a melhor justiça, observando as normas dispositivas, mas não estando estritamente vinculado a elas na solução dos conflitos.

Para que seja instaurada a arbitragem, assim como na mediação, deve haver consensualidade e voluntariedade das partes interessadas. Por ser um meio alternativo de solução de conflitos em detrimento da atuação do Poder Judiciário, somente podem ser dirimidos litígios sobre direitos disponíveis em que as partes pessoas jurídicas ou pessoas físicas, maiores e capazes, indicam uma ou mais pessoas de sua confiança, para decidir o litígio atual ou futuro de forma definitiva.

A instituição da figura do notário, nas palavras de Carlos Chaves, adveio da necessidade do Estado de "criar uma sistemática capaz de gerir, através de feições públicas, as relações sociais em âmbito privado, tendo por objetivo primário a efetivação da Segurança Jurídica nos negócios particulares"[17].

Ocorre que, neste momento, o Estado necessita, mais uma vez, criar uma sistemática para dirimir conflitos entre particulares, tendo em vista o afogamento completo da máquina judiciária, sendo este o motivo pelo qual está sendo cada dia mais incentivada a solução consensual de conflitos, entre elas a arbitragem. Neste contexto, o serviço notarial se mostra, mais uma vez, hábil a servir ao Estado e à sociedade.

O notário tem representado na sociedade, historicamente, figura essencial às relações jurídicas, figurando como um terceiro imparcial e capacitado juridicamente, garantindo segurança aos atos e negócios a ele submetidos, se mostrando como apto e capaz ao exercício deste importante método de resolução alternativa de conflitos que é a arbitragem.

Acerca da atuação jurisdicional dos árbitros, vejamos a lição de Cândido Rangel Dinamarco[18]:

> "Uma vez investido na condição de condutor do processo e futuro prolator de uma sentença, o árbitro exerce os poderes que convencionalmente lhe são conferidos pelas partes, e ao julgar faz o que faria o juiz togado – a saber, busca a eliminação do conflito, pacificando os litigantes mediante a realização da justiça. O poder jurisdicional confiado ao árbitro não tem toda a dimensão daquele exercido pelos juízes, pois só lhe permite exercer atividades em processo de conhecimento ou eventualmente em um cautelar, excluídos a execução e todos os atos de constrição pessoal ou patrimonial; mas nem por isso deixa de ser poder. (...) O poder do árbitro só se configura como capacidade de decidir com eficácia vinculante para as partes, sem dispor do *imperium* exclusivo dos agentes estatais e sem ter a capacidade de impor decisões (ou seja, de executar medidas constritivas); (...) "A [jurisdição] do juiz é pública e emana direta ou indiretamente da Constituição, e a do árbitro é privada e deriva da livre vontade das partes", mas "a similitude de objetivos entre o processo judicial e o arbitral justifica dar a um e a outro o mesmo tratamento" (José Carlos de Magalhães).

---

17. CHAVES e REZENDE, 2010. p. 12.
18. DINAMARCO, ps. 47 e 48.

Denota-se da leitura desta definição, vários pontos comuns à atuação dos notários, dentre os quais destacamos o fato de exercerem poderes conferidos pelas partes, na busca de eliminação de conflitos e pacificação dos litigantes.

Outrossim, da simples leitura dos princípios que regem a atividade notarial, conclui-se que o notário cumpre, indiscutivelmente, os requisitos para atuar como árbitro na solução de conflitos, notadamente tendo em vista que seus atos já são dotados de segurança, eficácia, imparcialidade, confiança, entre outras características inerentes à função dos árbitros.

Ana Carolina Bergamaschi Arouca diz que é da própria essência da atividade notarial a participação nos meios extrajudiciais de conflitos, tais como a arbitragem, já que sua função precípua é harmonizar a vontade das partes de maneira imparcial.[19]

Antonio Celso F. Rezende e Carlos Fernando Brasil Chaves também veem com naturalidade o exercício da arbitragem pelo tabelião:

> Bem sabido, ademais, que o tabelião, na destinação clássica dada às suas atribuições, detém também a função precípua de mediador: escuta, assim, a vontade declarada pelas partes e encontra o instrumento adequado para a realização de tais desígnios, desde que juridicamente possíveis. Faz adequar, por assim dizer, a declaração que lhe é proferida ao ato exigido para a ela impingir validade e eficácia.
>
> Na mesma esteira, por certo se ventila, já através de Projeto de Lei, a viabilização de fixação de competência concorrente aos notários para fins de celebração de ajustes oriundos de contratos que permitam a utilização da via mediadora e arbitral para a solução das contendas. Em verdade, tal competência deveria há muito fazer parte dos atos de competência do tabelião, que, além de ser profissional do direito dotado de notório conhecimento jurídico, possui o atributo da fé pública tabelional. Realizar-se-á, dessa forma, mais uma vez e com clara vivacidade, o significado da Justiça Notarial.

Outro ponto favorável à possibilidade de exercício da arbitragem pelo tabelião está em questões geográficas e estruturais, e está intrinsicamente ligado à garantia constitucional de acesso à justiça, aqui citada *lato sensu*. Ocorre que, enquanto as Cortes de Arbitragem são privilégio dos grandes centros urbanos, uma vez que não se mostra atrativa a exploração desta atividade nas pequenas cidades, o serviço notarial abrange todo o país, sem distinção de público ou população e, além disso, já conta com a estrutura física e tecnológica utilizada para a prestação dos demais serviços.

Alinhado a essas questões, que evidenciam a possibilidade do exercício da arbitragem pelo notário, o CNJ já editou o provimento 67/2018 que disciplina a conciliação e mediação em serventias extrajudiciais, sendo perfeitamente possível sua atualização para que seja disciplinada a arbitragem no âmbito dos cartórios.

O Provimento CNJ 67/2018 prevê o cumprimento de diversas obrigações para que o serviço notarial ou de registro possa prestar o serviço de mediação ou de conciliação, impondo ao Tabelionato e ao escrevente as mesmas regras para habilitação impostas ao mediador judicial, que, por sua vez, são bem rígidas e complexas.

---

19. ARPOUCA, 2015 e PINHEIRO, p. 182.

A atuação do notário como árbitro não exclui a constante evolução das ações preventivas e de conciliação no âmbito das serventias extrajudiciais. O que se espera é que o tabelião seja ainda mais protagonista no movimento de desjudicialização, valorizando sua atividade e garantindo cada vez mais autonomia no desempenho de suas funções.

6. PERSPECTIVAS FUTURAS DA ATIVIDADE NOTARIAL

Muitas pessoas tecem críticas descabidas à atividade notarial e registral, por efetivamente não conhecerem a magnitude de sua importância na sociedade brasileira. A atividade notarial e registral, apesar de antiga, não é antiquada, mas sim atual e moderna.

Prova de tudo que foi dito no presente estudo são as frequentes atribuições a que o notário vem tendo acesso em decorrência do seu cargo, como a que aqui defende-se: árbitro nas soluções de conflitos privados.

A serventia extrajudicial vem demonstrando que está apta a figurar com destaque no desafogamento do judiciário, atuando em demandas que podem ser solucionadas sem sua intervenção. Resta evidente que "é por meio da desjudicialização que muitos serviços até então atribuídos meramente ao Judiciário podem ser deslocados, seguramente, para o âmbito das serventias extrajudiciais, as quais, qualificadas, modernizadas e adequadas, têm condições de prestar serviço probo e atender as partes com eficiência e celeridade, dotando as relações privadas de segurança jurídica, com alta qualidade e eficácia, num cenário mais eficiente e menos burocrata. São elas integramente hábeis para manejar as técnicas de administração do direito e da justiça com o auxílio e atuação direta dos indivíduos, em prol de toda a sociedade".[20]-[21]

O notarial está no centro da vanguarda de pensamento sobre acesso à justiça nos próximos anos, será através dele que conflitos irão ser solucionados já que a celeridade e o empenho extrajudicial são mais atrativos aos particulares. Não se pode negar o papel e o simbolismo que estão atrelados a figura do notarial e que já são empregados em suas atividades.

O efetivo acesso à justiça envolve uma dimensão tanto instrutiva quanto prática. Os entes e instrumentos de efetivação além de estarem presentes na sociedade devem ser apercebidos pelos indivíduos como uma via íntegra para o encaminhamento de suas pretensões. Ao passo que, um sistema destinado a servir às pessoas comuns deve se caracterizar por baixos custos, informalidade e rapidez, por operadores ativos e pela utilização do conhecimento técnico e jurídico em forma acessível, o que vem sendo realizado de forma efetiva somente no âmbito das serventias extrajudiciais em razão da impessoalidade do notarial, que não tem interesses diretos nas causas, buscando, tão somente, a solução mais equânime dos casos posto diante de suas atribuições.

---

20. CHAVES e REZENDE, 2013, p. 50-51.
21. *Revista Jurídica Cesumar* – Mestrado, v. 18, n. 1, p. 305-335, jan./abr. 2018.

Assim sendo, fica claramente evidenciado que as serventias extrajudiciais de tabelionato e registro se apresentam com um meio promissor de rompimento do atual panorama brasileiro, claramente porque determinadas inovações renovam radicalmente as expectativas da sociedade, e de forma positiva, quando se tem em conta que uma considerável quantia de pessoas espera uma devida resposta satisfatória aos seus pleitos, as quais podem ser amparadas pelos objetivos buscados na criação de maiores atribuições extrajudiciais aos notários, em suma, essa mudança que se espera irá criar vias mais céleres, baratas, adequadas e efetivas na satisfação das pretensões da sociedade, além do conseguinte desafogamento do Judiciário, e o tão buscado acesso amplo à justiça.

7. CONSIDERAÇÕES FINAIS

Com tudo o que foi exposto revela-se de grande importância a adoção de novas vias extrajudiciais de busca dos direitos, garantias e pretensões dos indivíduos, para que sejam garantidas respostas mais eficazes e adequadas as necessidades sociais e o devido respeito e satisfação da pessoa que busca amparo para solucionar impasses jurídicos de um modo geral. Panorama este que beneficia tanto aos indivíduos de forma individual, por garantir a efetividade de suas liberdades e direitos, quanto a toda sociedade, pois assegura o desenvolvimento e a convivência pacíficos de seus integrantes.

A atividade do tabelião e notário caminha a passos largos, com cada vez mais atribuições garantidas em suas atividades cotidianas, não há espanto no que o futuro aguarda ao profissional das serventias extrajudiciais, já que sua atuação preventiva à judicialização de conflitos vem se mostrando de grande valia e eficácia.

Maior atenção ao enfoque de um efetivo acesso à justiça reflete a busca de mudanças em nosso ordenamento jurídico e social, para que sejam atendidas as necessidades daqueles que, por tanto tempo, não tiveram possibilidade de desfrutar de seus direitos.

Essas mudanças se mostram cada vez mais visíveis na atuação dos serventuários extrajudiciais que buscam tratar de solucionar impasses de forma, muitas vezes, mais efetiva e célere do que o próprio judiciário.

8. REFERÊNCIAS

ARPOUCA, Ana Carolina Bergamaschi. *A atuação dos notários nos métodos extrajudiciais de solução de conflitos: da arbitragem e da mediação para garantia da dignidade da pessoa humana.* Disponível em: http://www.seer.ufu.br/index. php/revistafadir/article/viewFile/30426/18385. Acesso em: 02 set. 2018.

BRANDELLI, Leonardo. *Teoria Geral do Direito Notarial.* 4. ed. São Paulo: Saraiva, 2011.

CENEVIVA, Walter. *Lei dos notários e registradores comentada* (Lei 8.935/94). 4. ed. rev. ampl. e atual. São Paulo: Saraiva, 2002.

CHAVES, Carlos Fernando Brasil e REZENDE, Afonso Celso F. *Tabelionato de Notas e o Notário Perfeito.* 7. ed. São Paulo: Saraiva, 2013.

A FUNÇÃO NOTARIAL COMO FONTE DE JUSTIÇA. ATUAÇÃO DE CARÁTER ARBITRAL E GRACIOSA

CHAVES, Carlos Fernando Brasil e REZENDE, Afonso Celso F. *Tabelionato de Notas e o Notário Perfeito*. 6. ed. Campinas, SP: Millennium Editora, 2010.

DINAMARCO, Cândido Rangel. *A arbitragem na teoria geral do processo*. São Paulo: Malheiros, 2013

KÜMPEL, Vitor Frederico e FERRARI, Carolina Modina. *Tratado Notarial e Registral*. Tabelionato de Notas. São Paulo: YK Editora, 2017. v. 3.

PINHEIRO, Ygor Ramos Cunha. *Arbitragem Notarial*. São Paulo: Juspodvim, 2020.

REALE, Miguel. *Lições Preliminares do Direito*. 27. ed. São Paulo: Saraiva: 2013.

ROCHA, Maria Luiza de Souza. SILVA, Rodrigo Ichikawa Claro. SIQUEIRA, Dirceu Pereira. Atividades notariais e registrais, judicialização e acesso à justiça: o impacto da desjudicialização para concretização dos direitos da personalidade. *Revista Jurídica Cesumar* – Mestrado, v. 18, n. 1, p. 305-335, jan./abr. 2018.

RODRIGUES, Marcelo Guimarães. *Tratado de registros públicos e direito notarial*. 2. ed. São Paulo: Atlas, 2016.

SCHMOLOLLER, Francielli. FRAZOI, Fabrisia. A importância da atividade notarial e registral. Anoreg/BR. Disponível em: https://1www.anoreg.org.br/site/2018/07/04/artigo-a-importancia-da-atividade--notarial-e-registral-por-francielli-schmoller-e-fabrisia-franzoi/. Acesso em: 07 ago. 2019.

O ENSINO DO DIREITO NOTARIAL NO MUNDO E SEUS REFLEXOS: PROPOSTA DE INCLUSÃO NA GRADE OBRIGATÓRIA DOS CURSOS DE GRADUAÇÃO EM DIREITO

Débora Fayad Misquiati

Mestre em Direito Constitucional, na Instituição Toledo de Ensino (2017). Pós-graduada em Direito Notarial e Registral, na Universidade Anhanguera (2013); e, em Direito Público com ênfase em Direito Tributário (LLM), na Instituição Toledo de Ensino (2009). Oficiala do Registro Civil das Pessoas Naturais e Tabeliã do município de Arealva, Estado de São Paulo, através de aprovação no 7º concurso público de outorga de delegação do Estado de São Paulo. Membro-coordenador do Notariado Jovem do Brasil (CNB-CF) (2016/2019). Membro da Comissão de notários jovens de Assuntos Americanos (CAAm) na União Internacional do Notariado (UINL) (2019/2020).
e-mail: debora_misquiati@hotmail.com.

"O ser humano é parte de um todo chamado por nós de universo, uma parte limitada dentro do tempo e do espaço. Ele vivencia a si mesmo, seus pensamentos e sentimentos como algo separado do resto, um tipo de ilusão ótica da consciência. Essa ilusão é como uma prisão para nós, nos restringindo aos nossos desejos pessoais e à nossa afeição por algumas poucas pessoas mais próximas de nós. Nossa missão deve ser nos livrarmos dessa prisão através do aumento de nosso círculo de compaixão, para assim abraçar todas as criaturas vivas e toda a natureza e sua beleza".

Albert Einstein

Resumo: Não é por acaso, que 15 dos 19 países do G20[1] e que 22 dos 28 países da União Europeia façam parte do sistema notarial do tipo latino. A segurança jurídica nas mais diversas relações é uma necessidade social. A história do ensino jurídico no Brasil sempre caminhou de mãos dadas com as políticas públicas e necessidades da economia, contudo, nos dias atuais, ainda, formam-se atores do cenário jurídico restritos a atividade forense, na contramão do movimento da desjudicialização,[2] que traz o Conselho Nacional da Justiça como seu principal protagonista. A ciência notarial é a matéria do Direito que melhor se enquadra as políticas públicas atuais, o notário é o ator que deve ocupar papel de destaque na viralização da descentralização de matérias antes afetas ao Poder Judiciário. Não se pode permitir o desconhecimento da ciência notarial pelos atores jurídicos brasileiros ou a falta de qualificação de um notário diante da dificuldade em uma formação jurídica específica. A proposta deste estudo é incluir no artigo 5º, inciso II, da Resolução 05, de 17 de dezembro de 2018, do Ministério da Educação Conselho Nacional de Educação Câmara de Educação Superior, que apresenta as diretrizes curriculares nacionais do curso de graduação em Direito, o direito notarial como matéria obrigatória na matriz curricular das faculdades de Direito.

---

1. O Grupo é integrado pela África do Sul, Alemanha, Arábia Saudita, Argentina, Austrália, Brasil, Canadá, China, Coreia do Sul, Estados Unidos, França, Índia, Indonésia, Itália, Japão, México, Reino Unido, Rússia, Turquia e União Europeia. Disponível em: http://www.itamaraty.gov.br/pt-BR/politica-externa/diplomacia--economica-comercial-e-financeira/15586-brasil-g20. Acesso em: 01 dez. 2019.
2. A expressão desjudicialização é utilizada como a busca por soluções fora do âmbito do Poder Judiciário, mas sem excluí-lo como alternativa, em especial nas matérias de jurisdição voluntária.

1. INTRODUÇÃO

Constitui uma oportunidade. As constantes mudanças da nossa sociedade nos impõem uma aliança, o crescimento dos litígios que recorrem ao Judiciário tornou a justiça consideravelmente mais lenta.

Ensinar o Direito pelo Direito, formar profissionais com conhecimento centrado na atividade forense não corresponde as políticas atuais, contudo a escolha de um sistema, a opção por uma outra forma de solução de conflitos ou, ainda melhor, de se evitar a formação de um litígio depende muito do hábito, da cultura de uma sociedade.

E tudo começa na educação. O acontecer das formas de se resolver um litigio, assim como das maneiras de se concluir uma negociação evitando a formação de uma lide, a opção pela via extrajudicial para inventários, divórcios e usucapião, por exemplo, ocorre a partir de uma fusão de horizontes.

Compreender e entender é sempre o processo que possibilita a mudança do paradigma, a alteração do hábito para uma atuação dos atores jurídicos na seara extrajudicial. Daí a importância de o ensino jurídico tornar-se mais reflexivo.

A Resolução 05, de 17 de dezembro de 2018, do Ministério da Educação Conselho Nacional de Educação Câmara de Educação Superior, que apresenta as diretrizes curriculares nacionais do curso de graduação em Direito, fruto da Portaria MEC 1.351, de 14 de dezembro de 2018, andou bem ao incluir no artigo 5º, inciso II, como matéria obrigatória na matriz curricular das faculdades de Direito, as formas consensuais de solução de conflitos, mas sua timidez já a fez nascer desatualizada, um passo atrás das políticas públicas atuais de desjudicialização que vê na figura do notário uma solução quantificativa e qualitativa.

A alteração do hábito exige cultivo e desenvolvimento que se inicia nas faculdades de Direito, devendo constar como matéria obrigatória na matriz curricular a ciência notarial.

Para defender essa proposta, este estudo buscou apresentar um breve escorço do sistema notarial do tipo latino, adotado pelo Brasil e que hoje se aplica ao equivalente de 2/3 da população mundial.

Seguindo, no transcorrer deste texto, a base do ensino jurídico no Brasil, seu desenvolvimento desde o surgimento das primeiras faculdades de Direito até os dias atuais, elaborando-se um singelo comparativo em como a ciência notarial se efetiva em outros países.

Por fim, conclui-se com uma proposta de inclusão no artigo 5º, inciso II, da Resolução 05, de 17 de dezembro de 2018, do Ministério da Educação Conselho Nacional de Educação Câmara de Educação Superior, do direito notarial, como matéria obrigatória na matriz curricular nas faculdades de Direito do Brasil, recomendando-se o ensino jurídico dessa matéria por um profissional da área.

2. UM MODELO QUE DEU CERTO!

Não é à toa que oitenta e oito países possuem serventias extrajudiciais que atuam no mesmo sistema jurídico vigente no Brasil – o sistema legal romano-germânico – também conhecido como *civil law*.

Sete entre as dez maiores economias do mundo, como Alemanha, França, Japão, China, Rússia e Indonésia utilizam-se do modelo do notário do tipo latino, como o Brasil. Um sistema que atende dois terços da população mundial[3] e que está intrinsecamente ligado a direitos fundamentais, como o direito de propriedade.[4]

Desta forma, o modelo do notariado latino, diferente do sistema anglo-saxão (adotado por países como Estados Unidos e Inglaterra), realiza a função social do Direito,[5] isto é, busca através das normas jurídicas alcançar a paz social e harmonizar

---

3. ASSOCIAÇÃO DOS NOTÁRIOS E REGISTRADORES DO BRASIL. *Cartório em Números*: capilaridade, serviços eletrônicos, cidadania e confiança. Serviços públicos que beneficiam o cidadão em todos os municípios do país. Brasília/DF, 2019. Disponível em: http://www.anoreg.org.br. Acesso em: 12 dez. 2019.

4. A constitucionalização do direito de propriedade aparece desde a Constituição Imperial de 1824 que o considera um direito fundamental. Assim, previa o artigo 179, inciso XXII da referida Constituição que a propriedade era garantida em toda sua plenitude, sendo direito inviolável dos cidadãos brasileiros, assegurado pela Constituição. A Constituição de 1891 manteve, em termos bastante similares, o regime jurídico da propriedade advindo do Império. Tanto a Constituição Imperial quanto a primeira Constituição republicana, conferiram à propriedade a proteção "em toda a sua plenitude". A fórmula da "inviolabilidade" do direito de propriedade é conservada na Constituição de 1934, mas com o importante acréscimo de que seu exercício não poderia se dar "contra o interesse social ou coletivo, na forma que a lei determinar". O impacto da Constituição de 1934, no que se refere ao direito de propriedade, foi sentido pelo Código Civil de 1916. Verificou-se, já naquela época, que a propriedade, atende tanto ao elemento individual, de cujos estímulos depende a prosperidade do agrupamento humano; quanto ao elemento social, que é a razão de ser e a finalidade transcendente do Direito; e, finalmente, às mudanças, que a evolução cultural impõe à ordem jurídica. A Constituição de 1937 manteve a redação tradicional das constituições republicanas, ao incluir a propriedade no rol de direitos assegurados aos nacionais e estrangeiros aqui residentes. Retirou, entretanto, a menção ao uso da propriedade contrariamente ao interesse social ou coletivo. Caberia ao legislador ordinário definir o conteúdo e os limites da propriedade e de seu exercício. Avance para a Constituição de 1988 que repetiu os dizeres clássicos sobre ser a propriedade um direito garantido a todos os brasileiros e estrangeiros residentes no País, de modo inviolável, com o reconhecimento de sua garantia, mas com a exigência de que "a propriedade atenderá a sua função social". No capítulo da Ordem Econômica, reproduziu-se a função social como princípio a ela inerente. Evidentemente, o tratamento conferido à propriedade é mais abrangente e detalhado que nas Constituições anteriores, com elevados níveis de intervenção estatal no campo da desapropriação, das limitações aos direitos dominiais e na progressividade tributária como mecanismo de desestímulo às práticas especulativas.

5. A função social do Direito ou o fim comum a que a norma jurídica vislumbra, qual seja, a paz social, para ser compreendida, deve-se delinear o ponto de origem do Direito. Utilizando-se das bases da escola contratual – Jean Jacques Rousseau em sua obra *O Contrato Social* – dividimos o Direito em duas categorias, o direito natural, visto como princípios imutáveis advindos da natureza racional do homem e o direito positivo, que decorre do pacto social ao qual o homem optou por submeter-se a fim de viver em sociedade de forma organizada. Mas, ainda que adotássemos outra escola, a manifestação do Direito sempre se dá através da figura do homem buscando normas de convivência social. Assim, o Direito assume a função social de apaziguador de relacionamentos, tendo como objetivo precípuo a paz social. A função social do Direito é harmonizar os direitos e garantias do homem em sociedade. Norberto Bobbio, em sua obra da estrutura à

as relações jurídicas, garantindo a segurança que o cidadão almeja, de forma incisiva em todos os ramos do direito civil, podendo abranger em seu leque o direito empresarial, administrativo e, ainda, ser mais efetivo no direito tributário.[6]

O berço da *civil law* está no Direito romano e foi concebido como um modelo de justiça racional a ser atingido, a base de uma sociedade ideal a ser buscada pela atual.

A história do sistema legal romano-germânico – *civil law* – tem sua origem e desenvolvimento com leis escritas, a exemplo, no mundo antigo, com a Lei das XII Tábuas. No mundo medieval, seguindo o modelo de estudos da teologia e da filosofia, a partir de interpretações de seus principais textos escritos, harmonizando-se aparentes contradições dentro do próprio contexto redigido, iniciou-se os estudos do Direito.

Em contrapartida, o sistema da *common law*, mais recente que o da *civil law*, aparece, no sentido que a expressão possui hoje, somente quando os normandos conquistaram a Inglaterra. Iniciando uma tradição jurídica, a princípio sem um código que a orientasse.

Nessa linha, Estefânia Maria de Queiroz Barboza informa que:

> Os conquistadores normandos gradualmente estabeleceram três tribunais reais de justiça, quais sejam, a *Court of Exchequer,* a *Court of King's Bench* e a *Court of Common's Pleas,* denominados

---

função, nos ensina que mais importante do que estudar o que é o Direito (sua estrutura) é estudar para que serve o Direito (sua função).

6. Não há qualquer instituto (ex. propriedade) ou operador do Direito (ex. notário) que ao delinear sua função social não a conceba a partir da função social do Direito. A atividade notarial, vista como instrumento essencial, instituída pelo Estado, geradora de segurança jurídica e de certeza nas relações que dinamiza, guarda estreito laço com a pacificação social. Exemplo disso verifica-se no Brasil, a partir da década de 1850, com a falta de legislação a respeito do casamento civil e a chegada de imigrantes protestantes como alternativa à mão-de-obra escrava. A importância da atuação notarial, diante da necessidade social, baseada em princípios maiores que um notário juridicamente qualificado poderia exprimir já fora constatada, na validade de "casamentos" não aprovados pela igreja católica (antes da laicização do casamento), e "contraídos" por escrituras públicas, enquanto as leis não respondessem aos anseios sociais. A compreensão das manifestações culturais, do comportamento e da vida social do homem contemporâneo é instrumentalizada pelo notário que se orienta pelos princípios típicos e atípicos que regem sua função, a exemplo das escrituras públicas de reconhecimento união homoafetiva, de compromisso de manutenção e de nomeação autônoma de inventariante, sempre respondendo aos anseios sociais. Não é diferente com as inúmeras transações imobiliárias que se perfazem na presença de um notário. Um contrato não é uma relação solidária entre pessoas vivendo em sociedade, mas sim, uma transação negocial, na qual cada parte se comporta de acordo com os seus interesses. O notário, em sua função imparcial, é o meio efetivo de informar o homem livre para conseguir alcançar a confiança necessária embasadora dos negócios jurídicos. A atuação do notário, frente aos contratos em geral, aparece justamente para garantir o prévio, efetivo e pleno conhecimento de seu conteúdo pelos interessados. No mais, sua participação garante que as disposições contratuais não afrontem previsões legais, sendo eventual e possível desequilíbrio, vontade certa e consciente das partes. A desigualdade real dos contratantes é uma constante, que, com a presença do notário, não ensejará, por si só, a abusividade na relação contratual. Assim, a atividade notarial, exercendo um papel de direcionamento ético-jurídico nas transações comerciais, garante o desenvolvimento econômico a cada negócio jurídico bem-sucedido, beneficiando toda sociedade, pois quando contratos são cumpridos na forma como estipulados, em respeito à autonomia da vontade, e nos contornos da lei, temos aí, efetivada a função social do contrato. Em vista disso, a participação do Estado, na formação do contrato, mediante atuação de um notário, possibilita a concretização de seu papel institucional como organizador de relações sociais em prol de sua pacificação e a fiscalização dos deveres tributários do cidadão e das pessoas jurídicas.

Tribunais de *Westminster*, em substituição às *County Courts* ou *Hundred Courts*, órgãos que somente aplicavam os costumes locais. Neste processo de centralização da justiça, os juízes desenvolveram novos procedimentos e remédios e um novo corpo de direitos substantivos que seriam aplicados a todos os cidadãos ingleses, o que explica a designação deste sistema legal como *common law*, entendido como 'direito comum a todos', em oposição aos costumes locais.[7]

Interessante observar, que o Direito romano era ensinado nas universidades inglesas, no entanto, o *Corpo Iuris*, base da *civil law*, não representava a realidade jurídica na Inglaterra. Ainda que, também, visto como fonte primária do Direito, a lei, na *common law*, precisa de reafirmação judicial para efetivar-se.

Ambos os sistemas legais nasceram sob o domínio do feudalismo e influenciados pelo Direito canônico. Porém, a atividade notarial é pré-jurídica, e surge antes do desenvolvimento do sistema da *civil law*, diante da necessidade da sociedade, em sua grande maioria iletrada, de alguém confiável, que pudesse redigir os negócios entabulados pelas partes.

Ainda que inicialmente, alguns povos, como os romanos, fizessem uso da boa-fé das pessoas envolvidas e, eventual litígio fosse resolvido pelo juiz com base em testemunhos, a expansão do povo e, consequentemente, das relações e dos negócios tornaram a simples palavra insuficiente para garantia do que efetivamente havia se pactuado.

Assim, surgiu a figura dos *tabelliones*, sem formação jurídica ou revestimento de caráter público aos atos que lavravam, redigiam os negócios privados a fim de conservá-los.

Cientificamente, foi sob o reinado de Justiniano I (527-565 d.C.) que se elaborou a imortal obra do *corpus iuris civilis*, integrando essa compilação as constituições imperiais baixadas por Justiniano, chamadas Novelas.[8] Na Novela XLIV encontram-se disposições sobre a instituição do tabelionato.

Nesse contexto, inserido no sistema legal da *civil law*, surgem as primeiras notas escritas sobre a atividade notarial, que após sua decadência no período feudal,[9] ganha novos ares no século XIII, na Itália, em especial na Universidade de Bolonha, que institui um curso sobre o tema.

A Universidade de Bolonha, tida como a instituição que concorreu, através dos tempos, para que se alterassem os rumos da História, era ponto de atração de estudantes de toda a Europa, que depois regressavam aos seus países, com uma carga cultural que se espalhou pouco a pouco por toda a parte.

---

7. BARBOZA, Estefânia Maria de Queiroz. *Precedentes Judiciais e Segurança Jurídica*: fundamentos e possibilidades para a jurisdição constitucional brasileira. São Paulo: Saraiva, 2014, p. 41.

8. O *Corpus Juris Civilis* (Corpo de Lei Civil) é uma obra fundamental da jurisprudência, publicada por ordem do imperador bizantino Justiniano I. O livro é composto por 04 partes: o Código de Justiniano, que continha toda a legislação romana revisada desde século II; o Digesto ou Pandectas, composto pela jurisprudência romana; Institutos, os princípios fundamentais do Direito; e as Novelas ou Autênticas, com leis formuladas por Justiniano.

9. A economia sofreu uma retração das atividades comerciais, as moedas perderam seu espaço de circulação e a produção agrícola ganhou caráter subsistente. Nesse período, a crise do Império Romano favoreceu um processo de ruralização das populações, que não mais podiam empreender atividades comerciais.

França, Bélgica, Holanda, Inglaterra, Espanha, Suíça, assim como Portugal, buscaram nas fontes romanas, renovada pela Universidade de Bolonha, a base de seus sistemas legais.

E, por certo, não conseguimos buscar a origem do notariado brasileiro, sem voltar os olhos à Portugal. Mesmo após a independência do Brasil, muitas das leis advindas de Portugal permaneceram em vigor, incluindo as ordenações Filipinas, com previsões sobre o notário.

No Brasil, explica Felipe Leonardo Rodrigues:

> Os requisitos pormenorizados da escritura pública só vieram em 1981, com a Lei 6.952, de 06 de novembro do citado ano, que acrescentou os requisitos formais e materiais ao Código Civil de 1916. Clóvis Beviláqua – em seu projeto para o Código Civil de 1916 – não inserira os requisitos da escritura pública, diferentemente de Augusto Teixeira de Freitas, que baixou os requisitos da escritura em seu projeto, que infelizmente foi preterido – tendo sido aproveitado pelos argentinos em sua maior parte (aproximadamente 1.300 artigos), paraguaios e uruguaios.[10]

Desde o comando constitucional de 1988, que concebeu a delegação do exercício da função notarial através de concurso público, vivenciou-se, paulatinamente, uma mudança significativa na realidade da atribuição. Possibilitou-se uma qualificação rigorosa das pessoas responsáveis, criminal, civil e administrativamente, pelo exercício regular do direito notarial.

Os concursos públicos para o ingresso na atividade notarial destacaram o princípio da impessoalidade e, sobretudo, da eficiência, exigindo uma aptidão técnica do profissional, que necessariamente deve ser um exímio conhecedor do Direito.

O desafio do Direito pós-moderno, em um quadro de multiplicidade de fontes normativas e supranacionais acrescido de uma hipercomplexidade de relações econômicas e sociais, é encontrar um meio de satisfazer as exigências da sociedade, que reclamam por celeridade e simplificação.

Em uma análise econômica do Direito, essa cultura da justiça contenciosa há muito já não satisfaz. É mais interessante para sociedade evitar conflitos, porém o operador do Direito é ensinado para o litigio, pouco se estuda sobre a justiça de caráter preventivo.

Potencializar um ator no cenário jurídico pós-moderno – que reavalia e revalora a tradição das culturas – capaz de possibilitar a circulação econômica através de relações jurídicas complexas entre desiguais, igualando-os no conteúdo informativo; capaz de criar instrumentos para fornecer segurança jurídica ao cidadão enquanto se aguarda uma definição e escolha normativa, além de embutir eticidade nessas relações, é medida que deve ser amplamente incentivada.

Há pelo menos um notário presente em cada município brasileiro. São treze mil seiscentos e vinte e sete serventias extrajudiciais distribuídas pelos cinco mil

---

10. Disponível em: http://www.notariado.org.br/blog/notarial/ordenacoes-filipinas-x-lei-8-9351994. Acesso em: 19 out. 2019.

quinhentos e setenta municípios. O quadro de prepostos que auxiliam na atividade compõe-se de mais de cento e vinte e cinco mil pessoas empregadas direta ou indiretamente pelos delegatários dessas serventias extrajudiciais. A categoria emprega diretamente mais de oitenta mil funcionários, sem qualquer custo para o Estado e que se prestam, ainda, a desafogar o Judiciário, aliviando os dezoito mil juízes brasileiros existentes para fazer frente a cem milhões de ações.[11]

Se há acordo, se há possibilidade de não contencioso, essa demanda pode ser encaminhada ao notário. Que verifica a capacidade da pessoa e atesta sua manifestação de vontade, após uma correta orientação.

Fazendo jus à fé pública outorgada ao notariado latino, o Código de Processo Civil vigente valoriza, ainda que de forma tímida, a atuação notarial nas relações jurídico-privadas.

Desde o advento da Lei 11.441, de 2007, o Código de Processo Civil de 1973 sofreu alterações possibilitando a realização de inventário, partilha, separação e divórcio consensuais pela via administrativa (alteração dos artigos 982, 983, 1.031 e acréscimo do 1.024-A).

O Código processual atual permanece assegurando a escritura pública de inventário e partilha como documento hábil para qualquer ato de registro, bem assim para levantamento de importância depositada em instituições financeiras, em conformidade com o artigo 3º da Resolução 35/07 do Conselho Nacional de Justiça, quando envolver apenas herdeiros maiores, capazes e concordes. O artigo 733 do Código de Processo Civil de 2015 destaca como condição para lavratura de divórcio consensual, separação consensual e extinção consensual de união estável, a inexistência de filhos incapazes[12] e de nascituro.

Passados mais de dez anos da lei que admitiu o inventário e partilha de bens integralmente na via extrajudicial, considerada um marco para a desjudicialização no Brasil, a nova regra impactou diretamente a vida de milhões de brasileiros.

Segundo um estudo conduzido em 2013, pelo Centro de Pesquisas sobre o Sistema de Justiça brasileiro (CPJus), cada processo que entra no Judiciário custa em média R$ 2.369,73 para o contribuinte. Portanto, somente com a desjudicialização de inventários, o erário brasileiro economizou mais de 3,3 bilhões de. Se somados os atos de divórcio e separação, a economia ultrapassa os cinco bilhões de reais (são mais de 2 milhões de atos realizados com base na Lei 11.441).[13]

A população deixou de levar um ano para se divorciar perante o Poder Judiciário, para concretizar o ato em dias perante um notário ou preposto autorizado.

---

11. ASSOCIAÇÃO DOS NOTÁRIOS E REGISTRADORES DO BRASIL. *Cartório em Números*: capilaridade, serviços eletrônicos, cidadania e confiança. Serviços públicos que beneficiam o cidadão em todos os municípios do país. Brasília/DF, 2019. Disponível em: http://www.anoreg.org.br. Acesso em: 12 dez. 2019.

12. Projeto de Lei 9.496, de 2018 (Câmara dos Deputados): autoriza inventário extrajudicial mesmo com herdeiro incapaz ou testamento. A matéria está em trâmite na Câmara dos Deputados.

13. Disponível em: https://www.cnbsp.org.br/index.php?pG=X19leGliZV9ub3RpY2lhcw==&in=MTg4 ODg=&filtro=1&Data=. Acesso em: 10 dez. 2019.

Inventários que se concretizavam em dez anos, agora efetivam-se em menos de um mês extrajudicialmente.

Perante um notário efetivam-se reconciliações, nomeações de inventariante, sobrepartilhas (ainda que o inventário ou arrolamento de bens tenha se efetivado na via judicial), ata notarial de usucapião, todos temas anteriormente atinentes apenas ao Judiciário[14].

Os delegatários dos serviços extrajudiciais também não ficaram apartados dos serviços de mediação, atividade antes exclusiva do Judiciário (Provimento CNJ 67/18), respondendo a um movimento do governo Federal de compartilhamento da justiça, em busca de um Judiciário eficiente, transferindo questões que não envolvem litigiosidade para o extrajudicial.

Sem custo algum ao Poder Público, a atividade exercida pelas serventias extrajudiciais auxilia o Estado na aferição de receita para o desenvolvimento social e econômico do País. São arrecadados tributariamente através da atividade notarial e registral cerca de quarenta e cinco bilhões por ano.[15]

Verifica-se um esforço do Poder Público em promover outros métodos de solução e de prevenção de conflitos, abandonando-se a mentalidade adversarial. Exige-se, para tanto, uma mudança da tradição jurídica perpetrada. Uma mudança cultural exige alteração de hábito. Atores jurídicos apegados ao velho, interpretem o novo com os olhos amparados por visões que possuíam do antigo. Como e onde iniciar essa mudança cultural?

3. EDUCAÇÃO: A BASE DE TUDO

Imagine o benefício para toda sociedade de efetivarmos a cultura da justiça preventiva. A tradição jurídica consiste em hábitos profundamente arraigados em uma comunidade, historicamente condicionados ao papel do Direito na sociedade, porém, como formar esse hábito, se nas faculdades de Direito, apenas de forma excepcional, como matéria eletiva de pouquíssimos cursos, é ensinado o direito notarial.

As diretrizes curriculares do curso de graduação em Direito no Brasil[16] nos informa que o ensino jurídico em nosso país sempre acompanhou os objetivos políticos e econômicos do Estado, o que nos permite traçar rumos conscientes para alcançar os atuais anseios da sociedade.

Os primeiros cursos jurídicos do Brasil datam de 1828, baseados em um projeto de lei apresentado em 19 de agosto de 1823, por José Feliciano Fernandes Pinheiro, conhecido como Visconde de São Leopoldo, que com a independência do Brasil, determinava a criação de duas Universidades, uma em Olinda e outra em São Paulo.

---

14. Projeto de Lei 9498, de 2018 (Câmara dos Deputados): desjudicializa o procedimento de alteração do regime de bens. A matéria está em trâmite na Câmara dos Deputados.

15. Associação dos Notários E Registradores Do Brasil. *Cartório em Números*: capilaridade, serviços eletrônicos, cidadania e confiança. Serviços públicos que beneficiam o cidadão em todos os municípios do país. Brasília/DF, 2019. Disponível em: http://www.anoreg.org.br. Acesso em: 12 dez. 2019.

16. Lei 9.394, de 20 de dezembro de 1996.

Portanto, sob a égide da Constituição do Império de 1824, inaugurou-se o Curso de Ciências Jurídicas e Sociais da Academia de São Paulo, voltado para uma formação política nacional – formação das futuras elites administrativas do Estado Imperial – e o Curso de Ciências Jurídicas e Sociais de Olinda, que em 1854 tem seu nome alterado para Faculdade de Direito de Recife, voltado para a magistratura.

Os primeiros anos dos cursos de Direito no Brasil reproduziram, em grande parte, o enfoque do Curso de Coimbra. O governo não estava preocupado com a forma de ensinar, mas precisava formar profissionais para atender às suas necessidades.

Findo o Estado Imperial, com a proclamação da República, em 1889, os perfis das escolas de Direito ainda mantiveram o ideário inicial, mas ganhou um novo método educativo, voltado a formação de futuros advogados para a prática forense.

Em 1930 cria-se o Ministério da Educação e Saúde e os primeiros decretos a tratar sobre o modelo de ensino no Brasil surgem em 1931 (Decreto 19.851 e Decreto 19.852). A Constituição promulgada de 1934, inaugura um título para a educação e para a cultura e em 1953 surge o Ministério da Educação e Cultura (MEC), que após alguns anos especializa-se apenas no sistema educacional brasileiro.

Em 1968 entrou em vigor a Lei Federal 5.540, sob a égide do governo de Costa e Silva, limitada a parâmetros financeiros e influenciada pelo modelo norte americano, trouxe novas bases para o ensino superior no Brasil, que acarretou um forte investimento do setor privado em níveis de graduação e pós-graduação.

A falta de rigor nas autorizações para abertura de faculdades de Direito levou a uma proliferação dessas instituições a partir de 1970, acarretando, desde 1990, numa corrida em busca de um ensino de qualidade, o que gerou a Portaria 1.886 de 1994 do MEC redefinindo os cursos jurídicos do país.[17]

---

17. Quadro comparativo:

Currículo 1972 (Parecer 162 do Conselho Federal de Educação de janeiro de 1972)	Currículo 1994 (Portaria 1.886 do MEC de 30 de dezembro de 1994)
Disciplinas Básicas: Introdução ao Estudo do Direito – Economia – Sociologia.	Disciplinas Fundamentais:
Disciplinas Profissionalizantes: Direito Constitucional – Direito Civil – Direito Penal – Direito Comercial – Direito do Trabalho (com processo Trabalhista) – Direito Administrativo – Direito Processual Civil – Direito Processual Penal.	Disciplinas Profissionalizantes: Direito Constitucional – Direito Civil – Direito Penal – Direito Comercial – Direito do Trabalho – Direito Internacional Público – Direito Internacional Privado – Direito Administrativo – Direito Tributário – Direito Processual Civil – Direito Processual Penal.
Disciplinas Optativas (a escolher duas): Direito Internacional Público – Direito Internacional Privado – Ciências das Finanças e Direito Financeiro (Tributário e Fiscal) – Direito da Navegação – Direito Romano – Direito Agrário – Direito Previdenciário – Medicina Legal.	Disciplinas Eletivas: livre escolha de cada Instituição de Ensino.
Disciplinas Complementares Obrigatórias: Prática Forense (estágio supervisionado) – Estudos de Problemas Brasileiros – Educação Física.	Monografia Jurídica como trabalho de conclusão de curso.
---	Prática Jurídica institucionalizada (300 horas).
---	Atividades Complementares (Palestras, Congressos, Encontros, Monitoria, Iniciação Científica etc.), abrangendo entre 5 a 10% da carga horária total do curso.

Em que pesem os objetivos que levaram a reforma da grade curricular, isto é, a busca da formação ideal, capaz de projetar um profissional condizente com as constantes mudanças e necessidades da sociedade, mesclando teoria e prática jurídica, o fato, é que o estudante de Direito, ainda, conclui seu curso sem raciocínio crítico, sem compromisso com a ética, distanciado das inovações e necessidades da sociedade. Aprendem o Direito pelo e para o Direito, um conjunto de normas e procedimentos a serem aplicados na atividade forense.

Em 2018, o Ministério da Educação publicou a homologação do parecer CNE/CES 608, que propôs alterações na grade curricular dos cursos de Direito, acrescendo três novas disciplinas técnico-jurídicas: Teoria Geral do Direito, Direito Previdenciário e Mediação, Conciliação e Arbitragem e acarretou na Portaria MEC 1.351, de 14 de dezembro de 2018.

Até o advento da Portaria MEC 1.351, de 14 de dezembro de 2018, o currículo da grade de Direito nas faculdades do Brasil foi delineado pela Portaria MEC 1.886, de 30 de dezembro de 1994.

A relevância da aprovação destas Diretrizes Curriculares Nacionais do curso de graduação em Direito coincide com a expectativa de parte da comunidade acadêmica e de setores que representam a atuação profissional da área.

O que se pode aprender ao longo do percurso histórico dos currículos jurídicos é que a preocupação inicial não era em relação a qualidade do ensino. Porém, a queda na sua qualidade e a proliferação de faculdades de Direito fez nascer movimentos a fim de redefinir a formação ideal do futuro bacharel.

Uma boa Faculdade de Direito exige uma utilização eficiente dos recursos que lhe são atribuídos e a demonstração dos resultados acadêmicos obtidos. O instituto brasileiro de ciências criminais (IBCCRIM), já em 2008, constatou a crise do ensino jurídico no nosso país, evidenciando que a maioria esmagadora do corpo docente é formada por advogados, juízes e promotores, o que acaba por gerar um desprezo a interdisciplinaridade e a formação humanística, assim como fica circunscrito a uma visão meramente forense.[18]

Formar profissionais do Direito para prática forense há muito não corresponde ao momento histórico e cultural que vivenciamos e que pretendemos.

A história do ensino jurídico brasileiro espelha o desenvolvimento dos direitos civis, bem como da cidadania brasileira e está intrinsicamente ligado à política e economia do país, formar diplomados nas diversas áreas do Direito, conjugando, de forma didática a construção do conhecimento jurídico com a apreensão desse conhecimento em uma prática conforme a política atual de desjudicialização é medida que se impõe.

---

18. Disponível em: https://www.ibccrim.org.br/boletim_artigo/3640-Acrise-no-ensino-jurdico. Acesso em: 10 out. 2019.

Como criar o habito no cidadão e incentivar um comportamento, senão, pela simples explanação com os atores jurídicos, de uma opção, apresentada, por exemplo, pelo advogado consultor, do uso dos serviços extrajudiciais como forma eficiente e célere de prevenção e resolução de conflitos.

A Resolução 05, de 17 de dezembro de 2018, do Ministério da Educação Conselho Nacional de Educação Câmara de Educação Superior, com fundamento no Parecer CNE/CES 635/2018, homologado pela Portaria MEC 1.351, de 14 de dezembro de 2018, publicada no DOU de 17 de dezembro de 2018, que institui as Diretrizes Curriculares Nacionais do Curso de Graduação em Direito e inclui no processo pedagógico, como formação técnico-jurídico as formas Consensuais de Solução de Conflitos, prevê em seu artigo 3º:

> Artigo 3º: O curso de graduação em Direito deve assegurar, no perfil do graduando, sólida formação geral, humanística, capacidade de análise, domínio de conceitos e da terminologia jurídica, capacidade de argumentação, interpretação e valorização dos fenômenos jurídicos e sociais, além do domínio das formas consensuais de composição de conflitos, aliado a uma postura reflexiva e de visão crítica que fomente a capacidade e a aptidão para a aprendizagem, autônoma e dinâmica, indispensável ao exercício do Direito, à prestação da justiça e ao desenvolvimento da cidadania.
>
> Parágrafo único. Os planos de ensino do curso devem demonstrar como contribuirão para a adequada formação do graduando em face do perfil almejado pelo curso.[19]

Por sua vez, o Parecer CNE/CES 635/2018, homologado pela Portaria MEC 1.351, de 14 de dezembro de 2018, na parte introdutória, dispõe:

> [...] se torna relevante a verificação da atualidade dos currículos, seja em relação ao desenvolvimento da área de conhecimento, seja em relação aos requisitos sociais e econômicos das atividades profissionais do(a)s egresso(a)s, bem como a articulação interdisciplinar e as diversas possibilidades curriculares, e sua articulação com pesquisa e extensão. Mais do que isso, ressalta-se a importância de diretrizes curriculares que estimulem a formação de competências e habilidades, por meio de metodologias ativas.[20]

Verifica-se a constatação da necessidade de formar um profissional com conhecimento, técnica e habilidade para as mais variadas possibilidades de atuação no mercado, com capacidade de desenvolver um pensamento crítico, pautando na atuação ética e não adstrito a atividade exclusivamente forense.

Urge a necessidade de uma nova didática para o ensino jurídico, a fim de conjugar teoria e prática, produzir conhecimento jurídico aplicável, visualizando a vida profissional em formação.

A realidade é que a base puramente teórica domina a formação dos novos juristas, que buscam o aprendizado prático nos estágios, sem garantia de adequação, efici-

---

19. Disponível em: http://portal.mec.gov.br/index.php?option=com_docman&view=download&alias=104111-rces005-18&category_slug=dezembro-2018-pdf&Itemid=30192. Acesso em: 08 nov. 2019.
20. Disponível em: http://portal.mec.gov.br/docman/outubro-2018-pdf-1/100131-pces635-18/file. Acesso em: 08 nov. 2019.

ência ou correção. Mesmo no Uruguai, onde a carreira notarial é parte da formação universitária, desde o ano de 1878, quando se constituiu as faculdades de Direito. Constata-se essa situação:

> *Se comparte la afirmación de que la matriz teórica dogmática ha dominado la formación de juristas en nuestro país desde hace décadas. Predominando un paradigma pedagógico tradicional, que pone énfasis en la transmisión de contenidos teóricos por parte del docente, en particular a través de clases magistrales [...]. En el ámbito del Notariado, por otra parte, se hace hincapié en la falta de estudio y tratamiento actual de una serie de funciones diferentes que cumplen actualmente los Escribanos, las cuales sobrepasan con creces la calidad de asesor y fedatario.[21]*

Em Porto Rico, o Supremo Tribunal, através de sua comissão para estudo e avaliação da função notarial, elaborou, no ano de 2010, um informe que além de outros assuntos, abarcou recomendações que atendem a formação do notariado e sobre sua educação jurídica continua.

Por sua vez, destacaram como fatores que afetam a qualidade do notário e de sua atividade a falta de valorização desse profissional, os cidadãos não entendem a importância do notário nem de sua função. E esse desconhecimento colabora com os problemas que desmoralizam a atividade notarial. Destacando como um dos fatores para esse desconhecimento e falta de valorização e a ausência de estudo jurídico específico:

> *La formación y desarrollo profesional del notariado es pobre. Los notarios y notarias de recién admisión a esta práctica profesional han recibido una formación académica deficiente en las escuelas de derecho [...].[22]*

E nesse sentido, a Comissão para estudo e avaliação da função notarial de Porto Rico conclui seu informe com as seguintes sugestões, no que tange ao ensino jurídico de seu país:

> *Sugerencias para el programa de educación jurídica continua*
>
> *A partir de los referidos señalamientos, la Comisión formuló las recomendaciones siguientes para el Programa de Educación Jurídica Continua:*
>
> *1) Aumentar los créditos requeridos por el Programa de Educación Jurídica Continua.*
>
> *2) Fortalecer la educación jurídica continua sobre Ética Profesional.*
>
> *3) Establecer la certificación periódica del notariado con una cantidad específica de créditos.*
>
> *4) Para la educación jurídica continua del notariado, exigir que dentro de los 24 créditos establecidos por el Programa, además de los 6 créditos de Derecho Notarial, se requieran 4 créditos sobre Derecho Hipotecario y Registral y otros 4 sobre Derecho Civil.[23]*

---

21. Disponível em: https://www.fder.edu.uy/node/431. Acesso em: 10 out. 2019.
22. Disponível em: https://www.ramajudicial.pr/EvaluacionFuncionNotarial/pdf/Informe-Comision-para-el--Estudio-y-Evaluacion-Funcion-Notarial-Puerto-Rico-agosto-2010.pdf. Acesso em: 12 nov. 2019.
23. Disponível em: https://www.ramajudicial.pr/EvaluacionFuncionNotarial/pdf/Informe-Comision-para-el--Estudio-y-Evaluacion-Funcion-Notarial-Puerto-Rico-agosto-2010.pdf. Acesso em: 12 nov. 2019.

Em Portugal, o Estatuto do notário, em seu artigo 25, prevê como requisitos de acesso à função notarial além de não estar inibido do exercício de funções públicas ou interdito para o exercício de funções notariais; possuir licenciatura em Direito reconhecida pelas leis portuguesas; ter frequentado o estágio notarial; e ter obtido aprovação em concurso realizado pelo Conselho do Notariado.

A Universidade de Coimbra ao apresentar seu curso de Direito, elenca como objetivo proporcionar aos estudantes as ferramentas que um jurista tem de conhecer, seja qual for a sua área de trabalho e elenca dentre o rol de atividades as quais o estudante ganhará formação global e integrada, seja no plano técnico-jurídico ou dogmático, seja na dimensão ética, seja no horizonte humanista e cultural, a notarial. Assim, no quarto ano da faculdade, o segundo semestre oferece como matéria opcional, dentro da área científica do direito civil, direito do notariado, prevendo como conhecimento de base recomendada: Teoria Geral do Direito Civil; Direito das Obrigações; Direito das Coisas.

A universidade utiliza como método de ensino, além da exposição e análise teórica dos conteúdos, a resolução de casos práticos em grupo e respectiva correção.

Na França, para ser um notário é preciso ter um diploma de mestrado em direito notarial, que dura cinco anos, após, são dois anos de estágio, com aulas durante a semana e um exame a cada seis meses, que envolve temas de direito imobiliário, contratual, urbanístico, família e empresarial.

Na Rússia, além da aprovação em concurso público, para ser um notário deve-se ser bacharel em Direito, ter estagiado por cinco anos em um Tabelionato e ser cidadão russo.

Contudo, no Brasil, são cinco anos de graduação em Direito sem uma única hora, em regra, de aula sobre direito notarial, gerando um profundo preconceito por essa atividade, extremamente essencial ao desenvolvimento do país.

O que se vê é a insegurança da sociedade, começando pelos próprios profissionais do Direito, acostumados com o processo judicial.

Para mudar isso, precisa-se começar na educação, na base, e dentro das faculdades de Direito.

Numa cultura de pacificação, desjudicialização, o MEC altera a grade curricular das faculdades de Direito do país, através da homologação do Parecer CNE/CES 635/2018, da Câmara de Educação Superior do Conselho Nacional de Educação, pela Portaria 1.351, de 14 de dezembro de 2018, que previu em seu projeto de resolução a obrigatoriedade de as universidades ofertarem formação técnico-jurídica e prática jurídica de resolução consensual de conflitos.

Compromissados com a qualidade da formação do profissional, uma vez que formar profissionais do Direito apenas para a prática forense se mostra obsoleto, a conciliação, a mediação e arbitragem tornam-se disciplinas obrigatórias em todo o país.

Mas isso não é suficiente, sabemos que a função notarial em sua íntegra é centrada na não formação de litígios – justiça preventiva e cautelar do caso concreto – e precisa ser valorada e estudada, uma vez que está presente na vida do cidadão brasileiro de forma corriqueira – aquisição onerosa de bem imóvel, partilha de bens em vida, inventários, dissolução da vida conjugal, uniões estáveis, elaboração de contratos sociais, desapropriações amigáveis, usucapiões, conciliações, apostilamentos, reconhecimentos de firma.

Ademais, a função notarial caminha de mãos dadas com as formas cotidianas de soluções consensuais de conflitos, atua de forma a prevenir litígios nos atos que pratica e tira das mãos do Judiciário matérias atinentes à jurisdição voluntária e, portanto, não pode passar despercebida pelo estudante de Direito, a deriva da escolha de algumas faculdades em oferecem alguma formação a respeito do tema de forma aleatória e optativa.

Desenvolvendo esse caminho, a Lei 9.394, de 1996, do Ministério da Educação e Cultura, estabeleceu as diretrizes e bases da educação nacional e em seu capítulo IV cuidou da Educação Superior e determinou como uma de suas finalidades, formar diplomados nas diferentes áreas de conhecimento, aptos para a inserção em setores profissionais, para a participação no desenvolvimento da sociedade brasileira e para colaborar na sua formação contínua (no artigo 43, inciso II).

É atribuição da Câmara de Educação Superior deliberar sobre as diretrizes curriculares propostas pelo Ministério da Educação e do Desporto, para os cursos de graduação.

A Resolução 05, de 17 de dezembro de 2018, resultado da Portaria MEC 1.351, de 14 de dezembro de 2018, publicada no DOU de 17 de dezembro de 2018, que cuida das diretrizes curriculares nacionais do curso de graduação em Direito, prevê em seu artigo 4º, incisos VI e VIII que:

> Artigo 4º: O curso de graduação em Direito deverá possibilitar a formação profissional que revele, pelo menos, as competências cognitivas, instrumentais e interpessoais, que capacitem o graduando a:
>
> [...]
>
> VI – desenvolver a cultura do diálogo e o uso de meios consensuais de solução de conflitos;
>
> VIII – atuar em diferentes instâncias extrajudiciais, administrativas ou judiciais, com a devida utilização de processos, atos e procedimentos.

Por sua vez, o artigo 5º, incisos II e III da referida Resolução do Ministério da Educação, Conselho Nacional de Educação, Câmara de Educação Superior prevê que os cursos de graduação em Direito, a fim de priorizar a interdisciplinaridade e a articulação de saberes, deverão incluir em seus Projetos Pedagógicos conteúdos e atividades que atendam uma formação técnico-jurídica, que abrange formas consensuais de solução de conflitos, além de uma formação prático-profissional, que objetiva a integração entre a prática e os conteúdos teóricos desenvolvidos nas demais

O ENSINO DO DIREITO NOTARIAL NO MUNDO E SEUS REFLEXOS **269**

perspectivas formativas, especialmente nas atividades relacionadas com a prática jurídica. Contudo, as matrizes curriculares desses cursos em sua grande maioria não apresentam, como matéria obrigatória, o direito notarial.

Objetivando incluir na matriz curricular dos cursos de graduação de Direito, como matéria obrigatória, o direito notarial, apresentamos, como conclusão deste estudo, sugestão de parecer a ser endereçado ao Conselho Nacional de Educação e Câmara de Educação Superior.

PARECER

PROPOSTA PARA INCLUSÃO DO DIREITO NOTARIAL COMO MATÉRIA OBRIGATÓRIA NA MATRIZ CURRICULAR DOS CURSOS DE GRADUAÇÃO EM DIREITO

ESTRATÉGIA NACIONAL INTEGRADA PARA DESJUDICIALIZAÇÃO

Movimento que busca alterar a cultura da litigiosidade deve iniciar-se nas faculdades de Direito, formando atores jurídicos familiarizados com a função notarial, que tem como viga mestre a capacidade de prevenir litígios e de produzir um instrumento hígido para trafegar.

Esse cenário já foi observado pelo Conselho Nacional de Justiça, que destacou as iniciativas de incentivo aos meios consensuais e de diversificação da atuação das serventias extrajudiciais, que passam a ter relevante papel como parceiras da atividade judicial, prevenindo litígios e, consequentemente, diminuindo o ingresso de ações no Judiciário.

Apesar de vivenciarmos um caminho de desjudicialização, descentralização das matérias antes afetas ao Poder Judiciário, permitindo um Judiciário mais eficaz em temas que lhe são essenciais. Até bem pouco tempo, nas faculdades de Direito não se ouvia a palavra "desjudicializar".

O fato é que os estudantes de Direito costumam ter um contato mínimo e apenas superficial com o direito notarial, em que pese a valorização da matéria com o atual Código de Processo Civil, em consonância a esse movimento de descentralização de matérias até então privativas do Judiciário.

A Comissão de Juristas encarregada de formular o anteprojeto do Código de Processo Civil de 2015 chegou até a cogitar a possibilidade de discutir a produção da prova sempre de forma extrajudicial. O Código em vigor passou a prever de maneira expressa a possibilidade de as partes lavrarem ata para atestar a existência e o modo de existir de determinado fato (artigo 384), ampliando-se a oportunidade de produção extrajudicial de provas pelas partes.

Assim como, a redação original do projeto de Lei do Senado 166, de 2010 que findou no atual Código de Processo Civil, com as alterações apresentadas no relatório-geral do Senador Valter Pereira, na tentativa de desafogar o Judiciário previu que os divórcios consensuais e extinções de uniões estáveis, em que não haja filhos menores ou incapazes do casal, desde que preenchidos os requisitos legais, seriam realizados obrigatoriamente por escritura pública.

O texto que, por fim, entrou em vigor apenas assegura a possibilidade de escritura pública de inventário e partilha como documento hábil para qualquer ato de registro, bem assim para levantamento de importância depositada em instituições financeiras, em conformidade com o artigo 3º da Resolução 35/2007, do CNJ.

Referido Código previu, ainda, a usucapião administrativa (artigo 1.071, que acrescentou o artigo 216-A à Lei dos Registros Públicos), possibilitando o procedimento extrajudicial de usucapião, cujo reconhecimento, na vigência do Código antigo, só podia se dar por meio de sentença declaratória judicial.

Diante dessa ampliação dos meios de socialização e composição do homem em sociedade fora do Judiciário, apesar do brilho da Resolução 05, de 17 de dezembro de 2018, ela já nasce obsoleta, por apenas acrescer a obrigação dos cursos de Direito assegurar ao graduando o domínio das formas consensuais de composição de conflitos (art. 3º), sem mencionar ou garantir ao mesmo o ensino das ciências jurídicas que evitam a formação do litígio, como a ciência notarial.

Objetivando o aumento dos meios de prevenção em relação aos meios tradicionais de repressão, precisa-se criar o comportamento social de buscar na figura do notário fonte segura de consentimento informado, dotado de imparcialidade e com dever de informação para concluir os mais variados atos e negócios jurídicos, o que só se fará possível, através da criação de um comportamento, que precisa ser ensinado aos atores jurídicos já na faculdade de Direito.

FIGURA DO NOTÁRIO COMO FORMA DE EFETIVAR A CULTURA DA JUSTIÇA PREVENTIVA

Impende observar que o notário está incumbido da justiça concreta, justiça do caso, possuindo o dever de aconselhar, prevenir e incentivar o justo. Presta sua consultoria para guiar as partes, e, assim, evitar demandas judiciais, uma vez que o documento que elabora está dotado de fé pública e, portanto, pressupõe o preenchimento dos requisitos formais, observância da lei ao caso concreto, prévia orientação e conhecimento das partes sobre tudo o que ali se dispõe.

O notário possui o encargo de dirigir juridicamente os particulares em suas relações, atuando na regulação de seus direitos subjetivos e a principal finalidade da fé pública é a segurança jurídica, assegurando uma contribuição notarial nas relações privadas.

Ao notário cabe assegurar a manifestação dos contratantes de forma esclarecedora, cumprindo seu dever jurídico de orientação, mantendo uma posição equilibrada entre os diferentes interesses das partes, objetivando preservar a segurança comum dos envolvidos.

Assim, a atividade notarial, exercendo um papel de direcionamento ético-jurídico beneficia toda sociedade, pois respeita à autonomia da vontade nos contornos da lei.

A figura do notário intervindo nas mais amplas relações sucessórias, como forma de controle do Estado, vai ao encontro das premissas que hoje são gritantes para o desenvolvimento do país, pois, gera ambiente atraente, substituindo com segurança a atuação do Judiciário, sem transgredir a autodeterminação do indivíduo em sociedade.

Uma vez que possibilita o entendimento claro das partes do que está inserto no instrumento, na orientação de cada cláusula, podendo verificar-se a distribuição do risco inerente a todo ato na forma como efetivamente as partes elegeram, cientes de suas escolhas, em respeito a uma autonomia de vontade consciente.

Não se defende a obrigatoriedade da atuação na seara extrajudicial em confronto ao princípio do acesso à justiça. O plano está na criação do hábito pelo cidadão, no comportamento cultural que pode surgir através de simples explanação.

Não se verifica óbice constitucional em levar para outro órgão, que não o judicial, processos em que não há lide, desde que não se exclua a possibilidade de eventual discussão judicial sobre o tema (artigo 5º, inciso XXXV da Constituição Federal).

A desjudicialização não só é constitucional como recomendável, a fim de possibilitar a retirada do Poder Judiciário de matéria que não lhe é essencialmente afeta.

Assim, a função do notariado latino (sistema adotado em nosso país) possibilita a desobstrução do Poder Judiciário, servindo como instrumento de pacificação social, evitando o acúmulo de processos instaurados, no intuito de restabelecer a Ordem Jurídica do país, uma vez que oferece igual nível de segurança jurídica.

Nesse contexto, a atividade notarial vai ao encontro das necessidades sociais, alivia o Judiciário e garante a regularidade das contratações, atuando na prevenção contenciosa.

Contudo, a falta de valorização desse profissional, na maioria das vezes por desconhecimento da sua atividade, afeta sua qualidade. Os cidadãos não entendem a importância do notário nem de sua função. E esse desconhecimento colabora com os problemas que desmoralizam a atividade notarial. Destacando como um dos fatores para esse desconhecimento a ausência de estudo jurídico específico, lecionado por um notário – que tem conhecimento jurídico e visão prática da matéria –, já nas faculdades de Direito.

A inserção do direito notarial como matéria obrigatória permitirá novos rumos a formação jurídica em consonância as políticas públicas.

A CIÊNCIA NOTARIAL NO MUNDO

No Uruguai, a carreira notarial é parte da formação universitária, desde o ano de 1878, quando se constituíram as faculdades de Direito.

Em Porto Rico, o Supremo Tribunal, através de sua comissão para estudo e avaliação da função notarial, elaborou, no ano de 2010, um informe que prevê: o aumento dos créditos para o estudo do direito notarial nas faculdades de Direito, além do fortalecimento da educação jurídica continua sobre ética profissional.

Em Portugal, a universidade de Coimbra ao apresentar seu curso de Direito, elenca como objetivo proporcionar aos estudantes as ferramentas que um jurista tem de conhecer, seja qual for a sua área de trabalho e elenca dentre o rol de atividades as quais o estudante ganhará formação global e integrada, seja no plano técnico-jurídico ou dogmático, seja na dimensão ética, seja no horizonte humanista e cultural, a notarial. A universidade utiliza como método de ensino, além da exposição e análise teórica dos conteúdos, a resolução de casos práticos em grupo e respectiva correção.

Na França, para ser um notário é preciso ter um diploma de mestrado em direito notarial, que dura cinco anos, após, são dois anos de estágio, com aulas durante a semana e um exame a cada seis meses, que envolve temas de direito imobiliário, contratual, urbanístico, família e empresarial.

Na Rússia, além da aprovação em concurso público, para ser um notário deve-se ser bacharel em Direito, ter estagiado por cinco anos em um Tabelionato e ser cidadão russo.

No Brasil, a história nos mostra que o ensino jurídico está intrinsicamente ligado à política e economia do país. Portanto, formar diplomados nas diversas áreas do Direito, conjugando, de forma didática a construção do conhecimento jurídico com a apreensão desse conhecimento em uma prática conforme a política atual de desjudicialização é medida que se impõe e a ciência notarial precisa estar na grade das faculdades de Direito como matéria obrigatória e lecionada por notários, que podem apresentar esse mundo aos estudantes de forma correta, aprofundada e sem preconceitos, criando profissionais habituados com a seara extrajudicial, que proporcionarão mais do que formas alternativas de solução do conflitos, a sua prevenção. Além de propiciar novos notários com conhecimento jurídico de qualidade, aprimorados e familiarizados com a ciência notarial.

ESTATÍSTICAS

Sete entre as dez maiores economias do mundo, como Alemanha, França, Japão, China, Rússia e Indonésia utilizam-se do modelo do notário do tipo latino, como o Brasil. Um sistema que atende dois terços da população mundial e busca harmonização das relações jurídicas, garantindo a segurança que o cidadão almeja.

São pelo menos um notário presente em cada município brasileiro. Há treze mil seiscentos e vinte e sete serventias extrajudiciais distribuídas pelos cinco mil quinhentos e setenta municípios. O quadro de prepostos que auxiliam na atividade compõe-se de mais de cento e vinte e cinco mil pessoas empregadas direta ou indiretamente pelos delegatários dessas serventias extrajudiciais, que se prestam, inclusive, para desafogar o Judiciário, aliviando os dezoito mil juízes brasileiros existentes para fazer frente a cem milhões de ações. De acordo com as estatísticas do Colégio Notarial do Brasil – Seção São Paulo (CNB/SP), entidade que congrega os cartórios de notas paulistas, desde 2007, em todo o País, já foram realizados mais de dois milhões de atos com base na Lei 11.441, gerando uma economia ao erário brasileiro que ultrapassa os cinco bilhões de reais.[24]

CONSIDERAÇÕES FINAIS DO PARECER

Verificada a necessidade de formar um profissional com conhecimento, técnica e habilidade para as mais variadas possibilidades de atuação no mercado, com capacidade de desenvolver um pensamento crítico, pautando na atuação ética e não adstrito a atividade exclusivamente forense, o MEC caminhou bem. A Resolução 05, de 17 de dezembro de 2018, do Ministério da Educação Conselho Nacional de Educação Câmara de Educação Superior, que apresenta as diretrizes curriculares nacionais do curso de graduação em Direito, fruto da Portaria MEC 1.351, de 14 de dezembro de 2018, incluiu no artigo 5º, inciso II, como matéria obrigatória na matriz curricular das faculdades de Direito, as formas consensuais de solução de conflitos.

Mas para responder aos anseios sociais e as políticas públicas atuais, necessário ir além, a fim de incluir no referido inciso, como matéria obrigatória da grade curricular a ciência notarial. A alteração do hábito exige cultivo e desenvolvimento que se inicia nas faculdades de Direito.

A ciência notarial adapta-se ao tempo, respeita as necessidades do cidadão, acarretando segurança jurídica que se inicia na identidade das partes, na liberdade do consentimento, no aconselhando dos envolvidos dentro dos exatos termos da lei, evitando-se, dessa forma, a criação do litígio.

A valorização dos métodos alternativos de resolução de disputas também encontra na figura do notário o melhor ocupante dessa cadeira, pois a neutralidade, a imparcialidade e a ética fazem parte do cotidiano desse ator.

Cada caso apresentado a um notário possui uma solução diferente, pois este deve conciliar a vontade das partes com os ditames legais, elaborando um instrumento hígido para trafegar, sem que uma das partes faça uso do Poder Judiciário para abrandar o que livre e conscientemente se pactuou perante um tabelião. Portanto, deve haver uma preocupação na formação desses profissionais que tem como rotina a atuação

---

24. Disponível em: https://www.cnbsp.org.br/index.php?pG=X19leGliZV9ub3RpY2lhcw==&in=MTg 4OD-g=&filtro=1&Data=. Acesso em: 12 nov. 2019.

pautados na ética, no conhecimento impar das diversas disciplinas do Direito e, em especial, na ciência notarial.

E o momento não poderia ser mais oportuno e condizente, com os fundamentos do relatório do parecer que gerou a inclusão, como matéria obrigatória, na matriz curricular das faculdades de Direito, as formas consensuais de solução de conflitos, para propor uma alteração na Resolução 05, de 17 de dezembro de 2018, do Ministério da Educação Conselho Nacional de Educação Câmara de Educação Superior, que apresenta as diretrizes curriculares nacionais do curso de graduação em Direito, para incluir, no artigo 5º, inciso II, como matéria obrigatória na matriz curricular das faculdades de Direito, a ciência notarial.

4. REFERÊNCIAS

ALVES, Alaôr Caffé; COMPARATO, Fábio Konder; FERRAZ JÚNIOR, Tércio Sampaio et al. *O Que é Filosofia do Direito?* Barueri: Manole, 2004.

AMADEI, Vicente de Abreu; SANTOS, Marcelo de Oliveira Fausto Figueiredo; YOSHIDA, Yatsuda Moromizato (Coord.). *Direito Notarial e Registral Avançado.* São Paulo: Ed. RT, 2014.

ASSOCIAÇÃO DOS NOTÁRIOS E REGISTRADORES DO BRASIL. *Cartório em Números:* capilaridade, serviços eletrônicos, cidadania e confiança. Serviços públicos que beneficiam o cidadão em todos os municípios do país. Brasília/DF, 2019. Disponível em: http://www.anoreg.org.br. Acesso em: 12 dez. 2019.

BARBOZA, Estefânia Maria de Queiroz. *Precedentes Judiciais e Segurança Jurídica:* fundamentos e possibilidades para a jurisdição constitucional brasileira. São Paulo: Saraiva, 2014.

BARROSO, Luís Roberto. *O Novo Direito Constitucional Brasileiro:* contribuições para a construção teórica e prática da jurisdição constitucional no Brasil. 2. reimpr. Belo Horizonte: Fórum, 2013.

BRANDELLI, Leonardo. *Teoria Geral do Direito Notarial.* 4. ed. São Paulo: Saraiva, 2011.

BUENO, Cassio Scarpinella. *Novo Código de Processo Civil Anotado.* São Paulo: Saraiva, 2015.

CHAVES, Carlos Fernando Brasil; REZENDE, Afonso Celso Furtado de. *Tabelionato de Notas e o Notário Perfeito.* 6. ed. Campinas: Millennium, 2010.

COMASSETTO, Miriam Saccol. *A Função Notarial como Forma de Prevenção de Litígios.* Porto Alegre: Norton, 2002.

FIGUEIREDO, Marcelo. Parecer sobre a Análise da Importância da Atividade Notarial na Prevenção dos Litígios e dos Conflitos Sociais. *Revista de Direito Notarial,* n. 02, p. 33-34. São Paulo, 2010.

GONÇALVES, Maria Eduarda; MARQUES, Maria Manuel Leitão; SANTOS, Antônio Carlos dos. *Direito Econômico.* 2. ed. Coimbra: Almedina, 1997.

MACHADO, Joaquim de Oliveira. *Novíssima Guia Prática dos Tabeliães e Notariado no Brasil e a Necessidade de sua Reforma.* 1904. Disponível em: http://www.dominiopublico.gov.br/download/texto/bd000116.pdf. Acesso em: 10 jul. 2019.

MARTINS, Vanderlei; MELLO, Cleyson de Moraes. *Ensino Jurídico:* concepção pedagógica, panorama estratégico, projeto pedagógico, metodologia científica, avaliação, taxonomia de Bloom e metodologias ativas. Rio de Janeiro: Processo, 2019.

MARTINS-COSTA, Judith. Comentários ao Artigo 5º, Inciso XXX. In: CANOTILHO, José Joaquim Gomes; MENDES, Gilmar Ferreira; SARLET, Ingo Wolfgang et al. (Coord.). *Comentários à Constituição do Brasil.* São Paulo: Saraiva/Almedina, 2013.

RODRIGUES JUNIOR, Otavio Luiz. *Propriedade e Função Social*: exame crítico de um caso de "constitucionalização" do direito civil. 2010. Disponível em: http://www.direitocontemporaneo.com/wp-content/uploads/2014/02/01/Propriedade-e-F un%C3%A7%C3%A3o-Social-Exame-Cr%C3%ADtico-de--um-Caso-de-Constitucionaliz a%C3%A7%C3%A3o-do-Direito-Civil.pdf. Acesso em: 28 set. 2019.

RODRIGUEZ, José Rodrigo; SALAMA, Bruno Meyerhof. *Para que serve o direito contratual?* Direito, sociedade e economia. Livro Virtual. São Paulo: FGV Direito, 2014.

TIMM, Luciano Benetti. *Direito e Economia*. 2. ed. Porto Alegre: Livraria do Advogado, 2008.

TRIBUNAL SUPREMO DE PUERTO RICO. *Informe de la Comisión para el Estudio y Evaluación de la Función Notarial en Puerto Rico*. Puerto Rico: Comisión para el Estudio y Evaluación de la Función Notarial, 2010.

A CONSTITUIÇÃO E O PAPEL DO NOTARIADO

Eduardo Martines Júnior

Graduado em Ciências Econômicas [1984] e em Ciências Jurídicas [1989], ambos pela Pontifícia Universidade Católica de São Paulo; graduado em Administração Pública [2014] pela UFSJ; Pós-graduado: especialização em Gestão Pública, em Direito Constitucional e em Direito Registral e Notarial; mestrado e doutorado em Direito [1996 e 2005], ambos pela Pontifícia Universidade Católica de São Paulo. É professor assistente doutor da Pontifícia Universidade Católica de São Paulo e 7º Tabelião de Notas da Capital-SP; Procurador de Justiça aposentado do Ministério Público do Estado de São Paulo. Foi professor da Escola Superior do Ministério Público de São Paulo, conferencista do Centro de Extensão Universitária e professor da Escola Superior do Ministério Público de Pernambuco. Foi Conselheiro do Conselho Estadual de Educação do Estado de São Paulo e Presidente do Conselho Estadual de Controle Social do FUNDEB).

Resumo: A atividade notarial vem ganhando relevância a cada dia, face o aumento de suas atribuições e maior proximidade com a sociedade de modo geral e de outros atores jurídicos em especial. Seu papel na concretização de direitos fundamentais, inclusive com a realização de atos há pouco reservados ao Judiciário, estão no sentido da facilitação do exercício da cidadania, tornando o notariado protagonista de um movimento necessário ao desenvolvimento social. A evolução histórica dos direitos fundamentais revela um caminhar vagaroso, porém firme em direção à proteção do ser humano. As lutas travadas desde os primórdios da civilização mostram que direitos fundamentais não são meras dádivas ou benesses; ao contrário, são revelações do amadurecimento da razão contra a força, exigindo, contudo, vigilância constante e vigor quanto a sua efetiva implementação. O Estado Democrático e Social de Direito adotado pela República Federativa do Brasil em 5 de outubro de 1988, leva a sociedade a esperar comportamentos previsíveis por parte do Estado e seus agentes. A busca constante pelo direito fundamental à segurança em seus vários aspectos é notada a olhos nus, exigindo-se de todos, comportamentos previsíveis e razoáveis. O notariado é vocacionado para ocupar a trincheira da implementação dos direitos fundamentais, merecendo lugar de destaque na Constituição, seja ocupando o capítulo das funções essenciais à Justiça, seja como instituição permanente ao lado de outras tantas relevantes instituições pátrias.

Sumário: 1. Introdução – 2. Direitos e garantias fundamentais – 3. A concretização dos direitos fundamentais – 4. O estado de direito e o princípio da segurança – 5. O notariado como concretizador de direitos e garantias – 6. Conclusões – 7. Referências.

1. INTRODUÇÃO

A relevância constitucional do notariado e sua atividade vem ganhando corpo no âmbito constitucional e na seara própria do Direito Notarial e Registral. Para nós, uma possível razão está na crescente relevância das funções desempenhadas por esses operadores do Direito, tirando-os de um patamar relativamente pouco visível, para nível de verdadeira função essencial à administração da Justiça, a despeito do artigo 236 da Constituição – à toda evidência – não se encontrar no Capítulo IV (Das Funções Essenciais à Justiça) do Título IV (Da Organização dos Poderes).

Observamos uma gama de novas atribuições conferidas ao notariado, a modo de tornar a atividade cada vez mais atuante e próxima da sociedade, não só no campo estritamente profissional e entre os operadores do Direito, como também na área acadêmica. Os cartórios vêm ganhando prestígio crescente notadamente nas cidades menores, nas quais representam um relevante papel na concreção dos direitos fundamentais e na distribuição da justiça.

Com efeito, o notariado tem contribuído de forma substancial para desafogar o Judiciário, quer pela função profilática, evitando demandas judiciais futuras, como pela realização de atos antes exclusivos do Judiciário, como inventários, separações e divórcios extrajudiciais, a título de exemplos, tornando mais céleres os procedimentos em benefício do jurisdicionado e do próprio Poder Judiciário, que pode destinar recursos (de toda ordem) àquelas competências que lhe são exclusivas.

O notariado está dando concreção a direitos fundamentais e propiciando o exercício à cidadania, pois encontra solução para situações que ensejariam trâmite custoso e largo tempo no Judiciário. Além disso, o serviço público é exercido em caráter privado, mediante delegação a particulares aprovados em rigoroso concurso público, sem que o Estado tenha qualquer custo com a prestação do serviço público, ao contrário, angariando considerável receita tributária destinada aos cofres da Secretaria da Fazenda, Tribunal de Justiça, Ministério Público, bem como o custeio de aposentadorias, contribuições à manutenção das Santas Casas de Misericórdia e, finalmente, o custeio dos atos gratuitos praticados pelos Cartórios de Registro Civil.

Em um Estado de Direito, aliás, Estado Democrático e *Social* de Direito como é a República Federativa do Brasil fundada em 5 de outubro de 1988, os integrantes da sociedade têm o direito de obter comportamentos estatais previsíveis, asseguradores dos direitos fundamentais e suas garantias, como por exemplo, a propriedade e a segurança. Assim, considerando o relevante papel do notariado na concreção de direitos fundamentais como os mencionados, seria o caso de se reconhecer um *status* jurídico de instituição permanente e até mesmo um caráter de instrumento garantidor de direitos fundamentais? E mais. Seria possível alteração legislativa (em sentido amplo), objetivando reduzir as atribuições do notariado, ou mesmo a supressão da atividade? Também investigaremos esse e outros pontos e, para tanto, nos utilizaremos do método dedutivo.

2. DIREITOS E GARANTIAS FUNDAMENTAIS

A luta do ser humano pelo que hoje conhecemos por direitos fundamentais remonta aos primórdios da civilização, encontrando-se documentos na Roma antiga, na Espanha ou na Inglaterra da Idade Média, podendo-se mencionar a *Magna Charta* (1215), o *Petition of Rights* (1628) e o *Act of Habeas Corpus* (1679) como relevantes

A CONSTITUIÇÃO E O PAPEL DO NOTARIADO **279**

exemplos. Também é possível afirmar que o constitucionalismo moderno tem seu alicerce nos direitos e garantias fundamentais. Com efeito, tanto em França como nos Estados Unidos da América há uma notável ênfase nos direitos fundamentais, a dar impulso aos movimentos ocorridos no final do Século XVIII, com a Revolução Francesa e a Independência dos Estados Unidos, sem esquecer da Inglaterra que pouco antes adotava os ensinamentos de Locke. Fato é que, tanto a Declaração dos Direitos do Homem e do Cidadão – 1789 como a Constituição dos Estados Unidos – 1787, são considerados os documentos precursores da moderna positivação dos direitos fundamentais. Entretanto, não se pode deixar de mencionar que esta última não trazia em seus sete artigos originais um rol de direitos fundamentais. Ocorre que esses direitos já haviam sido declarados em 16 de junho de 1776, por ocasião da proclamação da Declaração de Direitos do Bom Povo da Virgínia, anterior, portanto, àquela Constituição (em vigor desde 1789). Posteriormente, vieram as dez primeiras emendas e que ficaram conhecidas por *Bill of Rights* (ratificadas em 15 de dezembro de 1791).[1]

Enfatizamos tais fatos para colocar em relevo que a luta pelos direitos fundamentais (ou direitos humanos) não tem uma data, um período ou uma geração de pessoas. Em realidade, é um constante desenvolvimento do respeito ao ser humano e suas necessidades, para uma vida mais digna. Convém ressaltar que posteriormente, já no Século XX, é que surgiram as primeiras declarações de direitos sociais, a exemplo da Constituição mexicana de 1918 e Constituição alemã de Weimar, hoje se podendo falar – ainda – de uma nova geração de direitos fundamentais que não são de um indivíduo assim considerado ou de uma coletividade, mas sim do conjunto difuso de seres humanos, a exemplo dos direitos à paz, ao meio ambiente hígido, à solidariedade entre os povos entre outros. De todo modo, enfatizamos que os direitos individuais têm um viés de proibição ao Estado, de vedar condutas arbitrárias por parte dele; um conteúdo negativo em relação ao Estado, um não fazer. Já os direitos sociais dizem respeito aos indivíduos em função dos demais integrantes da sociedade, sejam pessoas naturais ou jurídicas, com o poder que possam exercer, notadamente o poder econômico. Além disso, os direitos sociais se caracterizam por se tratarem de exigências em relação ao Estado; de um fazer, portanto, de caráter positivo. O Estado edita normas jurídicas protetoras dos direitos sociais, bem como adota políticas públicas tendentes a garantir e concretizar os direitos sociais, conforme ensina Celso Antônio[2].

---

1. Sobre esse tema tratamos em nosso *Educação, cidadania e Ministério Público*: o artigo 205 da Constituição e sua abrangência, p. 126 e ss.
2. A consagração dos direitos individuais corresponde ao soerguimento de uma paliçada defensiva do indivíduo perante o Estado. A consagração dos direitos sociais retrata a ereção de barreiras defensivas do indivíduo perante a dominação econômica de outros indivíduos. Enquanto os direitos individuais interditam ao Estado o amesquinhamento dos indivíduos, os direitos sociais interditam aos próprios membros do corpo social que deprimam economicamente ou que releguem ao abandono outros indivíduos menos favorecidos pela fortuna. (...) Então, por força mesmo destas concepções mais modernas – o Estado ultrapassa o papel anterior de simples árbitro da paz, da ordem, da segurança, para assumir o escopo mais amplo e compreensivo de buscar, ele próprio, o bem-estar coletivo. (BANDEIRA DE MELLO, Celso Antônio. Eficácia das normas constitucionais sobre justiça social. *Revista de Direito Público*, n. 57-58, p. 235).

A notável evolução dos direitos fundamentais permite uma classificação quanto às suas três gerações, muito bem tratadas por Paulo Bonavides, que vai além e claramente defende direitos de primeira, segunda, terceira e até quarta gerações[3], bem como Manoel Gonçalves Ferreira Filho[4], Alexandre de Morais[5] e Luiz Alberto David Araújo e Vidal Serrano Nunes Júnior[6], que se filiam a tradicional escola das três gerações. De toda forma, segundo esse entendimento, os direitos fundamentais de 1ª geração seriam aqueles ligados aos comportamentos negativos do Estado ou do detentor do poder, ou seja, um *non facere*. Nesse sentido a proibição de atingir a propriedade, a proibição de agir sem lei que o autorizasse, ou de proibir certo comportamento individual a não ser que lei permitisse ou não proibisse, entre outros. Já os direitos de 2ª geração, ao contrário, são aqueles que dizem respeito a um *facere* do Estado, um comportamento positivo que levasse à satisfação dos direitos dos trabalhadores, das mulheres, das crianças, nos idosos e do próprio conjunto da sociedade etc., daí que, em geral, se manifestam em relação a grupos ou coletividades. Na mesma senda, a proteção dos indivíduos em relação aos detentores do poder econômico está na linha dos direitos sociais. Por fim, os direitos fundamentais de 3ª geração que se afastam do individualismo marcante da 1ª geração e mesmo as coletividades relacionadas aos direitos de 2ª geração. Direitos como paz, pleno emprego, solidariedade, meio ambiente, segurança social, por exemplo, dizem respeito a todos os integrantes da sociedade ou mesmo da humanidade. Importante ressaltar que as gerações de direitos fundamentais não significam divisão entre elas, ao contrário, devem ser entendidas como uma evolução e cada uma somando-se à outra, da qual torna-se parte. Esse é o ensinamento de Gilmar Ferreira Mendes e Paulo Gustavo Gonet Branco[7].

Relativamente ao Brasil, a Constituição de 1988, diferentemente das cartas anteriores, tratou dos direitos fundamentais logo no início, marcando a prevalência destes sobre a figura do Estado, os seus Poderes constituídos e o modo de alcançá-los sob o ponto de vista formal, dispondo aqueles no Título II, contando com cinco capítulos que tratam dos direitos e deveres individuais e coletivos, direitos sociais, direito de nacionalidade, direitos políticos e, finalmente, partidos políticos. Relevante notar, enfatizando que o ser humano tem absoluta prevalência, que a Constituição é aberta com disposições estabelecendo os *Princípios Fundamentais,* como dignidade do ser humano, cidadania, entre outros, verdadeiros pilares sobre os quais se assenta a República Federativa do Brasil, constituindo indicação segura de que a pessoa é

---

3. BONAVIDES, Paulo, *Curso de direito constitucional*, p. 514 e ss.
4. FERREIRA FILHO, Manoel Gonçalves. *Curso de direito constitucional*, p. 252.
5. MORAES, Alexandre. *Direitos humanos fundamentais*: teoria geral, comentários aos arts. 1º a 5º da Constituição da República Federativa do Brasil, doutrina e jurisprudência, p. 26.
6. ARAÚJO, Luiz Alberto David; NUNES JÚNIOR, Vidal Serrano. *Curso de direito* constitucional, p. 64 e ss.
7. A visão dos direitos fundamentais em termos de gerações indica o caráter cumulativo da evolução desses direitos no tempo. Não se deve deixar de situar todos os direitos num contexto de unidade e indivisibilidade. Cada direito de cada geração interage com os das outras e, nesse processo, dá-se à compreensão (MENDES, Gilmar Ferreira e GONET BRANCO, Paulo Gustavo. *Curso de direito constitucional*, p. 138).

A CONSTITUIÇÃO E O PAPEL DO NOTARIADO **281**

fundamento e fim da sociedade e do Estado[8], *sobredireitos* a deitar efeitos sobre todo o conjunto jurídico pátrio.

Essa orientação constitucional para a absoluta prevalência do ser humano, leva a um outro conjunto de disposições que garantem a concretização e proteção desses mesmos direitos, alguns de forma direta e com sede constitucional, outros de maneira indireta, mas que ostentam *status* jurídico semelhante, bem em razão dos direitos que visam igualmente concretizar e proteger. Assim, embora não estejam expressamente previstos no Título próprio dos direitos fundamentais existente na Constituição, a exemplo do *habeas corpus, habeas data,* mandado de injunção ou mandado de segurança, outros também podem ser considerados mecanismos, instrumentos ou instituições (*latu sensu*) de efetivação dos direitos fundamentais, previstos de forma expressa ou implícita. É nesse contexto que inserimos o notariado, tradicional há muitos séculos e que em muito contribui com a concretização e defesa dos direitos fundamentais, tendo por norte os princípios fundamentais disposto na Constituição.

3. A CONCRETIZAÇÃO DOS DIREITOS FUNDAMENTAIS

As previsões constitucionais relativas a direitos fundamentais sempre estiveram presentes, desde a Constituição do Império. Os direitos sociais, de seu turno, vieram com a Lei Maior de 34, incorporando um movimento crescente desde o final do Século XIX e começo do Século XX. Todavia, a mera previsão é insuficiente e se faz necessária a inserção de instrumentos de concretização e proteção. Também nesse particular a história constitucional revela um processo lento e não contínuo, com vários momentos de maior ou menor previsão ou atuação. Períodos como os vividos nas Carta de 1937 ou 1967 são bons exemplos de menor atuação no sentido da concretização e, notadamente, proteção dos direitos fundamentais. Os artigos 178 e 180 da *Polaca*[9] e o conhecido AI-5 de 13 de dezembro de 1968, normas que dispensam maiores digressões, são exemplos contrários ao que deve ocorrer em uma sociedade democraticamente organizada, digna de assim ser chamada. Porém, na direção oposta possível mencionar a Emenda Constitucional 16, de 26 de novembro de 1965, que, alterando a estrutura do Poder Judiciário, entre outros pontos relevantes, institui o controle concentrado da constitucionalidade das leis, um eficaz instrumento de defesa da Constituição.

Fruto dos ventos democráticos soprando sobre o Brasil, com movimentos como as *Diretas Já* e a *Nova República*, a Constituição de 1988 traz consigo um grau elevado de princípios e direitos fundamentais, bem assim de mecanismos e instrumentos de

---

8. TAVARES, André Ramos. *Curso de direito constitucional,* p. 508.
9. *Polaca* é como ficou conhecida a Carta de 37, em alusão ao fato de assemelhar-se à Constituição da Polônia, que igualmente foi outorgada. – Art. 178. São dissolvidos nesta data a Câmara dos Deputados, o Senado Federal, as Assembleias Legislativas dos Estados e as Câmaras Municipais. As eleições ao Parlamento nacional serão marcadas pelo Presidente da República, depois de realizado o plebiscito a que se refere o art. 187. – Art. 180. Enquanto não se reunir o Parlamento nacional, o Presidente da República terá o poder de expedir decretos-leis sobre todas as matérias da competência legislativa da União.

concretização e defesa, uns tradicionais como o *habeas corpus* e mandado de segurança, outros inovadores como o *habeas data* e o mandado de injunção, para ficar em poucos exemplos. A pergunta que se faz é: mas quem e como se faz a concretização dos direitos fundamentais?

O legislador é o ator mais importante na tarefa de concreção dos direitos fundamentais. Para nós, o legislador é – fundamentalmente – o nacional, que detêm feixe de competências legislativas e materiais extensa, conforme se nota dos artigos 21 e seguintes da Constituição, não podendo, todavia, haver esquecimento quanto à participação do legislador estadual/distrital e municipal, que também exercem papel relevante nesse quesito. Outro ponto a trazer a lume é a atuação conformadora e a restritiva que exerce o legislador quanto aos direitos fundamentais, a depender da disposição constitucional em relevo, por exemplo, conformando o direito fundamental de propriedade com disposições do Código Civil sobre os direitos reais, de sabença geral, e de outras inúmeras leis esparsas, inclusive no âmbito estadual e municipal. O legislador também restringe direitos fundamentais, a exemplo da propriedade, ao estabelecer já nos incisos XXIII e XXIV do artigo 5º da Constituição o condicionamento à função social e a possibilidade de desapropriação, depois regulamentando os institutos em várias normas infraconstitucionais. A título de exemplo, ainda, o Código Civil exige a escritura pública para a alienação de bens imóveis de certo valor, conferindo proteção ao direito fundamental de propriedade no caso de alienação. Não podemos deixar de mencionar o testamento público disciplinado minuciosamente pelo Código Civil, pelo qual o Tabelião de Notas colhe a manifestação de vontade do testador relativamente às disposições para *post mortem*, sendo essa uma forma pela qual o direito de propriedade se manifesta em sua inteireza, privilegiando a vontade do testador quanto ao seu patrimônio, em detrimento à vontade do próprio legislador que, *a priori,* determina como será feita a divisão dos bens do falecido, apenas presumindo uma vontade deste.

Resta dizer que os direitos fundamentais ostentam *status* diferenciado em relação a outras disposições constitucionais, fazendo parte do núcleo intangível determinado no artigo 60, § 4º, particularmente o inciso IV, da Lei Maior, as conhecidas cláusulas pétreas. Essa proteção torna as disposições relativas a direitos e garantias fundamentais, entre outras, infensas à mera tendência de apequenamento, mesmo se provindas do constituinte reformador, tudo a demonstrar – uma vez mais – a relevância conferida ao tema pelo Constituição.

É nesse contexto e em vista dos exemplos citados, que torna possível afirmar, que a propriedade, tal qual outros direitos fundamentais, encontra berço constitucional[10] e é concretizada pela própria Constituição e pelas normas infraconstitucionais,

---

10. Aliás, desde a Constituição Imperial de 1824: conforme: Art. 179. A inviolabilidade dos Direitos Civis, e Politicos dos Cidadãos Brazileiros, que tem por base a liberdade, a segurança individual, e a propriedade, é garantida pela Constituição do Imperio, pela maneira seguinte. (...) XXII. E'garantido o Direito de Propriedade em toda a sua plenitude. Se o bem publico legalmente verificado exigir o uso, e emprego da Propriedade do Cidadão, será elle préviamente indemnisado do valor della. A Lei marcará os casos, em que terá logar esta unica excepção, e dará as regras para se determinar a indemnisação.

A CONSTITUIÇÃO E O PAPEL DO NOTARIADO **283**

encontrando na atuação do tabelião de notas atos de concreção, na medida que este é incumbido pela lei de colher a exata manifestação de vontade das partes, configurando incontestável ato de garantia e proteção dos direitos fundamentais, cabendo lembrar o ensinamento de Carlos Brasil Chaves e Afonso Celso Rezende, segundo o qual *"O notário, por outro lado, um especialista nesse ramo, deve ser muito cuidadoso, independente, esclarecendo todos os fatos relativos ao título, sem exceção."*[11] No mesmo sentido está a atuação do tabelião ao lavrar atos notariais de inventário e partilha, bem como de separação e divórcio, nos quais exista bens a partilhar, entre muitos outros exemplos que poderiam ser citados.

Também os direitos sociais plasmados nos artigos 6° e 7° da Constituição, podem ser concretizados pela via da atuação do tabelião de notas, a exemplo da moradia ou mesmo a previdência social, por uma simples procuração lavrada gratuitamente em todo o país, restrita em relação ao objeto que, nesse caso, só pode ser para fins previdenciários. Além da necessidade de escritura pública estabelecia pelo artigo 108 do Código Civil[12], podem ser citadas as obrigações impostas ao Tabelião de Notas por força da Lei 10.741, de 1° de outubro de 2003 (Estatuto do Idoso)[13] ou da Lei 13.146, de 6 de julho de 2015 (Estatuto da Pessoa com Deficiência)[14], como exemplos de concretização de direitos sociais relativos aos idosos e às pessoas com deficiência.

4. O ESTADO DE DIREITO E O PRINCÍPIO DA SEGURANÇA

A Constituição traz logo em sua primeira disposição institutos que são verdadeiros pilares do Estado por ela fundado, tais como a república, a federação, assim como outros, a exemplo da soberania, cidadania, dignidade da pessoa humana, estes nos incisos do artigo 1°. É nessa mesma disposição que Lei Maior nos brinda com o Estado Democrático de Direito, podendo-se acrescentar, em vista de interpretação sistemática da Constituição, o vocábulo *Social*, embora não seja explícito, convindo lembrar que também o Preâmbulo já trata de tão importante instituto, por tudo demonstrando o elevado *status* conferido pelo constituinte.

O Estado de Direito, de forma singela, é aquele em que os comportamentos e as ações jurídicas, notadamente os do Poder Público, são ditados pela lei. No dizer de Nina Ranieri: *"(...) designa um tipo de Estado que adota uma forma de organização estatal, de natureza política e jurídica, na qual o poder do Estado se encontra limitado pelo direito, com a finalidade de garantir os direitos fundamentais".*[15] Por. outra, é aquele em que o indivíduo espera e obtêm ações e respostas previsíveis por parte do Poder

---

11. CHAVES, Carlos Fernando Brasil e REZENDE, Afonso Celso F. *Tabelionato de notas e o notário perfeito*, p. 124.
12. Art. 108. Não dispondo a lei em contrário, a escritura pública é essencial à validade dos negócios jurídicos que visem à constituição, transferência, modificação ou renúncia de direitos reais sobre imóveis de valor superior a trinta vezes o maior salário mínimo vigente no País.
13. Artigos 96, 106, 107 e 108.
14. Artigo 83.
15. RANIERI, Nina. *Teoria do Estado: do Estado de Direito ao Estado Democrático de Direito*, p. 196.

Público (Legislativo, Executivo e Judiciário), respeitadoras dos direitos fundamentais, sem surpresas administrativas e jurídicas, dado que tais comportamentos são calcados em lei previamente existente, tudo fundado na Lei Suprema do Estado – a Constituição –. Assim está a lição de Luis Roberto Barroso[16].

Nesse sentido, o Estado de Direito contrapõe-se diametralmente ao *estado de polícia*, marcado pela vontade do detentor do poder e não por normas jurídicas anteriormente definidas em uma constituição. Desse modo, permitia-se ao Estado (*de polícia*) – ou ao detentor do poder – que submetesse os indivíduos a regras, sem que estas lhe alcançassem ou ao próprio Estado. Paulo Bonavides bem ilustra essa transição[17].

A marca do Estado de Direito é que a atuação estatal é definida e balizada por normas jurídicas, que igualmente limitam as liberdades dos indivíduos, na esteira do ensinamento de Carlos Ary Sundfeld[18]. Tais normas jurídicas não são exclusivamente as escritas – as do direito posto –, mas englobam os princípios explícitos e implícitos, a exemplo da segurança jurídica, da proibição à surpresa, proteção à boa fé dos indivíduos, entre outros. Todos, princípios explícitos ou implícitos, norma posta ou não, estão estritamente vinculados aos direitos fundamentais e suas garantias. Não por outra razão que a segurança é um dos direitos fundamentais expressados no *caput* do artigo 5º da Lei Maior, garantida em vários dos incisos desse mesmo relevantíssimo dispositivo constitucional. Javier Pérez Royo, em preciosa lição nos ensina sobre a relevância desse direito[19].

O princípio da segurança assegura aos indivíduos, primordialmente, mas também às instituições e aos órgãos de maneira geral, uma proteção contra as alterações

---

16. O *Estado constitucional de direito* desenvolve-se a partir do término da Segunda Guerra Mundial e se aprofunda no último quarto do século XX, tendo por característica central a subordinação da legalidade a uma Constituição rígida. A validade das leis já não depende apenas da forma de sua produção, mas também da efetiva compatibilidade de seu conteúdo com as normas constitucionais, às quais se reconhece a imperatividade típica do Direito. Mais que isso: A Constituição não apenas impõe limites ao legislador e ao administrador, mas lhes determina, também, deveres de atuação. (BARROSO, Luis Roberto. *Curso de direito constitucional contemporâneo*: os conceitos fundamentais e a construção do novo modelo, p. 244).

17. A queda da Bastilha simbolizava, por conseguinte, o fim imediato de uma era, o colapso da velha ordem moral e social erguida sobre a injustiça, a desigualdade e o privilégio, debaixo da égide do Absolutismo; simbolizava também o começo da redenção das classes sociais em termos de emancipação política e civil, bem como o momento em que a Burguesia, sentindo-se oprimida, desfaz os laços de submissão passiva ao monarca absoluto e se inclina ao elemento popular numa aliança selada com as armas e o pensamento da revolução; simboliza, por derradeiro, a ocasião única em que nasce o poder do povo e da Nação em sua legitimidade incontrastável. (BONAVIDES, Paulo. *Teoria geral do Estado,* p. 42).

18. SUNDFELD, Carlos Ari. *Fundamentos de Direito Público*, p. 38.

19. O desejo de segurança, portanto, é o que justifica a constituição do Estado. '*Segurança particular*', definida como a 'previsão de autopreservação', é a '*finalidade do Estado*', dirá Hobbes. E Locke acrescentará: 'O *objetivo principal* e mais importante' dos indivíduos para se unirem em sociedade e constituir o Estado, é 'viver entre si de uma maneira *confortável, segura e pacífica*, desfrutando de *suas propriedades*' (ROYO, Javier Pérez. *Curso de derecho constitucional*, pág. 487). Texto original: "El ansia de seguridad, por tanto, es lo que justifica la constitución del Estado. 'La seguridad particular' definida como la 'previsión de la propria preservación', es la 'finalidad del Estado', dirá Hobbes. Y Locke añadirá: 'El objetivo principal y más importante' de los individuos para unirse en sociedad y constituir el Estado, es 'el de vivir los unos entre los otros de manera cómoda, segura y pacífica, disfrutando de sus propiedades'." Tradução livre nossa.

A CONSTITUIÇÃO E O PAPEL DO NOTARIADO **285**

abruptas da legislação e das interpretações dela, notadamente em momentos conturbados da vida em sociedade, marcada pela complexidade das relações econômicas e sociais, com as comunicações utilizando tecnologia avançada, de imediata disseminação e resultando em afloramento de relevantes tensões de variadas naturezas. Possível afirmar que tanto indivíduos como as instituições têm expectativas legítimas em relação ao *status quo* e, desse modo, garante-se a estabilidade da sociedade como um todo, atingindo assim, ao menos dois dos objetivos fundamentais da República Federativa do Brasil, a saber: a construção de uma sociedade livre, justa e solidária, bem como promover o bem de todos, sem nenhuma discriminação[20].

A estabilização das relações em uma sociedade civilizada, bom que se diga, não significa fossilização da legislação, das instituições ou da interpretação que se faz da lei; ao contrário, a evolução social, as alterações econômicas e as crescentes inovações tecnológicas não só podem como devem nortear semelhantes evoluções normativas e hermenêuticas, todavia, fundamental que os Poderes estatais o façam com parcimônia e somente depois de reflexão consistente sobre causas e consequências, a modo de proteger as justas expectativas, em favor da estabilidade e paz social. Nesse passo, o Estado cumpre o relevante papel de buscar o equilíbrio entre a estabilidade das relações e a necessidade de aperfeiçoamento da legislação e de sua interpretação. Esse papel há de ser exercido com razoabilidade e livre das influências nocivas da grita momentânea de setores específicos da sociedade, que nem sempre consideram o sistema como um todo, se não seus próprios interesses e frustações. O Poder Legislativo deve considerar que a edição de leis, seu papel precípuo, exige comedimento, reflexão e estabilidade, dando à sociedade a segurança necessária ao seu desenvolvimento. Na aplicação da lei aos casos concretos, tanto o Poder Executivo quanto o Poder Judiciário, igualmente devem fazê-lo de modo parcimonioso, refletido e ciente de que alterações abruptas do pensar e agir jurídicos podem redundar em prejuízo aos indivíduos, órgãos e instituições, como muito bem refletido por José Renato Nalini[21]. Desde há muito tempo preconizava Montesquieu em sua obra *O Espírito das Leis*, como citado por Nuno Piçarra[22].

O poder deve ser exercido de forma equilibrada e não por outra razão que cada um dos Poderes instituídos exerce apenas parte do todo, o Poder do Estado, tendo por

---

20. Art. 3° Constituem objetivos fundamentais da República Federativa do Brasil:
    I – construir uma sociedade livre, justa e solidária;
    II – garantir o desenvolvimento nacional;
    III – erradicar a pobreza e a marginalização e reduzir as desigualdades sociais e regionais;
    IV – promover o bem de todos, sem preconceitos de origem, raça, sexo, cor, idade e quaisquer outras formas de discriminação.
21. NALINI, José Renato. *Consequencialismo no Poder Judiciário,* p. 29 a 41.
22. Desde logo, a ideia de natureza humana nas suas relações com o poder político, impregnada de um pessimismo antropológico que, de há muito, constituía lugar-comum em Inglaterra: 'É uma experiência eterna que todo homem que tem poder é levado a abusar dele; vai até encontrar limites (...) Para que ninguém possa abusar do poder é preciso que, pela disposição das coisas, o poder limite o poder'. (PIÇARRA, Nuno. *A separação dos poderes como doutrina e princípio constitucional,* p. 90).

alicerce a Lei Suprema. O respeito à Constituição constitui o modo como a segurança jurídica concretizará o primado do Estado de Direito. Pairando sobre todo o ordenamento jurídico, suprema que é, a Lei Maior estabelece os lineamentos da República Federativa do Brasil, impondo à toda sociedade o norte a nos reger. Essa verdadeira bússola social não admite reformas de interesse de setores específicos ou de momento, dada a exigência de *quorum* qualificado para alteração da Constituição, além dela própria fixar um núcleo intangível ao constituinte reformador (artigo 60, inciso IV), protegendo assim as justas e legítimas expectativas dos indivíduos e instituições.

As cláusulas pétreas não se limitam aos direitos individuais, porém, expressam sua enorme relevância ao proteger os indivíduos das alterações que possam apequenar o conjunto de direitos e garantias que o constituinte originário tão cuidadosamente insculpiu no Texto Maior. Especialmente o indivíduo está protegido pela impossibilidade de o constituinte reformador propor alterações em relação aos direitos fundamentais que meramente *tendam a abolir* tais direitos. Note-se nem ser preciso que efetivamente venham a abolir qualquer dos direitos fundamentais, estejam ou não inscritos no artigo 5º da Constituição, mas a mera tendência já é interditada ao constituinte derivado.

Por fim, ainda na direção das alterações constitucionais *vis-à-vis* a segurança jurídica, necessário mencionar, mesmo que superficialmente, o princípio da proibição do retrocesso social. Como se viu, os direitos sociais exigem um fazer do Estado, impondo ao legislador ordinário o dever de editar leis que por sua vez imponham um comportamento positivo, visando concretizar o direito previsto constitucionalmente. Via de regra essa concretização vem pela adoção de políticas públicas, dada a limitação que normalmente atinge a eficácia das normas constitucionais que veiculam direitos sociais[23]. Todavia, impõe-se reafirmar que não existe norma constitucional sem eficácia; existe sim certa diferenciação entre elas, de tal sorte que umas trazem consigo aplicabilidade e eficácia imediatas, enquanto outras tem igual aplicabilidade, porém, exigem uma ação estatal que, se inexistente ou mesmo deficiente, acarreta inconstitucionalidade por omissão, ensejando o manejo da ação direta de inconstitucionalidade por omissão, na forma da Lei Maior.

De fato, não é só a omissão legislativa que encontra interdição na Lei das Leis, pois, o retrocesso social é igualmente vedado, tanto que há proibição ao legislador e ao executor das políticas públicas que possa retroceder jurídica e socialmente na matéria objeto da alteração. Esse retrocesso social pode ser representado por revogação – total ou parcial – de norma ou programa, ou mesmo prejudicar sua efetivação, desde que venham amesquinhar o direito social nela garantido. Caso isso venha ocorrer, abertas estarão as portas do Poder Judiciário que deverá corrigir o ato, ante a inconstitucionalidade. No sentido da proibição mencionada está a lição de Jorge Miranda[24].

---

23. SILVA, José Afonso da. *Aplicabilidade das normas constitucionais*, p. 139.
24. II – O sentido da elevação de certos direitos econômicos, sociais e culturais a limites materiais de revisão vem então a ser: a) Que o conteúdo essencial de casa um deles não pode ser diminuído por revisão constitucional; b) Que o regime específico desses direitos, sobretudo no que concerne às suas formas de proteção e garantia, tão pouco pode ser afectado" (MIRANDA, Jorge. *Manual de Direito Constitucional*, p. 402).

A CONSTITUIÇÃO E O PAPEL DO NOTARIADO **287**

Importante ressaltar que a proibição ao retrocesso social impede que o Estado, seja por qualquer de seus Poderes ou Órgãos, venha adotar medidas que possam criar dificuldades ao povo, relativamente ao exercício de direitos, notadamente os sociais, mas não só eles. Toda revisão – constitucional, legal ou regulamentar – que represente amesquinhamento de direito fundamental, social ou não, está vedado. É que assim agindo, o Estado estaria ofendendo uma pluralidade de direitos e bens, materiais ou imateriais, que tornam a vida do indivíduo minimamente digna. O ensinamento de Canotilho é nessa linha de pensamento[25].

A sociedade tem evoluído de forma efetiva e constante. Saímos da escuridão da Idade Média para alcançarmos os direitos individuais plasmados no ideário da Revolução Francesa e na Independência dos Estados Unidos da América; caminhamos para tirar o ser humano das condições ultrajantes a que era submetido no início da revolução industrial, para assegurarmos tratamento digno ao trabalhador, às crianças, mulheres, idosos, como meros exemplos de evolução. Não se pode tolerar involução na busca de direitos e que representem amesquinhamento daquilo que conquistado. Qualquer forma de conquista de direitos deve ser assegurada e seus resultados mantidos a todo custo, daí proibindo-se o retrocesso social, mas não só em relação aos direitos sociais propriamente ditos, senão a todo e qualquer direito fundamental. Robert Alexy assim sintetiza esse pensamento[26].

Avançando, em outra quadra, ainda no que diz respeito à segurança das relações jurídicas e sociais, a Constituição trata das *instituições* ou *órgãos permanentes*, a exemplo do Ministério Público (art. 127), Defensoria Pública (art. 134), Forças Armadas (art. 142) e Polícias Federal, Rodoviária e Ferroviária (art. 144, §§ 1º, 2º e 3º). Tais instituições ou órgãos foram considerados pelo constituinte originário (Ministério Público, Forças Amadas e Polícia Federal) ou pelo constituinte reformador (Defensoria Pública e Polícias Rodoviária e Ferroviária) como aqueles que não podem ser suprimidos ou extintos; não podem ter seu funcionamento suspenso ou embaraçado, dada a relevância de seus misteres para o Estado e a sociedade, sendo transitórios tão somente os seus membros, assim como, de resto, os membros do Exe-

---

25. O princípio da democracia econômica e social aponta para a proibição de retrocesso social. A ideia aqui expressa também tem sido designada como proibição de "contra-revolução socia" ou da "evolução reaccionária". (...) O reconhecimento desta protecção de "direitos prestacionais de propriedade", subjectivamente adquiridos, constitui um limite jurídico do legislador e, ao mesmo tempo, uma obrigação de prossecução de uma política congruente com os direitos concretos e expectativas subjectivamente alicerçadas. Esta proibição justificará a sanção de inconstitucionalidade relativamente a normas manifestamente aniquiladoras da chamada "justiça social" (assim, por ex., será inconstitucional uma lei que reduza o âmbito dos cidadãos com direito a subsídio de desemprego e pretenda alargar o tempo de trabalho necessário para a aquisição do direito à reforma) (cfr. infra, Parte IV, Padrão II, e Ac TC 39/84). De qualquer modo, mesmo que se afirme sem reservas a liberdade de conformação do legislador nas leis sociais, as eventuais modificações destas leis devem observar inquebrantavelmente os princípios do Estado de direito vinculativos da actividade legislativa. (CANOTILHO, J.J. Gomes. *Direito Constitucional,* p.468).

26. A existência de uma posição jurídica significa que uma norma correspondente (individual ou universal) é válida. O direito do cidadão, contra o Estado, a que este não elimine uma posição jurídica sua é, nesse sentido, um direito a que o Estado não derrogue determinadas normas. (ALEXY, Robert. Teoria dos direitos fundamentais, p. 201).

cutivo, Legislativo ou Judiciário[27]. Obviamente que não são cláusulas pétreas *stricto sensu*[28], ou por outra, propriamente ditas, porém, não deixam de ter elevada carga de imutabilidade, em benefício à segurança jurídica e social. De fato, a Constituição trata das cláusulas pétreas no § 4º do artigo 60, limitando tão somente matérias que não poderão ser objeto de emendas sequer tendentes a aboli-las; as cláusulas pétreas não limitam a um ou outro artigo da Lei Maior e, assim, vamos encontrar a proteção aos direitos estabelecidos no artigo 5º, por exemplo, mas também em relação aos direitos e garantias fundamentais fixados em todo corpo da Constituição, a exemplo do artigo 150, conforme já reconheceu o Supremo Tribunal Federal[29]. Não obstante, as instituições permanentes são integrantes do Estado, caracterizadas pelo grau superior de autonomia administrativa e funcional, sujeitando-se apenas à fiscalização natural inerente a todos os Poderes de Estado, do qual fazem parte integrante e inseparável, resultando seu caráter permanente de que trata a Constituição.

Por fim, mas não menos importante, está a proteção da Constituição em face de novo e refinado meio de manejo do poder, que resulta em inconstitucionalidade. Trata-se do chamado constitucionalismo abusivo ou legalismo autocrático que coloca em risco os avanços conquistados pelas sociedades democráticas, para tanto utilizando-se da edição de normas ou mesmo reforma da Constituição, em aparente utilização legítima do poder pelos governantes, mas que bem examinadas no seu contexto refletem o vício da inconstitucionalidade. Esse perigoso tipo de inconstitucionalidade foi muito bem explicitada pelo Min. Roberto Barroso[30].

Percebe-se que a Constituição, ou o seu Guardião, estabelecem mecanismos de autoproteção ou salvaguarda, objetivando manter não só o espírito trazido pelo constituinte originário, mas também os avanços conquistados pela própria sociedade, os atores jurídicos de modo geral e os próprios governantes. E isso não se faz sem o preço do enfrentamento de forças retrógradas, no mais das vezes tendo por norte tão somente manter ou ampliar seu poder, seus privilégios ou mesmo seus interesses econômicos. Essa a segurança que nos brinda o próprio Texto Magno e o Judiciário, notadamente o Supremo Tribunal Federal.

---

27. Relativamente ao Ministério Público, mas aplicável às demais *instituições permanentes* referidas, confira-se a esclarecedora lição de Renato Ferreira dos Santos e Valmir Maurici Júnior: "A afirmação de que o Ministério Público é instituição permanente revela tratar-se de ente que compõe o estado e é dotado de uma parcela de sua soberania. Além disso, esse caráter permanente constitui verdadeira imposição do poder constituinte originário, de modo a impedir a supressão da instituição pelo poder constituinte derivado e pelo legislador". *Constituição Federal interpretada*: artigo por artigo, parágrafo por parágrafo, p.728.
28. Tal qual defendida por Jorge Miranda em *Teoria do Estado e da Constituição*, p. 604.
29. Supremo Tribunal Federal STF – ADI 939/DF.
30. "O constitucionalismo e as democracias ocidentais têm se deparado com um fenômeno razoavelmente novo: os retrocessos democráticos, no mundo atual, não decorrem mais de golpes de estado com o uso das armas. Ao contrário, as maiores ameaças à democracia e ao constitucionalismo são resultado de alterações normativas pontuais, aparentemente válidas do ponto de vista formal, que, se examinadas isoladamente, deixam dúvidas quanto à sua inconstitucionalidade. Porém, em seu conjunto, expressam a adoção de medidas que vão progressivamente corroendo a tutela de direitos e o regime democrático" (Supremo Tribunal Federal STF – ADPF/MC 622/DF).

A segurança jurídica, por certo, não é aquela relativa ao contrato ou a uma relação qualquer, mas sim a que assegura à toda sociedade a garantia de não termos de enfrentar mudanças abruptas, por vezes impensadas ou debatidas nas salas fechadas dos palácios ou em sedes de representações da elite, afinal "o que os sujeitos querem é um poder de lei que seja o oposto de um poder de força, um poder razoável que funcione no cumprimento de sua função, ou seja, na boa administração do interesse comum e no bem comum."[31]

Essa a razão da existência de mecanismos de autoproteção e blindagem que confere aos indivíduos e às instituições a segurança jurídica própria de um Estado de Direito. Mais do que estarmos alicerçados no império das leis, o Estado brasileiro inaugurado em 1988 encontra base na proteção e segurança de seus integrantes – todos eles –, a modo de garantir-nos um desenvolvimento constante e seguro, sem espaço para incursões pelo experimentalismo jurídico de momento.

As pessoas, as instituições e até os governos possuem expectativas, confiam umas nas outras, são movidas pela boa-fé, de forma justa e legítima. A segurança jurídica atua como um elemento de controle e equilíbrio, interditando alterações que surpreendam, aos solavancos, abruptamente, decorrentes de ações estatais ou mesmo de outros indivíduos. A confiança depositada uns nos outros impõe a todos, mas sobretudo ao Estado, que atuem de forma serena e equilibrada, mantendo aquilo que conquistado em termos de direitos e facilidades legítimas oferecidas à sociedade. A surpresa, as modificações de inopino, as alterações abusivas do *status quo,* vêm de encontro à segurança jurídica e, via de consequência, ao próprio Estado de Direito, exigindo a pronta repulsa popular, das Instituições e, de forma particularizada e obrigatória, pelos Tribunais.

5. O NOTARIADO COMO CONCRETIZADOR DE DIREITOS E GARANTIAS

A atuação do Notariado vem ganhando corpo e se aperfeiçoando de maneira notável. De fato, novos serviços são colocados à disposição da sociedade e ao passo que as seculares atribuições têm sido modernizadas e adaptadas ao contexto da chamada *vida digital.* Os exemplos são inúmeros, podendo ser citados, como já dissemos, o inventário e partilha, divórcio e separação, a expedição de cartas de sentença, o apostilamento de documentos para utilização no estrangeiro (Apostila de Haia), atas notariais a permitir produção antecipada de prova de forma célere e eficaz. Aliás, nesse campo é possível pensar em outras formas de atuação do tabelião como ator processual, promovendo a audiência de partes acompanhadas de seus advogados, materializando depoimentos sob o crivo do contraditório, a modo de tornar mais célere a ação judicial em curso, pela desnecessidade de audiências judiciais custosas

---

31. HAURIOU, Maurice. *Principios de derecho público y constitucional,* p. 196. Texto original: "Lo que los súbditos quieren es un poder de derecho que sea lo opuesto de un poder de fuerza, un poder razonable que trabaje en el cumplimiento de su función, es decir, en la buena gestión de la empresa común y del bien común." Tradução livre nossa.

e demoradas. A mediação e conciliação já possíveis atualmente, pode e deve evoluir para a arbitragem, utilizando-se a estrutura já existe dos tabelionatos para evitar o ajuizamento de ações judiciais. Nesse sentido já se manifestou o Min. Luiz Fux, do Supremo Tribunal Federal[32].

Poderíamos ir além mostrando outros exemplos e/ou sugerindo medidas facilitadoras que estão ou poderiam estar ao alcance do notariado. Todavia, o escopo deste trabalho é outro; é mostrar que o notariado ostenta natureza jurídica de função essencial ao funcionamento da Justiça, dada sua proximidade com instituições parecidas, mas principalmente porque o vemos como concretizador de direitos e garantias, a modo de impor-lhe um novo *status constitucional*. Essa não foi, contudo, a visão do constituinte, conforme já mencionamos.

Efetivamente, tratar do notariado no Título IX – Das Disposições Constitucionais Gerais, no artigo 236, pode até levar ao entendimento de uma certa falta de cuidado com a atividade notarial e registral, embora em si mesmo seja um avanço em relação à primeira menção de registros públicos em sede constitucional[33]. Todavia, mister tratarmos de três pontos que entendemos bastante relevantes. O primeiro deles diz respeito a posição – geográfica, por assim dizer – da norma constitucional que trata do notariado. O segundo diz respeito a um novo olhar da atividade em relação às funções essenciais à Justiça e, por fim, a natureza permanente das funções notariais.

Como dissemos, por opção, o constituinte de 1988 entendeu por bem alocar as disposições relativas à atividade notarial e registral em título geral e condensador de matérias díspares entre si, não se mostrando, definitivamente, a mais adequada e consentânea com a sua relevância. No entanto, cabe dizer que as matérias tratadas pelas constituições não encontram hierarquia entre si, sendo todas de igual relevância. Nesse sentido, são todas elas formalmente constitucionais, embora nem todas sejam materialmente constitucionais, em classificação sedimentada e largamente tratadas por constitucionalistas de escol, a exemplo de Alexandre de Moraes[34]. Importa neste momento saber sobre o artigo 236 da Constituição; seria norma apenas

---

32. Em primeiro lugar, investir nos meios alternativos de solução de litígios. Precisamos desjudicializar uma série de causas, e acima de tudo, ter instrumentos para evitar aventuras judiciais, demandas que são frívolas, recursos absolutamente infundados, e também prestigiar a sobremodo a conciliação, a atividade notarial, registral e a desjudicialização. São vários os meios que aos poucos vamos entender e por fim, ainda é uma novidade, mas também a inteligência artificial. (...)

    Cresceu muito a intervenção dos notários e registradores na solução dos problemas judiciais. Isso foi, digamos assim aferido por uma estatística. De sorte que, o trabalho é extraordinário, porque desafoga muito a Justiça. Nós temos hoje inventários, partilhas, separações, divórcios, demarcações de terras, enfim uma série de questões que antigamente levavam anos na Justiça e que hoje se resolvem de pronto nos cartórios do foro extrajudicial (FUX, Luiz Revista Cartórios com você, p. 63).

33. A Constituição Federal de 1934 mencionou em seu artigo 5°, inc. XIX, alínea "a" e seu § 3°, a competência da União para editar normas gerais de registros públicos, sem prejuízo da competência supletiva ou complementar dos Estados. No artigo 146 essa Constituição trata do casamento e sua celebração, referindo-se à inscrição dos nubentes no Registro Civil. Estas são as primeiras menções sobre o tema em sede constitucional.

34. MORAES, Alexandre. *Direito Constitucional*, p. 7.

formalmente constitucional, ou também materialmente constitucional? A resposta nos parece afirmativa quanto a seu caráter material. Tome-se a letra do artigo 236 e logo se verá que se trata da delegação de *serviço público* pelo *Poder Público*, para ser exercida em caráter privado. Evidentemente o Estado somente pode delegar serviço que é seu, que lhe é peculiar, ou seja, um serviço público. Portanto, sem ingressar em maior digressão ante o escopo limitado deste trabalho, fato é que o notariado exerce função estatal, por delegação do próprio Poder Público. Assim, tratando-se de serviço público, claro está que o artigo 236 da Constituição regula uma função estatal, um modo de agir do Estado em relação a prestação de certo serviço público. Desse modo, outra não pode ser a conclusão de que a norma em comento é materialmente constitucional[35], algo não percebido pelo constituinte originário que destacou essa parcela do Poder Público do título próprio no qual inseridos os demais Poderes e Órgãos estatais.

Para além disso, temos um bom número de exemplos no texto constitucional de disposições alocadas em diferentes títulos e capítulos, mas que não perdem a relevância. Podemos citar o artigo 142, § 2º que trata de exceção ao secular direito de *habeas corpus* em relação aos militares das Forças Armadas, no caso de infrações disciplinares. O inciso LXI do artigo 5º proíbe as prisões exceto nos casos de flagrante deleito ou ordem da autoridade judicial competente, ou, ainda, a prisão em caso de transgressão militar ou crime propriamente militar, hipóteses em que se admite prisão determinada fora dos casos antes mencionados. Por sua vez, o inciso LXVIII do mesmo artigo garante o direito ao *habeas corpus*. É esse direito sedimentado desde a *Magna Charta* e reafirmado na nossa declaração de direitos, que vem excepcionada por disposição distante e alocada em título referente a defesa do Estado e das instituições democráticas (Título V). Nota-se, pois, que o direito geral ao *habeas corpus* vem plasmado no sempre lembrado artigo 5º, mas a exceção vem bem mais adiante, não tendo, contudo, nenhuma relevância a localização da norma, dado que ambas disposições de uma mesma Constituição, obra do constituinte originário e que tudo podia[36]. Um outro bom exemplo se encontra no artigo 150 e seguintes da Carta Maior e que trata das limitações ao poder de tributar, reconhecidas como cláusulas pétreas pelo Supremo Tribunal Federal[37], conforme já mencionamos, embora estejam em título distante daquele atinente aos direitos e garantias fundamentais.

Nada obstante, se verdadeiro é que a localização em si mesma da disposição constitucional, pouco ou nada reflete na sua relevância e eficácia, não menos verda-

---

35. Segundo a lição de Marcelo Caetano: "No primeiro sentido, parte-se do princípio de que têm caráter constitucional as normas com certo conteúdo, que versarem determinada matéria, mas essas normas têm a mesma origem e a mesma forma das outras normas do Estado e podem ser modificadas ou substituídas pelo processo normal da criação ou declaração do Direito. Assim, são *leis constitucionais* todas quantas versem *matéria* considerada constitucional (estabelecimento e funcionamento das instituições políticas, regulamentação do sistema de governo, direitos individuais e sociais...). *Manual de Ciência Política*, p. 342. (grifos no original)

36. BRITO, Carlos Ayres. *Teoria da Constituição*. p. 17 e ss.

37. Supremo Tribunal Federal STF – ADI 939/DF.

de é que a Constituição ficaria mais didática ao seu destinatário por excelência – o indivíduo – nem sempre versado no Direito, se estivesse melhor alocada. Cremos mesmo que até para o profissional do Direito e seu intérprete, uma melhor alocação de algumas disposições constitucionais certamente facilitaria a sua compreensão e aplicação. Nos parece ser o caso da norma referente aos serviços notariais e de registro, hoje constante do artigo 236 em título pertinente às disposições constitucionais gerais, ou quase uma cláusula de fechamento do Texto Maior. Nada obstante, há nítida regulação de parcela da função estatal, por delegação do Poder Público.

Com efeito, o regramento constitucional da função notarial e de registros estaria melhor alocada em seção própria do Capítulo IV – Das Funções Essenciais à Justiça, do Título IV – Da Organização dos Poderes, ao lado de outras instituições como o Ministério Público, Defensoria e Advocacias Pública e Privada. Realmente, trata-se a função pública notarial e de registro de instituição nacional, única no País, regulamentada igualmente em lei nacional, com fiscalização e poder normatizador conferido ao Conselho Nacional de Justiça[38], bem como aos Tribunais de Justiça locais. A justificativa das *funções essenciais à justiça* está, nas palavras de José Afonso da Silva, na máxima do *nemo iudex sine actore*, ou seja, o Judiciário não pode funcionar sem um autor, dada a necessidade de o Estado juiz manter-se inerte até a provocação dos interessados.[39] Nos parece que a função notarial e registral está umbilicalmente ligada ao funcionamento da justiça, seja embasando-a, seja permitindo-lhe um melhor funcionamento.

Releva notar que atualmente a função notarial é independente do Poder Judiciário e assim deve manter-se, a despeito do poder normatizador e fiscalizador conferido aos Tribunais de Justiça e ao CNJ. Fato é que a função notarial é nacional e independente, bastando notar que uma escritura pode ser lavrada em tabelionato de qualquer dos Estados, devendo ser registrada naquele Registro de Imóveis pertinente à localização do imóvel transacionado, sendo vedada a recusa[40]. Importante é que um tabelionato de notas localizado em município do Acre pode lavrar uma escritura relativa a imóvel sediado em município do Rio Grande do Sul, tendo a validade e eficácia idêntica àquela que, eventualmente, fosse lavrada em tabelionato do município em que sediado o imóvel.

Esse caráter nacional do notariado, associado à própria natureza das funções notariais como antes mencionamos, observada a notável tendência de crescimento

---

38. Art. 103-B. (...) § 4º Compete ao Conselho o controle da atuação administrativa e financeira do Poder Judiciário e do cumprimento dos deveres funcionais dos juízes, cabendo-lhe, além de outras atribuições que lhe forem conferidas pelo Estatuto da Magistratura: (...)

  III – receber e conhecer das reclamações contra membros ou órgãos do Poder Judiciário, inclusive contra seus serviços auxiliares, *serventias e órgãos prestadores de serviços notariais e de registro que atuem por delegação do poder público ou oficializados*, sem prejuízo da competência disciplinar e correicional dos tribunais, podendo avocar processos disciplinares em curso, determinar a remoção ou a disponibilidade e aplicar outras sanções administrativas, assegurada ampla defesa; (g.n.)

39. SILVA, José Afonso da. *Curso de direito constitucional positivo,* p. 594.

40. Art. 19. É vedado à União, aos Estados, ao Distrito Federal e aos Municípios: (...)

  II – recusar fé aos documentos públicos;

de suas atribuições, permite-nos indicar, de *lege ferenda*, uma adequação quanto a localização do regramento constitucional da função notarial e registral, restando alocada ao lado de outras funções igualmente relevantes, a exemplo do Ministério Público, o Conselho Nacional do Ministério Público, o Ministério Público de Contas, Advocacia-Geral da União, Procuradoria da Fazenda Nacional, Procuradorias Gerais estaduais, a advocacia privada, representada pela Ordem dos Advogados do Brasil, e a Defensoria Pública. Essas instituições ou funções fazem parte do conjunto de funções essenciais à Justiça, atuando primordialmente *junto* ao Poder Judiciário, mas dele não fazendo parte, como atores fundamentais na distribuição de justiça e garantia de direitos fundamentais, papel que nitidamente o notariado já vem desempenhando. Daí vermos que o preconizado vai além da mera correção de localização e sim um impulso considerável e bem-vindo à cada vez mais eficaz atuação em prol dos direitos e garantias fundamentais, favorecendo o exercício da cidadania desde as grandes metrópoles até os mais longínquos rincões, onde, eventualmente, nem mesmo o Poder Judiciário, Ministério Público, Defensoria Pública ou a advocacia privada têm representantes, vista a capilaridade dos serviços notariais e registrais.

Por fim, outra indicação que se faz é em relação à natureza permanente da função notarial, igualmente de *lege ferenda*. Com efeito, instituições como o Ministério Público (art. 127), Defensoria Pública (art. 134), Forças Armadas (art. 142) e Polícias Federal, Rodoviária e Ferroviária (art. 144, §§ 1º, 2º e 3º) são qualificadas pela Constituição como *permanentes*, no sentido de não poderem ser extintas pelo constituinte reformador. Quis o constituinte originário, assim como o reformador (nos casos da Defensorias, Polícias Rodoviária Federal e Ferroviária Federal), que essas instituições fossem defendidas de eventual desejo momentâneo de extinção, possibilidade que ao menos em tese se verifica, razão de ostentarem a natureza de permanentes.

O notariado exerce função essencial à Justiça e tem papel relevantíssimo na defesa dos direitos e garantias fundamentais, atuando ao lado do Poder Judiciário na distribuição da Justiça. Em sendo assim, pelas mesmas razões que levaram à qualificação daquelas já citadas, não pode o sistema notarial e registral ficar exposto à tentação das soluções fáceis e momentâneas tão ao sabor dos populistas, que insistem em enxergar no *laissez faire* a solução para os graves problemas nacionais. Sem prejuízo da modernização sempre necessária, o notariado vem prestando relevantes serviços à causa da Justiça e deve continuar a luta pela melhor prestação de seus serviços, dignificando cada vez mais as funções essenciais à Justiça.

6. CONCLUSÕES

Ao final da exposição, possível destacar algumas afirmações à guisa de conclusões, iniciando por dizer que o ser humano vem travando intensa luta, há muito tempo, pela conquista de direitos. A evolução nesse campo é lenta e não está imune a contratempos, porém, tem prevalecido um crescimento seguro dos direitos individuais e dos direitos sociais, tirando-nos, definitivamente, das trevas e da barbárie, para colocar-nos em patamar elevado e digno. A Constituição da República é bom exemplo de como as sociedades conseguem avançar a despeito das forças conservadoras e até mesmo retrógradas. Temos direitos individuais garantidos e direitos sociais cada vez mais atendidos, guiando-nos na construção de uma sociedade livre, justa e solidária, garantindo o desenvolvimento de todos, mas sobretudo buscando erradicar a pobreza e a marginalização, com redução das desigualdades sociais e regionais. Precisamos promover o bem de todos, sem preconceitos de origem, raça, sexo, cor, idade e quaisquer outras formas de discriminação, tudo como determina o artigo 3º de nossa Carta Magna.

Os direitos fundamentais são concretizados tanto pelo Poder Legislativo quanto pelo Executivo, em maior grau, sem esquecer que o Judiciário também exerce esse relevante papel, notadamente nas hipóteses em que o indivíduo não encontra guarida por parte dos poderes antes mencionados, quando não têm seus direitos fundamentais tolhidos por eles, ou por outro indivíduo. Todavia, o papel de concreção de direitos fundamentais também é exercido por outros atores, a exemplo do notariado, tanto em relação aos direitos individuais quanto os sociais, observando-se um crescendo de atribuições que elevam a atividade a posição de destaque no meio jurídico e perante a sociedade.

O Estado Democrático e *Social* de Direito é fundamento da República Federativa do Brasil, designando aquele tipo de estado em que o poder é limitado pela lei, aplicando-se aos indivíduos e igualmente aos governantes, notadamente em prol dos direitos fundamentais. A segurança é direito fundamental prescrito no artigo 5º da Constituição, amoldando-se ao Estado de Direito por garantir aos súditos condutas previsíveis por parte dos governantes, mais uma vez, ditadas pela lei; assim, governantes e governados seguem as prescrições legais de igual modo, permitindo evitar as surpresas. O princípio da segurança jurídica é corolário do Estado Democrático de Direito, uma vez quer todos podem esperar condutas governamentais em acordo com o conjunto normativo, sejam normas positivadas, princípios explícitos ou implícitos. Isso não quer dizer que não haja evolução normativa ou interpretativa; ao revés, ambas devem acompanhar a evolução da sociedade, vedando-se, todavia, o retrocesso social e as alterações constitucionais ou legislativas abusivas.

A posição constitucional do notariado, conquanto tenha representado um avanço em relação às constituições anteriores, nos parece inadequada, pois, ao regular um serviço público delegando-o ao particular, para exercício em caráter privado, a Constituição está – ineludivelmente – tratando de serviço público, atividade eminentemente estatal, razão pela qual sugerimos uma melhor alocação da matéria, hoje no artigo 236. Vemos a atuação concretizadora de direitos fundamentais pelo notariado, senão um autor provocador do Poder Judiciário, ao menos um facilitador qualificado ao funcionamento da Justiça, estando ligada de forma inseparável daquele Poder, embora independente. Então, a função notarial estaria mais bem colocada se estivesse no Capítulo IV – Das Funções Essenciais à Justiça, do Título IV – Da Organização dos Poderes, junto das demais instituições e funções caracterizadas como essenciais ao funcionamento da Justiça. Além disso, dada a relevância de sua atuação na concretização de direitos fundamentais, reveste-se de caráter permanente, assim como o Ministério Público, Polícias Federal, Rodoviária e Ferroviária, bem como a Defensoria Pública, desafiando proposta de emenda constitucional na forma respeitosamente sugerida, permitindo a correção de inadequação histórica da disposição constitucional de regência do notariado.

7. REFERÊNCIAS

ALEXY, Robert. *Teoria dos direitos fundamentais*. Trad. Virgílio Afonso da Silva. 2. ed., 4. tir. São Paulo: Malheiros, 2015.

ARAÚJO, Luiz Alberto David; NUNES JUNIOR, Vidal Serrano. *Curso de direito constitucional*. São Paulo: Saraiva, 1998.

BANDEIRA DE MELLO, Celso Antônio. Eficácia das normas constitucionais sobre justiça social. *Revista de Direito Público*, ano XIV, n. 57-58. São Paulo, jan./jun. 1981.

BARROSO, Luís Roberto. *Curso de direito constitucional contemporâneo*: os conceitos fundamentais e a construção do novo modelo. 2. ed. São Paulo: Saraiva, 2010.

BONAVIDES, Paulo. *Curso de direito constitucional*. 6. ed., rev., atual. e ampl. São Paulo: Malheiros, 1996.

BONAVIDES, Paulo. *Teoria geral do estado*. 8. ed. rev. e atual. São Paulo: Malheiros. 2010.

BRASIL. Constituição. Constituição da República Federativa do Brasil: promulgada em 5 de outubro de 1988. Disponível em: http://www.planalto.gov.br/ccivil_03/Constituicao/Constituicao.htm. Acesso em: 11 fev. 2020.

BRASIL. Constituição. Constituição dos Estados Unidos do Brasil: promulgada em 10 de novembro de 1937. Disponível em: http://www.planalto.gov.br/ccivil_03/Constituicao/Constituicao37.htm. Acesso em: 11 fev. 2020.

BRASIL. Código Civil. Disponível em: http://www.planalto.gov.br/ccivil_03/Leis/2002/L10406.htm. Acesso em: 11 fev. 2020.

BRASIL. Estatuto do Idoso. Disponível em: http://www.planalto.gov.br/ccivil_03/Leis/2003/L10.741. htm. Acesso em: 11 fev. 2020.

BRASIL. Estatuto da Pessoa com Deficiência. Disponível em: http://www.planalto.gov.br/CCIVIL_03/_Ato2015-2018/2015/Lei/L13146.htm. Acesso em: 11 fev. 2020.

BRASIL. Supremo Tribunal Federal. Jurisprudência. Disponível em: http://www.stf.jus.br/portal/jurisprudencia/pesquisarJurisprudencia.asp.Acesso em: 11 fev. 2020.

BRITO, Carlos Ayres. *Teoria da Constituição*. Rio de Janeiro: Forense, 2003.

CAETANO, Marcello. *Manual de Ciência Política e Direito Constitucional*. 6. ed. ver. e ampl. por Miguel Galvão Teles. Coimbra: Almedina, 2003.

CANOTILHO, José Joaquim Gomes. *Direito constitucional*. 6. ed. revista. Coimbra: Almedina, 1993.

CHAVES, Carlos Fernando Brasil e REZENDE, Afonso Celso F. *Tabelionato de notas e o notário perfeito*. 7. ed., São Paulo: Saraiva, 2013.

DALARI ... et al; organizado por Ives Gandra da Silva Martins, Gabriel (Benedito Issac) Chalita, José Renato Nalini. – Indaiatuba, SP: Editora Foco, 2019.

FERREIRA FILHO, Manoel Gonçalves. *Curso de direito constitucional*. 29. ed. São Paulo: Saraiva, 2002.

HAURIOU. Maurice. *Principios de derecho público y constitucional*. Tradução para o espanhol de Carlos Ruiz del Castillo. Granada: Editorial Comares. 2003.

MARTINES JÚNIOR, Eduardo. *Educação, cidadania e Ministério Público*: o artigo 205 da Constituição e sua abrangência. São Paulo: Editora Verbatim, 2013.

MENDES, Gilmar Ferreira. BRANCO, Paulo Gustavo Gonet. *Curso de direito constitucional*. 8. ed. rev. e atual. São Paulo: Saraiva, 2013.

MIRANDA, Jorge. *Manual de direito constitucional*. 3. ed. rev. e act. Coimbra: Coimbra Editores. 2000. t. IV – Direitos fundamentais.

MIRANDA, Jorge. *Teoria do estado e da constituição*. Coimbra: Coimbra Editores. 2002.

MORAES, Alexandre de. *Direito constitucional*. 34. ed. São Paulo: Atlas. 2018.

MORAES, Alexandre de. *Direitos humanos fundamentais: teoria geral, comentários aos arts. 1º a 5º da Constituição da República Federativa do Brasil, doutrina e jurisprudência*. 7. ed. São Paulo: Atlas, 2006 – (Coleção temas jurídicos: 3).

PIÇARRA, Nuno. *A separação dos poderes como doutrina e princípio constitucional*. Coimbra: Coimbra Editores, 1989.

RANIERI, Nina Beatriz Stocco. *Teoria do Estado*: do Estado de Direito ao Estado Democrático de Direito. Barueri: Manole, 2013.

REVISTA CARTÓRIOS COM VOCÊ. São Paulo: Anoreg/BR, Anoreg/SP e Sinoreg/SP, n. 17. ano 4. abr./jun. 2019.

ROYO, Javier Pérez. *Curso de derecho constitucional*. 11. ed. ver. e atual. por Manuel Carrasco Durán. Barcelona: Marcial Pons. 2007.

SANTOS, Renato Ferreira dos; MAURICI JÚNIOR, Valmir. In: COSTA MACHADO (Org.). FERRAZ, Anna Cândida da Cunha (Coord.). *Constituição Federal interpretada*: artigo por artigo, parágrafo por parágrafo. 9. ed. Barueri, SP: Manole, 2018.

SILVA, José Afonso da. *Curso de direito constitucional positivo*. 33. ed., rev. e atual. São Paulo: Malheiros. 2010.

SILVA, José Afonso da. *Aplicabilidade das normas constitucionais*. 3. ed., 2. tir. São Paulo: Malheiros, 1999.

SUNDFELD, Carlos Ari. *Fundamentos de Direito Público*. 4. ed., 3. tir. São Paulo: Malheiros, 2002.

TAVARES, André Ramos. *Curso de direito constitucional*. 5. ed. rev. e atual. São Paulo: Saraiva, 2007.

IMÓVEIS RURAIS, FAIXAS DE FRONTEIRA E AQUISIÇÃO POR ESTRANGEIRO: O NOTARIADO E A SOBERANIA NACIONAL

José Claudio Lopes da Silva

Especialista em Direito Notarial e Registral pela Escola Paulista de Magistratura de São Paulo; Especialista em Direito Notarial e Registral pelo Centro Preparatório Jurídico – CPJUR/FAMETRO; Graduado em Direito pela Universidade Federal Fluminense – UFF; Tabelião de Notas e Protesto em Guaratinguetá/SP.

Resumo: O movimento pela expansão de fronteiras tem ganhado destaque no cenário mundial nas últimas décadas. O crescimento populacional somado à escassez de recursos naturais e as conjunturas econômicas adversas têm impulsionado a aquisição de terras estrangeiras como forma de garantir a segurança alimentar e o desenvolvimento econômico dos países. Neste cenário, importante se faz a análise das consequências deste fenômeno, principalmente no que tange à soberania nacional e ao controle legal das aquisições de imóveis rurais por estrangeiros como forma de assegurar a integridade territorial. Neste sentido, com o presente artigo pretende-se analisar as imposições legais que se aplicam a este fenômeno e suas eventuais limitações, bem como o papel do Notariado brasileiro na garantia da soberania nacional tendo em vista a importância do instrumento público nestas transações ao garantir o cumprimento dos requisitos que são exigidos ao negócio jurídico em questão.

Sumário: 1. Introdução – 2. A aquisição de imóveis rurais por estrangeiros e a soberania nacional – 3. Restrições à aquisição de imóvel rural por estrangeiros no brasil – 4. O papel do notariado na defesa da soberania nacional – 5. Conclusão – 6. Referências.

1. INTRODUÇÃO

A questão da aquisição de terras por estrangeiros tem ganhado destaque no cenário político mundial, sobretudo pela crescente globalização de mercados e a interdependência das economias verificada nas últimas décadas. O fenômeno da *estrangeirização de terras*[1] tem sido explicado principalmente pela dependência cada vez maior dos países desenvolvidos em relação às terras agricultáveis de países produtores de *commodities*, geralmente países da América Latina e da África.

O aumento no preço dos alimentos enfrentado no período de 2007 a 2008, sobretudo pelo aumento do valor internacional do petróleo que tornou mais cus-

---

1. SANTOS, Dayseanne Moreira. Estrangeirização de Terras e Direitos Humanos: considerações sobre a legislação brasileira. *Publicações da Escola da AGU*: Curso Cortes Internacionais e Constituições: princípios, modelos e estudo comparado, 4. ed. Brasília, ano 2016, v. 8, p. 256.

tosa a utilização de insumos agrícolas e fertilizantes também contribuiu para esse novo cenário. Somado a isto, as alterações climáticas que comprometem a produção agrícola e a expectativa de crescimento populacional para as próximas décadas corroborou para que os países buscassem a expansão de suas terras de modo a garantir a segurança alimentar interna.

A FAO (A Organização das Nações Unidas para a Alimentação e a Agricultura) acrescenta que existem poucas áreas de expansão agrícola disponíveis no mundo, colocando a produtividade no campo como o crucial para que o planeta obtenha sucesso no seu propósito de incrementar a produção de alimentos o quanto necessário.

Confira-se na figura abaixo o mapa que destaca a distribuição das áreas de expansão agrícola ao redor do globo, verificando-se a sua concentração em área da América Latina e da África. Não à toa, o Brasil é considerado o maior celeiro do mundo, concentrando a maior porção de terras agricultáveis.

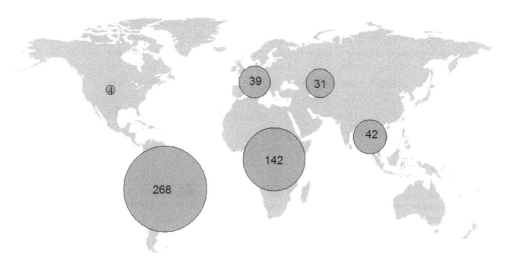

Fonte FAO/IAASAF

Neste novo cenário o Brasil ganha especial relevância, sobretudo pela sua extensa área territorial, com grande número de terras agricultáveis e abundância de recursos naturais, o que tem despertado o interesse de investidores externos pela aquisição de terras.

Tal panorama tem sido palco de debates sobre as possíveis consequências dessa expansão de fronteiras para os países em desenvolvimento. Um dos principais pontos reside na questão da soberania dos Estados, eleita como um dos fundamentos da República Federativa do Brasil, e que pode ser afetada caso não haja um controle efetivo sobre a aquisição de terras nacionais por estrangeiros.

No Brasil, a regulamentação do tema se dá pela Lei 5.709 de 1.971 que estabeleceu a forma de aquisição de imóvel rural por estrangeiro e pessoa jurídica estrangeira, evidenciando a preocupação do legislador em preservar a integridade e a soberania do território nacional, impedindo a ocupação de forma desordenada e indiscriminada por estrangeiros, o que poderia comprometer a estabilidade interna, bem como os valores atinentes à função social da propriedade rural e ao aspecto econômico, ambiental e social do país.

Além disso, a Lei 5.709/71 estabelece a obrigatoriedade de escritura pública para aquisição de imóveis rurais por estrangeiros, constituindo essência do ato. Desse modo, o tabelião representa importante papel neste processo, tendo em vista que somente por ele se dará a formalização desses negócios jurídicos através da lavratura do instrumento público, observado o rigoroso controle no cumprimento das limitações impostas pela lei.

Assim, o presente artigo tem como objeto principal o estudo acerca da questão da aquisição de terras por estrangeiros no Brasil, bem como o papel do notário nessas transações ao identificar e qualificar a vontade das partes, observando o cumprimento dos requisitos legais e atuando, em última análise, como guardião da soberania nacional. Além disso, busca-se analisar a origem da chamada "corrida pela terra"[2] em âmbito internacional, que tem se mostrado cada vez mais acentuada e as possíveis consequências para o Estado que recebe os investimentos estrangeiros em seu território.

Para alcançar tais objetivos, o artigo foi dividido em três capítulos. No primeiro capítulo tem-se uma breve análise da questão da aquisição de terras estrangeiras e os principais motivos que levaram a esse cenário bem como um estudo acerca da soberania nacional. O segundo capítulo volta-se mais especificamente à realidade brasileira, analisando as leis que regem a aquisição de terras rurais por estrangeiros, suas restrições para pessoas físicas e jurídicas, bem como as especificidades em relação às áreas de fronteira. No terceiro e último capítulo pretende-se analisar a figura do notário no âmbito desta questão, que se mostra essencial tendo em vista obrigatoriedade da escritura pública trazida pela Lei 5.709/71 para validar tais transações.

2. A AQUISIÇÃO DE IMÓVEIS RURAIS POR ESTRANGEIROS E A SOBERANIA NACIONAL

O debate acerca da aquisição de terras por estrangeiros não ocorre somente no Brasil, tendo em vista que passou a ser uma questão observada no cenário mundial e evidenciada na última década. A crise alimentar que elevou o preço de gêneros agrícolas no período de 2007 a 2008 e a crise financeira global que eclodiu pouco tempo depois constituíram justificativas para que países estrangeiros incentivassem as suas empresas a adquirir terras em outros países para a produção agrícola, tendo

---

2. SANTOS, Dayseanne Moreira. Estrangeirização de Terras e Direitos Humanos: considerações sobre a legislação brasileira. *Publicações da Escola da AGU*: Curso Cortes Internacionais e Constituições: princípios, modelos e estudo comparado. 4. ed. Brasília, ano 2016, v. 8, p. 255.

em vista a diminuição dos estoques de alimentos básicos e a grande volatilidade no preço dos mesmos.

A alta no preço dos biocombustíveis também corroborou para este cenário, pois causou um aumento expressivo no valor dos insumos agrícolas, o que tornava a produção consideravelmente mais cara. Soma-se a isto a previsão de crescimento populacional para as próximas décadas e as mudanças climáticas que afetavam a produção em determinadas áreas. Tais circunstâncias justificaram essa expansão de fronteiras dos países em que há uma demanda crescente de importações de alimentos em relação aos países em desenvolvimento que detinham grandes áreas agricultáveis muitas vezes não utilizadas.

A *estrangeirização de terras*, fenômeno que também ficou conhecido como *land grabbing* foi objeto de estudo pela Organização das Nações Unidas pela Agricultura e Alimentação (FAO) em 2011 que constatou o aumento da incidência desse processo nos países da América Latina, sobretudo Brasil e Argentina.

O Brasil, detentor de extensas áreas agricultáveis e de grande volume de recursos naturais de acordo com o IPEA[3], ganha especial relevância neste contexto atraindo o interesse de investidores estrangeiros em suas terras, além do fato de o Brasil ser um grande mercado consumidor, atraindo também a atuação de empresas multinacionais. As principais áreas de interesse se encontram nas terras produtivas do centro-oeste e sudeste, sobretudo o estado de Mato Grosso.

Neste cenário, torna-se de grande importância um debate acerca das consequências sensíveis aos países-alvo de investimentos estrangeiros em suas terras no que tange, por exemplo, à segurança alimentar, à preservação ambiental e à concentração de terras. Além disso, um aspecto de essencial relevância a ser analisado em relação ao processo de expansão das fronteiras é a questão da soberania nacional dos Estados.

A soberania nacional, elemento formador do conceito de Estado, foi eleita pela Constituição de 1988 como um dos fundamentos da República Federativa do Brasil, além de ser reconhecida como princípio da ordem econômica, que deve ser exercida livre de pressões externas e de interesses econômicos alienígenas[4].

O conceito de Estado é formado por mais dois elementos essenciais: o *povo* e o *território*. O primeiro diz respeito ao conjunto de indivíduos que está submetido a um determinado ordenamento jurídico, e o último, corresponde à base física ou geográfica que constitui o Estado e delimita sua autoridade sobre aquele grupo objetivando a eficácia do poder e a estabilidade social. Alexandre de Moraes[5], nesse sentido dispõe:

---

3. IPEA. *Boletim de Políticas Sociais* – acompanhamento e análise n. 19, Cap. 7 – Desenvolvimento Rural. Brasília, 2011. Disponível em: www.ipea.gov.br/portal.
4. ALEXANDRINO, Marcelo e PAULO, Vicente. *Direito Constitucional Descomplicado*. 16. ed. rev., atual. e ampl. São Paulo: Método, 2017, p. 939.
5. MORAES, Alexandre de. *Direito Constitucional*. 33 ed. rev. e atual. São Paulo: Atlas, 2017, p. 26.

O Estado, portanto, é forma histórica de organização jurídica limitado a um determinado território e com população definida e dotado de soberania, que em termos gerais e no sentido moderno configura-se em um poder supremo no plano interno e num poder independente no plano internacional.

A soberania, pois, representa o poder exercido pelo Estado internamente mediante sua competência exclusiva no âmbito político, econômico e social, sem influências e submissões internacionais. Externamente, o poder do Estado soberano se concretiza na igualdade de atuação internacional frente aos outros países. Para Miguel Reale: "Soberania é o poder que tem uma Nação de organizar-se livremente e de fazer valer dentro de seu território a universalidade de suas decisões para a realização do bem comum."[6]

Destarte, não se pode conceber a existência do Estado Moderno sem a noção de soberania, pois é um elemento integrante de seu conceito. Além disso, a soberania, que se caracteriza pela sua universalidade, unidade e integralidade, confere coesão política e fortalece a noção de integridade territorial ao Estado Moderno, que atua com liberdade na efetivação de suas políticas internas visando ao bem comum de seus cidadãos. Nesse sentido, Alexandre de Moraes[7] dispõe que a soberania: "É a capacidade de editar suas próprias normas, sua própria ordem jurídica (a começar pela Lei Magna), de tal modo que qualquer regra heterônoma só possa valer nos casos e nos termos admitidos pela própria Constituição."

No âmbito externo, importa destacar que a soberania não há que ser absoluta, tendo em vista que o Estado deve atuar de forma pacífica e harmônica respeitando a soberania dos outros Estados Nacionais. Além disso, nos tempos atuais, a globalização e a integração econômica entre os Estados colaboram para que haja uma relativização da soberania em prol da cooperação internacional, de modo que hoje não há como pensar em um Estado que viva isolado, de modo autossuficiente e longe de todo fluxo de informações, mercadorias e tecnologias proporcionadas pelo fenômeno da globalização.

Desse modo, o grande desafio dos Estados frente à questão da internacionalização das fronteiras reside na preservação de sua soberania nacional, tendo em vista que a obtenção de terras de forma desordenada e indiscriminada por estrangeiros poderia comprometer a estabilidade interna, bem como os valores atinentes à função social da propriedade rural e ao aspecto econômico, ambiental e social do país.

3. RESTRIÇÕES À AQUISIÇÃO DE IMÓVEL RURAL POR ESTRANGEIROS NO BRASIL

Como visto, a aquisição de terras por estrangeiros de forma desordenada pode trazer consequências indesejadas para o país, seja do ponto de vista da preservação de sua soberania, seja do ponto de vista econômico e social. Dessa forma, ao se permitir

---

6. REALE, Miguel. *Teoria do direito e do Estado*. 5. ed. rev. São Paulo: Saraiva, 2000, p. 112.
7. MORAES, Alexandre de. *Direito Constitucional*. 33 ed. rev. e atual. São Paulo: Atlas, 2017, p. 35.

a transação internacional de terras de forma irrestrita por estrangeiros não se teria a garantia do cumprimento de políticas agrárias e sociais queridas pelo Estado, de forma que tais transações se resumiriam, muitas das vezes, em mera exploração de terra e especulação fundiária com consequências danosas para a economia nacional. Nesse sentido, dispõe Olavo Acyr de Lima Rocha[8]:

> A aquisição de grandes glebas por estrangeiros, principalmente nas áreas pouco povoadas do Brasil, notadamente por estrangeiros não residentes no Brasil, em alguns casos estimulados pela legislação do imposto de renda de seus respectivos países passou a preocupar o governo brasileiro. (...) Havia a necessidade de por cobro a essa situação resguardando os interesses da nação brasileira quanto a uma ocupação descontrolada de seu território por estrangeiros, coibindo-se, ainda, a ação de escroques internacionais.

A primeira restrição em relação a tais transações se deu pela Lei 601 de 1.850, ainda sob o império de D. Pedro II. Já na contemporaneidade, dentro do período republicano, destaca-se o Ato Complementar 45 de 1969 que limitava a aquisição de imóveis rurais para brasileiros ou estrangeiros residentes no país, excetuando-se o caso de aquisição ou transmissão *causa mortis*[9]. No mesmo ano foi sancionado o Decreto-Lei 494 e o Decreto-Lei 924, no entanto, tais decretos foram posteriormente revogados pela Lei 5.709 de 1971, regulada pelo Decreto 74 de 1974, que foi recepcionada por nossa Constituição Federal de 1988.

A Constituição Federal em seu art. 5º afirma a igualdade de todos perante a lei e dispõe que os direitos fundamentais são aplicáveis a todos os brasileiros e estrangeiros, sejam eles residentes ou não no país, o que denota o caráter de universalidade de tal categoria de direitos. Entretanto, é sabido que essa condição de igualdade entre nacionais e estrangeiros não é absoluta, tendo em vista que a própria Constituição Federal impõe regramentos diferenciados a estrangeiros, como o art. 172 que confere à lei o poder de restringir a atuação de investimentos estrangeiros no país com base no interesse nacional.[10]

Em seu art. 190, a Constituição estabelece que a lei regulará a aquisição e arrendamento da propriedade rural por estrangeiros bem como os casos em que dependerão de autorização do Congresso Nacional. A Lei que regula a matéria atualmente é a Lei 5.709/71[11], que estabelece as restrições que devem ser observadas

---

8. ROCHA, Olavo Acyr de Lima. O imóvel rural e o estrangeiro. *Revista de Direito Agrário*. ano 16. n. 13. 1º semestre de 2000. Brasília: Incra, p. 14.
9. ROCHA, Olavo Acyr de Lima. O imóvel rural e o estrangeiro. *Revista de Direito Agrário*. ano 16. n. 13. 1º semestre de 2000. Brasília: Incra, p. 15.
10. BRASIL. *Constituição da República Federativa do Brasil*. Artigo 172. A lei disciplinará, com base no interesse nacional, os investimentos de capital estrangeiro, incentivará os reinvestimentos e regulará a remessa de lucros. Disponível em: https://www.senado.leg.br/atividade/const/con1988/con1988_04.10.2017/art_172_.asp. Acesso em: 27 ago. de 2019.
11. BRASIL. *Lei 5.709 de 07 de outubro de 1971*. Regula a Aquisição de Imóvel Rural por Estrangeiro Residente no País ou Pessoa Jurídica Estrangeira Autorizada a Funcionar no Brasil, e dá outras Providências. Diário Oficial da República Federativa do Brasil, Brasília, DF, 11 out. 1971. Disponível em: http://www.planalto.gov.br/ccivil_03/LEIS/L5709.htm. Acesso em: 28 ago. 2019.

IMÓVEIS RURAIS, FAIXAS DE FRONTEIRA E AQUISIÇÃO POR ESTRANGEIRO **303**

nessas transações. Já em seu art. 1º a Lei Federal estabelece que as restrições serão aplicadas às pessoas físicas estrangeiras residentes no Brasil e às pessoas jurídicas estrangeiras autorizadas a funcionar no Brasil, à exceção dos casos de sucessão legítima. Além disso, determina o § 1º do mesmo dispositivo que os limites estabelecidos também se aplicam à pessoa jurídica brasileira da qual participem pessoas físicas ou jurídicas estrangeiras que detenham a maioria do seu capital social e residam ou tenham sede no exterior.

Cumpre destacar a discussão, após o advento da Constituição de 1988, sobre o aludido § 1º do art. 1º da Lei 5.709/71 ter sido ou não recepcionado pela nova ordem constitucional visto que fazia uma equiparação entre pessoas jurídicas estrangeiras e pessoas jurídicas nacionais controladas majoritariamente por estrangeiros que residam ou tenham sede no exterior. Nesse sentido, a Advocacia Geral da União em 1994 emitiu o parecer GQ-22, cujo teor afirmava que o dispositivo havia sido recepcionado.

Com a edição da Emenda Constitucional 06/95 que revogou o art. 171 da Constituição Federal, que distinguia empresa nacional de empresa nacional com maioria do capital estrangeiro, a AGU emitiu o parecer GQ-181 em 1998. Tal parecer ratificava o anterior e afirma que não havia ocorrido repristinação pela revogação do referido dispositivo constitucional, portanto, o § 1º do art. 1º da Lei 5.709/71 continuaria revogado, admitindo, no entanto, que lei futura dispusesse sobre o assunto, restringindo o capital estrangeiro.

Em 2007 a AGU iniciou a revisão dos pareceres anteriormente expedidos, o que culminou com a modificação do entendimento até então exarado pela aprovação em 2010 do Parecer LA-01 de 2010. Este último defende que o § 1º do art. 1º da Lei 5.709, de 1971 foi recepcionado pela Constituição de 1988 e, portanto, nunca havia sido revogado. Desse modo, atualmente o entendimento consolidado é no sentido de equiparar a pessoa jurídica nacional com maioria do capital controlado por estrangeiros que residam ou tenham sede no exterior, com os estrangeiros residentes no país e as pessoas jurídicas estrangeiras autorizadas a funcionar no Brasil no que tange à aplicação das restrições impostas pela Lei 5.709/71.

No que se refere ao regramento estabelecido pela Lei em relação à pessoa física, a primeira restrição impõe que a pessoa física estrangeira só poderá adquirir imóvel rural que não ultrapasse 50 módulos de exploração indefinida (MEI)[12], que pode variar em cada município. As transações que envolvam imóveis rurais de até 3 MEI, são livres e isentas de qualquer autorização ou licença. Caso a transação envolva imóvel entre 3 e 50 MEI, dependerá de autorização do INCRA, e, também dependerá

---

12. O Modulo de Exploração Indefinida (MEI) é uma unidade de medida, expressa em hectares, a partir do conceito de módulo rural, para o imóvel com exploração não definida. É usada em processos relacionados à aquisição de terras por estrangeiros. A dimensão do MEI varia entre 5 e 100 hectares, de acordo com a Zona Típica de Módulo (ZTM) do município de localização do imóvel rural. Disponível em: http://www.incra.gov.br/content/modulo-de-exploracao-indefinida-mei. Acesso em: 27 ago. de 2019.

de anuência a aquisição de mais de um imóvel rural cuja área não ultrapasse 3 MEI. Além disso, caso o imóvel rural seja superior a 20 MEI, a autorização para aquisição por pessoa física ficará condicionada à apresentação de projeto de exploração correspondente. Por fim, estabelece o § 5 do art. 7º do Decreto 74.965 de 1974 que o Presidente, ouvido o Conselho de Segurança Nacional, poderá aumentar os limites fixados neste artigo[13].

Em relação às pessoas jurídicas submetidas à lei, a aquisição dependerá, além da autorização do INCRA, de aprovação pelo Ministério da Agricultura, ouvido o órgão federal competente, da implantação dos projetos agrícolas, pecuários, industriais ou de colonização vinculados aos seus objetivos estatutários, de acordo com o art. 11 da Lei 5.709/71. Além disso, de acordo com o art. 23, § 2.º, da Lei 8.629/1993[14], caso o imóvel tenha mais de 100 MEI, será necessária a autorização do Congresso Nacional.

Além disso, a soma total da área pertencente às pessoas físicas e jurídicas estrangeiras não poderá ultrapassar ¼ da área do município onde se situem, e as pessoas da mesma nacionalidade não poderão ser proprietárias de mais de 40% deste limite previsto, de acordo com o art. 12 da Lei 5.709/71 e do art. 5º do Decreto 74.965/1974.

Por fim, soma-se a estas restrições a necessidade de prévio assentimento do Conselho de Defesa Nacional nas transações com imóvel rural que impliquem domínio, posse ou qualquer outro direito real sobre o imóvel por estrangeiros na Faixa de Fronteira, que é considerada área indispensável à segurança nacional e corresponde à faixa de 150 km (cento e cinquenta quilômetros) de largura, paralela à linha divisória terrestre do território nacional, de acordo com o art. 1º da Lei 6.634/79[15].

Desse modo, percebe-se que a aquisição de imóvel rural por estrangeiros deve observar uma série de restrições impostas por lei no que tange aos limites objetivos relacionados à área que pode ser alienada e à autorização dos órgãos competentes mencionados nos diplomas legais de acordo com a circunstância, conferindo, portanto, legitimidade a tais transações, de modo que seja preservada a soberania e os interesses nacionais.

---

13. BRASIL. *Decreto 74.965 de 26 de novembro de 1974*. Art. 7º § 5º O Presidente da República, ouvido o Conselho de Segurança Nacional, poderá aumentar o limite fixado neste artigo. Disponível em: http://www.p.lanalto.gov.br/ccivil_03/decreto/1970-1979/D74965.htm. Acesso em: 27 ago. 2019.

14. BRASIL. Lei 8.629 de 25 de fevereiro de 1993. Dispõe sobre a regulamentação dos dispositivos constitucionais relativos à reforma agrária, previstos no Capítulo III, Título VII, da Constituição Federal. Disponível em: http://www.planalto.gov.br/ccivil_03/LEIS/L8629.htm. Acesso em: 18 ago 2019.

15. . BRASIL. Lei 6.634 de 2 de maio de 1979. Dispõe sobre a Faixa de Fronteira, altera o Decreto-lei 1.135, de 3 de dezembro de 1970, e dá outras providências. Art. 1º É considerada área indispensável à Segurança Nacional a faixa interna de 150 Km (cento e cinquenta quilômetros) de largura, paralela à linha divisória terrestre do território nacional, que será designada como Faixa de Fronteira. Disponível em: http://www.planalto.gov.br/ccivil_03/LEIS/L6634.htm. Acesso em: 28 ago 2019.

4. O PAPEL DO NOTARIADO NA DEFESA DA SOBERANIA NACIONAL

As restrições à aquisição de imóveis rurais por estrangeiros, previstas na Lei 5.709/1971, em consonância com o disposto nos artigos 172 e 190 da Carta de 1988, resguardam a soberania nacional em seu amplo aspecto (alimentar, energética, ambiental e climática). Nesse sentido, objetivam assegurar proteção ao patrimônio, ao interesse, à defesa e à segurança nacionais, num duríssimo combate aos especuladores, em um panorama de contínuo crescimento populacional.

A um só tempo, obstam a valorização desarrazoada do preço da terra, que traria potencial risco à integridade nacional, desestimulando a grilagem de terras por *outsiders* monetarizados e impedem a venda ilegal de terras públicas e a utilização de recursos oriundos de atividades ilícitas, cuja origem é de difícil rastreio, auferidos em países estrangeiros para tais aquisições, além de proteger as fronteiras da entrada de produtos ilícitos vindos de países limítrofes. A imprensa, recentemente, deu destaque à seguinte estatística:

> Segundo dados do Sistema Nacional de Cadastro Rural existem hoje no País 28.323 propriedades de terra em nome de estrangeiros, totalizando 3,617 milhões de hectares. Isto significa dizer que, atualmente, uma área quase equivalente à do Estado do Rio de Janeiro está nas mãos de estrangeiros. Desse total, 1,293 milhão de hectares está em nome de pessoas físicas, enquanto os demais 2,324 milhões de hectares aparecem em nome de empresas. Verifica-se a presença do capital estrangeiro em 3.205 municípios, ou seja, o investidor estrangeiro já está presente em 60% dos municípios do Brasil.[16]

Ainda neste contexto, o Instituto de Pesquisa Econômica Aplicada (IPEA)[17] disponibiliza os seguintes dados:

> Ainda de acordo com os dados do SNCR, 23% das terras compradas por estrangeiros são de propriedade de japoneses; 7% são de italianos; argentinos, americanos e chineses controlam, pelas estatísticas oficiais, 1% das terras compradas por estrangeiros no Brasil. De acordo com o Incra, o volume de terras estrangeiras em território nacional deve ser três vezes superior ao identificado pelo cadastro.

Diante de dados tão impactantes, justifica-se a preocupação regulatória por parte do Estado. Além dos dispositivos mencionados anteriormente, que regulam a aquisição de imóvel rural por estrangeiros, um importante preceito se relaciona à forma pela qual os contratos deverão se materializar. Dispõe a Lei 5.709/71, em seu art. 8º, que a aquisição de imóvel rural por pessoa física ou jurídica estrangeira deverá ser realizada por escritura pública, constituindo-se na essência do ato.

---

16. ESTRANGEIROS têm um Estado do Rio em terras no País. *Estadão*. São Paulo, 17 de dez. de 2018. Disponível em: https://especiais.estadao.com.br/canal-agro/negocios-rurais/estrangeiros-tem-um-estado-do-rio-em-terras-no-pais/. Acesso em: 22 de nov. 2019.

17. IPEA. Boletim de Políticas Sociais – acompanhamento e análise n. 19, Cap. 7 – Desenvolvimento Rural. Brasília, 2011. Disponível em: www.ipea.gov.br/portal. Acesso em: 20 nov. 2019.

Destaque-se, aqui, que o Notário, no exercício de sua função pública, se coloca como instrumento de concretização de um dos fundamentos da República Federativa do Brasil, qual seja, a Soberania Nacional em suas diversas faces.

É de se ver que na lavratura da escritura pública de alienação de imóvel rural deverá constar, de acordo com art. 9º da Lei 5.709/71, por exemplo: o número de identidade do adquirente, a prova de residência no território nacional e a autorização do órgão competente. E, tratando-se de pessoa jurídica estrangeira, constará da escritura a transcrição do ato que concedeu autorização para a aquisição da área rural e os documentos que comprovem sua constituição e licença para funcionar no Brasil.

Ainda, de acordo com a lei, a alienação de imóvel rural que se der sem a observância das prescrições estabelecidas será nula de pleno direito, respondendo civilmente o tabelião que lavrou a escritura e o oficial de registro de imóvel que procedeu ao seu registro pelos danos que causarem aos contratantes[18].

Por seu turno, a recente Instrução Normativa 94 editada pelo INCRA em 17 de dezembro de 2018, dispondo sobre a aquisição e o arrendamento de imóvel rural por pessoa natural estrangeira residente no País, pessoa jurídica estrangeira autorizada a funcionar no Brasil e pessoa jurídica brasileira equiparada à estrangeira, em seus artigos 18 e 24, vem, mais uma vez, reafirmar a importância do instrumento público em matérias sensíveis ao Estado.

Desse modo, fica evidente a preocupação do Estado no controle destas aquisições, principalmente tendo em vista todas as restrições e autorizações necessárias para que o contrato seja validamente elaborado. Decidiu o Estado que este papel fundamental fosse atribuído a um profissional do direito, dotado de fé pública, garantidor da segurança jurídica: O Notário.

O notário, em sua atuação, realiza um controle de legalidade do negócio jurídico, adequando a vontade das partes aos preceitos legais e coibindo, portanto, o surgimento de fraudes e contrato ilícitos ou abusivos. Além disso, atua na fiscalização do recolhimento dos tributos devidos e do cumprimento de outras exigências legais como eventuais autorizações devidas aos órgãos públicos, o que garante a estabilidade e segurança do negócio jurídico, realçando o caráter profilático de sua atuação.

A segurança jurídica do instrumento notarial também decorre do dever de imparcialidade do notário, ou seja, em sua atuação este profissional age de forma isenta, prestando aconselhamento a ambas de modo a alcançar o fim desejado de forma equilibrada e menos custosa. Desse modo, o notário contribui para que o negócio seja

---

18. BRASIL. Lei 5.709 de 07 de outubro de 1971. Art. 15. A aquisição de imóvel rural, que viole as prescrições desta Lei, é nula de pleno direito. O tabelião que lavrar a escritura e o oficial de registro que a transcrever responderão civilmente pelos danos que causarem aos contratantes, sem prejuízo da responsabilidade criminal por prevaricação ou falsidade ideológica. O alienante está obrigado a restituir ao adquirente o preço do imóvel. Disponível em: http://www.planalto.gov.br/ccivil_03/LEIS/L5709.htm. Acesso em: 28 ago. 2019.

IMÓVEIS RURAIS, FAIXAS DE FRONTEIRA E AQUISIÇÃO POR ESTRANGEIRO

realizado em situação de igualdade entre as partes, garantindo o equilíbrio contratual e alertando acerca dos efeitos jurídicos decorrentes do instrumento. Soma-se a isto a garantia da conservação dos documentos na serventia[19], minimizando o risco de perdas, extravio e alteração documental, reforçando a confiabilidade de que dispõe esta forma de documento.

A segurança que emana dos instrumentos notariais está intimamente relacionada à fé pública da qual é investido o notário. A fé pública decorre da autoridade conferida por lei aos titulares de serviços notariais e de registro de forma que o documento lavrado pelo tabelião faz prova plena dos fatos por ele descritos, ou seja, há uma presunção de veracidade e legalidade. Nesse sentido, Luiz Guilherme Loureiro[20] dispõe:

> Em outras palavras, a fé pública é verdade, confiança ou autoridade que a lei atribui aos notários (e outros agentes públicos) no que concerne à verificação ou atestação dos fatos, atos e contratos ocorridos ou produzidos em sua presença ou com a sua participação.

Destarte, o princípio da fé pública ratifica a confiança que a coletividade e o Estado outorgam ao notário e aos negócios jurídicos por ele elaborados, bem como em relação aos fatos que ocorreram em sua presença. Estes atos notariais são presumidamente verdadeiros, vez que revestidos do especial atributo da fé pública.

O tabelião exerce papel de singular importância na formalização das aquisições de imóveis rurais por estrangeiros, colaborando com o poder público neste tipo de negócio jurídico considerado de extrema relevância no tocante à soberania nacional e em relação à integridade territorial brasileira.

5. CONCLUSÃO

Pelo exposto, depreende-se que o movimento de expansão das fronteiras nacionais não é observado exclusivamente no Brasil, mas trata-se de um fenômeno mundial impulsionado por fatores como o crescimento populacional, a escassez de recursos naturais, condições climáticas adversas e também conjunturas econômicas como a crise financeira global do ano de 2008 e o aumento considerável do preço dos gêneros alimentícios.

Tais fatores contribuíram para o desencadeamento da chamada *transnacionalização de terras*, em que países desenvolvidos, para garantir a sua segurança alimen-

---

19. BRASIL. Lei 8935 de 18 de novembro de 1994. Regulamenta o art. 236 da Constituição Federal, dispondo sobre serviços notariais e de registro. (Lei dos cartórios). Art. 46. Os livros, fichas, documentos, papéis, microfilmes e sistemas de computação deverão permanecer sempre sob a guarda e responsabilidade do titular de serviço notarial ou de registro, que zelará por sua ordem, segurança e conservação. Disponível em: http://www.planalto.gov.br/ccivil_03/leis/L8935.htm. Acesso em 30 ago. 2019.
20. LOUREIRO, Luiz Guilherme. *Manual de Direito Notarial*: da atividade e dos documentos notariais. Salvador: Juspodivm, 2016, p. 134.

tar e expandir sua produção, buscam adquirir imóveis rurais em países com vastas extensões de terras e recursos naturais, como é o caso do Brasil. Porém, é necessário que haja um adequado controle por parte do Estado em relação à estas frequentes aquisições, de forma que se garanta a preservação de sua soberania e integridade territorial.

Desse modo, as restrições impostas por lei à aquisição de imóveis rurais por estrangeiros se justificam na medida em que se destinam ao controle do Estado brasileiro em relação aos negócios jurídicos que envolvem interesses nacionais. Dessa forma, a Lei 5.709/71 e seu decreto regulamentador ao tratar do tema especificando de forma minuciosa os limites impostos às pessoas sujeitas ao seu regramento, constitui um importante instrumento de fiscalização pelo poder público das transações que possam interferir na soberania nacional, na integridade territorial e no desenvolvimento econômico, ambiental e social do país.

A soberania nacional constitui um dos fundamentos da República Federativa do Brasil, e concretiza o poder do Estado de executar suas políticas públicas sem intervenções externas. A soberania é um elemento formador do próprio conceito de Estado Moderno, conferindo coesão política e fortalecendo a noção de integridade territorial da nação. Como visto, porém, esta soberania não é absoluta, de forma que devem ser observadas regras de direito internacional que visem à convivência pacífica e equilibrada entre os Estados.

Um dos desafios da soberania nacional atualmente reside no fenômeno da globalização, que estreita cada vez mais os laços entre diferentes Estados, principalmente no que tange à integração econômica entre os países, sendo inviável que um Estado permaneça completamente alheio ao fluxo intenso de informações, mercadorias e investimentos próprios da globalização. Nesse sentido, importa destacar que as restrições estabelecidas pela Lei 5.709/71 não constituem óbice ao desenvolvimento econômico do país, pois não impedem que estrangeiros adquiram terras no Brasil ou que empresas multinacionais atuem, mas sim, estabelecem limites para essas aquisições, resguardando a soberania nacional.

A Lei n. 5.709/1971 centra-se em dois protagonistas: a) o estrangeiro e figuras a ele equiparadas e b) a quantidade de terras passível de passar à propriedade desse estrangeiro (genericamente, até um quarto da área do município, limitado a 40% de mesma nacionalidade).

Ressente-se, no entanto, da falta de outras vertentes de discussões quanto à efetiva análise da repercussão sobre a gestão fundiária, da alienação de terras, em suas diversas modalidades, que não apenas a propriedade e o arrendamento, mas também sob a ótica dos demais direitos reais e possessórios transmitidos. Urge que os impactos dessa apropriação sejam dimensionados tendo-se em vista os setores mais vulneráveis do campo, como comunidades indígenas e pequenos trabalhadores rurais,

A título de exemplo, a Lei 13.178, de 22 de outubro de 2015 e o Decreto 9.142, de 22 de agosto de 2017 permitem a internacionalização das terras, quando tratam da ratificação dos registros imobiliários decorrentes de alienações e concessões de terras públicas situadas nas faixas de fronteira. O dispositivo legal, facilitando a privatização de terras públicas, de certa forma, flexibiliza a própria noção de soberania. A faixa de fronteira é entendida como um território público. O reconhecimento de títulos privados avança sobre este território, possibilitando processos de internacionalização.

E mais, a Medida Provisória 897 de 01/10/2019, convertida na Lei 13.986/2020 que, dentre outros instrumentos, instituiu a Cédula Imobiliária Rural, em seu art. 24, assim preceituava:

> Vencida a Cédula Imobiliária Rural e não liquidado o crédito por ela representado, o credor poderá exercer de imediato o direito à transferência, para sua titularidade, do registro da propriedade da área rural que constitui o patrimônio de afetação ou de sua parte vinculado a Cédula Imobiliária Rural no cartório de registro de imóveis correspondente (BRASIL, 2019, Art. 24).

Os parágrafos 2º e 3º do mencionado dispositivo remetem, no que couber, à aplicação dos procedimentos enumerados nos art. 26 e 27 da Lei 9514/97, que tratam da alienação fiduciária de bens imóveis. Em última análise, permite-se a aquisição de imóvel rural por estrangeiro, livre das restrições impostas pela lei 5.709/71, que regula a aquisição de imóvel rural por estrangeiro residente no país ou pessoa jurídica estrangeira autorizada a funcionar no Brasil, e pela lei 6.634/79, que dispõe sobre a faixa de fronteira, também, esta última, alterada pela Lei 13.986/2020

Nesse contexto, o notariado tem papel de extrema relevância no controle da legalidade das referidas alienações. Veja-se que o legislador ordinário estabeleceu a obrigatoriedade da escritura pública em tais negócios jurídicos, qualificando-a como da essência do ato. Denota-se a confiança outorgada pelo Poder Público a este profissional, verdadeiro guardião da segurança jurídica e figura essencial em negócios tão sensíveis ao Estado.

Os direitos fundamentais exercem uma função estabilizadora de todo o tecido social. Nesse sentido, agrega-se um peso maior às demandas supraindividuais em detrimento dos interesses individuais. Justificam-se, portanto, as restrições impostas à aquisição de propriedade rural por estrangeiros, diante de eventual conflito com a Soberania Nacional (alimentar, energética, ambiental, climática), considerando o seu viés público e coletivo.

Agiganta-se, portanto, o Notariado, como instituição, quando exerce papel tão preponderante, como agente facilitador da concreção de direitos fundamentais e, em última análise como vetor da implementação de medidas de gestão fundiária, viabilizando-se, quiçá, como órgão constitucional de caráter permanente.

6. REFERÊNCIAS

BRASIL. Advocacia-Geral da União. Parecer LA-01, de 19 de agosto de 2010. Brasília: DOU 23 ago. 2010.

BRASIL. Advocacia-Geral da União. Parecer GQ-181, de 17 de dezembro de 1998. Brasília: DOU 21 jan. 1999.

BRASIL. Constituição da República Federativa do Brasil. Diário Oficial da República Federativa do Brasil, Brasília, DF, 05, out. 1988. Disponível em: www.planalto.gov.br/ccivil_03/Constituicao/Constituicao. htm. Acesso em: 08 out. 2019.

BRASIL. Decreto 74.965 de 26 de novembro de 1974. Regulamenta a Lei 5.709, de 7 de outubro de 1971, que dispõe sobre a aquisição de imóvel rural por estrangeiro residente no País ou pessoa jurídica estrangeira autorizada a funcionar no Brasil. Diário Oficial da República Federativa do Brasil, Brasília, DF, 27 nov. 1974. Disponível em: http://www.planalto.gov.br/ccivil_03/decreto/1970-1979/D74965.htm. Acesso em: 08 out. 2019.

BRASIL. Decreto 85.064 de 26 de agosto de 1980. Regulamenta a Lei 6.634, de 2 de maio de 1979, que dispõe sobre a Faixa de Fronteira. Diário Oficial da República Federativa do Brasil, Brasília, DF, 27 out. 1980. Disponível em: http://www.planalto.gov.br/ccivil_03/decreto/Antigos/D85064.htm. Acesso em: 8 out. 2019.

BRASIL. Lei 5.709 de 07 de outubro de 1971. Regula a Aquisição de Imóvel Rural por Estrangeiro Residente no País ou Pessoa Jurídica Estrangeira Autorizada a Funcionar no Brasil, e dá outras Providências. Diário Oficial da República Federativa do Brasil, Brasília, DF, 27 out. 1971. Disponível em: http://www.planalto.gov.br/ccivil_03/LEIS/L5709.htm. Acesso em: 08 out. 2019.

BRASIL. Lei 6.634 de 02 de maio de 1979. Dispõe sobre a Faixa de Fronteira, altera o Decreto-lei 1.135, de 3 de dezembro de 1970, e dá outras providências. Diário Oficial da República Federativa do Brasil, Brasília, DF, 03 maio de 1979. Disponível em: http://www.planalto.gov.br/ccivil_03/LEIS/L6634.htm. Acesso em: 8 out. 2019.

BRASIL. Lei 13.986 de 07 de abril de 2020. Institui o Fundo Garantidor Solidário (FGS); dispõe sobre o patrimônio rural em afetação, a Cédula Imobiliária Rural (CIR), a escrituração de títulos de crédito e a concessão de subvenção econômica para empresas cerealistas. Diário Oficial da República Federativa do Brasil, Brasília, DF, 19 de agosto de 2020. Disponível em: http://www.planalto.gov.br/ccivil_03/_ato2019-2022/2020/lei/L13986.htm. Acesso em: 14 out. 2021.

BRASIL. Medida provisória 897 de 1º de outubro de 2019. Institui o Fundo de Aval Fraterno, dispõe sobre o patrimônio de afetação de propriedades rurais, a Cédula Imobiliária Rural, a escrituração de títulos de crédito e a concessão de subvenção econômica para empresas cerealistas, e dá outras providências. Diário Oficial da República Federativa do Brasil, Brasília, DF, 2 out. de 2019. Disponível em: http://www.planalto.gov.br/ccivil_03/_Ato2019-2022/2019/Mpv/mpv897.htm. Acesso em: 20 nov. 2019.

CUNHA, Paulo Ferreira da. Estado, *Povo e Território*: Sentido, Implicações, Historicidade. JURISMAT, Portimão, n. 8, p. 91-112, 2016. Disponível em: http://www.egov.ufsc.br/portal/sites/default/files/estado_povo_e_territorio.pdf. Acesso em: 19 nov. 2019.

IPEA. Boletim de Políticas Sociais – acompanhamento e análise n. 19, Cap. 7 – Desenvolvimento Rural. Brasília, 2011. Disponível em: www.ipea.gov.br/portal. Aceso em: 19 nov. 2019.

JORDÃO, Luciana Ramos. *Da questão agrária e da compra de terras por Estrangeiros*. Dissertação (Mestrado) Goiânia: Universidade Federal de Goiás, Faculdade de Direito, 2012. Disponível em: https://repositorio.bc.ufg.br/tede/handle/tede/3573?locale=pt_BR. Acesso em: 19 nov. 2019.

LOUREIRO, Luiz Guilherme. *Manual de Direito Notarial*: da atividade e dos documentos notariais. Salvador: Juspodivm, 2016.

MORAES, Alexandre de. *Direito Constitucional*. 33. ed. rev. e atual. São Paulo: Atlas, 2017.

IMÓVEIS RURAIS, FAIXAS DE FRONTEIRA E AQUISIÇÃO POR ESTRANGEIRO

MORAES, Bernardo B. Queiroz de. Aquisição de terras por estrangeiros no Brasil: "land grabbing" e o universalismo latino-americano. *Revista de Direito Civil Contemporâneo*. v. 10. ano 4. p. 73-99. São Paulo: Ed. RT, jan.-mar. 2017. Disponível em: file:///C:/Users/Adm/Downloads/257-496-2-PB.pdf. Acesso em: 08 nov. 2019.

ROCHA, Olavo Acyr de Lima. O imóvel rural e o estrangeiro. *Revista de Direito Agrário*. ano 16. n. 13. 1º semestre de 2000. Brasília – Incra. Disponível em: http://www.incra.gov.br/media/revista_direito_agrario/revista_de_direito_agrrio_n_13_2000.pdf. Acesso em: 19 nov. 2019.

SANTOS, Dayseanne Moreira. *Estrangeirização de Terras e Direitos Humanos*: considerações sobre a legislação brasileira. Publicações da Escola da AGU: Curso Cortes Internacionais e Constituições: princípios, modelos e estudo comparado, Brasília, ano 2016, v. 8, ed. 4, p. 253-278, 2016. Disponível em: https://seer.agu.gov.br/index.php/EAGU/article/view/1142. Acesso em: 19 nov. 2019.

SOUTO, Gilberto Vianconi. Da Aquisição de Imóveis Rurais por Estrangeiros e Pessoas Equiparadas. JusBrasil, 2016. Disponível em: https://gilbertovianconi.jusbrasil.com.br/artigos/372862000/da-aquisicao-de-imoveis-rurais-por-estrangeiros-e-pessoas-equiparadas. Acesso em: 19 nov. 2019.

STOEBERL, Jorge. *Os Princípios da Propriedade e da Soberania e a Aquisição de Imóveis Rurais por Estrangeiros no Brasil*. 2014. 153f. Dissertação (Mestrado). Santa Catarina: Universidade do Vale do Itajaí, 2014. Disponível em: http://siaibib01.univali.br/pdf/Jorge%20Stoeberl.pdf. Acesso em: 20 out. 2019.

PARTE IV
REGISTRO CIVIL DE PESSOAS JURÍDICAS/ TÍTULOS E DOCUMENTOS
DR. HÉRCULES BENÍCIO

REGISTRO DE TÍTULOS E DOCUMENTOS E A DESJUDICIALIZAÇÃO DAS COMUNICAÇÕES JUDICIAIS

Johnata Alves de Oliveira

Pós-graduado em Direito Penal e Processual Penal. Pós-graduado em criminologia. Mestrando em Ciências Jurídicas pela Universidade Autônoma de Lisboa, Portugal. Professor universitário. Advogado. Secretário Geral da Comissão de Direito Constitucional e Legislação da OAB/GO – triênio 2019-2021.

Resumo: Esse artigo tem como objetivo demonstrar como a legislação brasileira atribui exclusivamente o Ofício de Registro de Títulos e Documentos para que seja realizada a notificação conforme o domicílio do notificando, tendo como relevância de pesquisa a discussão administrativa do princípio da territorialidade perante o CNJ – Conselho Nacional de Justiça e considerando ainda o posicionamento do STJ – Superior Tribunal de Justiça sobre o mesmo princípio, no que corresponde ao fato de que a notificação pode ser realizada por qualquer Ofício do Registro de Títulos e Documentos e enviada ao destinatário pelo correio, independentemente do local em que este se encontre. Buscou-se a partir de então analisar a possibilidade da desjudicialização das comunicações judicias, especialmente a expressamente prevista no artigo 269 do Código de Processo Civil de 2015, de forma a prestigiar o Registro de Títulos e Documentos como instrumento de prova dos documentos enviados na intimação feita diretamente pelo advogado, via correio.

Sumário: 1. Introdução – 2. O registro de títulos e documentos – 3. Notários públicos no Brasil – 4. Notificação no registro de títulos e documentos e suas incidências; 4.1 Conforme o novo Código Civil; 4.2 Comunicações segundo o Código de Processo Civil – 5. O sistema processual em crise; 5.1 Da celeridade e seus aspectos no Direito Brasileiro – 6. A desjudicialização das comunicações judiciais – 7. Conclusão – 8. Referências.

1. INTRODUÇÃO

Considerando as orientações do artigo 236, da Constituição Federal do Brasil, criou-se um sistema jurídico notarial e registral, formado pelo advento de novas regras e pela recepção de regras anteriores a 1988. Assim, destacam-se as Leis 6.015/1973, 8.935/1994 e 10.169/2000, em cujas órbitas giram a maior parte dos diplomas legais e regulamentares componentes do mesmo sistema.

Esse estudo trata da notificação no Registro de Títulos e Documentos e sua incidência no Código Civil Brasileiro, os aspectos dentro do Código de Processo Civil de 2015, especialmente no que corresponde à possibilidade da desjudicialização das comunicações judicias, passando o registro realizado no Ofício de Registro de Títulos e Documentos a ser meio probatório da intimação feita diretamente pelo advogado nos termos do artigo 269 do CPC.

Vale ressaltar que das leis supramencionadas, a Lei 6.015/1973 é a lei geral em matéria de Registros Públicos, uma vez que dita normas e procedimentos a serem observados em todo o país pelos Oficiais Delegados.

A Lei 8.935/1994 é considerada como o estatuto ou lei orgânica dos Oficiais Registradores e do Notariado nacional, pois regula direitos, prerrogativas e obrigações dos profissionais do setor, além de prever infrações e punições. Seu grande mérito foi a regulamentação dos concursos públicos de ingresso nas atividades notariais e de registro.

E a Lei 10.169/2000, por sua vez, estipula as regras gerais sobre os emolumentos a serem pagos em contrapartida aos serviços realizados pelos delegatários notariais e de registro. Trata-se de regras que deverão ser observadas tanto pelos Estados quanto pelo Distrito Federal, quando da edição de leis locais sobre emolumentos.

Nesse contexto, vale dizer que o Código de Processo Civil de 2015, trouxe vários instrumentos de desjudicialização, entre eles a possibilidade de intimação do advogado da outra parte realizada pelo próprio advogado da parte *ex adversa* nos seguintes termos "art. 269... § 1º é facultado aos advogados promover a intimação do advogado da outra parte por meio do correio, juntando aos autos, a seguir, cópia do ofício de intimação e do aviso de recebimento".

Assim, segue-se esse artigo, considerando os objetivos de pesquisa já descritos anteriormente, iniciando por uma breve explanação sobre o Registro de Título e Documentos para a final, analisar a possibilidade de utilização do registro de Títulos e Documentos como meio de prova dos documentos enviados na intimação promovida via correios.

2. O REGISTRO DE TÍTULOS E DOCUMENTOS

O Registro de Títulos e Documentos possui como base as Leis 6.015/73, 8.935/94 e 10.169/2000, todas com fundamento constitucional no artigo 236 da Constituição Brasileira.

O Professor Luiz Guilherme Loureiro explica que "segundo intelecção conjunta dos artigos 1º e 12, da Lei 8.935/94 (Lei dos Notários e Registradores – LNR) e dos artigo 1º, 127 e seguintes da Lei 6.015/73 (Lei dos Registros Públicos – LRP), o Registro de Títulos e Documentos é um serviço de organização técnica e administrativa que tem por finalidade assegurar a autenticidade, segurança, publicidade e eficácia dos atos e negócios jurídicos, conferindo oponibilidade, em relação a terceiros, de direitos, obrigações e outra situações jurídicas originadas de atos e negócios jurídicos".[1]

---

1. LOUREIRO, Luiz Guilherme (2019).

O Registro reponde então à uma necessidade estatal de estabelecer formas pelas quais os cidadãos tenham conhecimento seguro de fatos jurídicos relevantes, como por exemplo a comprovação da prática de determinadas atos.

Decorrente desta necessidade estatal surge alguns princípios aplicáveis aos registros públicos, dentre eles o princípio da publicidade, sendo este um valor centrar do sistema de registros públicos, que a possibilidade de conhecimento de atos praticados.

Observação importante é que a principal função do serviço de Registro de Título e Documentos é dar publicidade aos direitos pessoais ou obrigacionais, mormente à circulação desses direitos ou, mais exatamente, ao tráfico jurídico. Desta forma, o que se registra não são exatamente os títulos, documentos e instrumentos privados considerados como suportes e sim os direitos, atos ou relações jurídicas neles contidos.

Aqui nasce a importância do registro do instrumento de intimação promovido pelo advogado nos termos do artigo 269 do CPC, uma vez, que tal registro fará prova no processo judicial dos documentos efetivamente enviados pelo correio.

Isso porque, no registro de títulos e documentos não se visa constituir direitos, mas em regra, possibilitar a oponibilidade de relações jurídicas a terceiros.

Nesse aspecto, a Lei 6.015/73 autoriza não só o registro de título e instrumentos, mas todo e qualquer documento que merece o resguardo da referida oponibilidade, daí afirmar-se que se trata de registro residual, ou seja, todo documento que não for registrável em outros serviços poderá ser inscrito no registro de títulos e documentos.

Trata-se, portanto, de um registro fundamental para a segurança jurídica dos negócios jurídicos, sobretudo quanto à necessidade futura de constituir prova dos documentos efetivamente enviados pelo correio na intimação promovida pelo advogado em processo judicial.

Outro aspecto importante do RTD é questão da territorialidade que está diretamente ligada ao princípio da publicidade, uma vez que, para que o público em geral possa obter informações relativas a determinado imóvel, ou a determina pessoa, é necessário que saiba onde encontrar as informações.

Segundo o artigo 12 da Lei 8.935/94: "As oficiais de registro de imóveis, de título e documentos e civis das pessoas jurídicas, civis das pessoas naturais e de interdições e tutelas compete a pratica dos atos relacionados na legislação pertinente aos registros públicos, de que são incumbidos, independentemente de previa distribuição, mas sujeitos aos oficias de registro de imóveis e civis das pessoas naturais às normas que definirem as circunscrições geográficas".

Segundo Loureiro, pela "intelecção da norma supracitada, a regra da territorialidade se aplica penas aos oficias de registro de imóveis e oficiais de registro civil das pessoas naturais. Por sua vez, o artigo 130 da Lei 6.015/73 dispõe que os atos enumerados nos artigos 127 e 129 serão registrados no domicílio das partes contratantes e, quando residam estas em circunscrições territoriais diversas, far-se-á o registro em todas elas".

A conclusão é que os atos em que a publicidade é essencial e, consequentemente, o registro é obrigatório devem observar a territorialidade. Outros atos que apenas interessem às partes, isto é, não produzem efeitos na esfera de interesses terceiros, não precisam observar, os limites territoriais do município do domicilio das partes, ou de todos eles.

No entanto, o CNJ declarou ilegais as notificações via postal expedidas por Cartórios de Títulos e Documentos para Municípios de Estados diversos de suas respectivas sedes em observância do princípio da territorialidade. (Pedido de Providencias 642 e Pedido de Providencias 0001261-78.20010.2.00.0000).

Ocorre que o tema da validade das notificações foi pacificado pelo STJ, prevalecendo a tese de inexistência de limites territoriais para notificações extrajudiciais, nos termos do Resp. 1.184.570/MG, segundo seção (tese firmada em sede de recursos repetitivos), relatado pela Ministra Maria Isabel Gallotti.

No capítulo seguinte trataremos sobre a figura do notário no Brasil.

3. NOTÁRIOS PÚBLICOS NO BRASIL

Os notários públicos no Brasil atuam como autoridades delegadas, com a responsabilidade de formalizar acordos entre duas ou mais partes e intervir em atos e negócios legais nos quais as partes desejam delinear termos. Os notários também têm a responsabilidade de emitir certificados legais de várias naturezas, dependendo da necessidade da pessoa, além de autenticar cópias de documentos e assinaturas de notarização para uso posterior.[2]

Autenticação ou Notarização de Assinaturas – O procedimento de reconhecimento de assinaturas, conhecido em português como "Reconhecimento de Firma", envolve o registro da assinatura de uma pessoa perante um notário chamado "Cartório de Notas", que verificará as informações pessoais e o ID da pessoa e coletará 3 versões de suas assinaturas.

Após o registro da assinatura, o notário poderá notarizar a assinatura da pessoa em qualquer documento que possa estar contido. Se a assinatura no documento coincidir com a assinatura registrada, o notário produzirá um carimbo oficial ao lado da assinatura, atestando sua validade e concedendo eficácia legal à parte interessada.[3]

Autenticação de documento – o procedimento de autenticação de documentos, que significa "Autenticação de Cópia", envolve o ato em que um notário compara o documento original com sua cópia, verificando todos os detalhes para procurar possíveis fraudes. Após a conclusão da comparação, o notário emitirá um selo atestando sua exatidão e a cópia do documento adquirirá validade legal.[4]

---

2. MARINONI, Luiz Guilherme; ARENHART, Sérgio Cruz (2008).
3. CENEVIVA, Walter (2008).
4. MELLO, Celso Antônio Bandeira de (2002).

REGISTRO DE TÍTULOS E DOCUMENTOS E A DESJUDICIALIZAÇÃO DAS COMUNICAÇÕES JUDICIAIS | **319**

A emissão de Procuração Pública, por sua vez, é feita inteiramente pelo notário, que verificará todos os detalhes e informações a serem incluídas no documento e, após a liquidação dos termos, o instrumento será impresso em cartório oficial, seguido das assinaturas do outorgante e o notário, que também colocarão selos para atestar a validade do documento. Uma cópia oficial do documento também será permanentemente registrada e armazenada nos cartórios para posterior consulta.[5]

4. NOTIFICAÇÃO NO REGISTRO DE TÍTULOS E DOCUMENTOS E SUAS INCIDÊNCIAS

A regulamentação que vige atualmente para o RTD é a da Lei dos Registros Públicos (Lei 6.015/73), que contempla essa delegação nos artigos 127 e seguintes. Além disso, outras normas tratam da matéria em caráter mais geral, como a Lei dos Cartórios (lei 8.935/94), o Código Civil e o Código de Processo Civil. Administrativamente, existe ampla regulamentação do CNJ.

A lei 6.015/73 estabelece, no parágrafo 1º do artigo 1º, as diversas serventias e a partir do artigo 127 trata das atribuições do Registro de Títulos e Documentos, afirmando sua exclusiva atribuição para registro dos atos enumerados no artigo 127, incisos I a VI, como requisito para lhes atribuir eficácia, isto é, para serem considerados válidos entre as partes contratantes.

De sua parte, o inciso VII do mesmo dispositivo legal afirma poderem ser registrado facultativamente quaisquer documentos para simples preservação.

Há, pois, três motivos pelos quais podem os interessados querer registrar um documento em RTD: a) para lhe atribuir eficácia, por ser obrigatório o registro – incisos I a VI do artigo 127 da LRP e seu parágrafo único; b) por garantia de preservação (facultativo – inciso VII do artigo 127 da LRP) e, c) para tornar público o documento, com a presunção de conhecimento de terceiros (art. 129, LRP). Conforme Marinoni e Arenhart:

> "As notificações judiciais [...] têm por objetivo comunicar a alguém determinado fato. É o que ocorre, por exemplo, na notificação exigida pelo art. 57 da Lei 8.245/91 (Lei de Locações), que prevê a notificação prévia para a denunciação (extinção) do contrato de locação por prazo indeterminado".[6]

No entanto, os artigos 127 e 129 da LRP não há qualquer menção à notificação extrajudicial. Compreende-se nesse caso que a notificação extrajudicial é ato acessório ao registro, pois nos termos da norma, após registrado o documento, o Oficial é obrigado a notificar do registro ou da averbação as pessoas constantes do documento ou simplesmente indicadas pelo notificante. Ou seja, é ato privativo dos Ofícios de

---

5. MELLO, Celso Antônio Bandeira de (2002).
6. MARINONI, Luiz Guilherme; ARENHART, Sérgio Cruz. *Curso de Processo Civil*: Processo Cautelar. São Paulo: Ed. RT, 2008, v. 4, p. 302.

Registro de Títulos e Documentos e que pode ser realizado pessoalmente pelo Oficial ou preposto para tanto designado (parágrafo 2º do art. 160, da LRP).

No Brasil, as notificações podem ser usadas para averiguar uma reclamação e também para informar a outra parte de uma violação ou irregularidade que tenha sido executada. Eles também podem ser usados para solicitar o cumprimento de uma obrigação e, em muitos outros casos, basicamente sempre que uma carta de cessação e desistência for usada.

No lado positivo, as notificações podem ser usadas para declarar a outra parte do contrato como violada, tornando mais provável uma vitória futura em uma ação judicial. Além disso, a data de recebimento da notificação pode ser usada como o primeiro dia para a aplicação de juros sobre pagamentos em atraso (em alguns casos).

Logo a notificação no Brasil, a primeira seria uma correspondência simples enviada por correio ou entregue pessoalmente à outra parte. E o segundo e mais comum seria uma correspondência por notário público, mediante solicitação formal.[7]

Portanto, constata-se que a atribuição para a realização de notificação extrajudicial é do Ofício de Registro de Títulos e Documentos do Notificado, pois para que a notificação possa ser cumprida é imprescindível que o documento objeto da mesma tenha sido previamente registrado e, nos termos do artigo 130 da LRP, o registro deve se dar no domicílio das partes, sendo certo que se tiverem endereço diverso há de ser registrado em ambos.[8]

Os princípios que norteiam a atividade registral exigem a realização da notificação extrajudicial pelo Ofício de RTD do domicílio do notificado como meio de garantir a segurança jurídica e autenticidade do registro pela prática do ato por delegatário do serviço público ou seu preposto, em pleno exercício da fé pública que é prerrogativa de sua função.

4.1 Conforme o novo Código Civil

Primeiramente, recorda-se que o artigo 135 do Código Civil (1916) dado de um direcionamento primário iniciado pela Lei 973, tornando o Registro de Títulos e Documentos o único meio de fixar a data dos documentos e torná-los válidos contra terceiros, estando essa condição mantida no art. 221 do novo Código Civil:

> O instrumento particular, feito e assinado, ou somente assinado por quem esteja na livre disposição e administração de seus bens, prova as obrigações convencionais de qualquer valor; mas os seus efeitos, bem como os da cessão, não se operam, a respeito de terceiros antes de registrado no registro público.

Uma condição, no Registro Integral, é que interessa às partes contratantes uma certidão integral do contrato registrado, com todas as características e cláusulas –

---

7. CENEVIVA, Walter (2008).
8. CAHALI, Francisco José (2007).

REGISTRO DE TÍTULOS E DOCUMENTOS E A DESJUDICIALIZAÇÃO DAS COMUNICAÇÕES JUDICIAIS

o que se tornou possível e viável após a digitalização dos documentos e a emissão de certidões por processo eletrônico de imagens, todos com a garantia e segurança jurídica da fé pública do oficial.[9]

Outro ponto a ser considerado, é o registro da alienação fiduciária em garantia de coisas móveis. O novo decreto, alterou o artigo 66 da Lei 4.728/65, que passou a determinar, em seu § 1.º, que os contratos de alienação fiduciária de coisa móvel somente se provariam por instrumento escrito, obrigatoriamente levado a arquivamento no Registro de Títulos e Documentos.

Com o novo código Civil, o artigo 1.361 passou a tratar a questão de forma que, no caso de contrato de alienação fiduciária de automóvel, o registro poderia ser realizado no Registro de Títulos e Documentos ou na "repartição competente para o licenciamento" do veículo.

E, o artigo 236 da Constituição da República definiu a que órgãos seria atribuída a função registral de contratos e não elencou, em seu dispositivo regulamentador – a Lei 8.935/1994 –, os órgãos licenciadores de veículos como serviços registrais.

Em se tratando do princípio da territorialidade, conforme o artigo 130 da LRP, os títulos e documentos devem ser registrados no domicílio das partes contratantes e, em caso de domicílios diversos, em ambos. Conforme Silva (2013) com o novo código civil, buscou-se criar um instrumento de controle da Administração Pública, mediante a utilização da estrutura existente, sem criar qualquer órgão, cargo ou emprego e, sobretudo, sem criar ou aumentar qualquer despesa para a mesma Administração.

4.2   Comunicações segundo o Código de Processo Civil

A fundamentação das comunicações dentro da seara do processo civil se encontra na necessidade da ciência das partes sobre os atos do processo, neste sentido dando oportunidade para manifestarem-se.

Diante disso, podemos destacar as formas de comunicação processual, segundo ao Código de Processo Civil, a saber:

a) Citação – a mesma será feita por correio, por oficial de justiça, pelo escrivão ou chefe de secretaria, se o citando comparecer em cartório, por edital, por hora certa, e por meio eletrônico, conforme regulado em lei[10]

b) Cartas precatórias – para outra comarca, dentro do território nacional; cartas rogatórias – para outro país; carta de ordem – de um tribunal para um juiz que lhe esteja subordinado;[11]

c) Intimação – para cientificação de atos e termos do processo;[12]

d) Notificação – para comunicar que seja praticado um determinado ato pelas partes.

---

9. SILVA, Ovídio Baptista da (2013).
10. Art.246 do Código de Processo Civil.
11. Art.260 do Código de Processo Civil.
12. Art. 269. Intimação é o ato pelo qual se dá ciência a alguém dos atos e dos termos do processo.

Percebe-se que tais atos são relevantíssimos para assegurar a validade dos atos processuais, bem como para assegurar a ampla defesa. Há de se observar que as comunicações se pautam pelo princípio basilar da publicidade e do devido processo legal, neste diapasão visam a garantia da segurança jurídica nos atos processuais.

Muito embora a tecnologia tenha trago grandes avanços para o processo judicial, bem como para o sistema de comunicações, o Brasil ainda está longe de ter a celeridade que todos esperam e garantida pela constituição, pois só se pode ter a garantia de um processo justo se o mesmo é célere, neste sentido guardado as devidas proporções.

5. O SISTEMA PROCESSUAL EM CRISE

Ao poder judiciário cabe a resolução dos conflitos, ou seja, o encargo de dirimir dúvidas e dizer o direito, frente a uma pretensão resistida, o que instaura a relação jurídico-processual.

Os métodos aplicados na resolução da lide, todos hétero-compositivos, em nosso ordenamento, são frágeis, o que fortalece a morosidade, distancia a resolução do conflito, da consumação do fato que o gerou, e quanto mais o tempo segue, mais se deixa fatos e momentos, que seriam imprescindíveis para a solução do problema.

Na perspectiva de Calmon

> A crise da justiça é um fenômeno que cresce dia após dia, pois o aumento razoável da estrutura judiciária (juízes, servidores, prédios e equipamentos), além de não acompanhar o aumento dos casos, não tem sido suficiente para melhorar a qualidade na condução do processo e das decisões, fazendo nascer outro problema, a falta de unicidade das decisões, situação que se tornou tão caótica a ponto de se pejorativamente denominada loteria judiciária. A depender de qual juiz ou tribunal julgará o caso, a solução será diferente, proporcionando mais instabilidade à sociedade. A justiça necessita de uma redefinição com praticidade suficiente para obter êxito. Nosso sistema de justiça está imerso em uma sociedade que já não existe[13].

Com a expansão e o avanço da sociedade, os problemas e os conflitos aumentaram significativamente, tornando-a uma sociedade em conflito. Percebemos, ainda, os avanços sociais e as constantes mudanças na moral e no próprio senso comum, ao passo que fica evidente que o mesmo não ocorreu em relação ao sistema jurisdicional[14], que em grande parte tem-se mostrado estagnada, morosa e cheia de dificuldades para acompanhar o caminhar da civilização.

No pensamento de Andrighi, chegou a hora de mudar de pensamento:

---

13. PETRÔNIO Calmon, *Fundamentos da Mediação e da Conciliação*, Rio de Janeiro: Forense, Rio de Janeiro/RJ, 2008, p.47.
14. O sistema jurídico resulta de fatores dominantes num dado momento da história dos povos: fatores ambientais, étnicos, econômicos, religiosos, políticos, sociais ou filosóficos. Tradicionalmente, o sistema jurídico romano, os sistemas jurídicos das repúblicas helênicas, ou o sistema jurídico moderno, de base romanística, incluindo-se o sistema saxão, são todos sistemas jurídicos, ou seja, conjuntos de normas jurídicas que apresentam características comuns (CRETELLA JÚNIOR, José. *Curso de Direito Tributário Constitucional*. Rio de Janeiro: Forense Universitária. 1998, p.11).

Já é hora de democratizarmos a Justiça brasileira. Receio, e volto a gizar que se trata de pensamento próprio, que a manutenção deste sistema ineficiente de prestação jurisdicional pode ser instrumento de fracasso da Justiça, enquanto pilar da democracia, porque ao invés de cumprir sua função de promover a paz social, estará, a contrário *sensu*, inviabilizando a própria convivência social. Por que não dizermos até ser possível que alguém conclua ser desnecessária a própria instituição? Urge afastar a nossa formação romanista, baseada na convicção de que só o juiz investido das funções jurisdicionais é detentor do poder de julgar[15].

O processo lento traz às partes uma insegurança e dor imensuráveis[16], mas por outro lado o processo instantâneo também não passa de um sonho, que passa mais longe da realidade em nosso ordenamento. Mas é possível ter um processo célere e eficaz dentro do ordenamento jurídico brasileiro, bem como se instituir mecanismos capazes de fazer a máquina se mover.

Nessa ótica, encontramos Nunes que diz:

Amplia-se a importância do processo, de sua estrutura normativa e, especialmente, dos princípios e regras dele institutivos, na medida em que deve ser assegurado um espaço de tempo racionalmente construído para a participação de todos os interessados na tomada de decisões[17]

É importante que, durante o processo, tenham-se prazos e um tempo razoável, para que com segurança, possa-se resolver o conflito em tela, mas que os procedimentos não sejam desrespeitosos, morosos e ineficazes, e é isto que se vê na atualidade, mas sim, que haja outros meios de composição, tais como a conciliação, mediação e a arbitragem.

O processo brasileiro tem muito ainda que caminhar rumo à eficácia e a ordem na celeridade acompanhada de segurança. E o caminho passa pela modernização do instrumento de composição da lide e de seus respectivos procedimentos, uma vez que estes, na atual legislação, deixam a desejar, principalmente quando há um grande acúmulo de processos nas varas, o que ajuda a aumentar os índices de desgastes.

5.1 Da celeridade e seus aspectos no Direito Brasileiro

Com o advento da Emenda constitucional 45, o princípio da celeridade ganhou status e maior evidência, denominada de Reforma do Judiciário, do inciso LXXVIII ao art. 5º, da Constituição Federal de 1988.

---

15. ANDRIGHI, Fátima Nancy. *Formas Alternativas de Solução de Conflitos*. 2003, p. 07. Disponível em: htppdjur. stj.gov.br/xmlui/bitstream/handle/2011/587/Formas_Alternativas_Solu%C3%A7% C%A3o.pdf?sequence=4. Acesso em: 10 fev. 2019.

16. Feliz coincidência é a que se verifica quando, entre os dois litigantes, o mais justo seja também o mais hábil: mas quando em certos casos (e quero crer que em raros casos) não se dê essa coincidência, pode ocorrer que o processo, de instrumento de justiça, criado para dar a razão ao mais justo, passe a ser um instrumento de habilidade técnica, criado para dar a vitória ao mais esperto (CALAMANDREI, Piero. *Instituições de Direito Processual Civil*. Trad. Douglas Dias Ferreira. 2. ed. Campinas/SP: Bookseller, 2003, v. III, p. 226-227p.28).

17. DIELE, José Coelho Nunes, *Processo Jurisdicional Democrático*. Uma análise Crítica das reformas Processuais, Curitiba/PR: Juruá, 2009, p. 139.

Passados mais de onze anos da referida alteração constitucional, entretanto, busca-se a todo custo a tão almejada celeridade na entrega da tutela jurisdicional, o que ainda não há.

Permanecem atuais as indagações acerca da eficácia e dos meios utilizados para concretizar o princípio da celeridade processual, sobretudo o referente às modificações da legislação e à introdução de um dispositivo constitucional específico. Perceptíveis são as modificações e o avanço da legislação, por si só, mas que ainda são insuficientes para a solução do problema da morosidade da Justiça. Enfim, a morosidade processual do sistema Brasileiro não se extinguirá, apenas, pela simples inclusão de dispositivos.

A atividade jurisdicional é realizada, em princípio, pelo Poder Judiciário, por meio do exercício da jurisdição, onde o Estado substitui a atuação privada na solução de conflitos de interesse, com a finalidade de manutenção ou restabelecimento da paz social[18].

Nesse diapasão, é na solução de conflitos que está contida a maior atribuição da função jurisdicional, isto é, solucionar conflitos por meio da aplicação do direito objetivo.

Ademais, a autora esclarece que a jurisdição – e toda as leis que a instrumentalizam – pode ser considerada útil somente quando a tutela prestada, isto é, se o Estado cumpre seu papel na solução de conflitos.

Ao compor os conflitos, o Estado, seja individual ou coletivo, chama a si a responsabilidade que lhe é inerente a paz social e a ordem, dando respostas rápidas e eficazes aos casos que lhe são apresentados, o que muitas vezes não ocorre: acessar a justiça e tão somente a possibilidade do indivíduo de comparecer perante o Estado, pelos seus órgãos jurisdicionais, exercendo o direito de ação.

Portanto, o acesso à justiça encontra-se intimamente relacionado à viabilidade de que seja provocada a jurisdição pelo interessado em obter a prestação jurisdicional, e ainda com a capacidade da tutela prestada em produzir efeitos no mundo fático (efetividade da decisão judicial).

O acesso à justiça era tratado, no Estado Liberal, de modo formal, limitando-se ao direito de propor ou contestar uma ação. Mas é no Estado Social que a prestação positiva do Estado é exigida, não mais se restringindo a prestações negativas, nascendo, assim, a criação de mecanismos para a efetiva reivindicação de direitos[19].

A partir de então, o tema passou a despertar maior interesse para estudo, buscando-se soluções práticas suficientes a assegurar um acesso igualitário à jurisdição – trata-se, aqui, de igualdade material e não meramente formal – e cujo resultado

---

18. Visão de acordo com Antônio Carlos Araújo Cintra et al. *Teoria Geral do Processo*. 31. ed. Malheiros. São Paulo: 2015.
19. Visão acerca do assunto trabalhada por CAPPELLETTI, Mauro; GARTH, Bryant. *Acesso à Justiça*. Porto Alegre: Sérgio Antônio Fabris Editor, 1988.

REGISTRO DE TÍTULOS E DOCUMENTOS E A DESJUDICIALIZAÇÃO DAS COMUNICAÇÕES JUDICIAIS | **325**

final (a tutela prestada), em que os efeitos ultrapassem o âmbito do processo, pois se torna socialmente eficaz, ou seja, produz efeitos no mundo real[20].

O direito à efetividade da jurisdição que se denomina também, genericamente, direito de acesso à justiça ou direito à ordem jurídica justa, consiste no direito de provocar a atuação do Estado detentor do monopólio da função jurisdicional, invocando uma decisão com potencial de atuar, eficazmente, no plano dos fatos.

A notificação extrajudicial ganha destaque ao se analisar a atribuição do cartório de registro de títulos e documentos, principalmente no que diz respeito à segurança jurídica que se espera dos registros públicos nos atos requeridos pelas partes, como por exemplo a notificação de interessados. Há de se ter mente que o Estado é uma entidade abstrata e incapaz por si próprio de promover quaisquer formas de ações, mas que se utiliza de seus prepostos, na condição de agentes, legal e legitimamente constituídos para representá-lo nas diversas dimensões exigidas e como pronta resposta à satisfação das demandas sociais.

6. A DESJUDICIALIZAÇÃO DAS COMUNICAÇÕES JUDICIAIS

Como percebido em linhas pretéritas, a crise do judiciário brasileiro baseia-se na morosidade do sistema aliado a grande gama de processos nas varas e falta de efetivo, esses velhos inimigos da celeridade processual.

É perceptível que os instrumentos de autocomposição são aliados cada vez mais fortes na busca pela celeridade esperada do judiciário, o caminho da desjudicialização através do extrajudicial tem se mostrado prospero e eficiente, como o ocorrido pela desjudicialização do processo de Separação, Divorcio e Inventario.

Frente a problemática, a desjudicialização das comunicações e notificações surge como uma opção para o judiciário, através da qual o Estado ganha de diversas maneiras, a primeira se trata do próprio efetivo, ou seja, a diminuição do quadro de funcionários.

Com relação à efetividade, percebe-se que é mais coerente que a notificação, citação e intimações sejam efetuadas pelo oficial do cartório de Títulos e documentos ou pela própria parte, como indicado no artigo 269 do CPC. Aduz que o oficial traz competência bastante para efetuar de maneira célere e proba as comunicações processuais.

A publicidade que se necessita nas comunicações judiciais, aquela em que se dá ciência as partes para manifestar-se é perfeitamente abrangida pelo RTD, pois o mesmo já o faz de maneira adequada e eficiente durante anos. As novas tecnologias são aliadas fortes, e o Registro de Títulos e Documentos é expert neste assunto, pois quando tantos arquivavam apenas, o RTD já microfilmava seus documentos.

---

20. Pensamento introduzido por BARROSO, S.L. *Limites e Possibilidades da Constituição Brasileira*. 4. Ed. Rio de Janeiro/ São Paulo: Renovar, 2000, p. 84.

A tendência é de cada vez mais buscar a agilidade e segurança, a pergunta necessária que se faz é: O que lhe traz maior segurança? A citação feita por correio nos termos do art. 246 do CPC ou feita pelo oficial do Registro de Títulos e Documentos? A resposta parece lógica e de importante compreensão. A segurança jurídica advinda nos atos praticado pelo RTD é bem maior, e ainda prestigia uma maior celeridade.

Isso porque, se olharmos quanto tempo uma correspondência registrada demora a chegar, e chegando qual a expertise que o carteiro tem para auferir a capacidade de quem recebe o documento, e se a pessoa pode receber, chegaremos à conclusão de que a intimação efetivada pelo cartório garante uma maior segurança jurídica.

O questionamento acima parece pertinente uma vez que inúmeras ocorrências podem acontecer no transcurso de uma comunicação, seja ela qual for. Quando da possível ocultação nos termos do art. 253 do CPC, entendemos que o oficial do Registro de Títulos e documentos pode sim efetivar a citação por hora certa.

Neste ponto, é interessante e relevante o previsto no art. 269 do CPC, quando faculta ao próprio advogado realizar a intimação do outro advogado por meio dos correios, tal procedimento parece claro que seria mais célere e válido a utilização do RTD para tal serviço, sobretudo para a comprovação dos documentos entregues à outra parte.

Ao percorrer os principais fatores das frustações de citações, notificações e intimações realizadas pelo judiciário encontram-se na alta demanda de processos, falta de efetivo e ocultação da parte. Assim verificando os devidos moldes a desjudicialização das comunicações judiciais parece ser saudável para o meio processual, assim geraria celeridade sem perder a segurança jurídica tendo a garantia de maior efetividade e validade dos atos realizados.

7. CONCLUSÃO

Frente ao exposto, é possível visualizar grandiosas mudanças na moldura do sistema judicial, em um processo de evolução social e cultural. As relevantes mudanças na sociedade são uma resposta à indagação, se o Estado, realmente, tem contribuído para minimizar a dor das partes envolvidas em conflitos.

Faz-se necessário também, repensar a atual conjuntura processual em que se encontra o país e ampliar a aplicação de métodos alternativos que evitem a dor da prolongação processual, tais como a utilização do Cartório de Títulos e Documentos para efetivação das comunicações processuais, inclusive como meio de maior segurança jurídica.

A função notarial e registral, desenvolvida de forma primitiva desde os primórdios das civilizações, acompanhou as evoluções sociais da sociedade, deixando de ser uma função meramente redatora, de documentação dos atos e fatos sociais para modificar-se em um importante instrumento de segurança jurídica.

O serviço notarial e registral no Brasil é atividade bem presente na vida de pessoas e empresas, fazendo parte da mudança de paradigmas na resolução de conflitos, uma vez que se observou a evolução das necessidades sociais.

O Serviço de Registro de Títulos e Documentos pretende participar cada vez mais do desenvolvimento e fortalecimento das instituições e da democracia no País, exercendo papel de destaque, através do exercício de suas atividades consagradas, fundadas na legislação nacional, além de buscar inovar e acrescentar funções a seu mister, sendo possível e de grande valia a desjudicialização das comunicações judiciais tidas como a citação, intimação e notificação.

8. REFERÊNCIAS

ASSAN, Ozíres Eilel. *Registros Públicos e Notariais no Novo Código Civil*. São Paulo: Ed. Vale do Mogi, 2003.

BALBINO FILHO, Nicolau. *Contratos e Notificações no Registro de Títulos e Documentos*. 4. ed. São Paulo: Saraiva, 2002

BARROSO, S.L. *Limites e Possibilidades da Constituição Brasileira*. 4. ed. Rio de Janeiro: Renovar, 2000

BRASIL. Código Civil; Comercial; Processo Civil; Constituição Federal e legislação complementar – obra coletiva de autoria da Editora Saraiva com a colaboração de Antônio Luiz de Toledo Pinto, Márcia Cristina Vaz dos Santos Windt e Livia Céspedes, 7. ed. São Paulo: Saraiva, 2011.

CAHALI, Francisco José (Coord.). *Escrituras públicas*: separação, divórcio, inventário e partilha consensuais: análise civil, tributária e notarial. São Paulo: Ed. RT, 2007.

CAPPELLETTI, Mauro, Bryant Garth. *Acesso à Justiça*. Porto Alegre: Sérgio Antônio Fabris Editor, 1988.

CENEVIVA, Walter. *Lei dos Registros Públicos Comentada*. 18. ed. São Paulo: Saraiva, 2008.

CINTRA, Antônio Carlos Araújo et al. *Teoria Geral do Processo*. 31. ed. Malheiros. São Paulo: 2015.

NUNES, Diele José Coelho. *Processo Jurisdicional Democrático*. Uma análise Crítica das reformas Processuais. Curitiba/PR: Juruá, 2009.

MARINONI, Luiz Guilherme; ARENHART, Sérgio Cruz. *Curso de processo civil*: Processo cautelar. São Paulo: Ed. RT, 2008. v. 4.

MELLO, Celso Antônio Bandeira de. *Curso de direito administrativo*. 15. ed. São Paulo: Malheiros, 2002.

MELO Jr., Regnoberto. *Lei de Registros Públicos Comentada*. Rio de Janeiro: Freitas Bastos, 2003.

CALAMANDREI, Piero. *Instituições de Direito Processual Civil*. Trad. Douglas Dias Ferreira. 2. ed. Campinas/SP: Bookseller, 2003. v. III.

SILVA, Ovídio Baptista da. O Notariado Brasileiro perante a Constituição Federal. *Revista de Direito Imobiliário*, n. 48, ano 23, p. 81-84, São Paulo: Ed. RT, 2013.

A RELEVÂNCIA DO REGISTRO DE TÍTULOS E DOCUMENTOS E SEU PAPEL JUNTO AO SINTER

Weider Silva Pinheiro

Doutorando e Mestrando em Ciências Jurídicas pela Universidade Autônoma de Lisboa. Especialista em Direito e Processo do Trabalho pela UGF. Especialista em Teologia pela UGF. Especialista em Direito Notarial e Registral pela UCAM. Especialista em Direito Notarial e Registral pela FUNIP. Especialista em Direito de Família pela FUNIP. Especialista em Ciência Política pela FVC. Especialista em Perícia Judicial e Extrajudicial pela FVC. Especialista em Psicologia Jurídica pela Faculdade Futura. Tabelião Substituto do Cartório Bruno Quintiliano, do Distrito judiciário de Nova Brasília, Comarca de Aparecida de Goiânia/GO.

Resumo: O objetivo geral deste estudo consiste em debater a relevância do Registro de Títulos e Documentos, para viabilizar e fortalecer a governança de terras, como preconizado pelo Sistema Nacional de Gestão de Informações Territoriais (SINTER), relacionando os registros e cadastros de propriedades como ferramentas institucionais de regularização fundiária. Optou-se por revisão bibliográfica exploratória e qualitativa, da legislação e jurisprudências relativas ao tema. Como finalidades da pesquisa bibliográfica podem ser citadas a ampliação de conhecimentos em determinada área e o domínio deste conhecimento como instrumento auxiliar para a construção e fundamentação do assunto, tratado neste trabalho. Com a pesquisa realizada, foi possível depreender que, apesar de ser uma boa proposta, para que o SINTER de fato venha a ser eficiente e eficaz, entende-se necessário a implementação de um Cadastro Técnico efetivo de Títulos e Documentos, principalmente, no âmbito Urbano, pela inexistência de norma ou lei instituída (um desafio histórico no Brasil) que o regulamente; pode-se dizer que a ausência deste instrumento implica em restrições à segurança da posse, à justiça social e ao desenvolvimento econômico do país.

Sumário: 1. Introdução – 2. Aspectos gerais dos serviços notariais e de registro; 2.1 Breve histórico dos serviços notariais e de registro – 3. O sinter e sua efetividade e o registro de títulos e documentos; 3.1 SINTER e suas correlações; 3.2 a importância do registro de títulos e documentos; 3.3 SINTER e o registro de títulos e documentos – 4. Conclusão – 5. Referências.

1. INTRODUÇÃO

O presente trabalho pretende estudar o Registro de Títulos e Documentos e seu papel junto ao Sistema Nacional de Informações Territoriais, em particular no que se refere à importância da disponibilização ao sistema das informações geradas através do registro de documentos relacionados a imóveis.

Nesse contexto, este estudo tem como objetivo geral analisar se existe importância relevante das informações prestadas pela especialidade de Títulos e Documentos ao SINTER.

Como metodologia foi realizada uma pesquisa bibliográfica, buscando em livros, artigos, na legislação brasileira e em publicações oficiais o embasamento teórico necessário para desenvolvimento deste estudo. Com vistas a passar o melhor entendimento sobre o assunto tratado, este artigo foi estruturado em cinco seções, sendo que a primeira consiste nesta introdução que traz as diretrizes seguidas nesta pesquisa.

Por sua vez, a segunda seção descreve os aspectos gerais dos serviços notariais de registro. Enquanto a terceira seção traz o tema central desta pesquisa, abordando o SINTER e suas correlações, bem como o Registro de Títulos e Documentos e sua relevância para o sistema. Por fim, a quarta seção traz a conclusão a que se chegou ao final do estudo.

2. ASPECTOS GERAIS DOS SERVIÇOS NOTARIAIS E DE REGISTRO

Ao longo das últimas décadas o sistema registral brasileiro vem sendo constantemente modificado por meio de legislações que vislumbram acompanhar a evolução da sociedade nas questões de propriedade e posse da terra, permitindo às transações imobiliárias segurança, publicidade e eficácia tanto para os que desta participam, quanto para os que por ela se interessem.

tanto a atividade notarial como a de registros de imóveis atuam como meio de pacificação social, assegurando a publicidade, autenticidade, segurança e eficácia dos atos jurídicos de modo preventivo[1].

Importante destacar que apesar das atividades notariais e registrais estarem associadas elas não devem ser confundidas. Benício[2] elucida que essa diferença pode ser vista quando se fala na função do registrador e tabelião (notário), onde o primeiro atua com o objetivo de legitimar e dar publicidade aos atos, enquanto o segundo engloba a assessoria em suas funções com posterior legitimação, autenticidade e formalização dos atos jurídicos. Ainda diferenciando as duas atividades, o autor afirma que o notário tem como função predominante a segurança dinâmica, já o registrador a segurança estática, enfim, enquanto o notário busca acautelar o *actum* (ato), o registrador se limita a publicar o *dictum* (dito).

Vale destacar que notários e registradores somente podem exercer as atividades que receberam em delegação e somente podem realizá-las em um só local, sem haver possibilidade para o estabelecimento de filiais e sucursais[3].

As atividades realizadas no âmbito do Direito Notarial e de Registros devem ser entendidas por sua relevância social, conforme salienta Ceneviva[4]. Sua importância deve-se a abrangência dos atos, que envolve desde o nascimento até o óbito, registrando e dando publicidade a todos os atos legais realizados pelos cidadãos durante

---

1. Cfr. LIMA, A. L. (2011).
2. Cfr. BENÍCIO, H. A. C. (2005).
3. Cfr. ARAÚJO, M. D. B. (2009).
4. Cfr. CENEVIVA, W. (2007).

A RELEVÂNCIA DO REGISTRO DE TÍTULOS E DOCUMENTOS E SEU PAPEL JUNTO AO SINTER **331**

suas vidas, como casamento, divórcio, partilhas, inventários, contratos de compra e venda, entre outros, regularizando todas as ações realizadas. Assim, trata-se de atividades diretamente relacionadas ao cotidiano dos indivíduos.

2.1 Breve histórico dos serviços notariais e de registro

As mudanças no âmbito do Direito Notarial e Registral começaram a acontecer no Brasil a partir da lei sem número de 11 de outubro de 1827, que proibiu que a função fosse repassada como título de propriedade, passando a ser conferida a título de serventia vitalícia[5].

A referida lei veio com o objetivo de regular o provimento dos Ofícios da Justiça e da Fazenda, com sua promulgação a transmissão do título de propriedade foi proibida, assumindo caráter vitalício em regime de sucessão, transmitido de pai para filho. A lei, todavia, foi criticada por não trazer mudanças mais importantes como a falta de exigência de formação jurídica para que o cargo pudesse ser exercido ou mesmo de uma experiência prática na função[6].

> Foi editada, no Brasil, em 11 de outubro de 1827, lei que regulou o provimento dos cargos da Justiça e da Fazenda, proibiu a transferência dos ofícios a título de propriedade e determinou que fossem conferidos, a título de serventia vitalícia pessoas dotadas de idoneidade e que servissem pessoalmente aos ofícios, o que não impediu que até a data recente persistisse, de forma dissimulada, a venalidade e o regime de sucessão, com transmissão de pai para filho de tais ofícios.[7]

Assim, a primeira regulamentação do serviço notarial no Brasil pode ser identificada em 1827, a partir desse ano, a lei passou a proibir a transmissão do cargo de tabelião a título de propriedade, todavia, não fez nenhuma alteração quanto à sucessão familiar no cargo, tampouco na forma de funcionamento dos serviços.

Para muitos doutrinadores, como Miranda[8] e Lima[9], o serviço notarial e de registros no Brasil começou a se distanciar do Direito português a partir da Lei 601/1850 e do Decreto 1.318/1854, que instituíram o chamado Registro do Vigário, tendo como fim discriminar o domínio público do particular e regularizar a situação das terras, mandando que legitimassem as posses e revalidassem as sesmarias. Sobre esse assunto, ressalta ainda:

> Criou-se a obrigação de registro da posse em livro próprio da autoridade religiosa da situação do bem, para fins de se determinar o que seriam as terras públicas e as terras privadas. A terra que não fosse objeto de registro seria tida como área de domínio público. Há quem aponte neste registro, todavia, uma natureza cadastral, como a dos bancos de dados imobiliários hoje mantidos pelas municipalidades. Noticia-se a partir de então a exigência de contrato escrito para que se procedesse à transmissão ou a oneração dos imóveis sujeitos ao registro, os quais, em determinados

---

5. Cfr. COTRIN Neto, A. B. (1973).
6. Cfr. BRANDELLI, L. (1998).
7. Cfr. SOUBHIA, F. P. (2011).
8. Cfr. MIRANDA, M. A. (2010).
9. Cfr. LIMA, A. L. (2011).

casos, deveriam ser feitos por instrumento público, em notas de um Tabelião (primeira previsão de tal profissional no ordenamento jurídico pátrio).[10]

Na lei supracitada consta em seu artigo 3º, §2º, a exclusão do domínio público. Após esta lei, foi decretado que os possuidores de terras por sesmarias e outras concessões do governo geral e provincial, não tinha precisão de revalidação, de legitimação e de novos títulos que lhes dessem capacidade de gozar, hipotecar ou alienar as terras que achavam no seu domínio. Assim aparece pela primeira vez na legislação brasileira o registro da propriedade de imóvel, que era feito pelo possuidor, que escrevia as suas declarações ou as fazia escrever por outrem, em duas cópias, os assinando ou pedindo que alguém o fizesse, no caso de não saber ler e escrever (art. 93).

Além do possuidor, nestas declarações deveriam constar a denominação da freguesia onde o imóvel está situado, sua área, seus limites e confrontantes, caso estes fossem conhecidos. Desta forma os documentos eram entregues aos vigários que os conferiam e se estivessem dentro das regras, colocavam notas indicativas da data de entrega, devolvendo uma das vias. É interessante ressaltar que, ainda hoje se utiliza este processo, apenas este se tornou mais complicado. A inscrição de todas as hipotecas legais se tornou obrigatória a partir da Lei 3.272/1855, originada do Projeto de Lei Hipotecária escrito pelo Conselheiro Nabuco, ministro da Justiça, em 1854. A partir da referida lei foi possível perceber a maior segurança que o crédito real já requeria, não atendendo ao princípio da especialização (arts. 3º e 4º), corrigindo assim o efeito da última lei.

Ressalta-se que o projeto de lei hipotecária se converteu na Lei 1.237 de 24 de setembro 1864. De acordo com Fassa[11], isso se deu devido ao Registro do Vigário não estar atendendo todas as necessidades do Império, apesar de proporcionar recursos ao Tesouro, deixava a desejar na solução dos problemas relacionados às hipotecas.

Logo após veio o Decreto 370, de 2 de maio de 1890, que incluiu entre os atos sujeitos a registro a transmissão do domínio entre vivos (art. 234). Com isso, foi erguido o registro imobiliário em instituição pública, de caráter jurídico, tornando-o apto a dar certeza à propriedade e garantia ao crédito real.

Em 1903, foi criado pela Lei 973 o serviço público correspondente ao "primeiro ofício privativo e vitalício do registro facultativo de títulos, documentos e outros papéis, para autenticidade, conservação e perpetuidade dos mesmos e para os efeitos previstos no artigo 3º da Lei 79, de 1892" na cidade do Rio de Janeiro, tendo como objetivo dar segurança aos atos jurídicos por meio de um serviço ágil, prático e eficaz, guardando e reservando os serviços públicos.[12]

O decreto citado inaugurou os cartórios no Brasil, além de impor que os registros passariam a ser transcritos em ordem ininterrupta da data de apresentação e que os

---

10. Cfr. OLIVEIRA, T. M. (2007, p. 1).
11. Cfr. FASSA. O. R. C. (2006).
12. Cfr. RÊGO, P. R. C. (2002).

documentos sem registro não teriam efeito em relação a terceiros. Importante salientar que a lei foi regulamentada pelo Decreto 4.775, em fevereiro do mesmo ano. Assim, os cartórios assumiram a competência de dar validade e segurança jurídica aos atos praticados pelos homens, devendo guardar e conservar os documentos que lhe forem confiados. A Lei 973/1903 foi tão importante e eficaz que se estendeu para outros estados brasileiros.

A regulamentação desse artigo da Constituição somente ocorreu no ano de 1994, com a Lei 8.935, Estatuto dos Notariais e Oficiais de Registro, que estabeleceu como princípio básico e fundamental para os serviços notariais e de registros públicos que são eles "exercidos em caráter privado, por delegação do Poder Público". Sobre a delegação da atividade notarial do Poder Público ao âmbito privado. Ribeiro Neto afirma que:

> Ao analisarmos o conteúdo da delegação contida no citado art. 236, vemos que houve a delegação constitucional dos serviços notariais e de registro aos particulares. Pela delegação, o Poder Público competente excluiu de suas atribuições os serviços notariais e de registro, para serem exercidos por pessoas naturais fora do quadro dos servidores públicos civis.[13]

Dessa forma, a atividade notarial é exercida pela iniciativa privada, com regulamentação do Poder Público, que deve fiscalizar o serviço realizado. Muitas foram as mudanças trazidas com a promulgação da referida lei, dentre elas está o ingresso de notários e registradores que passou a ser por meio de Concurso Público, sujeitos às mesmas regras que os empregadores e trabalhadores privados.

De acordo com Cahali[14], a lei tornou as atividades notariais e de registro serviços públicos por excelência, sendo prestados aos cidadãos por meio de delegação do Poder Público. A importância da lei deve ser destacada, considerando que ela foi responsável por estabelecer um regime jurídico único para essas atividades em todo o país, fazendo com que ganhasse relevo social e jurídico.

Ressalta-se que nos anos posteriores, a evolução do Direito Notarial e de Registros ocorreu a partir de leis que vieram para alterar alguns dispositivos de leis já vigentes, como é o caso da Lei 9.534, de 10 de dezembro de 1997, que veio para dar nova redação ao art. 30 da Lei de Registros Públicos[15], além de alterar os artigos 30 e 45 da Lei 8.935[16]. Deve-se ter observância, ainda, aos dispositivos do Código Civil[17], à Lei 11.789[18] e ao novo Código de Processo Civil[19]. Assim, considerando que o Direito evolui de acordo com as necessidades da sociedade é necessário que as atualizações das legislações sejam acompanhadas, sempre visando sua melhor aplicação.

---

13. Cfr. RIBEIRO NETO, A. C. (2008, p. 33).
14. Cfr. CAHALI, F. J., HERANCE FILHO, A., ROSA, K. R. R., & FERREIRA, P. R. G. (2007).
15. Lei 6.015, de 31 de dezembro de 1973.
16. Lei editada em 18 de novembro de 1994, que dispõe sobre os serviços notariais e de registro.
17. Lei 10.406, de 10 de janeiro de 2002.
18. Lei editada em 2 de outubro de 2008, que proíbe a inserção nas certidões expressões que indiquem condição de pobreza ou semelhantes.
19. Lei 13.105, de 16 de março de 2015.

Azevedo[20] considera o Direito Registral como de suma importância para a segurança jurídica dos povos e direitos mais elementares do ser humano, pois desde o seu nascimento até o fim de seus dias precisará se valer de registros, sendo serviços que emanam da sociedade, não defendendo interesses individuais ou do Estado, mas sim da coletividade como um todo.

Por força do artigo 236 da Constituição Federal de 1988, os serviços notarial e registral devem ser exercidos pela iniciativa privada a partir de delegação do Poder Público, ficando este incumbido de fiscalizar todas as atividades realizadas, sendo estas caracterizadas como serviço público. Dessa forma, as características dos serviços notariais e de registro são voltadas para a sua execução, sendo um serviço rogatório, que tem como base a fé pública e deve ser executado com imparcialidade. Deve-se destacar que apesar de serem atividades realizadas em caráter privado, se tratam de serviços públicos, portanto, devem considerar o interesse coletivo.

Quanto à natureza jurídica desses serviços, Padoin[21] elucida ser administrativa, sendo a delegação dessas atividades um ato irrevogável, havendo estritas hipóteses legais previstas na Lei 8.935/94 que podem ocasionar perda da delegação, caso não esteja cumprindo com os seus objetivos, garantindo publicidade, autenticidade, segurança e eficácia dos atos jurídicos, conforme disposto em lei.

Ratifica-se que a responsabilidade pela fiscalização do cumprimento dessas atividades é do Poder Público, como bem destacam Chaves & Rezende[22] devendo, também, aplicar eventuais penalidades, assegurando o contraditório e a ampla defesa. Vale mencionar, ainda, a atuação do Poder Público em conjunto com os notários, buscando meios de oferecer subsídios para desenvolver serventias e técnicas.

A natureza jurídica dessas atividades, também pode ser vista sobre diferentes critérios: subjetivo ou formal e objetivo ou material, devendo-se considerá-los para melhor entender o posicionamento dessas atividades. Miranda, com base nos critérios citados assim explica:

> A natureza jurídica da atividade notarial e de registro deve ser vista sob dois critérios: a) sob o prisma subjetivo ou formal – consideração acerca do prestador do serviço; e b) sob o prisma objetivo ou material – foco na atividade desempenhada.[23]

Nesse contexto, devem ser reforçados que os serviços notariais e registrais se caracterizam como serviço público de natureza administrativa, todavia, exercida pela iniciativa privada por delegação do Poder Público, que deve fiscalizar suas atividades, visando sempre a garantia do interesse coletivo.

---

20. Cfr. AZEVEDO, S. N. (2015).
21. Cfr. PADOIN, F. F. (2011).
22. Cfr. CHAVES, C. F. B., & REZENDE, A. C. F. (2011).
23. Cfr. MIRANDA, M. A. (2010, para.50).

3. O SINTER E SUA EFETIVIDADE E O REGISTRO DE TÍTULOS E DOCUMENTOS

3.1 SINTER e suas correlações

No Brasil, os registros de terras começaram logo após o estabelecimento das capitanias hereditárias, com as doações de sesmarias, finalizando em 1821, mas, o cadastro teve grande destaque após a Lei 601[24], que foi a primeira iniciativa no sentido de organizar os bens privados. A propriedade deixou de ser uma simples parcela, e passou a cumprir a função social, partindo do princípio que a mesma se constitui de fatores sociais e econômicos. Entretanto, foi com a Constituição de 1946 que municípios brasileiros garantiram a autonomia no que se refere à decretação e arrecadação de tributos de sua competência. A partir de então, surgiram os primeiros cadastros fiscais imobiliários.

A partir de 1988, com a publicação da Constituição Federal, na qual se estabeleceu que o instrumento básico da política de desenvolvimento e de expansão urbana é o Plano Diretor, obrigatório para cidades com mais de vinte mil habitantes, a busca por um sistema cadastral mais amplo passou a ser uma necessidade.

Com o Estatuto da Cidade[25], criou-se um conjunto de princípios e regras que norteiam a ação dos agentes que constroem e utilizam o espaço urbano. No entanto, a maior parte desses novos instrumentos jurídicos somente pode ser utilizada se o município tiver um Plano Diretor, o que torna essencial a busca por um cadastro mais robusto e sistematizado.[26]

Diante do reconhecimento da importância dos cadastros no formato multifinalitário, o Governo Federal, por meio do Ministério das Cidades, no dia 8 de dezembro de 2009, publicou a Portaria 511, que estabelece as diretrizes para a criação, instituição e atualização do CTM a ser implementado nos municípios brasileiros. O texto da Portaria foi elaborado de forma generalista e não detalha os procedimentos técnicos a serem adotados, para que possa se adequar à diversidade das realidades locais.

Até o momento, não há lei que obrigue a implantação do CTM, mas muito antes de uma legislação ou norma para o cadastro é necessário verificar que ainda há problemas com bases cartográficas desatualizadas, falta de pessoal habilitado para gerenciar as informações do cadastro, de integração entre os órgãos usuários das informações cadastrais, além da falta de uma cultura cadastral, que pode ser por meio de cursos de formação profissional em diversos níveis, eventos e treinamentos.

No Brasil, a separação entre o cadastro territorial e o cadastro jurídico demonstra a existência de diferentes sistemas de informação territorial. No caso do cadastro rural, essa separação reflete também em diferenças conceituais na definição da unidade territorial.[27]

---

24. Lei editada em 18 de setembro de 1850, conhecida como Lei de Terras.
25. Lei 10.257, de 10 de julho de 2001.
26. Cfr. CARNEIRO, A. F. (2003).
27. Cfr. PAIXÃO, S. K. S., NICHOLS, S., & CARNEIRO, A. F. T. (2012).

Outro fator problemático no cadastro brasileiro é a falta de integração entre o registro de imóveis e o cadastro municipal. Enquanto outros países priorizam a integração das informações fornecidas pelos cadastros com o assentamento de títulos de propriedade no registro de imóveis, no caso do Brasil a implementação de projetos de geoprocessamento são realizados de forma isolada, embora sejam ferramentas importantes para o planejamento, não contemplam todos os aspectos de um cadastro multifinalitário. Provavelmente por isso, a problemática brasileira de confusão de limites e sobreposições de títulos de propriedade, tão antiga quanto a sua história, continua vigente.[28]

Um sistema cadastral é fundamental para o desenvolvimento de um país, independente nos níveis social e econômico. Carneiro[29] afirma que países desenvolvidos aperfeiçoam os seus sistemas cadastrais tecnicamente eficientes aproveitando as mais modernas tecnologias disponíveis, enquanto que países que não possuem sistemas cadastrais estruturados adaptam modelos já existentes às características locais.

Loch & Erba[30] recomendam a criação de uma sinergia entre instituições públicas e privadas para que seja possível compartilhar os investimentos, beneficiando a todos. A representação gráfica desta recomendação está exposta na Figura 1:

FIGURA 1 – Aporte de dados para a atualização cadastral em parceria

Fonte: Adaptado de Loch & Erba (2007)

---

28. Cfr. LOCH, C., & Erba, A. (2007).
29. Cfr. CARNEIRO, A. F. (2003).
30. Cfr. LOCH, C., & Erba, A. (2007).

Scarassatti, et al[31] (2014) destacam o uso do *Land Administration Domain Model* (LADM), Modelo de Domínio de Administração de Terras, considerando-o como um modelo capaz de trazer efetividade aos sistemas de cadastro dada a sua flexibilidade, possibilitando a comunicação entre as partes interessadas a partir de um vocabulário comum, sendo estabelecidos, para tanto, padrões de informação que podem ser compartilhados entre regiões, até mesmo, entre países. Ressalta-se que este é o modelo a ser utilizado pelo SINTER, visando-se a integração entre os cadastros a partir do georreferenciado de imóveis urbanos e rurais produzido pela União, Distrito Federal, Estados e municípios.

No que se refere às áreas rurais, o Sistema de Gestão Fundiária (SIGEF), desenvolvido pelo Instituto Nacional de Colonização e Reforma Agrária (INCRA) é o responsável pelo registro de informações georreferenciadas de limites de imóveis rurais. Os dados do SIGEF estão sistematizados de modo mais organizado e preciso quando comparados com os dados do SINTER. Isso se deve ao fato de serem fornecidos, em grande parte, por instituições públicas como os próprios técnicos do Incra, enquanto o SINTER precisa ser alimentado pelos cartórios. Como não há uma lei que obrigue esse registro, o processo de construção de um cadastro eficiente, padronizado e regulamentado encontra-se ainda em fase de elaboração.

Nesse sentido, o desenvolvimento do CTM no Brasil ainda é incipiente. Alguns municípios já utilizam dados em seus planos diretores, mas não existem ainda leis que tratem especificamente da regulamentação do tema e do seu processo de consolidação.

Além dos problemas como falta de projetos que sirvam de referência para a normatização e regulamentação do CTM, o país possui poucos profissionais das áreas de cartografia e geoprocessamento em órgãos públicos municipais, poucos recursos tecnológicos para aquisição de informações e processamento, dificuldades no compartilhamento das informações entre cartórios, municípios e união e baixa qualidade dos documentos já existentes, bem como dificuldades na atualização das informações.

É necessário, para que isto aconteça, a elaboração de ferramentas que facilitem a integração do cadastro em vários sistemas de informação geográfica existente e sua integração com outras camadas de informação (topografia, redes rodoviárias, infraestrutura, uso do solo, zoneamento, avaliação).

Toda esta situação levanta um problema de integração e harmonização do direito privado da propriedade individual e do direito público de ordenamento territorial regional e local. A questão ocupa um lugar central na reflexão cadastral destinada a integrar geografias de diferentes escalas (por exemplo, municipais). Os processos terão de ser alimentados por um conhecimento geográfico completo, detalhado e diversificado e as contribuições de um versátil sistema de informação cadastral para promover essas trocas são muito significativas e imprescindíveis para a sua consolidação.

---

31. Cfr. SCARASSATTI, D. F., RAMIREZ, E. J., COSTA, D. C., & TRABANCO, J. L. A. (2014).

Embora seja um instrumento de poder público, o cadastro deve se tornar um símbolo da democratização da governança territorial, facilitando a acessibilidade da informação geográfica a toda a sociedade e participação pública.[32]

Assim, surge a questão: o desenvolvimento da legislação, associado a sistemas de informação cadastral multicomplexos e acessíveis favorecerá a implementação desta ideia de governança territorial em diferentes escalas geográficas? E quando o Brasil será capaz de se inserir nesse contexto? Ainda existe uma lacuna em relação ao desenvolvimento do CTM no Brasil, no entanto, sabe-se que ele contribuiria com o planejamento urbano e com a gestão de problemas latentes em nossas cidades, como no caso da gestão da demanda por transporte público.

O congestionamento de tráfego em uma cidade pode ser consequência do layout da rede rodoviária urbana não levar em consideração os fatores de demanda, como a forma da cidade e a distribuição da população. Isso também pode resultar do fato desse mesmo layout não considerar o impacto dos estrangulamentos do tráfego. Deste modo, regiões centrais e áreas mais privilegiadas da cidade tendem a ter uma grande oferta de transporte público, enquanto as áreas periféricas possuem uma oferta precária. Tal cenário estimula o uso de veículos particulares para o deslocamento diário, influenciando a ocorrência de engarrafamentos e acidentes de trânsito, devido ao grande fluxo de veículos. Para evitar o problema, muitos profissionais que moram longe dos seus ambientes de trabalho pernoitam nas ruas das metrópoles por conta das más condições de transporte público de suas cidades.

Assim, do ponto de vista do mecanismo de geração da demanda de tráfego, o tamanho da população urbana e a forma de uso da terra determinam a quantidade total de demanda de transporte e as características de distribuição espacial e temporal, a intensidade e a direção da geração de viagens.[33]

A gestão do uso da terra pode se constituir em uma importante ferramenta para análise da demanda por transporte nos municípios brasileiros. Um dos componentes da política urbana – deve ser um elemento indutor do cumprimento da função social da propriedade urbana – é a viabilização do exercício do direito ao transporte, para assegurar às pessoas que vivem na cidade o direito de locomoção e circulação, política que deve ser tratada no Plano Diretor das cidades, especialmente para as cidades de grande porte e situadas nas regiões metropolitanas.

O critério da densidade populacional, que gera obrigatoriedade do plano de transporte urbano integrado, deve ser aplicado ao transporte urbano e ser tratado de forma articulada e integrada pelos municípios agrupados nas regiões metropolitanas e aglomerações urbanas em seus Planos Diretores. Nesse contexto, os CTM oferecem informações relacionadas à ocupação das cidades que permitem uma avaliação da demanda de transporte público e a formulação de propostas voltadas

---

32. Cfr. CARNEIRO, A. F. (2003).
33. Cfr. FERRARI, C. (1982).

para a adequação da oferta, permitindo que o transporte seja utilizado de modo mais otimizado, melhorando a qualidade de vida da população, iniciativa também prevista no Estatuto das Cidades:

> Art. 42. O plano diretor deverá conter no mínimo:
>
> I – a delimitação das áreas urbanas onde poderá ser aplicado o parcelamento, edificação ou utilização compulsórios, considerando a existência de infraestrutura e de demanda para utilização, na forma do art. 5º desta Lei;
>
> II – disposições requeridas pelos artigos. 25, 28, 29, 32 e 35 desta Lei;
>
> III – sistema de acompanhamento e controle.[34]

Entretanto, apesar de suas inúmeras possibilidades de melhoria na gestão e desenho da rede rodoviária urbana e da demanda por transporte, a integração dos CTMs ao planejamento do tráfego e dos transportes públicos nos municípios brasileiros ainda não foi utilizada de modo significativo, indicando somente uma possibilidade de melhoria da eficiência da gestão de transportes no país.

3.2 A Importância do Registro de Títulos e Documentos

Diante do acima mencionado, primeiramente, tem de se perceber um caráter importante imputado ao Registro de Títulos e Documentos (RTD), sendo este residual e facultativo. Essa faculdade característica do RTD não menospreza a importância do cartório, mas sim não sendo a pessoa obrigada a praticar ali o ato registral, induz a voluntariedade para a perpetuação do documento por vezes de cunho particular; frisa-se que muito embora de caráter residual e facultativo, no ordenamento existem situações em que o RTD é de cunho obrigatório, podemos citar a alienação fiduciária de bens móveis que somente produzira efeitos se estiver registrada no Cartório de Títulos e Documentos.

Neste diapasão, é possível auferir que o Registro de Títulos e Documentos é de suma importância para garantir a conservação de documentos, propiciando a garantia da perpetuidade além de gerar publicidade. Dentre os documentos mais registrados no Registro de Títulos e Documentos nós encontramos: os contratos, as notificações extrajudiciais, as atas de condomínio, os documentos estrangeiros, as declarações de vontade, os projetos, e até mesmo livros e letras de músicas afim de garantir que a data já existia.

Como já citado em linhas volvidas, o RTD é residual ou subsidiário. E isso é de grande importância para nosso estudo, pois significa que qualquer documento ou título que não seja obrigatório seu registro em outra especialidade pode ser registrado em RTD, contudo há de se fazer um pequeno adendo pois não é possível registrar documentos irregulares, ou fustigados por outra especialidade de registro, pois além de conservar o título o RTD também é guardião da segurança jurídica.

---

34. Brasil (2001, 11 de julho). Lei 10.257, de 10 de julho de 2001.

Assim, diante da acessibilidade que o RTD dá ao cidadão em virtude de seu cárter voluntário, o Registro de Títulos e Documentos ao longo do tempo veio se moldando e adequando-se a sociedade, estando na vanguarda do mundo informatizado e na sistemática de proteção e guarda de documentos, em relação a outras especialidades. Portanto ao longo da evolução social o RTD se manteve de mãos dadas a população, que o busca por livre iniciativa.

Podendo então o RTD registrar documentos variados, não há de se negar que o RTD tem grande relevância para a sociedade e suas transações, assim sendo o Registro de Títulos e Documentos tem papel fundamental no sistema de gestão que empreende o SINTER, que pretende reunir informações de natureza heterogênea, como por exemplo a registrais tratadas neste artigo, mas também as de cárter fiscal e geoespacial.

3.3   SINTER e o Registro de Títulos e Documentos

Com a instituição do SINTER, através do Decreto 8.764/2016, com a administração do mesmo exercida pela Secretaria da Receita Federal do Brasil e com gestão compartilhada com os registradores e órgãos federais, passou-se a interrogar qual a relevância do Registro de Títulos e Documentos para o SINTER, vez que as transações prioritariamente imobiliárias são realizadas pela especialidade de Registro de Imóveis.

Há de se perceber que o RTD sendo subsidiário, recebe em seu acervo documentos das mais diversas modalidades não sendo só o previsto no art. 127 da Lei 6015/73. Vez que o ingresso da documentação em RTD é variada o mesmo registra documentos de cunho imobiliário; essa elasticidade do Registro de Títulos e Documentos tem grande relevância nas informações imobiliárias que não chegam a ser registrada em Registro de Imóveis.

Nessa vertente, o Registro de Títulos e Documentos tem papel fundamental na integração junto ao SINTER, devido a sua vocação a registrabilidade variada de documentos, que demoram anos ou nunca serão registrados em Registro de Imóveis; sem a efetiva participação do RTD junto ao SINTER as informações imobiliárias seriam conhecidas tão somente parcialmente, posto que muito embora seja pouco difundido o RTD tem o condão de através do ato registral dar segurança jurídica, publicidade, além da eficácia erga omnes e a fé pública.

4.   CONCLUSÃO

Estudos cadastrais representam questões teóricas e metodológicas desafiadoras, como capturar e, em seguida, modelar todas as dimensões de um sistema cadastral: político, econômico, jurídico, técnico e social. Estes estudos deverão trazer como objetivo identificar as contribuições de um sistema cadastral para a governança territorial através da integração de uma base de conhecimento.

De fato, a pesquisa cadastral revela uma reflexão sobre a tradução geográfica das preocupações e desejos de uma sociedade em determinado momento. Como durante a Revolução Francesa, quando se procurou eliminar os privilégios da nobreza para implementar a igualdade e justiça do direito público a todos os cidadãos.

Na época atual, estão sendo feitos esforços para garantir que todos possam exercer suas liberdades individuais inerentes aos direitos associados à posse e ocupação da terra, dentro dos limites fixados pelo público no planejamento de territórios, gestão da urbanização, desenvolvimento de recursos naturais, proteção do meio ambiente e segurança pública.

Os estudos cadastrais, que destacam a geografia territorial, contribuem de forma importante para a reflexão sobre essas questões de pesquisa relacionadas à governança política dos territórios.

A partir do estudo realizado foi possível depreender que, apesar de ser uma boa proposta, para que o SINTER de fato venha a ser efetivo e eficaz, será necessário a implementação de um Cadastro eficiente, que ainda carece de norma ou lei instituída (um desafio histórico no Brasil). Pode-se dizer que a ausência deste instrumento significa restrições à segurança da posse, à justiça social e ao desenvolvimento econômico.

Entretanto, qualquer que seja o processo para consolidação de uma base de dados integrada e eficiente, e que contribua na melhoria da gestão, ele necessitará de sua integração com o Registro de Títulos e Documentos, vista a amplitude de documentos registráveis. O RTD por sua elasticidade, sendo um registro residual, nunca se deteve diante da modernização da sociedade, o que faz total diferença na confiabilidade e transmissibilidade de informações, sem contar que todos os oficiais do RTD são pessoas treinadas e qualificadas para este trabalho. Assim, nota-se o papel fundamental do RTD junto ao SINTER na transmissão de informações registrais referente a imóveis, informações estas advindas do registro no RTD, que por vezes não são registrados em outras especialidades.

5. REFERÊNCIAS

ARAÚJO, M. D. B. *Sistema registral e notarial*. Curitiba: IESDE Brasil, 2009.

AZEVEDO, S. N. *O registro de títulos e documentos*. Porto Alegre: EDIPUCRS, 2015.

BENÍCIO, H. A. C. *Responsabilidade civil do Estado decorrente de atos notariais e de registro*. São Paulo: Ed. RT, 2005.

BRANDELLI, L. *Teoria geral do direito notarial*. Porto Alegre: Livraria do Advogado, 1998.

BRASIL. Constituição da República Federativa do Brasil de 1988. Disponível em: http://www.planalto. gov.br/ccivil_03/Constituicao/Constitui%C3%A7ao.htm.

Acesso em: 6 fev. 2020.

BRASIL (1973, 31 de dezembro). Lei 6.015/1973, de 31 de dezembro de 1973. Dispõe sobre os registros públicos, e dá outras providências. Brasília: Diário Oficial da União (Suplemento). Disponível em: http://www.planalto.gov.br/ccivil_03/ LEIS/L6015consolidado.htm. Acesso em: 6 fev. 2020.

BRASIL (1994, 21 de novembro). Lei n. 8.935, de 18 de novembro de 1994. Regulamenta o art. 236 da Constituição Federal, dispondo sobre serviços notariais e de registro. Brasília: Diário Oficial da União. Disponível em: http://www.planalto.gov.br/ccivil_03/LEIS/L8935.htm. Acesso em: 8 fev. 2020.

BRASIL (2001, 11 de julho). Lei 10.257, de 10 de julho de 2001. Estatuto da Cidade e legislação correlata: estabelece diretrizes gerais da política urbana e dá outras providências. Brasília, Câmara dos Deputados. Disponível em: http://www.planalto.gov.br/ccivil_03/leis/leis_2001/l10257.htm. Acesso em: 6 fev. 2020.

BRASIL (2009, 7 de dezembro). Portaria 511, de 7 de dezembro de 2009. Diretrizes para a criação, instituição e atualização do Cadastro Territorial Multifinalitário (CTM) nos municípios brasileiros. Brasília: Diário Oficial da União, seção 1. Disponível em: https://www.normasbrasil.com.br/norma/portaria-511- 2009_217279.html. Acesso em: 6 fev. 2020.

CAHALI, F. J., HERANCE FILHO, A., ROSA, K. R. R., & Ferreira, P. R. G. *Escrituras públicas*: separação, divórcio, inventário e partilhas consensuais: análise civil, processual civil, tributária e notarial. São Paulo: Ed. RT, 2007.

CARNEIRO, A. F. *Cadastro imobiliário e registro de imóveis*. Porto Alegre: Instituto de Registro Imobiliário do Brasil, 2003.

CENEVIVA, W. *Lei dos registros públicos comentada*. 17. ed. São Paulo: Saraiva, 2007.

CHAVES, C. F. B., & REZENDE, A. C. F. *Tabelionato de notas e o notário perfeito*. Campinas: Millennium, 2011.

COTRIN NETO, A. B. *Perspectivas da função notarial do Brasil*. Porto Alegre: Colégio Notarial do Brasil, 1973.

ERBA, D. O cadastro territorial: presente, passado e futuro. *Capacidades*. Programa Nacional de Capacitação das Cidades. Cadastro Multifinalitário como Instrumento de Política Fiscal e Urbana. Rio de Janeiro: Ministério das Cidades, 2005.

FASSA. O. R. C. *Registrador de imóveis*: responsabilidade patrimonial. São Paulo: Editora Juarez de Oliveira, 2006.

FERRARI, C. *Curso de planejamento municipal integrado*. São Paulo: Pioneira, 1982.

FEDERAÇÃO INTERNACIONAL DE GEÔMETRAS. International Federation of Surveyors – FIG. (1995). FIG statement on the cadastre. *FIG Publication* (11). Recuperado em 15 jun. 2018, de http://www.fig.net/resources/publications/figpub/pub11/fig pub11.asp.

LIMA, A. L. A atividade notarial e registral e sua natureza jurídica. *Âmbito Jurídico*, 14(92). Recuperado em 20 maio 2018, de http://www.ambito-juridico.com.br/site/index.php?n_link=revista_artigos_leitura&artigo_id=10253, 2011.

LOCH, C. A.*Realidade do cadastro técnico urbano no Brasil*. In XIII Simpósio Brasileiro de Sensoriamento Remoto. Florianópolis: INPE, 2007.

LOCH, C., & Erba, A. *Cadastro técnico multifinalitário*: rural e urbano. Cambridge: Lincoln Institute of Land Policy, 2007.

MIRANDA, M. A. A importância da atividade notarial e de registro no processo de desjudicialização das relações sociais. *Âmbito Jurídico*, 23(73). Recuperado em 12 junho 2018, de http://www.ambitoju-ridico.com.br /site/index.php?n_link=revista_artigos_leitura&artigo_id=714, 2010.

NICHOLS, S. *Land registration: managing information for land administration. technical report.* Canadá: University of New Brunswick, 1993.

OLIVEIRA, T. M. Notários e registradores: aspectos constitucionais e responsabilidade civil. *Jus Navigandi*, 11(1425). Recuperado em 18 maio 2018, de https://jus.com.br/artigos/9938/notarios-e-registradores, 2007.

PADOIN, F. F. *Direito notarial e registral*. Ijuí: Unijuí, 2011.

PAIXÃO, S. K. S., Nichols, S., & Carneiro, A. F. T. Cadastro territorial multifinalitário: dados e problemas de implementação do convencional ao 3D e 4D. Boletim de Ciências Geodésicas, 18(1). Recuperado em 15 jun. 2018, de http://ojs.c3sl.ufpr.br/ojs/index.php/bcg/article/view/26454, 2012.

RÊGO, P. R. C. O Registro de Títulos e Documentos: um instrumento jurídico para segurança da sociedade. *Jus Navigandi*, 7(60). Recuperado em 14 maio 2018, de https://jus.com.br/artigos/3382/o-registro--de-titulos-e-documentos-um-instrumento-juridico-para-seguranca-da-sociedade, 2002.

RIBEIRO NETO, A. C. *O alcance social da função notarial no Brasil*. Florianópolis: Conceito Editorial, 2008.

SCARASSATTI, D. F., Ramirez, E. J., COSTA, D. C., & TRABANCO, J. L. A. Cadastro multifinalitário e a estruturação de sistemas *de informações territoriais*. In Congresso Cadastro Técnico Multifinalitário, Florianópolis, 2014.

SOUBHIA, F. P. Breves considerações sobre a função notarial enquanto função pública e função privada: submissão ao regime jurídico misto. *Revista Processus de Estudos de Gestão, jurídicos e Financeiros*, 2(5), 2011.

ANOTAÇÕES